ポール・ローマーと経済成長の謎

デヴィッド・ウォルシュ――小坂恵理――訳

日経BP

KNOWLEDGE and the WEALTH of NATIONS

A Story of Economic Discovery

Printed in the United States of America
First publication as a Norton paperback 2007

Japanese translation rights arranged with W.W. Norton & Company, Inc.
Through Japan UNI Agency, Inc., Tokyo

故E・ローレンス（ローリー）・ミナード三世（一九五〇～二〇〇一）に、本書を捧げる

モデル構築、もっと言えば、いかなる理論構築も(小説、短編、戯曲執筆しかり)、現実と呼ばれる膨大かつ複雑な事実から、一握りのシンプルで扱いやすい要点を摑み取ることなのだ。この要点を慎重にまとめ上げれば、一定の目的にとっては現実そのものに代替する存在になる。

——エブセイ・ドーマー『経済成長の理論』

真実は混乱からよりも、誤りからより多く現れる。

——フランシス・ベーコン『ノヴム・オルガヌム』

はじめに
Preface

本書は、経済学の一本の技術論文の物語、つまり一九九〇年の論文発表に至るまでの一連の出来事とその後のわれわれの世界認識の変化についての物語である。そしてもうひとつ、大学で現在、経済学がどのように研究されているのかについて伝えることも目的である。というのも、中央銀行でも政府でもウォール街でもなく、大学こそ経済学の最も重要な成果が達成される場所だからだ。

一九七九年から一九九四年にかけて、経済成長をめぐって難解な専門誌を舞台に経済学者の間で頻繁なやり取りが交わされた。経済成長とは何か、何が経済成長を引き起こすのか、われわれはどうやって経済成長を共有するのか、経済成長をどう測定するのか、コストはいくらか、経済成長を手にする価値はあるのか。このやり取りは、目新しさの感覚を伴った。はじめて何かを理解して、その理解を書き留め固定化するために頭をひねるのは新鮮な経験で、発見の喜びに匹敵する感覚と言ってもよい。このやり取りから浮かび上がってきた理論は「新しい成長理論」として知られるようになった。ここには大勢の人たちが貢献し、この分野では新しい世代が台頭した。しかし問題そのものも、その解決方法も、世間一般には未だに馴染みが薄い。

わたしは経済ジャーナリストで、長いあいだ新聞記者として働いてきた。経済学者ではないし、経済思想史の研究者でもない。数学は基礎レベルの知識しかないが、英語には自信があり、懐疑的精神が十分ある。長年の取材経験から、経済学に関する予備知識の範囲はかなり広い。わたしは本書をそんな部外者、といっても目の高い部外者の観点から書いた。何でも無条件に受け入れるわけではない。要するに、わたしはシビリアン（文民）であり、シビリアン・コントロール（文民統制）を信じる者だ。

今回、わたしがある特定の研究に注目したのはなぜだろう。この三〇年間で経済学は急速な進歩を遂げた。研究範囲は広がり、一般的になってきた。記事として取り上げるべきストーリーも多い。最初に新しい成長理論に目を惹かれたのは、わたしが専門化と知識の増加に興味を持っていたからだ。しかしやがて、数学がいかにして現代経済学の形式言語になったのか、この理論の実践者が形式的手法の成功を信じたのはなぜかを学ぶために、格好のストーリーとして、成長論を理解するようになった。

新しい成長理論のストーリーからは、経済学的発見にいたるプロセスが明らかにされる。各地の大学では専門分野ごとに少人数の研究者グループが形成され、べつの大学のライバルと競い合うが、そこからは時として世界の理解に変化が引き起こされる。この変化は、何世代にもわたる研究者の努力の賜物であると同時に、共同研究者、ひょっとしたらひとりの研究者が国境を越えて精力的に活動した成果でもある。池に小石を放り投げるとさざなみが生じるように、新しい変化は外の世界にじわじわと広がり、その結果、当初は一部の研究者しか理解できなかったものが、最後はわれわれにも理解できるようになる。

成長と発展というサブフィールドの研究を専門とする経済学者の圧倒的多数は、一九八〇年代から一九九〇年代のはじめにかけて自分たちの研究対象に何が起きたのか、未だに結論を導き出していないのかもしれない。結局、専門家は概して身を潜めて成り行きを見守るものだ。議論の参加者全員が、新しい説に黙って従うわけでもない。なかには本書が紹介する裏話には無関心で、新しく出版された様々な入門書や教科書*をいきなり読みたいと思う読者もいるだろう。しかしあまり急ぎすぎると、せっかくの素晴らしいストーリー（や重要な教訓）を学ぶチャンスが失われてしまう。

*これらの概要のなかでは、エルハナン・ヘルプマンの『経済成長のミステリー』（大住圭介他訳、九州大学出版会）が最も啓発的だ。チャールズ・I・ジョーンズの『経済成長理論入門――新古典派から内生的成長理論へ』（香西泰監訳、日本経済新聞社）は、教科書として最も優れている。デイヴィッド・ランデスの『「強国」論――富と覇権（パワー）の世界史』（竹中平蔵訳、三笠書房）はよく書かれていて面白いが、理論の裏付けがなく、世界一周旅行で各地を訪れるように様々な問題を取り上げている。

今回のストーリーで取り上げる公の場での出来事の多くは、夏の日の蒸し暑いホテルの一室での会議やその後の会話などが舞台で、わたしがそこで聞かされた内容は、ずいぶん変わったニュースのように感じられた。いま振り返ってみると、わたしは出来事の重要性を容易には理解できず、言葉で書くまでにずいぶん時間をかけてしまい、お恥ずかしいかぎりだ。とはいえ、そもそも理解しやすかったらニュースとは言えない。

わたしは今回、大勢の人たちから意見を求めた。程度はさまざまだが、ほとんどの人は誠実に答えてくれた。この場をかりて全員に感謝したい。経済学者はみな良い人たちで、一般人と同様、脚色を交えて面白い話を聞かせたがる。実際には彼らが隠し事を好むということは、最後までわからなかった。経済学者にも些細な欠点はあるものだ。

目次

第II部 Part 2

ポール・ローマーと経済成長の謎

序章

Introduction

経済学を変えた一篇の論文

われわれには常識として蓄積してきた格言がたくさんあるが、なかでも「魚を一匹与えれば一日食いつなげるが、魚の釣り方を教えれば一生食いはぐれることはない」という格言は歴史が古く、引用されることも多い。今日ではここに、「魚を釣って養殖し、（遺伝子工学を通じて）変異させ、海での乱獲を防ぐために良い方法を発明すれば、多くの人を食べさせられる」と付け加えるべきだ。こうした方法はほとんど費用をかけずに模倣して世界中に広げることが可能だからだ。状況次第では、発明者であるあなたも豊かになれる。新しいアイデアは繁栄への鍵であり、その重要性は貯蓄や投資、さらには教育にも勝る。大小を問わず、あらゆる規模の私財のみならず、諸国民の富（the wealth of nations）を増やすための鍵でもあり、万人に数えきれない恩恵をもたらす経済成長を実現させる可能性を秘めている。このような新しいアイデアを背後で支えるのは、ゲーム進行上の複雑なルールであり、法の支配や政治という言葉で表現される。

一九九〇年一〇月、シカゴ大学の経済学者である三六歳の**ポール・ローマー**が主要学術誌に経済成長の数学的モデルを発表すると、二世紀以上にわたって正式には認められず日陰の存在だった知識経済学が、ようやく脚光を浴びるようになった。この論文には、簡単そうにも難解そうにも受け取れる「内生的技術変化」（Endogenous Technological Change）というタイトルがついていた。『ジャーナル・オブ・ポリティカル・エコノミー』に掲載された三二ページの論文は、受動態、数学的分析、控えめな主張など、科学論文の慣習が一通り忠実に守られている。同じ伝統の流れを汲む過去の研究が厳選されたうえで引用されているが、そのなかには今回の論文が主役の座を引き継ぎ、飛躍の土台にしたいと考える論文も含まれていた。一九五六年に**ロバート・ソロー**が発表した「経済成長理論への一貢献」（A Contribution to the Theory of Economic Growth）である。

ローマー論文の冒頭のパラグラフの以下の文章には、大抵最初に困惑させられる。「投入としての技術の際立った特徴は……一般的な財でも公共財でもないことだ。非競合的（nonrival）であり、部分的に排除可能財（excludable good）である……」。

ここから面白い話が展開される。というのも、一五年以上前に書かれ、未だに十分に理解されていなかったこの文章が、経済学の概念を抜本的に見直すきっかけになったからだ。財といえば従来、政府が供給する「公共」(public)財と市場参加者が提供する「私的」(private)財に分類されてきたが、そこに「競合」(rival)財と「非競合」(nonrival)財という新たな区別が加えられたのである。競合財は実体を伴う。そのため絶対的所有が可能で、共有範囲が限定される(アイスクリームのコーン、家、仕事、米長期国債など)。これに対して、非競合財はコンピュータにビットの連なりとして記録・保存されるので、ほぼ無制限に大勢の人によって等しく所有される(聖典、言語、微分法、自転車の設計原理など)。必然的に、ほとんどの財はふたつの要素を兼ね備えており、どちらかがゼロということはない。両極のあいだに様々な可能性が存在する。

デザイナードレス、パソコンのOSソフト、ジャズコンサート、ビートルズの楽曲。新しいコンピュータ・チップの設計、通信衛星から送られる符号信号。ヒトゲノムのマップ、新しい薬の分子構造と、その効率的な製造の秘密。遺伝子操作された種子と、それを生み出す操作手順。ピカソの絵画——本人の筆でキャンバスに絵の具が塗り重ねられた作品ならびに数多くの複製。車の窓に取り付けられた「赤ちゃんが乗っています」(Baby on Board)というステッカー。いまあなたが読んでいる本の文章、六一ページに掲載された方程式。これらはすべて模倣可能で、大勢の人が同時に共有したり利用したりできるので、非競合財に該当する。ほとんどは部分的に排除可能(excludable)だ。すなわち、少なくとも原則として、アクセスがある程度は制約される。競合財は物体(objects)、非競合財はアイデア(ideas)である。コンピュータのキャッチフレーズでは「アトム」と「ビット」に区別され、アイデアはバイナリ(二進法)ビットの連なりで表現される。数学の厳格な言語では、

「凸性」(convexities)と「非凸性」(nonconvexities)とに区別される。

非競合性という概念そのものは、経済学ではまったく新しいわけではない。一世紀以上にわたって財政の専門家は、「市場の失敗」の原因を説明するために難解な言葉をあれこれ考え出し、たとえば国防、街灯、新しい橋、灯台の警告ランプに共通する性質の説明を試みてきた。一九六〇年代には、非競合性がそこに仲間入りする。ローマーは非競合性を排除可能性という概念と結びつけ、従来とは異なる形の区別を行うことで、日常生活の経済的側面の様々な場面でアイデアが果たす役割に新しい光を当てた。アイデアに含まれるのは、企業秘密、処方箋、商標、アルゴリズム、メカニズム、特許、科学法則、デザイン、地図、レシピ、手順、ビジネスメソッド、著作権、違法コピーなどで、これらがまとまると、知識を基盤とする経済学が創造される。ちなみに、新しいアイデアを生み出そうという意欲と、既存の知識を引き続き効率的に分配・使用したい気持ちは必然的に対立関係にあって、どちらのインセンティブを優先すべきかの社会的選択のなかから、いわゆる知的財産が創造される。ローマーはこの対立関係にも注目している。

このふたつの目的、知識の増加を促すことと、知識の恩恵が広い範囲で共有されるように配慮することの対立関係をうまく管理するのは政府の責任であり、あらゆる点で、それは金融・財政政策の重要性に勝るとも劣らない。新しいアイデアの創造を促すインセンティブは複雑なシステムに支えられているが、それが十分に発達していないと、社会は全体的に進歩の不足に苦しむ(特に貧困層への影響は大きい)。逆に、インセンティブが大きすぎても、あるいは対象がごく一部に限られても、社会には悪影響がおよぶ。

こうした点を把握すれば、これから本書が語るストーリーの核心部分を理解したのも同然だ。おそらくあなたはすでに、それを直観的に十分理解しているのかもしれない。

「内生的技術変化」論文の発表によって、ローマーはいわばレースで勝利を収めた。二〇世紀末のグローバリゼーションのプロセスを解明し、発展から取り残された場所での経済成長を促す方法を実践的な視点から新たに提言する、大学を研究拠点とする経済学者の集団で繰り広げられていたレースにおいてである。そもそもレースが行われていること自体が、比較的少数の、様々な事象の解明を競い合っている関係者にしか知られていなかった。経済成長の謎に「正解」が存在する可能性、いや、そもそも謎が存在することさえ多くの人には否定され、おそらくほとんどの人からは疑いの目を向けられてきた。

ところがわずか数年のうちに、第二次世界大戦後の諸国民の富の成長に伴う問題が明らかにされ、解決には至らなかったにしても、少なくとも技術経済学（technical economics）の形式言語で新たな枠組みを与えられた。基本的な選択肢は以前よりも明確になった。知識の増加の貢献度に焦点が当てられ、分析可能になったのである。制度の役割が新たに強調され、さらに、（少なくとも経済学の講義では）長らく顧みられなかった存在、すなわち起業家（entrepreneur）にもようやく重要な役割が確保された。

「ローマー'90」（論文参照の略記）は、傑作の概念には当てはまらない。世界的に偉大な哲学者の著作と一緒に書棚に並べるにはふさわしくない。しかし、これは確実に傑作であり、その理由は比較的説明しやすい。

経済学者を悩ませた厄介な「収穫逓増」

経済理論の基本的な構成単位について考えてみよう。お馴染みの「生産要素」であり、ほぼ例外なく経済学入門書の第一章で取り上げられる。三世紀にわたって経済学では、土地・労働・資本の三つが、生産要素の最も基本的な分析カテゴリーとして定着してきた。土地とは、大地そのもの、牧草地、森林、河川、海、鉱山などの生産能力のことだ。労働は、多様な取り組み、才能、男女を問わず人間による単純労働を指す。資本は、導入される装置、職場や住居といった建造物のことで、そこには財そのものだけでなく、財や賦役に利用可能なあらゆる種類の金融資産も含まれる。このカテゴリーは一七世紀に生み出されたのだが、その時代にはグローバル経済の拡大によって近代資本主義が誕生している。三つの生産要素は日常の馴染み深いあらゆる事柄に及んでおり、例外は何もないように見えた。誰がどんな財を誰のために生産すべきで、職場での人間関係はどうなっているか、人口規模の決定要素は何か、政府はどれだけの責任を引き受け、何を市場に任せるのが最善なのかについて、この三つを使えば経済学者は論じることができた。

最初から、人間の条件の一部が当然と見なされた。ひとつは知識の程度。もうひとつは、嗜好や好みとして表現される人間の本性だ。どちらも「所与」（given）であり、かならずしも不変ではないが、経済とは異なる要因によって決定されるものと考えられた。このように物事を簡略化する技術経済学の習慣は、少なくとも一九世紀の**ジョン・スチュアート・ミル**（一八〇六〜一八七三）の時代にまで遡る。現代風に言えば、これらの背景条件は経済のシステムにとって外生的なもの（exogenous）と見なされた。モデルの外にある「ブラックボックス」であり、そのなかの細かい仕組みは意図的に無視された。自分には関心がないとき、ウェイトレスが「これはわたしの担当テーブルではない」と言うのと同じだ。

世界をこのような形で分割すると、答えの出ない問題がいくつか生じた。特によく知られるのが、規模に対する「収穫逓増」（increasing returns）という言葉で総称される厄介な現象だ。投資の追加に伴う「収穫逓減」（decreasing returns）は、経済学ではお馴染みのテーマだった。結局、どんなに豊かな炭層も枯渇する。肥料をはじめて施された土地は驚くほど豊かになるが、一〇回目ともなれば作物を枯らしてしまう。収穫逓減によれば、最初は大きな努力をしなくても簡単に目標を達成できるが、時間の経過とともに、同じ労力をかけても見返りが少なくなっていく。その結果、コストは徐々に上昇する。

収穫逓増は、それとは正反対だ。仕事や犠牲の量が同じでも、回を重ねるごとに財の量が増加するので、収穫逓減の定義が覆される。この場合には、生産する品の数が増えるほど、平均コストは下がり続ける。その事例としてよく紹介されるのがピンで、**アダム・スミス**（一七二三〜一七九〇）

の有名な一節では、専門化から得られる利益についてピンを使って説明している。しかし、価格の低下に関するスミスのストーリーは、仕事の細分化から得られる利益にしか注目していない。そこには明らかな限界も存在した。

一九世紀を通じて、収穫逓増は主に印刷機、力織機、蒸気機関などの機械による産出に関係していると考えられた。やがて、鉄道、電気、電話など顧客やネットワークを追加しても余計なコストがほとんど、もしくはまったくかからない場合にはかならず、収穫逓増が存在することが少しずつ認識されるようになった。これらの産業では、収穫逓増（コスト低下）が通常の競争原理に破壊的な影響をもたらすため、利益を膨らませていく企業はやがて単なる独占ではなく、「自然独占」(natural monopoly) を引き起こしていると言われるようになった。基本的に自然独占においては市場で単一の生産者が財の生産を一手に引き受け、よく似た代替材が存在しない。競争相手が不在のなかでの行動は、必然的に政府による監視を受けなければならない。

アダム・スミスのあとに登場した経済学者は、収穫逓増という現象、つまりコストの着実な低下という現象をあまり歓迎しなかった。なぜなら、最も基本的な直観、すなわち欠乏が根本的な問題であって、土地にせよ食糧にせよ石炭にせよ清潔な空気にせよ、人類には恒久的に何かが不足しているという直観に反するからだ。コストの低下はこの解釈と相容れない。しかもコストの上昇とは異なり、競争の影響について記述・分析するために使われる数学的ツールとの矛盾が生じた。そのため、独占はルールの例外と解釈された。価格が競争によって決定されるのではなく生産者によって自由に設定される状況は、「市場の失敗」という特例として脚注に記されることになった。経済学者が競争に注目していたあいだは、議論から除外されていた。

こうして収穫逓増問題はしばらく棚上げされた。経済学者はこれにひとひねりを加え、矛盾が解消されたかのような印象を与える概念を導入した。たとえば、規模に対する収穫は全体としてみれば逓増も逓減もせず一定であるとか、労力と産出はお互いに正比例して際限なく増加するといった、都合の良い前提を考え出した。このような前提がほぼ無意識の思考習慣として確立されるうえで、形式化は中心的な役割を果たした。

一八世紀には記述的経済学（literary economics）に三段論法が、一九世紀には三段論法に微分法が、二〇世紀には微分法に集合論や位相数学といった具合に、新しい技術が次々と付け加えられるにつれて、収穫逓増の地位はどんどん不確実で曖昧になっていった。一九五〇年代に経済学全体として形式モデルが確立されると、その傾向は特に顕著になった。

知識をめぐる人間ドラマ

一九七〇年代末から一九八〇年代はじめにかけて、状況が変化する。本書が取り組む成長理論の研究が、主にケンブリッジとマサチューセッツとシカゴを中心に進められたのだ。当時は、ニューヨークや首都ワシントンで「サプライサイド経済学」（supply-side economics）をめぐる議論が大きく注目されていたが、成長理論は遠く離れた場所で育まれた。このとき、シカゴ大学、マサチューセッツ工科大学（ＭＩＴ）、ハーバード大学、プリンストン大学の一部の大学院生たちが、経済学の語彙や分析的枠組みの盲点を独力で発見した。最初は小さく見えた盲点は、時間の経過とともに（抽象化が進むにつれて）大きく目立つようになった。そこで、大学院生たちは収穫逓増にいたる現象の形式モデルの作成に取り組み、短期間で成功を収めた。

これらの問題はしばらくの間、若い経済学者と教師との会話、配偶者同士や友人同士の会話、競争相手との会話などと同様、世間を揺るがしたわけではなかった。経済学という学問分野のなかで、興奮が少しずつ広がっていった。やがて、斬新さ、多様性、市場の力といったテーマに関する新しいアイデアが、経済思想のタペストリーに新しい糸として織り込まれていった。最初は産業組織論、つぎは貿易論、そのつぎは成長論、そのあと再び産業組織論といった具合に、いくつものサブフィールドが対象になった。こうして出来上がった新しいモデルは、人口、教育、科学、起業家精神、貿易、反トラスト、都市などといった分野の政策に応用された。マクロ経済学ではお馴染みの金融・財政政策に応用されたことは言うまでもない。ちょうどこの時期には、政治経済学を重視する傾向が顕著になり、研究者は変化を取り入れる対象として、政治制度や経済制度に直ちに注目した。これらの制度そのものが知識によって成り立っていたのである。一九九〇年代はじめの数年間は、経済学を研究するほぼすべての関係者が、収穫逓増に関する新しいアイデアについて持論を持つようになった。

いまだにまったく世に知られていないこうした経済学の発展は、他方で深い人間ドラマも伴っていた。そのドラマでは現代のヒーローたちがある面で現代経済学の世代を象徴している。ロバート・ソロー（一九二四年生まれ）、**ロバート・ルーカス**（一九三七年生まれ）、ポール・ローマー（一九五五年生まれ）である。いかに知識が長いあいだ経済学から疎外されてきたのか、なぜ未だに一部の人が知識を嫌がっているのか。そのストーリーは、それ自体、かなり面白い。

というのも、論文の重要な方程式が日常言語に変換された途端、「内生的技術変化」の重要性は明らかになるからだ。ローマーが一九九〇年に発表した論文は、従来とは異なる形で経済学の世界を分割した。実際に知的革命に関わっている人たちから見れば一夜にして、それ以外の人たちから見れば少しずつ、従来の「生産要素」の定義が見直された。経済分析においては二〇〇年にわたり、土地、労働、資本の三つが基本的カテゴリーとして採用されてきたが、もはやそうではなくなった。最も初歩的な分類は、ヒト、アイデア、モノの三つに置き換えられた。

ヒト、アイデア、モノ。このフレーズはまだ教科書に掲載されていないし、文献でも普及していない。しかし、知識に基づいた経済学が重要な点（非競合的であり、部分的に排除可能性を備えた財！）において、従来の経済学と異なり、ヒト（専門知識やスキルや長所を持つ人間）やモノ（天然資源から株式や債券までの従来型資本）に対する見方が従来と異なることが認識されると、問題は解決され、経済学の分野には変化が起きた。お馴染みの希少性の原理は、豊かさの原理によって拡張されたのである。

技術変化と知識の増加は内生的なものとなり、経済学の語彙と分野の範囲内で説明されるようになった。その結果、ある程度の混乱が引き起こされた。それを確認するためには、どこに着目すればよいか理解しなければならない。

KNOWLEDGE
and the
WEALTH of NATIONS

A Story of
Economic Discovery

Part 1

第 I 部

第1章 専門分野としての経済学

The Discipline

米国経済学会（AEA）に集まる面々

新入会員から一般に「連合総会」と呼ばれる全米社会科学学会連合会（Allied Social Science Association, ASSA）の年次大会において、米国経済学会（AEA）は満を持してその年の議題を発表する。開催地には毎年かならず異なるコンベンション・シティが選ばれる。年が明けて最初の週末、AEAに所属する経済学者や各方面の関係者は、大きなホテル――正確には複数の大きなホテル――に集合する。講演を行い、最新のアイデアについて学び、新しい問題に関する公開論議に耳を傾け、就職希望者を面接する（あるいは応募者を募り、たわいのない会話を交わす）ことが目的だ。開催都市によって異なるが、出席者はおよそ八〇〇〇人。それ以外のおよそ一万二〇〇〇人のＡＥＡ会員は、日ごろ蓄えてきた知的資本を会場で披露する機会が一年延長されるが、大会への不参加を特に残念がるわけでもない（五月に議事録の短縮版が発表されれば、最高の評価を受けた論文を斜め読みすることができる）。おそらく、それ以外の一万八〇〇〇人の経済学者は、学会への加盟など考えない。連合総会は、経済学が信奉者によって披露される儀式の場であり、法が支配するアイデア共和国の首都のような存在である。

プログラムの目録は、四〇〇ページの本にまとめられる。ただし、誰もが何をすべきかわきまえている。ある都市での会話はおおむね、前年に別の都市で終了したところから再開される。大会に先立ち、参加者のあいだではひそかに策略がめぐらされる。そのあとに行われる公の場での発表からは、紹介されるアイデアが盗んだものなのか盗まれたものなのか、突き止める手がかりはほとんど得られない。新入会員は、この場所には序列や特権が存在していることを十分に理解している。時折無駄口をたたく者がいるが、それ以外はほとんど進行が中断されない。そして、少数の部外者が毎年出席を許され、数人のジャーナリストが初参加する。何もかもが自由で前向きで、どの会話も際限なく続きそうな印象を受ける。こうして様々な話題に関して集中的な話し合いが二日半にわたって続けられ、そのあと参加者は解散する。

科学的アプローチで取り組む経済学者にとって、ＡＥＡは最も権威ある団体というわけではないが、少なくとも彼らが一堂に会するフォーラムとしては最も目立つ存在だ。ノーベル経済学賞受賞者、教科書の執筆者、語彙の考案者、大統領経済諮問委員会のスタッフ、中央銀行の幹部やウォール街企業の顧問、今日の課題を論じて理解するための枠組みの提供者など、多彩な顔触れがそろう。なかでも注目すべきは、経済学を次世代の若者に教える大学の研究者たちだ。実際、この学会のおよそ一万八〇〇〇人の会員の圧倒的多数は教授である。ブルッキングス研究所の四人の学者、大学の学長に転じた三人の元経済学者、プリンストン高等研究所に所属するひとりの経済学者を除き、AEAのトップは創設以来、常に大学教授だった（シカゴ大学教授だった**ポール・ダグラス**〈一八九二〜一九七六〉は会長を一年務めた後、イリノイ州から上院議員に選出された）。さらに、三人のカナダ出身者が含まれるものの、米国市民以外が会長になったこともない。

研究者や教師以外にも、経済学者が名を残すことができる方法は数多い。会社経営者、大学の学長、富豪、財団の運営者、中央銀行総裁、政策通、測定専門の経済学者、影響力のある顧問、さらには政治家になることもできる。少なくとも最近まで——ひょっとしたら未だに——金融市場で生計を立てる人たちは、研究専門の経済学者と、市場を活動の場とするマーケットマン（女性も含む）にはっきり区別されてきた。マーケットマンは、研究や講義ではなく、実際の経験によって生来の能力に磨きをかけていく。たとえば大物のひとりであるポール・ボルカーは、一九五〇年代はじめにハーバード大学で修士号を取得したが（あるいは、それが理由で）、本から学ぶ経済学を過小評価している。彼の後継者のアラン・グリーンスパンはニューヨーク大学から博士号を授与されたが、それは大学を中退してから二七年後のことで、最初は大統領経済諮問委員会の委員長を一期務めた。あるいは、秋に年次大会が開かれる全米企業エコノミスト協会は、主に金融機関や一般企業を活動の対象とする実践的なアナリストの意見を尊重する。米国経営学会はビジネススクールの教授やコンサルタント向けの組織で、夏に年次大会が開催される。そしてもちろん、様々な市場の参加者の圧倒的多数は経営幹部、資産運用者、トレーダー、会計士、弁護士など、ありとあらゆる種類の実務家であり、経済学者とはまったく無関係である。

最近では、とびきり優秀な経済学者の一部がウォール街の企業で働く道を選び、AEAで活動を続ける経済学者はわずかしか残っていない。しかも彼らの主な目的は、お金についての理解を広く共有することではなく、お金を稼ぐことへと変化した。それでも連合総会の重要性は失われていない。経済学は何よりもまず、教授が実践・監督する科学であることがここでは確認される。その意味では、天文学、化学、物理学、分子生物学と変わらない。この伝統は、アダム・スミスが大学（グラスゴー大学）に拠点を置く最初の経済学者になったときに始まり、その傾向は時代と共に強まっている。同じ学問を選択した仲間が集まり、厳密に序列化された団体であるAEAは、技術経済学の世界の最高峰である。

プログラムには「米国」と謳われているが、過去半世紀、連合総会を運営する組織は事実上の世界機関だった。というのも、米国は金融市場の柔軟性と奥深さが世界で最も優れているが、それは経済学に関する議論にも当てはまるからだ。米国では一九世紀に、改革論者、宗教指導者、歴史家、そしてAEAを創設した経済学者による論戦の遺産として全米社会科学学会連合会（ASSA）が誕生し、その傘下に専門色のより薄い経済学会が緩やかな階層組織として存在している。全部で五〇以上ある学会のなかで、最も重要なのがＡＥＡである（米国歴史協会はだいぶ前に独立した）。ほかには地域や機能ごとに、細かく専門化された学会が組織されている。たとえば米国の西部、東部、南部、中西部には支部があるし、金融学会、公共選択学会、急進的政治経済学のための連合などが結成されている。これらの下部組織で説得力のある解釈を新たに考案した研究者は、それが受け入れられるにせよ拒まれるにせよ、その素材を上部組織に提出することを望むとの非公式の了解がある。

精鋭ぞろいのエコノメトリック・ソサエティ（計量経済学会）は、ＡＥＡと比べて国際色がずっと強い。一九三〇年代に結成されたこの組織は、明らかにグローバル路線を特徴としている。会員の半分は米国以外の居住者で、会長は意図的に毎回異なる地域から選出される。そしてすべての大陸が、毎年または隔年ごとに開催される定例会議や、五年ごとの世界会議の開催地の対象になっている。会員は二種類に分類される。誰でも自由に入会できるが、フェローになるためには、まずは現役のフェローからの推薦が必要で、なかには三五歳未満の若さで選ばれるケースもある。つぎにフェロー全体で投票が行われるが、全体の三分の二ちかくがこの段階ではねられてしまう。このように、意識的に国際色を強めた学会は超一流の経済学者で構成されるが、世間の注目をあえて集めようとはしない（二〇〇四年末の時点で、会員は四九一〇人。そのうちフェローは五八〇人で、そのなかの一四一人は「活動休止状態」すなわちほとんどが高齢者である）。そのため、エコノメトリック・ソサエティはＡＥＡよりも知的レベルがずっと高いが、世間での認知度に関しては一歩劣っている。ＡＥＡはビッグテント、つまり多様性を包括する組織であり、新しい本格的な研究が最終的に受け入れられるまでには、十分な検討や比較や議論が必要とされる。数式は言葉で表現し直したうえで、一般大衆に説明されなければならない。ちなみに専門分野ではバルカニゼーション（地域的分裂）が、常に脅威として付きまとう。実際に最近では、欧州経済学会が地位を大きく向上させた。しかしそれでも、ＡＥＡの覇権にとって深刻な脅威というほどではない。

なぜ米国は抜きんでているのだろうか。それは、最先端の研究から日常の指示、メカニズムデザイン、戦略的分析、予測にいたるまで、あらゆるものを経済学が提供しなければならないほど、米国の市場が圧倒的に世界で最も幅が広く深いからだ。さらに米国では金融市場だけでも、経済学者に何千もの仕事が準備される。大手銀行やウォール街の企業は、本格的な研究の題材になった。米国政府は主に全米科学財団を通じ、経済学者の訓練や純粋経済学の研究の支援に毎年数億ドルを費やす。専門分野を追求し、深く掘り下げ、同じ目標を持つライバルと知恵比べをする機会が、米国の研究大学ではどこよりも大きい（ただし、カレッジは多くの実践的な学者にとっての活動拠点である）。

生計を立てるためには様々な方法があるが、過去数年間のＡＥＡ会長のリストを見ると、それらをひとまとめにして作られた合成写真のような印象を受ける。**アーノルド・ハーバーガー**（一九二四〜）がチリ女性と結婚したことが伏線となり、チリのテクノクラートとシカゴ大学のあいだには強い絆が恒久的に確立された。その後、この結びつきは小さな波及効果を次々にもたらし、最終的には世界中で開発経済学の実践に変化を引き起こした。ベンガルの小村出身の**アマルティア・セン**

（一九三三〜）は、富と貧困の本質に関する洞察力のある問いによって、ケンブリッジ大学トリニティ・カレッジで修士号を獲得した。**ヴィクター・フュックス**（一九二四〜）は、毛皮小売業の経済的側面についての研究からキャリアを始めたが、最後は医療経済学の分野で一流の学者と評価されるまでになった。ホロコーストを生き延びたリトアニア人の**ツヴィ・グリリカス**（一九三〇〜一九九九）は、一代雑種トウモロコシの重要性について焦点を絞り、その後は企業の研究開発に注目した。カナダ人の**ウィリアム・ヴィックリー**（一九一四〜一九九六）は頭脳明晰だが変人で、時代のかなり先を行く人物だった。経済学者としてほとんど忘れられた存在だったが、元教え子のロビー活動のおかげでAEA会長に選出され、さらにはノーベル経済学賞も受賞する（そのわずか三日後に亡くなった）。**トーマス・シェリング**（一九二一〜二〇一六）は戦略的行動に関する先駆的な研究を手掛け、ゲーム理論を日常の経済的側面に応用するため三〇年費やした。厳格なフランス人の**ジェラール・ドブルー**（一九二一〜二〇〇四）は、カリフォルニア大学バークレー校で「フリー・スピーチ」運動が展開されているあいだ、数理経済学の体系化に専念した。もっと時代を遡れば、**ジョン・ケネス・ガルブレイス**（一九〇八〜二〇〇六）も会長職を務めた。彼は記述的経済学者で、経済学を批判した一連の著作は多くの読者を獲得した。ちなみに会長に選ばれたのは、直前の会長だった**ミルトン・フリードマン**（一九一二〜二〇〇六）が、ガルブレイスは「経済学者ではない」と発言して指名委員会（フリードマンもメンバーのひとりだった）を怒らせたからだと言われる。

一方、経済学にきわめて大きな影響を与えた経済学者の多くが、少なくとも功績を世界で認められるまでは大会に参加しない。科学の例に漏れず、経済学でも最高の栄誉に値するのは、独創的な研究によってほかの経済学者の発想を一変させるほどの成果を上げた研究者だ。ＡＥＡの名誉会員には少人数の外国人（最大で四〇人まで）が含まれており、名誉会員への選出は、各国で最も著名な思索家であることの証しである。英国から一四人、フランスから六人、イスラエル、ドイツ、日本からそれぞれ四人、インドから二人、オーストラリア、ベルギー、ハンガリー、スペイン、スウェーデン、スイスから一人ずつが、二〇〇四年の時点で選ばれている。会長職を要請されなくても多大な貢献を評価されている年配の学者は、協会の特別フェローに任命される。選ばれるのは一年に二人ずつで、残念賞のようなものだ。そして、少なくとも部外者のあいだで最高の評価を受け、経済学者の頂点に君臨するのが、ノーベル経済学賞の受賞者である。

ノーベル経済学賞の歴史は比較的新しい。あらゆる研究分野の経済学者を対象にして、経済学の学問全体としてのビジョンに何らかの劇的な変化をもたらした人物が選ばれる。協会のリーダー的存在が、かならずしも受賞者というわけではない（駆け引き上手な学者が、会長職には最もふさわしい）。もちろん、ふたつの要素を兼ね備えている人物もいる。**ポール・サミュエルソン**（一九一五〜二〇〇九）とミルトン・フリードマンは、ノーベル賞受賞者だが会長としても優れた手腕を発揮した。これに対し、一部の受賞者は仲間から孤立して研究に打ち込み、少人数の専門家とだけ親しく交わり、研究以外の事柄には関心を示さない。名誉会員になるまで連合総会に足を運ばない学者もいるし、まったく顔を見せない会員もわずかながら存在する。それでも、これらの思索家たちのあいだには共通点が存在する。それは、アイデアの共和国で展開される議論が、どのようなルールや理念に統制されているか十分に理解していることだ。そして誰もが何らかの方法で、経済学者の視点に変化を引き起こしている。

第2章 「理論は、正しい継ぎ目で切り分ける方法を教えてくれる」

"It Tells You Where to Carve the Joins"

学術誌とレフェリーシステム

四〇〇ページにおよぶ連合総会のプログラムには圧倒される。貨幣、銀行業務、健康、環境経済学など、取り上げられる話題は幅広いが、それよりはむしろ、議論のツールとして使われる一連の数学や計量経済学に戸惑ってしまう。動的計画法、行列代数、マルコフ過程、オイラー方程式。時空の確率場を予測するためのノンパラメトリック共分散推定などなど。しかも経済学者は、自信やアイデンティティといったお馴染みの話題について語るときでさえ、双曲割引の観点から話したがるし、確率解釈を好む傾向がある。何百もの部会で何十もの論題が取り上げられ、数えきれないほどの見解が発表される。それを理解できる経済学者、いや支持する経済学者さえひとりもいないのではないかと思えるときもある。

しかし一皮むけば、連合総会の社会構造は通常の科学と何ら変わらない。補足説明、難問の解明、問題の解決、ツールの創造、応用に向けた実証に大勢の人たちが専念している。参加者にとって連合総会は、キャリアを構築するための絶好の機会だ。そして部外者にとっては、連合総会の大半は退屈きわまりない。

しかし、従来の思考体系に異議が唱えられるなど、大きな問題が関わってくるときには、どちらの言い分を支持するのか、参加者は意思表示を求められる。ただしその場所は、公開部会とはかぎらない。技術経済学の仕組みは複数の制度を通じて毎年変化していくが、実践的な事柄の多くが舞台裏で話し合われる社交行事に注目しなければ、それを見つけることはできない。それについては、四〇〇ページにおよぶ本の巻頭や巻末にリストが掲載されているが、つい見落とされてしまう。最も見つけやすい場所は展示ホールだろう。というのも、われわれに大きな影響を与える制度のひとつである教科書によって、ここでは実際に大金が稼ぎ出されるのだ。

出版は経済学の経営部門だ。展示ホールにはたくさんの本が陳列されるが、そこで話題の中心になるのは本の「採用」で、新しい年度にカレッジや短大や総合大学でどの教科書を採用するかについて話し合われる。定価が一三〇ドル以上（そのほか、ワークブック、学習参考書、総合テストなどの「付録」でおよそ二五ドル）の経済学の教科書は、最低限の売上を達成しさえすれば、出版関連の投資としてきわめて利幅が大きい。経済学者が専門分野に従来とはやや異なる視点を取り入れ、それを一冊の新しい教科書にまとめて出版するのが毎年の恒例になっているのも無理はない。

時おり有名な経済学者がホールにふらりとやって来て、偉そうに歩き回る。有名人への反応は、経済学でもほかのビジネスでも変わらない。ブースに待機している出版関係者やその場に居合わせた人たちは話をやめて、スターに注目する。展示ホールに現れるときや登壇しているとき以外の長い時間、大物たちはどこにいるのかという疑問が、一瞬頭をよぎるかもしれない。実は彼らは地階の部屋かホテルのスイートルームに滞在し、求人市場に参入した若い経済学者たち――ほとんどが初参加だ――を面接している。ひとつの世代の最高の人材が、つぎの世代の最高の人材を探し求めるのだ。これが教科書に次ぐふたつ目の制度である。

この求人市場は、毎年春に始まる厳しいプロセスの集大成である。春になると、世界各地の大学院に新しい入学希望者が集まってきて、合否を判断される。応募者はどれくらいの数かと言えば、毎年おそらく一万人ぐらいが四〇〇程度のプログラムに申し込む。プログラムを提供する大学は、ハーバードやシカゴ大学だけでなく、テルアビブ大学、モスクワのプレハーノフ記念ロシア経済アカデミー、デリー・スクール・オブ・エコノミクスなど、世界各地に分散している。何人が入学を許可されるかと言えば、希望者の四分の一に満たない。そのなかでプログラムを無事終了するのは、一握りである。このシステムは修士号を量産し、ABD（博士号取得のための必須科目と試験は全部終了しても、論文がまだの人）はあふれかえっているのだが。この数年間を見ると、米国の大学では毎年およそ八五〇〇人が新たに博士号を取得して卒業している。おそらく世界のほかの大学の卒業生を合計した人数はその二倍程度だろう。対照的に、米国では毎年およそ一万五〇〇〇人の医師、およそ四四〇〇人の歯科医が誕生している。エンジニアの場合は六六〇〇人以上が博士号を取得する。弁護士は四万人ちかく、そしてMBAは約一二万人にものぼる。

ただし、最も優秀な若手の経済学者が最終的に競い合う教授職や官職は、トップクラスの医師や弁護士の状況に多くの点で匹敵し、かなりの賃金格差を除けば満足感は多少上回るほどだ。大学に籍を置く若手経済学者のなかには、給与が二〇万ドルを超えるケースもわずかながら見られ、一部のビジネススクールではその三倍の金額が支払われる。給与以外の手段による収入も多く、一社占有ソフトウェア・プログラムの作成、コンサルティング、役員賞与、専門家証人としての手当てなどが含まれる。そしてもちろん、金融市場には様々な可能性が常に存在している。

バスケットボールと同じく、経済学ではメジャーリーグ級の潜在能力を備えた人材を見分けるのが比較的容易だ。確かに、天才がいきなり表舞台に登場してくるときもある。さらに毎年、少数の有望な人材が土壇場になって、ほかの分野から経済学に興味を移して応募してくる。しかし大体において、毎年の応募者のなかでトップにランクされる人材は、どの大学の出身で、三年生からどんな講義を受けてきたかによって見分けることができる。経済学よりも数学のほうがしばしば重視されるのは、経済学の基本的な事柄を表現する言語が数学だからだ。まだ若いうちに、経済学者は数学に熟達しなければならない。そのため大学院プログラムのあいだでは、数学の得意な学生を集めるための競争が繰り広げられる。

学部の教員はきめ細やかな個人的配慮、最高の授業内容、最高のサポート、上級職への最速かつ最もスムーズな経路を約束する。数学のＧＲＥ（大学院入学学力試験）の結果と推薦状に基づいて最高の評価を受けた学生には、全米科学財団の助成金ならびに奨学金が合わせて年間五〇〇〇ドル支給され、授業料と生活費が免除される。

優秀な学生はどのように作られるのだろうか。数学が得意なだけでは十分ではない。助手が形式的推論の複雑な仕組みを学んだから、何か重要な事柄について語れるようにはなるというわけではない。あるいは、細かい予備知識が関連するとも思えない。優秀な学生はあらゆる方面から集まってくるもので、最近では、きわめて優秀な若手経済学者のひとりが一六歳まで旧ソ連で暮らしていた。科学的気質はプラスの材料になる（「探究心にあふれ、忍耐強く疑い、断定するまでに時間をかけ、考え直すのを厭わず、慎重に処理や整理を行う」ことを、フランシス・ベーコンはずっと以前に科学的気質として指摘した）。しかし、将来大きな影響力をおよぼす学生にとって不可欠な才能は、「経済学の視点から考える能力」である。どんな問題にも経済学の標準的なツールキットで取り組み、必要に応じて新しいツールを考案する能力が求められる。

大学院の一年目は、一般にブートキャンプ（新兵訓練施設）のようだと言われる。プロとしてのキャリアをとりあえず始めるためにマスターしなければならないテクニックやツールの使い方について、容赦なく訓練される。最難関大学は教科書についていちいち思い悩まない。その代わりに講義や課題図書、さらには解答すべき問題が際限なく提供される。その学習プロセスはしばしば学生から、新しい言語を学ぶプロセスに喩えられる。幅広い分野に精通するためには、論文を書き試験を受ける必要があり、そのあいだには、学生同士で絶えず議論を戦わせる。二年間のコースを終了すると、経済学の基本ツールや、特定の専門分野の最前線の知識について十分にマスターできる。そして三年目からは、ゼミで特定のテーマについて研究する段階に入る。すでに経済学の教義について学んできた学生たちは、今度は自分で考えることを学ばなければならない。そのあとは学位論文の執筆に入る。完成までには五年、ひょっとしたら六年の年月がかかり、わずかながら四年で仕上げる学生もいる。論文が完成間近になると、まもなく博士号を取得する学生たちは求人市場に参入する。この求人市場はプロスポーツのドラフト会議と似ており、新規参入者に関する十分な情報が潜在的な雇用主に予め提供されることが恒例になっている。毎年、一握りの成功確実なスターがリーグに参加する。修行段階を終えた学生が大勢参加するが、通常は複数のポジションをこなすユーティリティー・プレイヤーやダークホースが入り混じっている。一部の学生は教鞭をとることなく、企業や官庁にそのまま就職する。最終的に研究者の殿堂入りを果たすのは、卒業生のなかのほんの一握りだが、ほぼ全員が充実したキャリアを楽しむ。

連合総会で経済学の変化を支える三番目の制度は、部外者が独力では見つけにくい。それは、様々な大学の学部が卒業生や友人のために催す夜のカクテルパーティだ。原則として、招待されなくても歓迎されるが、会場ではちょっと居心地が悪いかもしれない。通路での会話では電報のように簡潔な表現が使われるが、カクテルパーティでの会話はそれよりもさらに短い。多くの言葉が省略されるのは、すでにわかりきっているからだ。結局のところ、同じブートキャンプに参加した人たちばかりが集まってくる。参加者が求人市場に参入した時期は様々で、研究を通じて教義の変更に成功した者もいれば、変化を起こすのに失敗した者もいる。長いあいだには思いがけない出来事が発生する。優等生が行き詰まったり、目立たなかった学生が出世したり。卒業から何年も経つと、かつての仲間の顔をすっかり忘れてしまうが、専門分野で確固たる地位を築いているケースも多い。みんな若かりし日の過去の栄光を一瞬だけ追体験してから、今度は参加者の顔ぶれがまったく異なるディナーへと向かう。

トップにランクされるＭＩＴ、ハーバード、シカゴ、プリンストン、カリフォルニア大学バークレー、スタンフォードの学部は毎年変わらないが、変化は常に進行している。学部はスポーツのメジャーリーグのチームのようなもので、新米の経済学者を雇うだけでなく、ほかの大学の学部のスターにオファーを、時には立て続けに出し、事実上フリーエージェント契約を結ぶ。最高峰の学部は常に人材を確保しやすい。たとえば資金潤沢なプリンストン大学が、世界中の二〇人ちかくのとびきり優秀な人材にオファーを出したとする。全員が突然移籍すると、プリンストン大学経済学部は世界最高の学部として突出してしまう。しかし強力な対抗勢力が存在しており、やられたと思えばやり返す。

その下のランクの五つの大学には、十数校の学部が候補として考えられる。イェール、ケンブリッジ、オックスフォード、ロンドン・スクール・オブ・エコノミクス（ＬＳＥ）、ノースウェスタン大学、ボストン大学、ニューヨーク大学、ペンシルベニア大学、ミシガン大学などだ。この二番目のランクの下にも、多くの優れた大学の学部が存在しており、最高級の研究を行う環境が整っている。持ちつ持たれつの関係が原則で、最高の大学は最高の学生を確保したら、それにふさわしい最高の教師や研究者を集め、うまく配合されるプロセスが繰り返される。それでも優秀な学生の人数は多いので、米国だけでも一〇〇以上にのぼる博士プログラムは人材の確保に困らない。実際、四〇〜五〇のプログラムはかなり高い評価を受けている。

われわれのツアーの最終目的地はいろんな意味で最も重要な場所だが、カクテルパーティがお開きになって出席者たちが夜の町のレストランに流れていくまで廊下に居残らなければ見つからない。ホテルのパブリックフロアには、ささやかなディナーのための部屋が確保されている。これは学術誌の編集者や論文を査読するレフェリー（査読者）が催すディナーで、経済学を支える伝統的な枠組みのなかでは最も見えにくく、最も排他的である。ここに忍び込むことはできない。これらのディナーの席では、経済学が専門分野への忠誠心によって象徴的に分類されるため、せせこましい問題や制度への忠誠心とは無縁の状態で、アイデアの共和国としての経済学の真の姿が浮かび上がってくる。

学術論文は、経済学でキャリアを築くための基本的手段であり、その点は科学と呼ぶにふさわしいほかの学問分野と変わらない。学術誌は（一七世紀末に）新しい原稿を公表する場として発明されたとも言われる。その狙いは、絶対に確実な主張に焦点を絞り、十分に考慮したうえで、従来の知識のなかにそれを新たに付け加えることだ。参考文献が厳選のすえに掲載されるのは、過去の研究に敬意を表すると同時に、新しい研究が収まるべき場所を特定するためだ。学術論文は新しい発見について発表し、他人の発見を解説または批判し、既知の事柄をまとめて合意を形成するための手段であり、書式は事細かい規則によって定められている。しかし何より、新たに発表される論文は正直で独創的でなければならない。これらの基準はレフェリーの伝統によって守られる。

経済学（あるいはどの科学）においてもレフェリーは、スポーツの場合と大差ない。礼儀作法が細かい点が異なるぐらいだ。経済学ではレフェリーはストライプのシャツを着用しない。通常は座ったまま仕事をこなし、誰もフルタイムでは働かない。大きな違いは、科学のレフェリーは匿名である点だ。科学史家のジョン・ザイマンはつぎのように語る。「執筆者が博士号を取得しているとか著名な教授だという事実だけで、偏見、愚劣、誤り、さらには軽い心神喪失と無縁だという保証はない」。そこで学術誌の編集者は、提出された論文を友好的な専門家たちに読んでもらい、採用するか否かを勧められ、そのアドバイスに従う。論評される原稿は執筆者の名前や所属先を明かさないまま、レフェリーのメールボックスに届けられる。その後、レフェリーから推薦文や解説が戻ってくるが、こちらも匿名である。執筆者はレフェリーの正体をしばしば見破るが、もちろんレフェリーのほうも、同僚の研究の独特のスタイルをすぐに見破るだろう。これは、専門家が高度な研究を行う世界各地の仮想共同体に共通の性質で、同じサブフィールドに属する学者同士は誰でも顔見知りになる。ロバート・ボイル卿は三五〇年前、このような組織を「見えざる大学」と呼んだ。それでも、表向きは一定の距離が保たれている。最後に論文を採用するか否かを決定するのは編集者であり、決定を下した後は、掲載された論文が批判されたり、無視されたりしないことを願う。

このようなメカニズムのおかげで、公表される研究は妥当性と誠実さに関して共同体の基準を満たしていることが保証されることから、科学者の例に漏れず、経済学者は妙に大げさな言葉づかいをする。「専門職の考えでは……」とか、有益な定義によれば「経済学とは経済学者が実行する事柄である」といった具合に。しかしこれは主に部外者を意識したものだ。仲間に向けては、物事を明らかにして、合意に達するための努力を怠らない。科学の目的について表現したノーマン・キャンベルの有名な言葉にしたがうなら、経済学とは「[特定の現象について]どのような共通の合意が得られるかを判断するための学問である」。最初はレフェリーから、最終的にはその他大勢からの合意が必要とされる。

自分が注目した興味深い研究が重要性を認められるのはレフェリーの醍醐味だ。レフェリーのシステムはお金とは無縁だが、トップクラスの経済学者はかなりの時間をレフェリーの仕事に費やす。学術誌の編集者は、専門分野の最先端で最も優秀か最も公平な人物、できれば両方の資質を兼ね備えた人物としての評価を受けた研究者たちのネットワークを構築している。彼らはレフェリーとして、新たに提出された論文に一通り目を通すことに同意しており、公表すべきか否かを提言する。内容の変更を示唆することも多く、時には強く主張する。作業にどのくらいの時間を費やし、論文の著者にどれだけ建設的に関与し、どの程度の見識を持ち合わせているかに基づき、編集者はレフェリーを判断する。自分たちも科学者だという事実に突き動かされ、レフェリーは良い行動を心がける。結局は自分自身の論文も、ほかのレフェリーに提出されるのだ。科学の例に漏れず、経済学での成功が富や名声やコネと無関係であることを保証するためには大変な苦労が必要とされるが、常に成功するとはかぎらない。もたれ合いの関係や依怙贔屓はめずらしくない。それでも、経済学は研究仲間による厳しい選抜を裏付けとする能力主義が徹底しており、商業や工業の社会的システムとは著しく対照的だ。こちらのほうはトップダウン方式の命令がルールで、金儲けが最優先事項になっている。

実際のところレフェリー（査読）システムは、分別ある行動や人柄を評価するために、おそらく最も効果的な方法だろう。学術誌の編集者は、レフェリーとして最も大きな成果を上げた研究者から選ばれる。AEAのような専門家の団体の役員も同様だ。とんでもなく不誠実なレフェリーはほんの一握りだが、場所をわきまえず、自分の研究を引用しろと論文提出者に圧力をかけ、「フロントランニング」さえ要求する恐れがある。フロントランニングとは、査読を頼まれた論文のなかで最も斬新かつ鋭い洞察として注目される部分を、自分自身の論文にそのまま取り入れることだ。そして結局のところ、どんなに優れたレフェリーでも、傾聴に値するアイデアを検閲の末に削除する可能性は捨てきれない。実際に最もよく見られるのは、一般に受け入れられている意見を重視しすぎる傾向である。時代を先取りした論文のほとんど――多くではなく、ほとんど――は、何回か却下された後にようやく安住の地を見つける。

そんなわけで、経済学の学術誌はひとつではなく何種類も存在し、興味の対象が重複している。興味の対象が最も広い出版物は主要学術誌「ビッグフォー」と呼ばれる。『ジャーナル・オブ・ポリティカル・エコノミー』、『クォータリー・ジャーナル・オブ・エコノミクス』、『アメリカン・エコノミック・レビュー』、『エコノメトリカ』の四つだ。一世紀以上にわたって英国経済学の最も重要な学術誌だった『エコノミック・ジャーナル』は、これからも経済学の世界で過去を懐かしむ存在であり続けるだろうが、もはや以前ほど注目されていない。第二レベル、さらに第三、第四レベルの学術誌も存在する。『ジャーナル・オブ・エコノミック・セオリー』などの新しい学術誌は、学術論文の作成に重要な影響を与える。歴史の浅い学術誌は教義上の論争で勝者側につき、一時的に注目を浴びるので、掲載された論文の主張をほかの研究者も結局は見習って従わざるをえない。しかしそれでも、大学や学術誌のあいだでは、序列が常に意識されている。

経済学の歴史をつくった第五三部会

ここで、ある特別会議の会場を訪れてみよう。一九九六年一月、サンフランシスコで開催された米国経済学会（AEA）の大会だ。本書でわれわれが関心を抱いているのは、一九九〇年に発表された「内生的技術変化」という一本の論文が、最初は経済学の言語に、その後は広い世界にもたらした劇的な変化だということを思い出してほしい。そのストーリーを語るうえで、サンフランシスコの会議は貴重な存在である。まさにここで、新しいアイデアが一般聴衆にはじめて紹介されたのだ。

毎年の連合総会への出席者は、凝った演出の儀式に参加する。この儀式は決して完璧ではないが、過去一年、あるいは三年から五年のあいだに経済学者が行った形式的な研究のなかから、最高と判断されたものの一部が選びだされ、査定評価を経て手短に要約され、社会的に認知されたことのお墨付きを与えられる。三年から五年のあいだと言ったのは、手続きにはある程度の「幅」が存在するからだ。毎年プログラムを新しいものだけで埋め尽くすことはできない。そもそも新しい寄稿について熟慮したうえで紹介する準備を整えるまでには、三年から五年の時間が必要とされる。つぎに、形式的な研究と言ったのは、連合総会で紹介される論文は技術経済学のほんの一部にすぎないからだ。本物の経済学のいちばん大変な研究は、ほかの場所で行われる。これはひとりで取り組むときもあれば、複数の学者たちが密接に協力し合うときもある。連合総会で紹介される研究のほとんどは、個人の研究課題の一部としての前段階が長い。

紹介される論文は、一瞬の閃きから生まれたものかもしれない。しかし連合総会で発表されるまでには、モデルを慎重に作り上げ、証拠を集め、下書きを準備する必要があり、コンピュータの前で長い時間を過ごさなければならない。出来上がった初稿は、まずは全米経済研究所（ＮＢＥＲ）や社会科学研究ネットワークなど、初稿を担当する機関に送られ、「研究成果報告書」として関係者に郵送される。そのうえで修正を加えられた原稿は、最初は内輪で、のちにはほかの機関でも紹介され、最後は学術誌に提出される。すべての論文が、最初に原稿を提出した学術誌で発表されるわけではないし、そもそもすべての論文が発表されるわけでもない。ただし、論文が重要な学術誌に取り上げられれば、非公式な場で賞賛され、議論の対象として注目され、eメール、昼食での会話、電話、セミナー、会議、プロジェクト・ミーティング、サマーキャンプでいつまでも話題にされる。発表されたほかのすべての研究論文と比べてある程度まで重要性が認められた一部の論文のみが、連合総会での発表に値すると判断される。それでようやく、著者は招待状の到着を楽しみに待つことになる。

新たに選出された会長には、あらゆる分野から集められた最も興味深い研究の数々を紹介する仕事が割り当てられる。AEAは経済学をおよそ一八の下位区分に分類しているが、そのすべてに関して詳しい見解を持っている人物はおそらくひとりもいない。そこで新会長はプログラム委員会を任命し、大多数の部会の企画を任せる。会長自身は、三、四人のパネリストを選ぶ。連合総会のプログラムからは消極的で没個性的な印象を受けるが、実際には確実に強い個性が備わっている。

たとえば一九九六年のサンフランシスコの連合総会は、**アン・クルーガー**（一九三四〜）というスタンフォード大学の経済学者によって企画された。すべての会長と同様、彼女にも選ばれるまでにはそれなりのストーリーがあった。トルコ政府の顧問だったクルーガーは、一九七〇年代に復興した市場自由主義を研究テーマに選び、厳密に分析論的な立場から論文を執筆した。当時は、経済生活の多くの側面が厳しく規制されることを、ほとんどの経済学者が当然視する時代だった。一九八〇年代に新しい政治経済学として知られるようになった分野には、クルーガー以外にも影響力のある大勢の学者が貢献した。著名人も多く含まれ、特に有名な人物を列挙するだけでも、ホメロスが『イリアス』で紹介した「船団のカタログ」を聞かされているようなリスクが発生する。*やがて一九九〇年代はじめには経済学の世界でも改革が進み、新しい分野の人材に名誉職を授けるべきときが到来した。つい最近まで男性によってほぼ独占されていた世界で、クルーガーは大きな成功を収めた。新しい政治経済学の分野から誰かが承認されるべきだという機運が盛り上がり、一九九六年にはその対象としてクルーガーが選ばれたのである。

新しい会長は、ダイスゲームの一種であるヤッツィーのスコアカードの空白を埋めていくように、

*たとえば、改革運動に関わった大物のリストの一部を以下に紹介するが、そのなかの何人をご存じだろうか。マサチューセッツ工科大学（MIT）のルディガー・ドーンブッシュ、ポール・ジョスコウ、リチャード・シュマレンジー、ジャグディーシュ・バグワティー（のちにコロンビア大学）。シカゴ大学のミルトン・フリードマン、ジョージ・スティグラー、ロナルド・コース、サム・ペルツマン、D・ゲイル・ジョンソン、アーノルド・ハーバーガー。ハーバード大学のジョン・メイヤー、マーティン・フェルドスタイン。ストックホルム大学のアサール・リンドベック、世界銀行のホリス・チェネリー、マギル大学のルーヴェン・ブレナー。ロンドン・スクール・オブ・エコノミクスのピーター・バウアー、メリーランド大学のマンサー・オルソン、ジュリアン・サイモン。バージニア工科大学のジェームズ・ブキャナン、ゴードン・タロック。ほかには、以下の政策顧問も含まれる。ポール・クレイグ・ロバーツ、アラン・ウォーターズ、ドミンゴ・カバロ、ヴァーツラフ・クラウス、グリゴリー・ヤヴリンスキー。スティグラー、チェネリー、オルソン、サイモンは一九九〇年代、ドーンブッシュは二〇〇二年に没したが、この印象的なリストに掲載されたそれ以外の教授のほとんどは、会長を務めた経験があるか、その職にふさわしい。全員が、世界が市場に関心を持つために重要な貢献をした。そして、ほかにもまだまだ大勢の学者が存在している。

議題をゼロから作成していかなければならない。なかには、毎回定期的にこなすことが決められている役割もある。一九九六年のサンフランシスコでは、前年にノーベル賞を受賞した**ジョン・ナッシュ**（一九二八～二〇一五）のために昼食会が計画された。この数学の天才は統合失調症のため三〇年間も表舞台から遠ざかっていたが、サンフランシスコでは脚光を浴びて恥ずかしそうな笑顔を見せた。ほかには、イェール大学の**ステファン・ロス**（一九四〇～）のためにも昼食会が企画された。彼は資本資産価格モデルを一般化した功績を評価されたのである。さらに、連合総会で最も重要な講演（イーライ講演）を行う学者を招待しなければならない。クルーガーが白羽の矢を立てた**マーティン・フェルドスタイン**（一九三九～二〇一九）は講演の機会を利用して、米国の社会保障制度の民営化を訴え、専門家の見解が急激に変化していることの顕著な証拠を示した。退任する会長の紹介も忘れてはいけない。このときは医療経済学者のヴィクター・フュックスが、気の利いた講演で聴衆を楽しませた。さらに、米国経済学会の名誉フェローの任命と紹介がある。ここではロチェスター大学の**ウォルター・オイ**（一九二九～二〇一三）が、経済学の魅力を独自の視点からほぼ完璧に実証した。彼にとって経済学とは、純粋な思考がコンピュータなどの科学機器に匹敵する価値を持つ学問分野だった。シカゴ大学で訓練を受けたオイは三〇年間にわたって複数の分野に貢献し、最終的には、全員が志願者から成るアメリカ軍の創設に一役買った委員会のメンバーとして活躍したが、実は全盲だった。

サンフランシスコで最大の呼び物は、**マクロスキー**（一九四二～）という五四歳の経済学者だった。保守的な元シカゴ大学教授で、経済史学会の会長を務め、ＡＥＡの執行委員会のメンバーだったが、実は秋に性転換を行っていた。そのため、ドナルドという名前はディアドラに変更される（顚末の多くは広く世間に知られるところになった。マクロスキーはすさまじい経験を一冊の興味深い本にまとめ、一九九九年に『性転換』〈Crossing〉というタイトルで出版した）。ほかにもドラマは舞台裏で進行していた。**グラシエラ・シシリニスキー**（一九四六〜）は、自分のアイデアを不正流用した罪で同僚を訴えていた。彼女は一九七〇年代半ば、バークレー校で数学と経済学の博士号を同時に取得して、アルゼンチンの若き天才として大いに注目され、見事なプロポーションの体がヴォーグ誌のグラビアを飾ったこともあり、当時の面影は未だに残っていた。ホールのなかは彼女が起こした訴訟についてのゴシップで持ち切りだった。結局は数週間のうちに告訴は取り下げられて世間を困惑させるのだが、実は証拠がシシリニスキーによって捏造された兆候が見られた。しかし、なかでも連合総会最大のハプニングは**デイヴィッド・カード**（一九五六〜）への不意打ちだった。経済学への最大の貢献を同僚から評価された四〇歳までの米国人経済学者にはジョン・ベイツ・クラーク賞が隔年で授与されるが、カードは受賞者に選ばれていた。彼はハンサムで、金持ちで人を惹きつける魅力があったが、最低賃金法に関する経験をまとめた共著が物議を醸す内容で、仲間の労働経済学者たちを怒らせてしまった。そのため授賞式直前の部会では、演壇上のシカゴ学派のグループから統計的手法を手厳しく批判された。そのせいで、人生で最高に幸せな午後になるはずの時間に、彼は一瞬言葉に詰まってしまった。この出来事はあれこれ詮索されたわけではないが、人々の記憶に長くとどまっている。

このように様々な催しに多くの興味深い人々が関わっているため、サンフランシスコの連合総会のなかでも経済学にきわめて大きな影響をおよぼすことになる出来事のいくつかは、簡単に見過ごされてしまった。なかでも特筆すべき出来事は、経済成長——その理論と歴史——を専門とする経済学者が最近の展開について話し合う部会で発生した。ほとんどの部会と同様、連合総会の第五三部会は窓のない部屋で行われた。

理論と歴史が交差する場所

一九九六年一月五日金曜日午後二時半、サンフランシスコ・ヒルトンの大宴会場Bにはかなりの聴衆が集まった。細長い部屋は満員で、後方には立ち見客もいるが、外のホールに人があふれかえるほどではない。「新しい成長理論と経済史はマッチするか、それともミスマッチか」というタイトルの講演は、およそ二〇〇人の聴衆を前に定刻に始まる予定だった。出席者には数十人のジャーナリストの姿もあり、何かが起こりそうな予感に胸を膨らませている。いつもと同様、キャリアを始めたばかりの若手には、一定の数の座席が確保されている。会場の期待は高まっていた。

すでに見てきたように、部会は様々な形で企画される。今回は、日頃はあまり意見を交わさないふたつのグループが集められた。経済史家と経済成長理論の一流の研究者である。この部会に懐かしさを覚えるのは、それより十数年前の一九八四年にダラスで開催された連合総会で、歴史家によって似たような部会が企画されたからだ。このときは、理論と歴史が交わるところに存在すると言われる「暗闇」について、あるがままに考察することが目的だった。八四年には理論家は防戦一方だった。理論家は簡単に答えが出る問題だけを選ぶので、そこから生まれる形式主義はエレガントであっても退屈きわまりない。経済学のすぐ「外側」で御託を並べているが、そんなものはモデルと無関係だと、歴史家たちが説得力のある議論を展開した。

ただし八四年の部会は、革命前夜に開催された。わずか一年後、シカゴ大学教授のロバート・ルーカスは、広い意味で「収穫逓増の問題」として知られる謎の重要性を同僚らに指摘した。有名な講演のなかで、これを一九八〇年代の重大な政策問題の中心に位置づけた。これは大論争を巻き起こし、新しい世代のマクロ経済学者のほとんどが参加した。各派閥は競い合って（紛らわしい）スローガンを掲げた。ネオ・シュンペーター学派の経済学、不完全競争の新しい経済学、技術変化の新しい経済学。収穫逓増革命、新しい成長理論。あるいは、ごくシンプルでも曖昧な内生的成長というスローガンもあった。

ほかにも色々な呼び名があったが、いずれにせよ、理論と歴史が交差する場所はもはや暗闇ではなくなった。一〇年間にわたり、ここは理論家と歴史家の対決の場となり、燃え上がる炎や銃口の火花で明るく照らし出されてきた。サンフランシスコの部会は、穏やかな心で過去を懐かしむ展開にはならなかった。

歴史家と新しい成長理論の提唱者は、意見が大きく食い違う。部会の議長を務めるのは、『豊かさの梃――技術の独創性と経済的進歩』の著者**ジョエル・モキイア**（一九四六〜）。新世代の経済史家のなかでも注目株で、技術変化の問題に取り組んでいる。成長の最も重要な要素を特定することに強い関心を示し、彼は企画したパネルで、新しい研究の一部を聴衆に評価してもらうつもりだった。ロンドンからは、歴史家の**ニコラス・クラフツ**（一九四九〜）が執筆した「第一次産業革命――成長経済学者のためのガイドツアー」というタイトルの論文が送られてきた。クラフツが英国産業革命に関して唱える学説は、経済史家のあいだでクラフツ・ハーレーの見解として知られる。それによれば、産業革命など発生していない。一八世紀の持続的成長への「テイクオフ」は幻想であり、（有名なフレーズのなかの）「奇跡の年月」という表現は、誤解を招きやすい指数に基づいたものだという。今回送られてきたクラフツの論文は、新しい成長理論、すなわちポール・ローマーが関わる研究を冷めた目で眺めている。論調は用心深く、新しい主張には懐疑的で、真っ向から反対する気分にもなれないような印象を受ける。そして、市場規模を強調する新しい傾向は見当違いだと指摘している。歴史的根拠には「説得力がなく」、かりに理論革命が進行しているとしても、新しい成長理論への歴史家の反応と大差ないものだと切り捨てた。

そしてポール・ローマーだ。ジャーナリストたちは、彼を目当てに会場に集まってきた。新しい世代の経済学者のなかでも、ローマーは数学へのこだわりが誰よりも強いという評判だった。さらに、シカゴ大学の新しい論争スタイルを牽引する若手の注目株とも見られている。今日のシカゴ大学は、時代の先端を行くが、やたらと長くて意味不明の専門用語が飛び交っている。無限時間空間計画モデル、動的計画法、ひとりの典型的な消費者向けの最大化問題としてとらえる競争均衡、合理的期待といった具合だ。そんななかでローマーはほかの誰よりも、成長と知識と市場支配力に関する新しいアイデアに熱心に取り組んでいた。一九八三年に完成した博士論文は、恐ろしく難解な数学が第一印象として大きく目立った。それを土台にして一九八六年に発表された「収穫逓増と長期成長」(Increasing Returns and Long-Run Growth) という論文も、やはり難解で堅苦しい。一九九〇年の論文「内生的技術変化」(Endogenous Technological Change) は数学が以前よりもシンプルになったが、それは主にロバート・ルーカスのおかげだ。さらにこの論文は、ローマーによって問題が斬新な形で定式化された点が注目された。少なくとも成長理論を専門とする学者の狭い集団のなかでは、この新しい定式化は爆弾を投げ込んだようなものだった。おかげで恩師のルーカスだけでなく、完全競争を最も基本的な前提と見なすシカゴ学派の伝統とも、ローマーは対立してしまった。

数学的手法の力を信じる姿勢を、ローマーは一貫して崩さない。ほかのいかなる手法よりも問題が明快に述べられ、明確で説得力のある解が得られるからだ。工場を見学したり、大量のデータを選り分けたりするよりも良い結果が得られる。ローマーはそのプロセスをつぎのように説明する。理論家も最初は、事物を感覚でとらえなければならない。それができたら、つぎに言葉による記述、理論化、形式化された数学と、弧を描いて上昇しながら一般化を進めていく。そして昇りきったら、今度は高度な抽象化から言葉による定式化、実証へと移っていく。ローマーによれば、最後の実証の段階では数学の正しさがチェックされる。プロセスのなかのこの部分だけは、理論家の言葉を信じる必要がない（もちろん今では、ほかの大勢の理論家が関わっているが）。そしてローマーは、論理と証拠には「それを使う人たちの願望や信念や好みを超越した力が備わっている」としばしば警告してきた。「抽象化へと向かう軌道を昇り始めると、上昇気流に乗っている気分で、どこまで行ったら戻り始めたらよいのか見当がつかない」という。ローマー自身は、方程式のなかでの発見をきっかけに方針を変更した。ミルトン・フリードマンを崇めていた大学一年生は、新しい形の政府介入を提唱する教授へと変身を遂げたのである。

ローマーが最も重要な論文を提出してから六年が経過していた。そこに含まれる諸問題は、成長理論を研究する小さな集団で徹底的に追求されてきた。今回サンフランシスコで、ローマーは理論を周知させるつもりだった。その一環としてモデルを簡単な形で解説し、代わりの説明との比較を行い、重要な方程式を英語で表現し直すことにした。彼の講演には「実際、なぜ米国なのか。現代経済成長の理論、歴史、起源」（Why Indeed in America? Theory, History and the Origins of Modern Economic Growth）というタイトルがつけられた。

講演の冒頭、ローマーは形式手法を擁護して、新しい形式主義が数学に導入されるたびに同じような難癖をつけられる点を指摘した。「ずいぶん単純な方程式だが、世界は複雑きわまりない」とか、方程式は「われわれに何ら新しいことを教えてくれない」と非難される。ここでローマーは、つぎのような事例を紹介した。少なくともアダム・スミス以後の経済学者は、総産出量――経済学者は方程式のなかでYと略す――が、消費される物的資本と労働意欲に左右されることを理解してきた。ところが一九五〇年代にＭＩＴの経済学者グループがこの関係を総生産関数という言葉で表現すると、英国人経済学者のグループは大騒ぎした。しかしそれでも、生産関数というアイデア――投入と産出の関係についての数学的命題――は、生産性を測定するための便利な近道として世界中で直ちに受け入れられたのである。

つぎに数年後、シカゴ大学の経済学者たちは、個人の経験や教育の蓄積をＨという変数で表現するために、一連の新しい方程式を導入した。すると今度は、それにＭＩＴの経済学者（やほかの分野の学者）が異議を唱えた。それでも、個人の生産能力を評価する尺度として、「人的資本」は標準的なツールになった。そして一九九〇年代に入ると経済学者は、知識は経済の主要な産出であり、知識の生産は知識の追求に費やされる資源と体系的に関わっていると論じ始めた。新しい知識を作り出す科学者の数と質、ならびに過去に蓄積されてきた知識が、知識の成長を左右するという命題は、特に衝撃的ではない。ところがこれを数学的に$d(A)/dt=G(H,A)$と表現すると、新しい理論はいつもと同様に反対された。しかも今回は、シカゴとＭＩＴのどちらからも抗議の声が上がったのだ！（イギリスのケンブリッジ大学はとっくに取り残されていた）。

ローマーはこうしていくつかの事例を紹介したうえで、このような反対は的外れだと語った。数学言語を導入すると、重要な問題がおろそかにされているような印象をしばしば与えるのは事実だ。モデルの作成者は定式化しやすい問題に重点的に取り組み、もっと難しい問題の重要性が認識されていても、その処理を後回しにしてしまう。数学への取り組みが増えていくほど領域は拡大し、重要な問題が解決されずに山積していくことは、歴史を振り返ってみればわかる。したがって、「理論の定式化の発展にブレーキをかけるのではなく、分業を容認することが賢明なアプローチである。自然言語と定式化された理論は並存しなければならない。どちらの陣営のスペシャリストも比較優位を持つ問題に取り組み、定期的に情報を交換すればよい」。

新しい変数が登場すれば、経済全体についての理解が改善される。優れた理論はシステム全体を評価したうえで、いくつかの項目を特定する。これらの項目ごとにシステムはサブシステムにすんなりと分類され、サブシステム同士は効果的に相互作用する。理論は、「システムを正しい継ぎ目で切り分ける」方法をわれわれに教えてくれるのだ。ローマーは、おなじみの蒸気機関の事例を使ってそれを説明した。一九世紀半ばのエンジニアが、蒸気機関を動かすのは「推進力」だという表現を使ったのは有名だが、これは適切ではない（同様にアリストテレスは、石が落下するのは「本質」のおかげだと表現した）。ローマーによれば、もっと納得できる説明をするためには、蒸気機関を複数の部品に分類しなければならない。かまど、ボイラー、調速機などに分類すれば、機関車全体の仕組みを説明することができる。「理論がわれわれのために何をするのかと言えば、世界に関してわれわれが持っている複雑な情報をすべて取り込み、蒸気機関のような階層構造に整理してくれる」とローマーは語った。数学が曖昧さを取り除いて論理的整合性を強化してくれれば、理論を明快に展開しやすくなる。

つぎにローマーは、現在の経済学における論争についてふれた。ロバート・ソローが関わる「旧い」成長理論は、二種類の要因の相互作用を通じて経済成長を説明している。それによれば、伝統的な経済的投入というものが存在し、そのシステムの「外側」では「外生的技術」が定常速度で改善している。この仕組みを分解する場合、伝統的な経済的投入は物的資本、労働、人的資本に分類されるが、技術の力は相変わらず蚊帳の外に置かれたままだ。ローマーによれば、これまではそれで問題はなかった。「なぜなら、技術はほかのあらゆる投入と異なるからだ」。技術は複数の人たちが同時に利用可能で、人数に制限はない。ただし、旧い成長理論は便宜上、伝統的な経済的投入と技術を区別するために、普遍的に利用可能な公共財と完全な民間財という古くからの分類法を採用している。分析する際には、技術は本質的に公共財であり、希望すれば誰にでも、政府や大学機関を通じて自由に手に入るものと見なされる。周波数を合わせれば誰でも利用できるアマチュア無線や、「天からの恵み」に喩えられた。旧い成長理論では、それ以上の区別はできない。そのため「知的所有権」について専門用語で語ろうとすれば、はなはだしく矛盾する表現になってしまい、まるで「民間の公共財」について説明しているかのような印象を与える。この矛盾を解きほぐすことをローマーの研究は目指した。

ローマーが唱える新しい成長理論は、世界を異なる方法で分割する。「指示」と「素材」だ。やがて、サンフランシスコ大会の数カ月後に講演の内容がプリントアウトして配布されるまでのあいだに、言葉遣いには多少の変更が加えられ、「指示」は「アイデア」に、「素材」は「モノ」に差し替えられた。ローマーによれば、素材とは質量やエネルギーを持つ財（たとえば電気）を指す。指示とは、ビット符号から成るコンピュータコードとして蓄積される財のことで、ソフトウェア、コンテンツ、データベースなどが含まれる。数学の論文以外の場所、たとえば講演や雑誌記事では、アトムとビットという愉快な区別の仕方もある。

この日の講演でローマーは、聴衆に家庭のキッチンを想像してもらった。たとえば、ディナーを準備するときに使われる素材は、「鍋・釜（資本）、人的資本（頭脳）、原材料（料理の材料）などで……テキストとして保存されているレシピが、指示に該当する」。ローマーによれば、肝心なのは公共財と民間財という区別ではなく、競合財と非競合財、すなわち一度にひとりでしか消費できないアイテムと、同時に複数の人たちが利用できるアイテムを区別することだという。多くの産業ではレシピや指示に該当する資産が最も重要で、たとえばコンピュータ・ソフトウェアや調剤や音楽録音には貴重な価値が備わっている。

新しい成長理論において、「技術変化」はもはや経済学の「推進力」ではない。「素材と指示に注目すれば、経済成長の仕組みを簡単に教えてくれる解答が得られる。人間は非競合的な指示と競合財（鍋、釜、工作機械など）を一緒に使ってほかの競合財に変容させ、従来よりも価値のある新しい形状に作り変える。鋼棒をボールベアリングに、あるいは鋼板を研削盤に変換してボールベアリングを製造する」。潜在的に非競合的な指示となる財に関しては、その一部を他人が使用することを一時的に禁じるのはめずらしくない。ところが、旧い成長理論が公共財にアプローチする際には、非競合的な指示が秘匿されたり、特許で守られたりする可能性が排除されている。しかし、発明から得られる利益の一部が還元される仕組みがあれば、新しいアイデアを探し求める意欲は衰えることがない。しかも結局のところ、新しいアイデアが模倣・改善される機会を完全に排除するのは不可能だから、経済の安定的成長は保証される。

ところが、これらのアイデアはアダム・スミスの時代から確実に経済学の中核を成してきたにもかかわらず、これまで顧みられなかったとローマーは断言した。アイデアは模倣して何度も繰り返し利用することが可能なので、財を変換する手段となる競合的素材の量が増えるにつれて、アイデアの価値は増加していく。市場が大きくなるほど、新しいアイデアにもたらされる報酬は増加するのだ。簡易アプリのウィジェット（Widget）は小さな町よりも大きな都市のほうが、小さな国よりも大きな国のほうがたくさん売れる。実際、所得の伸びに関して米国がとっくに英国を追い越したのは、まさにこれが理由だった。「規模の効果についてはもはや、［**エドワード・**］**デニソン**（一九一五～一九九二）など成長会計の研究者と同じ発想は通用しない。あとからの思いつきで、工場の規模と関連づけるわけにはいかない」とローマーは結論を下し、「アダム・スミスと同じような視点が必要だ。規模の効果に関しては、われわれの経済の世界の基本的な側面のひとつとして、出発点から取り組まなければならない」と語った。

聴衆は動揺した。このようなアイデアを聞かされたのははじめてだったからだ。通常、自らの研究の立場を再確認するための指針となる権威として読者に勧められるのは、**ジョン・メイナード・**

ケインズ（一八八三～一九四六）であり、アダム・スミスではなかった。

つぎは、ハーバード大学の**マーティン・ワイツマン**（一九四二～二〇一九）がスピーカーとして登場した。カリフォルニア出身で四十代のローマーは、沈着冷静でリラックスした雰囲気を漂わせているが、ワイツマンは五十代でブルックリン出身の熱血漢だ。ローマーが一度では理解しにくい人物だとすれば、ワイツマンは底が知れない。収穫逓増についての議論が一般的になることを予想した最初の人物のひとりで、一九八二年には、失業者が簡単に独立して事業を始められない理由を収穫逓増の視点から説明した。今回彼は、旧い成長理論と新しい成長理論のあいだの橋渡しとなるべく、テーマにはハイブリタイゼーション（雑種形成）を選び、これを比喩として知識の成長について解説した。ワイツマンによれば、異種の知識同士が交配するかぎり、経済成長は継続する。すでに彼は、全米経済研究所の景気変動グループの夏の会合で、これについて語っていた。実際、このような研究が続けられてきたなかで、プロジェクトの名称は「変動と成長」に改められた。しかしワイツマンが使う数学は見慣れないもので——プログラミングではなく組み合わせ理論だった——おまけに進化生物学についての話を聞かされても、聡明な若者は興味をそそられなかった。ワイツマンは経済学者として周囲から理解されなかったが、冷たい視線を浴びても熱意はまったく衰えなかった。「マーティーは気の毒だな。まるでサヴォナローラみたいだ」と、のちに同じ討論会に参加したロバート・ソローから言葉をかけられても、「これは革命なんだ！」と威勢が良かった。しかし会場の若者たちの気持ちは冷めていた。そもそもサヴォナローラとはどんな人物なのか、知らなかったのである。

大混乱を引き起こすような奇襲も反撃も、論争も議論もなく、連合総会は平穏なうちに終わった。経済学者たちはホテルを、そしてサンフランシスコをあとにして、彼らを乗せた飛行機は吹雪のなかを飛び去った。翌年の開催地はニューオーリンズに決定されている。記者たちが電話に殺到する姿は見られない。新しいアイデアは、広く理解されるまでの正しい道筋をまだ見出していなかった。

そして、新しいアイデアへの抵抗は当然ながら大きく、リスクは高い。その予兆は、アダム・スミスの名前が引き合いに出されたときに現れた。

第3章 モデルとは何か？どう機能するのか？

What Is a Model? How Does It Work?

古典への回帰

いまでは博士号を取得した経済学者でも、大半はアダム・スミスを読まない。現代の物理学者のほとんどが、アイザック・ニュートンから学ばないのと同じだ。その代わり、大学院生が頼りにする教科書では、一七七六年に『国富論』（*The Wealth of Nations*）でスミスの見解が明らかにされてから何が学ばれてきたかが解説されている。これは特に意外でもない。科学はこのようにして機能していくものだ。アルフレッド・ノース・ホワイトヘッドが言うように、創設者を忘れるのをためらう科学に未来はない。

しかし時には、科学者自身が喪失感を味わうことがある。教科書から学んだ説明が、予想に反してつじつまが合わないときである。そうなると科学者、少なくとも最高の科学者は「危機」と表現される静かな苦悩を経験する。そして、そんなときの標準的な手順に従い、来た道を逆戻りして最初の仮定まで引き返し、どこで横道にそれたのか理解しようと努める。

一九八六年一二月、アイデアの経済学の最初の暫定的なモデルを完成させた後、ローマーも同じことをやった。彼は古典に立ち返り、知識の増加という、教育を受けていない人の目にも明らかな現象を旧世代の経済学者がどのように体系的に取り扱ってきたのか理解しようと努力した。彼はモデルの先行者たちについて「ワーキング・ペーパー」に概略を書き、それは所属する経済学部から非公式に発表された。

やがてほかにも大勢の人が同じ道を歩んだが、誰よりも明確な行動をとったのはノーベル賞受賞者の**ジェイムズ・ブキャナン**（一九一九〜二〇一三）だった。プロテスタントの労働倫理の到来は、一般大衆に経済効果をもたらしたはずだと直感したことがきっかけで（労働時間が増えて余暇の時間が減少すれば、財の市場は拡大すると推論した）、収穫逓増に注目したのである。新しい仕事が貿易や成長にとって持つ意味の重要性が明らかになると、ブキャナンは二世紀分の文献をくまなく調べ、この問題の歴史を反映した「読本《リーダー》」を執筆した（彼自身の二本の論文も含まれる）。一九九四年には『収穫逓増への回帰』を出版した。

ブキャナンのリーダーが大学院生向けに書かれていたのに対し、ローマーの解説は結局、高度に専門的な会議の号に収録された。しかも、経済成長に関して新しく出版された教科書では、新しいアイデアがいきなり紹介された。新しいアイデアがどこから来たのか、なぜ重要なのかについて一般読者への説明は皆無だった。

われわれも古典に立ち返れば、随分昔から存在してきた簡素化や近道の数々が、なぜいま、突然重要になったのかが理解しやすくなる。これは経済学の話だから、『国富論』から始めよう。

アダム・スミス

経済学の分野でアダム・スミスがほかのすべての作者よりも突出しているのは、並外れた集中力のおかげだ。あまりにも集中しすぎて他のことには気が回らなかったため、数々の逸話を残している。寝巻のまま散歩に出かけて一五マイル歩き続けたり、あるいはバターを塗ったパンをティーポットに突っ込み、しばらく待ってお茶を注いで、なんてまずいのかと文句を言ったそうだ。友人のアレクサンダー・カーライルはこう語っている。「仲間のなかで、彼ほどぼんやりしている男を知らない。大勢の仲間のなかで唇を動かして独り言をつぶやき、おかしそうに笑う。物思いにふけっている彼の目を覚まし、会話の主題に注意を向けさせれば、たちまち熱弁をふるい始め、知識のすべてを語り尽くすまで話をやめない。哲学者としての独創性は並外れていた」。おそらく沈黙しているあいだは、考えに考えを重ね、長く連なる因果関係を遡っていたのだろう。

スミスは一七二三年、カーコーディーの由緒ある裕福なスコットランド人の家庭に生まれた。カーコーディーは、フォース湾をはさんでエディンバラの対岸にある小さな町だ。父親は、彼が生まれる直前に亡くなっていた。愛情深く育ててくれた母親は、父親が裕福な地主で国会議員だった。幼いときにジプシーに攫《さら》われたことについては、時々大きく取り上げられる。結局、スミスは隣町に置き去りにされたが、それはジプシーとして使いものにならないと判断されたからだという。

幼少期からスミスは優れた教育を受けた。一四歳のときに進学したグラスゴー大学は、古くから実験的実証を得意としていた。アリストテレス学派の物理学は衰退しつつあり、新しい「機械論哲学」がもてはやされていた。もはや石の落下や火の粉の飛散を、単なる「自然現象」として説明するだけでは十分ではなかった。どのような仕組みで、なぜ発生するのか、証明する必要が生じた。スミスは空気ポンプや気圧計など「新しく誕生した空気力学」の備品に詳しくなった。アイザック・ニュートンが世間を驚かせた「新しい天体の教義」についても学んだ。当時は物理学がそう呼ばれていたのだ。一七歳になるとオックスフォード大学の奨学金を受けて、以後六年間在籍することになる。

スミスはオックスフォードを嫌った。『国富論』のなかには終身在職権（テニュア）制度を激しく攻撃する部分がいくつか見られ、この制度のおかげで教授は学ぶ意欲も教える意欲も、学生と会う意欲まで失ったと非難している。オックスフォード大学はすっかり甘やかされ、変化の風から完全に孤立した。大学は「非常に長いあいだ聖域としてとどまる道を選んだ。そこは打破された制度や古い偏見が世界各地から狩り出されたすえ、ようやく落ち着くことができる避難所や安全地帯になっている」とスミスは書いた。

「打破された制度や古い偏見」について書いているとき、おそらくスミスはアリストテレス学派の物理学に言及したと思われる。彼が一七四〇年にオックスフォードに入学したときには、ニュートンの『プリンシピア』が刊行されてから半世紀以上が経過していたが、オックスフォードでは相変わらずアリストテレス学派の物理学が教えられていた。あるいはスミスは、血液の循環の発見について考えていたかもしれない。こちらもオックスフォードでは、受け入れられるまでに非常に長い時間がかかった。

ハーヴィの血液循環モデル

ここで本筋から少し外れるが、満足できる説明はどのような要素から構成され、どのように達成されるのか考えてみたい。本書は結局のところ、ひとつの思考体系がべつの思考体系とどのように置き換わっていくのか説明することを目的にしている。そこで、ごく初期の非常に強力な数学モデルのひとつを取り上げ、簡単に歴史を振り返ってみよう。モデルとは何か？　それはどのように機能するのか？

一五七八年生まれのウィリアム・ハーヴィは、シェークスピア（一五六四年生まれ）とほぼ同世代だ。彼は医者になると決めていたため、ケンブリッジを卒業するとイタリアのパドアに移り、当時最高の解剖学者だったアクアペンデンテのファブリシウスのもとで医学生として修業した。彼が解剖図を描く腕前は、それは見事なものだった。当時は対象を細かく観察して丹念に描写することによって、生理学は研究され理解された。

当時の医者や解剖学者は、心臓は竈《かまど》のようなもの、あるいは太陽そのものと似ていると想像した。これは紀元一世紀の医学者ガレン以来の伝統である。体の中心となる器官は肝臓だと考えられていた。ここで食べ物は血液に変換され、血液は心臓や肺に浸み出していく。心臓の温かさに引き寄せられた血液は心室に送られ、そこで温められてから、ちょうど朝露のように肺に凝縮される。こうして血液は、空気中から取り込んだ精気と結合するものだと考えられた。

ケント出身のハーヴィは、ポンプについて若干の知識があった。目に見えない「空気」の力学について当時は発見されたばかりで、鉱業関係者のあいだではポンプの操作についての関心が俄然強くなっていたのだ。ある時点でハーヴィは、心臓にとって熱は最も重要な要素ではないと結論した。心臓は竈ともランプとも似ていない。実は筋肉がポンプのように働き、その結果、血液は体内を循環するはずだと考えた。

著書『心臓の動きと血液の流れ』のなかでハーヴィは、自らの主張の立証を試みた。先ず、平均的な人間の心臓の能力を測定すると、心臓が一分間に拍出する血液の量である心拍出量はおよそ五九ミリリットルだった。つぎに彼は、その半分の量、もしくは八分の一が、心臓が一回収縮するたびに肺に送り込まれるものと読者に仮定してもらった。さらに、心臓は三〇秒間に一〇〇〇回鼓動すると考えた。今日のわれわれの知識によれば、どちらの数字も非常に小さい。しかし、こうした保守性がハーヴィの手法の核心だった。最も小さく見積もっても、心臓が三〇分間で動脈に送り込む血液の量は二ガロン（七・五リットル）を優に超え、体全体に含まれる血液よりも多いことを示したのだ。循環する以外に、血液の行き場所はない。「実に見事な主張だ。しごく妥当な真実は、完璧な技巧によって組み立てられる。彼の立証への同意を留保するのは、幾何の定理への同意を留保するのと同じぐらい難しい」と、科学史家のチャールズ・コールストン・ギリスピーは語る。

ではハーヴィの計算は、当時の思慮深い観察者の全員を納得させたのだろうか。ほとんど誰も納得しなかった！　問題は、血液が心臓に戻ってくるルートが明確に存在しないことだった。心臓を竈に喩えるガレンのモデルが確立されてから一五〇〇年間、血管系は木から何本も分かれている枝や、沿岸湿地帯を流れる幾筋もの支流に似ていることが、慎重な観察からは導き出されていた。目に見えない小さなパイプが動脈と静脈を結びつけているという大胆な仮定に納得できる人は、少なくとも年配の生理学者のあいだにはほとんどいなかった。実際、ごく少ないシンプルな仮定に基づいて、自分たちが苦労して理解した事柄のすべてを無視するモデルに激怒したのである。

およそ三〇年後に顕微鏡が発明されてようやく、毛細血管の存在がハーヴィの予測通りに確認された。それでも古い科学界のメンバーは、新しい見解になかなか転換できなかった。しかし、事前に何の訓練も受けずに新しい説を聞かされた人たちは、直ちにすんなりと確信した。そして新しい世代が少しずつ旧世代と交代していった（二〇世紀に物理学者のマックス・プランクは、この馴染み深いプロセスを「科学は葬式のたびに進歩する」という言葉で要約した)。

ハーヴィの計算は史上初の数学モデルのひとつに等しく、英語圏の世界で広く普及したまさに最初のモデルと言えるかもしれない。「もし……なら」という条件文にはわずかな掛け算しか含まれないが、未だに強力なモデルであり続け、おかげで形式推論に至るプロセスは大きく前進した。アダム・スミスがこのストーリーについて知らなかったとは考えられないが、様々な公開講演では一度も取り上げなかったようだ。一九〇六年にロンドンでウィリアム・オスラー卿が、「血液の循環の発見で例証される真実の成長」というタイトルで行った有名な講演のなかで、ハーヴィの発見を不本意ながら主題として取り上げてようやく、ハーヴィのモデルは標準的な科学の訓話として定着したのである。

一方オックスフォードでは、アダム・スミスが自らの訓話を準備していた。

史上初の教育機関に属する経済学者

オックスフォードからエディンバラに戻ったスミスは、連続講演を要請された。これは公開講演で、最初は修辞学、つぎは哲学の歴史、最後は法律学がテーマだった。満足できる説明に関するスミスの見解についてわれわれが一定の知識を持ち合わせているのは、これらの講演のおかげだ。なかでも特に「天文学の歴史」というタイトルの講演からは、日頃は謙虚なスミスの心のうちを垣間見ることができる。天文学に関する彼の説明は、今日読んでも面白い。ずっと顧みられなかった知識が理解されるまでの過程を、興奮を隠しきれない少年のような口調で説明している。

スミスはギリシャ人の話から始めた。一八世紀の基準からすれば、宇宙に関するギリシャ人の理解は不完全だったが、学者が天体現象について筋道を立てて考えるために役立ったと、スミスは書いている。実際、アリストテレスやプトレマイオスの登場以前に普及していた「根拠のない迷信」よりも一貫性に優れていたという。コペルニクス、ティコ・ブラーエ、ガリレオ、ケプラー、アイザック・ニュートンと、いまでは馴染み深い天文学者を時系列に紹介しながら、スミスは近代の天体力学が古いアリストテレス学派の知識をいかに駆逐してきたか説明した。それによれば、大きな謎の数々（惑星の逆行、動いている船のマストから落とされた物体の動きに重さがおよぼす力など）は時代と共に満足できる形で解明され、最終的にニュートンの心のなかで並外れて素晴らしい発想が創造された。ニュートンは、「きわめて重要かつ崇高な一連の真実はどれも、最も重要な事実、すなわち日々われわれが経験している［重力］によって結びついていることを発見した」のである。

われわれが説明のなかで探し求めているのは、明らかに無関係な事象のあいだを「結びつける原理」だと、スミスは語る。科学とは、「これらの調和しない物体のすべてを結びつける目に見えない鎖を」を探究する作業である。この鎖に物理的なメカニズムと同じ正確さが備わっているのは、「システムが多くの点で機械と似通っている」からだ。したがってうまく説明するためのこつは、メンタルモデル、つまり「架空の機械」を創造することだ。「架空の機械」の動力と適合性を向上させていけば、最後に原因と結果は解き明かされ、謎は一掃される。「オペラハウスの楽屋裏に入ることを許された人は、舞台装置の仕組みに疑問を感じない」ものだ。それなのに、オックスフォードをはじめとする英国の遅れた教育機関では、古いアリストテレス学派の体系が未だに大学生に教えられていると、スミスは愚弄した。

スミスによれば、優れた理論の敵は行き当たりばったりの類推で、そうなると考えたすえに、ある事柄をべつの事柄の観点から説明してしまう。たとえばピタゴラス学派の人たちは、あらゆる事柄を数の性質によって説明した。医師は生理機能と「国家《ボディ・ポリティック》」を絶えず拡張的に対比し続けてきた（たとえば**ウィリアム・ペティ**〈一六二三～一六八七〉は、「貨幣《マネー》は国家《ボディ・ポリティック》の脂肪であり、あまり多すぎれば敏捷性が妨げられ、少なすぎれば病んでしまうことが多い……」と書いている）。本当に優れた説明はほとんど途切れることがないと、スミスは書いている。「途絶えることも止まることもないし、ギャップも隔たりも存在しない」。アイデアは「心のなかを自発的にゆっくり流れていく」べきだという。

さらに、優れた説明は専門家だけでなく、一般大衆も説得できなければならない。さもないと専門家はあまりにも多くの誘因にそそのかされ、実際以上に物事を知っているように装いたくなってしまう。その良い例としてスミスは化学を挙げた。専門分野の謎は未だに解明されず、当然の結果として、曖昧な状態にはまり込んでいるという。スミスがこれを書いた一七五〇年代に化学者は、すべての可燃性物質のなかに存在する「フロギストン」というとらえどころのない物質によって火が燃える現象を説明していたことを思い出してほしい。化学者たちはお互いに「ドクター」と呼び合ったかもしれないが、専門外の人たちにとって、彼らの説明には真実の響きが欠けていた。「塩、硫黄、水銀、酸、アルカリと聞いてすんなり理解できるのは錬金術師ぐらいだった」。このように、平易な言葉で説明できないものは、十中八九正しくないとスミスは語った。

三回シリーズの講演は大成功を収め、一七五一年にスミスはグラスゴー大学からの要請を受けて論理学の教授に就任した。その結果、史上初の教育機関に所属する経済学者が誕生する。彼は論理学の分野でも模範を示した。八年後には、人間の気質に関する考察が『道徳感情論』(*The Theory of Moral Sentiments*) にまとめて出版される。今日のわれわれは、これを心理学の入門書と呼んでいる(以下に紹介する冒頭の文章からは、著者の心のうちを十分に垣間見ることができる。「人間というものをどれほど利己的とみなすとしても、なおその生まれ持った性質の中には他の人のことを心に懸けずにはいられない何らかの働きがあり、他人の幸福を目にする快さ以外に何も得るものがなくとも、その人たちの幸福を自分にとってなくてはならないと感じさせる」(『道徳感情論』第1章共感について。村井章子他訳、日経BPクラシックス)。本のあとのほうでは、「人間の幸せのなかで大きな部分を占めるのは、愛されているという実感である」と書き加えている。しかしグラスゴーで教鞭をとっても、オックスフォードで学んだ教訓、すなわち終身在職権を持つ学者たちには私腹を肥やす傾向があるという教訓が再認識されるだけだった。だから、バックルー公から家庭教師となってフランスに滞在することに教授の給料の二倍の報酬を提示されると、スミスはこのチャンスに飛びついた。それから一七六四年にトゥールーズで「時間つぶしのために」二冊目の著書の執筆を始めた。

パラダイムとしての『国富論』

何て素晴らしい本だろう！　『国富論』は経済学で古典と評される数少ない本のひとつだ。実際に読むのが楽しく、その魅力は未だに色あせない。全部で九五〇ページにおよぶ長編だが、いくぶん重々しい言葉づかいを大目に見れば、一八世紀の政治経済学に関する論文のようにも、今日のビジネス雑誌のようにも読むことができる。第一編は、分業の利点に関する詳細で長い説明から始まる。そのあとは貨幣の歴史、つぎに経済分析ではおなじみのカテゴリーである価格、賃金、利益、利息、地代についての解説へと続く。そしてそのあとは余談として、銀の価格――今日ならインフレの歴史と呼んでもよい――に関して多くのページを割いて取り上げている。第二編では、国民所得会計と資本蓄積の論理について論じている（実際ここには、経済学者が経済循環と呼ぶようになった流れの初期モデルが隠されている。流れはふたつあって、ひとつは貨幣の流れ、もうひとつは財やサービスを含む様々な「生産要素」の流れで、これらが地主や農民や製造業者のあいだで循環している。実質国民所得勘定を最初に概算したと言われるのはアイルランド出身の伝説的な投機家**リチャード・カンティロン**（?～一七三四）で、彼は一八世紀はじめにこの概念を明確に打ち出した。フランスの宮廷医師だった**フランソワ・ケネー**（一六九四〜一七七四）は、少なくとも理論的には実質国民所得勘定を測定可能にして、一七六〇年代のパリ全体の経済を推測した。彼はフランス経済の様々な部門のあいだの所得の流れをジグザグの線で示した表、すなわち『経済表』（*Tableau Économique*）を作成し、所得循環を測定するための青写真として採用した。おかげでスミスは、国民所得会計という概念を自分の構想に苦もなく同化させた。今日、経済循環については、あらゆる経済入門書の第一章で解説されている）。

『国富論』第三編には、ローマ帝国崩壊以後のヨーロッパの歴史が魅力的な文章で記されている。第四編では多くのページを割いて、貿易の規制を通じて特定の目的を達成しようとする政府の姿勢——今日では「重商主義制度」として知られる——を攻撃している。スミスはこのような主義に反論する際には例外なく、自由貿易を支持している。それまで多くの人たちが書いてきたどんな「政治家の知恵」とも対照的に、自由貿易なら競争を実に簡潔に要約できるとスミスは考えたのだ。最後となる第五編は、国家財政のマニュアルに匹敵する。これだけの多彩な内容が、綿密な計画のもと、性能の優れた時計のメカニズムのようにバランスよくまとめられ、鋭い洞察力を活かしながら洗練された言葉で表現されている。そんな『国富論』は世界中で読まれ賞賛された。

しかもこの本は、時流に乗った傑作という範囲にとどまらない。それだけなら、エドワード・ギボンの『ローマ帝国衰亡史』と同類になる。『国富論』と同様、この本も一七七六年の秋に出版業者ウィリアム・ストラハンの新着リストに掲載され、しばらくは『国富論』よりもずっと売れ行きがよかった。『ローマ帝国衰亡史』は未だに読まれている（おそらく本文よりも脚注が注目されるが）。ただし、これは文化の象徴ではあっても、今日盛んな学術的なローマ帝国史にはほとんど目立った影響を与えていない。

一方、『国富論』は学生にほとんど読まれていない。出版後には経済原理に関する教科書が次々と出版され、五〇年もすると、こちらのほうが学生の必読書になってしまった。さらに五〇年経過すると、学術誌の論文を主な手段として、経済に関する合意が修正されるようになった。それでも『国富論』は、まるで法律として成立しているかのように、われわれの日常生活に影響力を持っている。実際、法律のような地位を与えられてきた。市場を分析するための基礎を成す枠組みだという普遍的コンセンサスが、『国富論』に関しては形成されているのだ。

すなわち『国富論』は、一九六二年にトーマス・クーンが『科学革命の構造』を出版して以来、一括してパラダイムとして知られてきた資質を持ち合わせている。クーンによれば、先行するパラダイムにしたがって理論は構築される。パラダイムとしての『国富論』からは、「一連の問題、ツールボックス、様々な現象を解明する際の正しい順序についての情報」が提供される。この本にはグラフがひとつもないし、数字が十分ではなく、図表もいっさい含まれないが、それでも鋭い理論的思考によって新しい科学を立ち上げた。アリストテレス『自然学』、プトレマイオス『アルマゲスト』、ニュートン『プリンシピア』と『光学』、ハーヴィ『心臓の動きと血液の流れ』、フランクリン『電気に関する実験と観察』、ラヴォアジエ『科学原論』、ライエル『地質学原理』、ダーウィン『種の起源』と同じく、スミスの『国富論』は観察対象には土台が存在するのが当たり前だと考える、特定の方法に基づいて市場を理解するようにと教えている。

スミスにとって特定の方法とは、二面的なアプローチのことだ。

第4章 見えざる手とピン工場

The Invisible Hand and the Pin Factory

顧みられなかった第二の命題

『国富論』は何について取り上げているのか経済学者に訊ねれば、おそらく「競争」(competition)という答えが返ってくるだろう。さらに訊ねてみれば、本書の出版は「見えざる手」(Invisible Hand)が発見されるきっかけになったと答えるだろう。見えざる手とは、価格と需要・供給量のあいだに存在する自然調和的な相互依存性を指し、今日では価格体系として知られる。しかしこの本はもうひとつ、大事な事柄を深く洞察している。それは規模と専門化との関係に注目したもので、普段は見過ごされてしまうが、われわれのストーリーにとってきわめて重要だ。

これだけ有名な著書にふたつの強力な命題が含まれるのは意外ではない。驚くべきは、これには若干の説明が必要だが、二番目のアイデアの重要性がこれだけ長く顧みられなかったことだ。しかもスミスはこれを根本的な要素としてとらえたので、本のなかではこちらのほうを最初に取り上げている。厄介なことに、ふたつの命題は矛盾しているように見える。アダム・スミスにとっては、見えざる手とピン工場というふたつの焦点が存在しているのだ。

スミスは、英国が世界の大国に躍り出た経緯を説明する目的で『国富論』を執筆した。そのため、繁栄を妨害するのではなく、促進するような政策を特定しようと努めた。彼よりも一〇〇年前のウィリアム・ペティは、オランダとネーデルラント（当時はふたつの別の国だった）を含む北海沿岸低地帯の経済の奇跡に心を奪われた。いずれの国も英国と比べ、はるかに繁栄しているようだった。スミスが生まれた一七二三年には、英国人とオランダ人のどちらが裕福かを考えてもおかしくない状況が続いていた。しかし一七七六年になると英国はライバルをとっくに追い越し、ヨーロッパで最も裕福で成長著しい国になっていた。

英国では、労働者の食卓にパンだけでなく肉ものぼった。スプーンだけでなく、ナイフやフォークも使われた。当時、この島国は消費ブームに沸いていたが、これは北部七州がネーデルラント連邦共和国として独立して繁栄を謳歌して以来、世界では類を見ない現象だった。ピン、お茶、更紗、食器類、毛織物、革靴を、英国の庶民は世界のどの国民よりもふんだんに消費した。「あらゆるものが……豊かな様相を呈している。ドーバーからロンドンに至るまで、貧しさを思わせるような対象はひとつもなかった」と、一七八〇年代にロシアからの訪問者は書き残している。

英国を豊かにしたのは気候でもなければ、土壌の質でも領土の広さでもなかったとスミスは書いている。これらに関して、誇れるものはほとんど存在しない。すべての英国市民が「生産的労働」に熱心に取り組んでいたというわけでもない。なぜなら、貧しい国ではほとんどの人たちが働くが、豊かな国、特に英国では、まったく働かない人たちも多いと、スミスは指摘している。彼の命題は、著書の冒頭の一文にこう記されている。「労働の生産性が飛躍的に向上してきたのは分業の結果だし、各分野の労働で使われる技能や技術もかなりの部分、分業の結果、得られたものだと思える」(『国富論』第一編第一章分業。山岡洋一訳、日本経済新聞出版社)

この点、すなわち専門化は豊かさへの鍵だという点に関して、スミスはこれ以上明確にすることはできなかっただろう(少なくとも読者は、そう考えただろう)。

当時の英国では分業が偏在していたが、常に明白だったわけではない。大規模な産業では様々な種類の労働者が最終製品に貢献しているが、なかには労働者が世界各地に分散しているケースもある。そこでスミスは、本の冒頭でわかりやすい実例を紹介し、それは歴史上最も有名な解説になった。ここで彼は近代のピン工場を訪問している。これならひとつ屋根の下で進められるプロセスを観察できるし、労働量を計算できる。ピン製造の技能を身につけておらず、特殊な機械の扱い方を知らない労働者なら、一日に一本のピンを作ることができれば幸運だろう。

しかし近代の工場ではつぎのようになると、スミスは説明している。

一人目が針金を引き伸ばし、二人目が真っ直ぐにし、三人目が切り、四人目が先をとがらせ、五人目が先端を削って頭がつくようにする。頭を作るのも、二つか三つの作業に分かれている。頭をつけるのも一つの作業だし、ピンを磨いて光らせるのも一つの作業である。できあがったピンを紙に包むことすら、一つの作業になっている。このようにして、留め針製造の仕事が十八ほどの作業に分かれている。十八の作業のすべてにそれぞれ人を割り当てている作業場もあるし、一人がときには二つか三つの作業をこなすようにしている作業場もある。(同前掲書)

このようにしてスミスは、一〇人か一五人で分業すれば、かなりの量のピンを製造できると見積もった。一日に約一二ポンド(約五・四キログラム)の製造が可能だ。一ポンド(約〇・四五キログラム)の針金からは四〇〇〇本以上のピンが作られるので、一〇人で一日に四万八〇〇〇本を製造でき、一人当たりにすれば一日に五〇〇〇本ちかくを製造できる計算になる。二週間ごとに一〇〇万本のピンが完成する。

世界があっという間にピンであふれかえることがないように、スミスは第二章で新しいトピックを紹介している。分業を支配するメカニズムについての命題だ。分業は、モノを交換し合う性質によって支えられている。『国富論』によれば、「二匹の犬がじっくりと考えたうえ、骨を公平に交換しあうのを見た人はいない」が、人間はいつでもそれを行っている。自分の条件を改善したいと願う気持ちは普遍的なもので、「これは母親の胎内にいるときに生まれ、墓場に入るまで決してなくならない」。この自己本位に「ものを交換し合う性質」こそが、システムを動かす原動力である。「われわれが食事ができるのは、肉屋や酒屋やパン屋の主人が博愛心を発揮するからではなく、自分の利益を追求するからである。人は相手の善意に訴えるのではなく、利己心に訴えるのであり、自分が何を必要としているかではなく、相手にとって何が利益になるかを説明するのだ」。

では、一〇〇万本も製造されたピンをどのように売ればよいのか。スミスの回答は、第三章のタイトルとしてすっきり要約されている。「分業は市場の大きさに制約される」のだ。どの程度まで分業されるかは、製品をどれだけ販売できるか、すなわち事業の規模に左右される。なぜなら（何であれ）必要とされる固定費を賄い、売れ残りは極力抑えなければならないからだ。

スミスにとって、この規模の問題、つまり市場の大きさは、主に輸送費と関係していた。人々が広大な地域に分散するのは、スミスにとって当たり前の状態である。スコットランド北部の高地地方《ハイランド》のように村が少なく、隣村との距離が隔てられているところでは、「どの農家も家族のために自分で肉をさばき、パンや酒類を自分で作るしかない」。たとえば荷かつぎ労働者として生計を立てたければ、都市に出ていかなければならない。小さな村はピン工場を支えられない。市民という新興階級は大都市にしか見られない。この市民の「商活動は何かをすることではなく、あらゆるものを観察することであり、そのおかげで往々にして、きわめて個性的で斬新な対象物同士をうまく組み合わせ、思いがけない力を発揮させる能力を備えている」。要するに、発明家のように活動するのだ。結局、分業は地理の問題である。川や港があるところには都市が発展する。陸運に頼るしかなければ、世界のなかの遠く離れた地域のあいだでは、商取引はほとんど行えない。「どのような品物なら、ロンドンとカルカッタの間の陸上輸送に要する費用を負担できるだろうか」。

『国富論』第一編の三つの章と本全体の構想からは、今日では成長理論と呼ばれるものの核心を余すところなく学ぶことができる。長年にわたり、ピン工場についての記述の重要性はかなり強調されてきたが、実際のところ、スミスはピン工場を一度も訪れていない。この記述は明らかに、百科事典の内容を参考にしている。一方、彼はあちこちの場所を訪れ、どこでも鋭い観察力を発揮したが、この点は注目されない。むしろ彼がたくさんの革靴を履きつぶさなかったことが、彼を貶めるために時として指摘される。しかし、このような難癖は的外れも甚だしい。

アダム・スミスはアリストテレスと似ている人物のような印象を受ける。流れるような文章による記述はジャーナリストを思わせる。数字は滅多に使われず、数式はもっと少ない。しかし彼が記憶されるのは、自然界の諸現象を機械論の因果関係に基づいて分類するアリストテレス派の伝統をきっぱり拒んだからだ。機械論においては、ひとつの体系のなかで様々な要素がなぜ、どのようにして相互作用するのかを説明する。スミスのエレガントな散文が読者を魅了するのは、彼が事細かくて複雑な記述を取り除き、メンタルモデルの構築と改善を目指したからだ。分業は市場の大きさによって制約される。豊かさは専門化に左右され、専門化は規模に左右される。交通網の発達した大きな国のほうが専門化が進み、その結果、河川や道路の不足している小さな国よりも豊かになる。

なかでも、海に簡単にアクセスできる国は最も豊かになる。これらはいずれも、『国富論』の最初の三つの章に含まれる重要なメッセージである。たとえば一五〇年前に血液の循環を立証したウィリアム・ハーヴィほど厳密に議論を展開しているわけではないが、それでも同じように啓発的だ。

さらに素晴らしい「仮想の仕組み」がこのあとに続く。

拮抗作用と負のフィードバック

つぎに『国富論』では、家計の詳細について述べている。第四章では通貨の役割を取り上げ、その歴史や意義を教えてくれる。かつては、貝殻、鱈《たら》、タバコ、砂糖が交換のための手段だったという。当時、スコットランドの村では鉄釘が未だに使われていた。しかしやがて、一般に通貨はほかのどんな交換手段よりも好まれるようになり、一部では紙幣が使われ始めた。第五章では、相対価格という素晴らしい体系の存在について述べてから（ビーバー二頭は鹿一頭に相当するなど）、真の価格と貨幣価格の違いを紹介している（「あらゆるものの真の価格は……その生産に要する手間であり、苦労である」）。第六章では、かつてリチャード・カンティロンによって体系化された「商品価格を構成する要素」を列挙している。すなわち地代、賃金、利益の三つで、これらの特質は三つのおなじみの生産要素、すなわち土地、労働、資本への見返りである（資本に関してスミスは、未だに「蓄え」と表現するときもあった）。*

第七章「商品の自然価格と市場価格」になってはじめて、アダム・スミスはすべてがどのように結びつき、筋が通っているのか概説している。ほとんどの人たちは、ここでようやく光明が差したように感じられる。あらゆる商品のあらゆる市場には賃金と利益と地代の「自然価格」が存在しており、これは売り手と買い手が異なる商品を異なる価格で交換する際の双方の意思によって制約される。この「自然」価格から、市場価格は時としてかけ離れるが、そこには飢饉、封鎖、オレンジの生産量の急増などが関わっている可能性がある。「公の喪があると、黒い布の価格が上昇する」とスミスは書いている。しかし、攪乱の原因が一時的なものであれば、価格は直ちに以前のレベルまで下がっていくが、なかには変化が込み入った形で連続的に引き起こされる場合もある。たとえばオレンジの価格が高すぎれば、消費者はリンゴのほうを選ぶなど、オレンジなしですませようとする。船長はオレンジ以外の柑橘類の輸入を増やし、セビリアのオレンジ栽培農家は木をたくさん植えるようになる。これらの結果、価格は自然水準に落ち着いていく。

もちろん、このシステムは競争によって機能している。それがスムーズに機能するためには、誰もが市場に自由に出入りして、気のすむまで何度でも商売の相手を変えられなければならない。スミスはこれを「完全な自由」と呼んでいる。知性ある利己心が、残りのもののいっさいを引き受けるのだ。競争が自由なら、「競争相手を排除するために競い合い、誰もが仕事を正確にこなさざるを得なくなる」と、スミスは（著書のあとの部分で）書いている。人々は市場が引き受けられる最高の価格で販売し、最低の価格で購入しようとするので、需要と供給はひとりでに釣り合っていく。

「経済学者のような考え方」とはどんなものか、スミスをきっかけに定義されるようになったが、ここではそれをはじめて実際に垣間見ることができる。すなわち、互いに依存し合い、本質的に自己調整機能を持つ複数の市場から世界は成り立っている。そこでは価格がフィードバック・メカニズムとして自動的に機能しており、競合する用途のあいだでの資源――土地、労働、資本――の配分を調整している。売り手と買い手という拮抗勢力の競争についての記述は、ほぼ想像の域にとどまっている。「供給」(supply)と「需要」(demand)という言葉は、ほとんど登場しない。「バランス」(balance)と「カウンターバランス」(counterbalance)という言葉は頻繁に使われ、「均衡」(equilibrium)という言葉は本全体で一度だけ登場する。当時、均衡という概念は、科学者だけでなく実務家にとっても間違いなく馴染み深いものだった。水は自然に水平になるし、てこの両側で重さが同じならば、軸を中心にバランスがとれることは周知の事実だった。そしてニュートンは、天体における力の均衡を立証していた。

＊以下の一節はこのあとの内容を理解するためにきわめて重要なので、少々長くなるが引用しておきたい。「ある国で一年間の労働によって生産される商品の価格も、全体として見た場合、同じ三つの部分にあてられているはずであり、その国の住民の間に、労働の賃金、資本の利益、土地の地代のいずれかとして分配されるはずである。ある社会で一年間の労働によって生産されるもの、言い換えれば生産物の総額はまず、この三つの部分にあてられ、社会の構成員に分配される。賃金、利益、地代の三つがすべての収入の源泉であり、すべての交換価値の源泉である。その他の収入はすべて、最終的にこの三つの源泉のうちのどれかに由来している」。(山岡訳前掲書)

スミスが競争について論じている箇所には、ピン工場のように簡潔な修辞的技巧がどこにも見られない。ピン工場が伝えるメッセージは簡潔明瞭なので、章の冒頭に置かれてもおかしくはない。すでに証明済みの定理のようにも感じられる。それに比べ、負のフィードバックを通じて抑制される競争のシステムについては、言葉を長々と書き連ねて説明し、もちろん「見えざる手」(an invisible hand)という示唆に富む比喩を使っている。ただし、この言葉が本に登場するのは一度だけで、しかもあとから思いついたかのように、中間あたりに挿入されている。

拮抗作用がもたらす均衡状態という発想は、ニュートンが発見した引力と大いに関係しており、力学的な原理が人間の問題に応用された「だけにすぎない」と一部の人たちは結論した。たしかにスミス自身、利己心の力を引力の原理と同一視している部分がある。スミスが唱えた「静止と持続の中心」を説明するために今日の経済学者が考案した方程式の一部は、そもそもローワン・ハミルトン卿が一八四三年、太陽と惑星と月の関係を説明するために考え出したものだ。それによれば、太陽と惑星と月がお互いに力をおよぼし合っているおかげで、太陽系全体は十分に理解できる形で安定しているのだという。しかし、拮抗作用や負のフィードバックというアイデアを、スミスが本来の状況とは無関係にひらめいたのは間違いない。利己心の力を引力の原理と同一視している以外、天体による比喩はまったく使われていない。スミスの言葉による生き生きとした描写は、驚くべき普遍性を備えたメンタルモデルを連想させる。

スミスの説明の多くの部分は、のちにほかの人たちによって解明された。今日では一般均衡(general

equilibrium）と呼ばれる価格と需要・供給量全体の相互依存である。（オレンジよりもリンゴを選好する決定ポイントとなる）「限界」（at the margin）での代替の主観的価値と重要さである。機会費用（opportunity cost）という重要な概念について詳しい説明はなく、「これかあれかのどちらかで、両方を手に入れることはできない」と述べるにとどまっている。そのため様々な仮定が立てられ、詳しい解明が試みられてきた。（ロンドン・エコノミスト誌の著名編集長だった**ウォルター・バジョット**〈一八二六～一八七七〉はのちに）あらゆる人間のなかにスコットランド人の存在を想定し、拮抗勢力を演じさせてみればよいと考えた。しかし、これらの概念はどれも第七章で言外に含まれている。同じ要素は、**ジェイムズ・ステュアート卿**（一七一二～一七八〇）が『国富論』の九年前に発表した長い論文にも見られると主張する学者もいるが、今日ジェイミー・ステュアートを覚えている人たちがいるだろうか。負のフィードバックという、諸要素を結びつける原理について詳述したおかげで、スミスは名声を勝ち取った。彼は数学についていっさい記すことなく、経済学を抽象化とモデル構築の軌道に乗せたのである。

スミスは、競争の過程に多くの欠点があり得ることを最初に認めた人物であり、具体例も紹介している。たとえば、システムがうまく機能するためには、商人は何度でも好きなだけ職業を変える自由を持たなければいけないが、実際にはそうならないことが多い。あるいは、秘密の存在は価格を高止まりさせる可能性があり、製造業での秘密は商売での秘密よりも長続きする。一部の地理的利点、たとえばボルドーのブドウ園の地理的利点は、価格を何世紀も自然価格より高く据え置かせる。そして政府公認の独占、ライセンス供与の要件、労働組合などあらゆる種類の規制も、少なくとも一時的に価格を不自然なまでに吊り上げ、高止まりさせる可能性がある。しかしスミスによれば、どの商品も長期間にわたり、自然価格より低く提供されることはない。価格は様々な興味深い形で標準から乖離する可能性があるが、見事な相互依存性を備えたシステム全体のなかでは、その存在は取るに足らない。自然価格は「中心価格であり、すべての商品の価格がたえず自然価格に引き寄せられている……この静止し持続するこの中心に落ちつくのを妨げるどのような要因があろうと、いつもこの中心に向かって動いている」。

スミスが指摘する「自然的自由のシステム」には、きわめて重要な政治的意味が込められている。このように理解される市場はおおむね自己調整的であり、レッセフェールすなわち「自由放任」の原理に支えられている。専門化が着実に進むのは、「富を予測し、それを掴もうとする人間の知恵の結果ではない」。むしろ、利己的な個人、発明家、冒険家、起業家が大体はお互いに競争しながら、無数の小さな事業に取り組む結果生じる。それは、素晴らしい隠喩を用いて以下のように表現されている。「このため、各人が自分の資本を……使い、しかも労働を生産物の価値がもっとも高くなるものに振り分けようと努力する……もっとも、各人が社会全体の利益のために努力しようと考えているわけではないし、自分の努力がどれほど社会のためになっているかを知っているわけでもない……自分の利益を増やすことを意図しているからにすぎない……見えざる手に導かれて、自分がまったく意図していなかった目的を促進することになる……自分の利益を追求する方が、実際にそう意図しているよりも効率的に、社会の利益を高められることが多いからだ」。

実業家に関して、スミスの目は節穴ではなかった。市場の自由な活動に干渉する試みが継続的に存在することを、ほとんどの人よりもよく理解していた。「同業者が集まると……最後にはまず確実に社会に対する陰謀、つまり価格を引き上げる策略のための話になるものだ」と書いている。なれ合いの関係が、一時的にそれを可能にするのだ。このような状況では、政府には行動を起こす責任がある程度まで与えられる。

しかしスコットランド人哲学者のスミスは、市場原理に代わって人間を手引きしようとする政府の習慣的な試みを、他の何よりも軽蔑している。政治家、王族、オックスフォードの教授らと長年交流してきた経験を通じ、重要な立場の人たちがかならずしも立派な意思の持ち主ではないという思いを強めてきた。「人間社会という壮大なチェス盤において、あらゆる駒は原則として独自の動きをするもので、それとは異なる行動を立法機関が選択して押しつけることはできない」と、『道徳感情論』で書いている。急速な経済成長にとって必要なのは主に（当時のスミスは若かった）「平和、低く据え置かれた税金、許容範囲内の司法行政」だという。そうなるとアダム・スミスは、消費者を全面的に擁護する立場を貫いているとも考えられる。公共の利益に対して日常的に陰謀を企てる（時には成功を収める）実業家や官僚を抜け目なく監視しているような印象を受ける。ちなみに『国富論』が出版された一七七六年には、米国独立宣言が採択された。『国富論』は大成功を収め、大御所のギボンも哲学者スミスを以下のように賞賛した。「商活動や革命といった大きな対象を深く掘り下げ、整然とまとめた論文は世界中を啓蒙し、その結果として著者は高く評価され、人類の利益が促された。いかなる時代、いかなる国でも、これほど素晴らしい本が出版されたことはなかった」。

その後のスミスの人生はおおむね快適だった。彼はスコットランドの関税委員に任命されたが、これはアイザック・ニュートン卿がロンドンの造幣局長官に任命された栄誉にも匹敵する。エディンバラで高齢の母親と暮らし、友人たちと交流し、偉大な研究成果に修正を加え、王に反乱した米国植民地の戦いに積極的な関心を寄せた。『国富論』の後半には、つぎのように書かれている。「ある国が自国の生産物を活用して可能なかぎりのものを生産するのを禁止したり、もっとも有利だと判断した方法で自分の資本と労働を使うのを禁止したりするのは、人間のもっとも神聖な権利をあからさまに侵害する行為である」

ピン工場と見えざる手の矛盾

では何が問題なのだろう。実は、ひとつ重大な問題が存在する。一見するだけでは特に気にならないが、スミスのあとに登場する経済学者に大きな課題を突きつけてきた。ここでもう一度、ピン製造業者の話に立ち返ってみよう。ピン工場では、市場の規模によって分業が制約を受けている。

特定のピン製造業者が市場に早く参入し、ピン製造関連の新しい設備や研究開発に積極的に投資した結果、規模を拡大して分業を確立すると仮定しよう。この製造業者は優れた鋼鉄や魅力的な梱包デザインを開発し、効率的な流通ルートを確立した。市場が拡大するにつれて、分業からはたくさんの製品が供給されていく。やがて労働者は機械に置き換えられる。こうして分業が進むにつれて、生産効率は高くなり、ピンの販売価格は下がっていく。価格が下がるほど、たくさんのピンを販売できるようになり、たくさんのピンを販売するほど、多くの利益を確保できる。努力は同じでも見返りが増えるほど、規模に関する収穫は増えていく。このような経済的側面を考えるなら、ピン工場の場合には、市場への一番乗りを果たした製造業者は誰であろうと、コストの低下に助けられて同業他社をすべて締め出すこともできるようだ。ということは、大企業は自然な存在なのだろうか。独占状態は避けられないのだろうか。あるいは望ましいのだろうか。規模の経済がそれほど重要なら、小さな企業はどのようにして存在できるのだろう。見えざる手に欠かせない競争は、どのようにして促されるのだろうか。いずれも今日では切実な問題であるが、『国富論』では探究されていない。

ここで厄介なのは、アダム・スミスが紹介しているふたつの基本定理が、まったく異なる正反対の方向を目指していることだ。ピン工場の事例では、コストの低下と収穫逓増について触れている。一方、見えざる手においては、コストの上昇と収穫逓減について取り上げている。どちらのほうが、より重要な原理なのだろう。ポール・ローマーは文献を確認したうえで、恩師のひとりが若かりし頃、このジレンマをきわめて明確に認識していた事実を発見した。一九五一年に**ジョージ・スティグラー**（一九一一～一九九一）がつぎのように記していたのだ。「分業は市場の規模に制約されるものであり、産業は独占状態に進む傾向があるのだろうか。それとも産業においては競争が展開されるのが大きな特徴であり、「ピン工場」の定理は間違っているか、もしくはほとんど意味がないのだろうか」。スティグラーによれば、どちらも正しいことはあり得ない。

アダム・スミスの焦点は二面的である。一方のレンズ、すなわち分業（ピン工場のような）を通して、独占と呼ばれる傾向が生み出される。金持ちはさらに豊かになり、勝者総取りである。世界はピンに対するニーズを十分に満たされないけれども、とりあえずピンは供給される。一方、もうひとつのレンズを通して、「完全競争」と呼ばれる状況が発生する。見えざる手は、ピン製造業者（やほかのすべての製造業者）が置かれた状況を支配する。そのため、いかなる製造業者も優位を確保できない。価格を引き上げた途端、ほかの誰かがもっと安い価格を提供するため、価格は「自然な」レベルへと戻っていく。この場合には、誰でも料金を支払えば、好きなだけの数のピンを確保できる。

当時、誰もこの矛盾を認識しなかった。結局、それはたかがピンに過ぎなかった。

第5章 経済学は陰鬱な科学か？

How the Dismal Science Got Its Name

産業革命と『国富論』

『国富論』は、今日では産業革命と総称される出来事が次々と起き始めるまさにその時期の一七七六年に刊行された。スミスは、最終的に米国独立戦争で頂点に達する様々な混乱について多くのページを割いている。だが、英国人の生活に変化をもたらし始めた発明の数々については、ほとんど言うべきことがないようだった。

水力織機は『国富論』に登場しない。蒸気機関、ガス灯も登場しないし、仲の良い友人のジョサイア・ウェッジウッドが考案した食器類の大量生産とマーケティングという革命についても紹介されていない。そのため多くの経済史家は、アダム・スミスはピン工場に注目しているが、産業化の原因と結果を見る目はなかったと結論した。

しかし一八一五年には、変化の証拠はいたるところで目撃された。一七九〇年代には、運河の建設ブームが繰り返された。有料道路が英国の都市間を結ぶようになった。木綿は都会の紡績工場で紡がれた。毛織物の需要は大きく、広大な土地がフェンスで囲まれ、小作人は農地を追い出され、そのあとには羊が放牧された。製鋼炉やコークス炉が炎を噴き出した。工場のシステムの概要が姿を見せ始めた。英国人歴史家のT・S・アシュトンは、「そそり立つ煙突と比べて、古い教会の尖塔はずっと小さかった」とのちに記している。

したがって、次世代の経済学者がスミスの「過ちの修正」に乗り出したときには、新しい技術の数々がもたらした効果を無視できなかった。なんと言っても、ピン工場の分析によって技術は有利なスタートを切っていたのだ。

少なくとも、皆さんはそう予想するだろう。しかしつぎに起こった出来事が、ストーリー全体の鍵を握ることになった。

一七九〇年代は、楽観主義者にとって危険な時代だった。スミスは一七九〇年に没したとき、バスティーユの陥落は希望のしるしだと未だに考えていた。しかしその後、フランス革命は激しさを増し、それをきっかけに英国とフランスは対立関係になり、それは四半世紀続くことになる。小競り合いは地球の最果てにまでおよんだ。英国では、政治経済学への熱が冷めた。アダム・スミスのアイデアは支配階級のあいだで、既成の秩序を破壊するものと見なされるようになった。

戦争は欠乏状態をもたらし、欠乏状態は社会不安をもたらした。英仏戦争は一七九二年に始まり、一七九九年にナポレオンが権力を掌握するまで、ほとんど途切れることなく継続した。少なくとも祖国フランスを除いたヨーロッパに対し、ナポレオンは独自の革命を仕掛けた。すでに戦場はエジプトやシリアから、スイス、イタリア、オランダにまで広がっていたが、ナポレオンはそれをさらに拡大する。一八〇三年には、一〇万人の仏陸軍兵士を引き連れて英国を侵略する準備を整えた。しかし英海軍に追い返され、今度は徐々にロシアに狙いを定めた。

その間ずっと、英国の人口は不可解なことに増加していた。二世紀ちかく比較的安定した状態を保った後、一七八〇年から一八〇〇年の二〇年間でいきなり倍増し、およそ一〇〇〇万人に達した。その結果、新たな種類の危機が引き起こされる。一貫して自給自足を続けてきた英国は、穀物の輸入国になった。パンの価格はかつてないレベルまで高騰する。やがて輸入は禁止され、国内で耕作地を増やすため、穀物の高い価格での買い取りが農家に保証された。貧困や窮乏状態が深刻化し、なかでも人口が膨れ上がった都市は危機的状況だった。反乱や暴動が発生し、革命が呼びかけられた。軍事危機は金融パニックを、しかも何度も引き起こした。

スミスが執筆をやめてから四半世紀後の一八〇〇年までに、経済学に関する本格的な論文は発表されなかった。しかしスミスの見解に関しては、英国でもフランスでも大勢の人が論評した。今日では政治哲学者、碩学、著者などと呼ばれる人たちである。該当者の範囲は広く、ベンジャミン・

フランクリンやエドマンド・バークのような実務家も、ウィリアム・ゴドウィンのような改革主義者も含まれる。政府の不正や人間の完全になれる資質をテーマにしたゴドウィンの著作は、英国で多くの読者から支持された。しかし、なかでも楽観的で自信たっぷりな評者がコンドルセ侯爵だ。彼はフランスの著名な数学者であり哲学者で、フランス革命の初期には立法議会議長になった。

コンドルセは論評に真剣に取り組んでいたが、革命がテロの様相を呈してくると、彼に残された時間は少なくなった。そこでアイデアの数々を急いで書き留めて、『人間精神進歩史』という一冊の本にまとめた。フランスでも英国でも人口が急速に増加していることを彼は十分に認識していたが、特に心配はしなかった。科学の変革力を強調し、「同じ面積の土地でより多くの人たちを養えるようになる。おまけに誰でも仕事量が減少し、生産量は増加して、欲求が十分に満たされるだろう」と書いている。平均余命すら増加するという。そして富が増加すれば、ほどなく人口増加のペースは落ちるだろうと論じている。

しかし、進歩的傾向に関する楽観的な主張は、次第に無視されるようになった。科学の進歩への熱烈な賛辞を完成させてほどなく、コンドルセがフランス革命軍に捕えられ、独房で毒死したことも災いした。やがてアダム・スミスにさえ非難の矛先が向けられる。一八一五年にナポレオンがワーテルローで敗北するまで、英国や欧州大陸で暮らす人たちの半分ちかくが、平和をまったく知らずに生涯を送った。飢饉と病気は、ほとんどの人にとってなじみ深いものだった。

歴史のもっと暗い傾向に注目し、変化の絶えない状況を冷静に論評した**デイヴィッド・リカード**

(一七七二〜一八二三)とT・R・マルサス(一七六六〜一八三四)が注目されたのは、このような時代背景があったからだ。

マルサスの『人口論』

少なくとも当初、マルサスのほうがシンプルなストーリーを語った。始まりも、彼のほうが早かった。一七六六年に生まれ、『国富論』が出版されたときには一〇歳だった。裕福な父親から聞かされたゴドウィンやコンドルセの底抜けの楽観主義について朝食をとりながら親子で議論を重ね、マルサスは自らの考えを形成していく。一七九八年には最初の著作が出版され、討論に臨む姿勢が明確に方向づけられた。初版は『人口の原理に関する一論　ゴドウィン氏、コンドルセ氏、その他の諸氏の研究に触れて社会の将来の改善に対する影響を論ず』(*An Essay on the Principle of Population, As It Affects the Future Improvement of Society, with Remarks on the Speculations of Mr. Godwin, Mr. Condorcet, and Other Writers*)というタイトルだった。

これらの見解が発表された年には、英国社会は不安定きわまりなく、パニック寸前だった。地方では民有地の囲い込みが加速して、羊を飼うために農民は土地から追い出された。シェークスピアの時代、ロンドンの人口は二〇万だったが、一八〇〇年には九〇万にまで膨れ上がっていた。新しい住民のほとんどは極端に貧しかった。

人口と食糧生産の伸び（マルサス『人口論』第2章）

年	1	25	50	75	100	125	150	175	200	225
人口	1	2	4	8	16	32	64	128	256	512
食糧の供給	1	2	3	4	5	6	7	8	9	10

これではマルサスが、アダム・スミスに関連する学説を普及させた様々な人たちを軽蔑するのも無理はなかった。マルサスの『人口論』は、単純なジャーナリズムから大きく乖離している（彼は数年前、数学で優等の成績を収めてケンブリッジ大学を卒業していた）。この著書の中心的な論拠は、その後のすべての主張の拠り所となるが、それは幾何級数的な成長率と算術級数的な成長率を比較した有名な表で示されている。

マルサスによれば、ふたつの強力な前提さえあれば、この論理は否定できない。先ず、「男女間の性欲は欠かせない」。つぎに、ほかの何が変化しようとも、これからも「生殖能力は現状がほぼ維持される」（コンドルセらスミスの信奉者の多くは、富が増えるにつれて出生率が低下すると予測していた）。

これがマルサスの基本的なモデルだ。ウィリアム・ハーヴィは、一時間に体内を循環する血液の量についての初歩的計算で注目されたが、マルサスのモデルに込められた意味には同じぐらいの説得力があった。この論理にしたがえば、「人口が増加する能力」は、「人間が必要最低限の生活をおくるための食糧を地球が生み出す能力をすぐに上回ってしまう」。そこには何の条件も追加事項も例外も存在しない。そのうえでマルサスは、改革など行っても無駄だと訴える。「人口の増加と生活資源の増加が平等だと空想しても、農業をどれだけ改革しても」、矛盾を回避することはできない。一〇〇年間でさえ不可能だという。コンドルセは、社会の全員に食べものも時間的余裕も十分に与えられる明るい社会を思い描いたが、それは論理的にあり得ない。マルサスは、数年後に出版された『人口論』の第二版に微妙な修正をいくつも加えたが、ある環境において、そこに継続的に存在できる生物の最大量である生物の環境収容力を強調する点は変わっていない。彼は人口論のマルサス、人口統計学の父として有名になった。

その後、マルサスの見解はいくぶん穏やかになったが、社会条件は改善されていくと信じる人たちを軽蔑する気持ちは決して失われなかった。「人間は最終的にダチョウになるかもしれないと、どこかの物書きがわたしに言ってくるかもしれない」と彼は書いて、こう続けた。「わたしはともかく、分別のある人間に持論を認めさせるためには、人間が環境に合わせて進化してきたことをわざわざ説明しなければならない。人間の首はこれまで少しずつ長くなり、唇は固く突き出し、足は毎日のように形状を変化させ、髪の毛は羽毛に代わり始めていることを」。

デイヴィッド・リカードは、マルサスとちょうど同じ時期に話題になったが、別の角度、すなわち金融政策と戦時財政の方向から注目された。スペイン・ポルトガル系ユダヤ人の先祖は一五世紀末にスペインを追放され、最初はイタリアに定住する。のちに子孫はオランダに移り、一八世紀半ばには最終的に英国に落ち着き、それからほどなく一七七二年にリカードが誕生した。彼は父親と同じ職業を選び、株式仲買人として生計を立てるが、あとから政府証券のディィーラーに転身する。マルサスの『人口論』が出版された一七九八年には、子どものひとりを失った悲しみを癒すため、妻子を連れてバースを訪れ、地元の貸本屋で『国富論』を借りた。そして夢中で読むうちに、マルサスと同様にリカードも、スミスの楽観主義は最終的に間違っていると確信するようになったのである。

マルサスは主に爆発的に増加する人口に焦点を当てたが、リカードは異なる側面の対立に照準を合わせた。彼は丘の斜面に作られた穀物畑を観察しながら、本当に問題なのは三つの経済的階級のあいだの対立だと確信したのだ。アダム・スミスが土地、労働、資本の三つによって特定した階級である。農民は決して裕福になれない。利益のすべてを賃金の形で労働者に支払わなければならず、しかも土地は次第に痩せていく。しかし労働者も、報酬をすべてつぎ込んで食糧を購入する。裕福になれるのは地主だけで、社会は最終的に停滞する。

それからほどなくリカードは、戦時インフレの原因をテーマにした論文を新聞に寄稿して、その後も新聞を発表の場として利用し続けた。彼はジェイムズ・ミルからマルサスを紹介され、ふたりは共に、経済問題について定期的に話し合うロンドンのグループのメンバーになった。

収穫逓減の原理

リカードとマルサスは、収穫逓減の原理を発見した。この原理によれば、ある時点を過ぎると、行動するたびに産出量は減少していく。はじめて畑に肥料をやれば、生産量は著しく増加するが、一〇回目ともなれば作物を枯らしてしまう。同じことは種や水、除草作業に費やす時間にも当てはまるはずだ。労働時間を一時間延長しても、畑で作業する労働者をひとり増やしても、あるいは種や道具や肥料を増やしても、何も得られない時点がかならず到来する。

農業や鉱業は当時、最も有力な経済活動だったことを思い出してほしい。収穫逓減という洞察は非常に衝撃的で、それを広く応用せずにいられない衝動はそれをさらに上回った。このアイデアは直観に強く訴えたのである。リカードとマルサスはふたりとも、人類は常に限界に向かって進んでいると信じていた。マルサスによれば、食糧の供給はいずれ限界に達し、リカードによれば、作物を栽培する土地はいずれ限界に達する。いずれにせよ、人類の歴史の大きな流れは貧困に向かいつつあり、そこには大多数の人間が巻き込まれ、逃れることはできないと考えられた。

リカードは、新たに台頭した産業資本家の存在を十分意識しており、彼らが地主や労働者と社会的な地位を争っていることを認識していた。しかし、産業化は寿命の短い現象だという確信を強めていく。彼によれば、製造業の利益率は農業の利益率と同じ傾向をたどるはずだった。工業製品の分野で始まったばかりの革命は、まもなく鎮圧される。なぜなら、市場が存在しなければ、積極的な投資など無駄でしかなく、もはや蓄積することはできない。このような状態、すなわち農業生産が最大限に達し、経済革命が急停止する状態は、定常状態として知られるようになる。リカードの考えでは、これを遅らせることができても、避けるのは不可能だった。

一八一三年には、マルサスとリカードは書簡を交わし、輸入穀物に課される高い関税がおよぼす影響について論じ合うようになっていた。この高関税は英国の農家を守り、島国英国の自給自足を維持することが目的だった。マルサスは、英国の諸制度を守るうえで、このような保護策は必要であり、望ましいとさえ信じていた。これに対し、リカードは自由貿易を支持した。自由貿易によって不可避な運命の到来が少しは延長され、孫の世代が衰退までに人生をまっとうできるからだった。ふたりの思索家は友人となる一方でライバルとなり、お互いの研究に関して論評し合った。戦争が終わると、ふたりは競うかのように政治経済に関する論文を発表する。リカードは一八一七年、マルサスはその四年後に発表した。

近代的な意味で、経済学の初の本格的な教科書となったのはリカードの著作だった。

『経済学および課税の原理』とコーンモデル

冒頭の文章から、『経済学および課税の原理』(*Principles of Political Economy and Taxation*)は『国富論』と異なる。スミスは富の増加の解明を試みた。これに対し、リカードにとって経済学者に課された仕事とは、社会を主に構成する三つの階級、すなわち労働者、資本家、地主のあいだでの富の分配を説明することだった。「政治経済学」とか「政治経済の法則」という言葉が彼の著書には登場するが、スミスの著書にはいっさい見られない。

しかしその点を除けば、本の構成は『国富論』と大差ない。知の営みの分野が専門の歴史家のデニス・P・オブライエンによれば、リカードはスミス以外の人物の研究を資料としてほとんど引用していない。彼にとっては、スミスを批判することが自然なスタイルだった。たとえばピン工場に関するスミスの考察は、賃金に関する章の一行に登場するだけで無視されている。製造品の価格に下がる傾向があるのは事実で、そこには知識の増加が関わっているとリカードは書いている。* しかし、そう指摘したあとで、これは重要な問題ではない、なぜなら食糧と労働の価格は上昇するからだと論じている。

リカードの手法の真髄は、経済全体をひとつの巨大農場として想像したことだ。農場が産出する

*「原生産物と労働以外のすべての商品の自然価格は、富と人口の増大につれて、下落する傾向がある。というのは、一方では、それらの物の真の価値は、それらを造るのに使用される原料の自然価格の騰貴によって高められるにもかかわらず、これは、機械の改良、分業および労働配分の改善、生産者の科学ならびに技術における熟練の増進によって、十分に相殺されるからである。」

（リカード『経済学および課税の原理』第5章賃金について。羽鳥卓也他訳、岩波文庫）

ものはひとつだけで、どの農産品でもかまわないが、ここでは「トウモロコシ」が選ばれている。そこに労働と土地が投入される。ピン工場を含め、ほかのものはすべて前提から外されている。その意図は、少数の経済的集計量の関係を確認し、論理的な思考で大まかな結論に至ることだ。たとえば、つぎのように展開される。

こうして、前掲のきわめて不完全な基準を私の計算の根拠として採用すれば、穀物が一クォータにつき二〇ポンドのとき、その国の全純所得は地主のものになることが明らかであろう。というのは、その場合、£20：£4＝180：36だから、最初一八〇クォータを生産するのに必要であったと同量の労働が、三六クォータを生産するのに必要となるであろうからだ。そうだとすれば、最初一八〇クォータを生産した農業者は（かりにこういう農業者が存在するとして――というのは、土地に投下された旧資本と新資本とは、到底区別できないほど混合されているであろうからだ）、

一八〇クォータを一クォータにつき二〇ポンドで、すなわち……………………三、六〇〇ポンド

で売るであろう。

一四四クォータ｛つまり地代として地主に与えられた三六クォータと一八〇クォータとの差額｝の価値は……二、八八〇ポンド

三六クォータ……………………………………………………七二〇ポンド

一〇人の労働者に与えられる三六クォータの価値は……………………………………………七二〇ポンド
そして利潤としては全く何も残さない。
（リカード『経済学および課税の原理』第6章利潤について。羽鳥卓也他訳、岩波文庫）

こうならば、つぎはこうなる……次々と連続するリカードの推論は簡潔で、今日では、初期の経済モデルとしてすんなり認識されている。発表以来、これは経済学者から「コーンモデル」と呼ばれてきた。「わたしは、主題の単純化を目標にしてきた」と彼は書いている。英国社会では、友人のマルサスのほうが人口のマルサスとしてはるかに知名度が高かった。しかし専門家のあいだでは、マルサスの『人口論』よりもリカードの三段論法のほうが、説得力の強さをはるかに高く評価された。コーンモデルは計算が簡単で、議論の余地がない。規模の測定が可能で、現実の世界と照合できる点で、スミスの「架空の機械」よりも大きく先行している。そこには関係する変数がすべて含まれているようだ。しかも、単に特定の傾向を説明するのではなく、将来の趨勢を明確に予測できるように考案されている。

リカードとマルサス、少なくともふたりの熱烈な信奉者は、まるでニュートンの法則を垣間見たような気分だった。リカードは友人への手紙にこう書いている。「正直言って、わたしにとってこれらの真実は、幾何学のいかなる真実よりも明白な印象を受ける。これだけ長いあいだ見えなかったことに驚くばかりだ」。そしてマルサスは、計算尺はこれから不可欠な道具になるだろうとも書いている。経済の問題にはかならず「ある効果が最大限に発揮される地点があり、その両側では効果が徐々に薄れているが」、まさにこのような傾向を測定するため、計算尺は発明されたからだ。

新しいモデルは、直観的には明らかではない洞察を生み出したが、なかでも最も顕著なのは外国貿易の理論だった。比較優位の原則によれば、国家は専門化や貿易を通じて地理的・気候的な環境を最大限利用することで良い結果を得られる。ワインや毛織物についての議論はきりがなかったが、常に経済学者が勝利を収めた。

このような正確さや確実性への願望は、一九世紀はじめの時代の気質と一致していた。同じような確実性は、アダム・スミスの野心にはない。『国富論』を傑作にした要素のひとつは、一定の曖昧さを許容している点だ。たとえば、見えざる手とピン工場のあいだには対立状態が存在するし、科学の進歩のおかげで、成長には論理的な限界が定められていないと考えているような印象を受ける。しかしリカードには、スコットランドに地質学を研究する友人が、パリには化学を研究する友人がいた。マルサスは数学を研究した。ふたりにとって文章的なアプローチは存在し得ない。ある時点で、リカードは友人につぎのような手紙を書いている。

あなたが考えている政治経済は、富の性質や原因を探究するものだろう。わたしはそう考えない。政治経済とは、工業生産に協力して臨む複数の階級のあいだで、分業がどのような法則に基づいて決定されるか探究するものだ。量を厳密に規定できる法律は存在しないが、割合をまずまず正しい程度に規定できる法律ならば存在する。わたしは毎日、前者の探究は結果を伴わない間違ったもので、後者の探究だけが科学の真の目的だと確信し、満足感を強めている。

抽象化は確かに素晴らしかった。しかし、収穫逓減に関する新たな確信が強すぎるあまり、初期の経済学者は重い代償を払った。

部外者から見ると、リカードと彼の信奉者たちは、前提の検証が必要だと考えていないような印象で、それが不満だった。リカードらにとっては、内的整合性があれば十分で、厄介な事実は単に無視した。データが何を語ろうとも、もっともらしい前提から導き出された論理的帰結が正しいものと見なされた。この早まった確信の傾向は、のちにリカード的悪弊と呼ばれる。ただし、このような批判は正当化できるものの、それでは奥深い重要な要素が見過ごされてしまう。それは、内的一体性を発見したときの大きな喜び、そして、このような形式手法こそが未来への道を開くという確信である。

当時は職能団体があちこちに誕生していた。植物学者は一七八八年、外科医は一八〇〇年、地質学者は一八二〇年、天文学者は一八二〇年、統計学者は一八三四年に職能団体を結成した。経済学という新しい分野の「学者」たちは、社会から熱烈に支持される。一八二一年にはロンドンで政治経済クラブが組織され、学会への昇格を目指した。* 一八二五年にはオックスフォードで、経済学で最初の大学教授が誕生する。

そのあとは、書籍や小冊子や雑誌記事が氾濫した。熱狂は上流社会にも広がる。人気小説家のマリア・エッジワースは、姉妹への手紙にこう書いた。「いまでは政治経済について話すことが、高貴な女性のあいだで流行しています」。戦争が終わると、リカードは十分な財産を手に入れた。一八一九年には「科学の代表者」として政界に進出する。

ほとんど思いつきで、リカードは一八二三年に出版された『経済学および課税の原理』の第三版に、機械についての章を加えた。それはわかりにくく、集中して読むことができない。技術と農業の分野で改良が進めば、利潤の「重力が」ゼロに向かう動きがしばらくは抑えられるかもしれないと彼は書いている。しかし、このようにして創造された費用の低下傾向は、限定的で弱いものでしかない。新しい発明は人口を増加させるだけで、庶民の生活水準の向上は、せいぜい一時的にすぎない、と続けている。「労働階級の見解、すなわち機械の導入は彼らの利益に害をおよぼすという主張は、偏見や間違いに基づいているものではない。政治経済の正しい原則に適合している……」のだという。

議会での友人は、一体リカードは、最近どこの惑星からやって来たのだろうと首をひねった。

クルーグマンのアフリカ地図

ふたりの新しいツール、リカードのコーンモデル、幾何級数的成長率と算術級数的成長率を比較するマルサスの表の論理は強力だった。そのため、これらに拮抗する傾向が存在する証拠はいたるところに見られたのだが、経済学者は興味を失ってしまった。彼らの新発見である幾何学的証明に近い方法で容易に説明できないものは、いまや意図的に無視され、「外生的な要素」として片づけられた。もっとも一九世紀はじめには、取り組む主題を奇妙な形で絞り込むために、この言葉はまだ使われていなかった。

アダム・スミスは専門化について『国富論』の冒頭で取り上げた。ところが不思議にも、リカードとマルサスの登場と共に、この主題は経済学から呆気なく消えてしまった。リカードの『経済学および課税の原理』のなかで、「分業」という言葉は三回しか使われず、この著書で展開される議論には役に立たないものとして切り捨てられた。マルサスの『人口論』の初版には一回しか登場していない（重要度は低いものの、第六版ではあと七回登場している）。

こうした「空洞化」は、科学者が形式的手法を最初に採用する際、時として発生する現象である。経済学者の**ポール・クルーグマン**（一九五三〜）は数年前、これをわかりやすく説明するための比喩を考案した。このストーリーではアフリカの地図を取り上げている。一八世紀には、アフリカの

＊第一回目の会合のときから、マルサスは間違っていると思われた。彼はこの日のために「商品の一般的供給過剰はあり得るか」というタイトルの論文を準備した。それに対する彼の答えは「イエス」だったが、それは正しくないと退けられた。

地図から一部の特徴が取り除かれた時期が数十年間あった。

当時すでに地図は古い話題だったと、クルーグマンは『経済発展と産業立地の理論』という小品のなかで書いている。アラブ商人は一二世紀から、アフリカ大陸の地中海岸沿いの地形図を作成した。一五世紀にポルトガル人が大陸を南下し始めた頃から、アフリカの地図はおおよそ完成された。海岸線だけでなく、内陸の細かい特徴も記されるようになった。たとえばティンブクトゥの相対位置、ベニン湾の数百キロメートル北を西から東に流れる大河の存在も地図には載っていた。

厄介なのは、古い地図が全面的には信頼できなかったことだ。距離は短縮されたり延長されたりしている。内陸部についてのすべての描写が正しいわけでもない。ナイル川の水源が巨大な湖のときもあれば、一つ目の部族や、口が胃袋のなかにある部族の居住地が記されるときもあった。

やがて一八世紀はじめ、新しく発表された地図は空洞化した。新たに地図作成に科学的手法が採用され、緯度、ほどなく経度が測定される。この分岐点より以前、地図作成者は内陸部の様子を旅行者に訊ね、提供された情報に基づいて地図に特徴を書き込み、十分満足していた。ところが、信頼できる証拠の基準のハードルが高くなった。「六分儀とコンパスを持った頼りになる情報提供者が訪れた地形の特徴のみが、地図に掲載されるにはふさわしい」と判断されるようになったと、クルーグマンは書いている。そのため古くからの詳細な地図が顧みられなくなり、一時的に「暗黒大陸アフリカ」という概念が幅を利かせた。

この時期は長続きしなかった。一九世紀はじめには、ほかに手段がない場合には、確実に正確だと思われる詳細情報を追加することが形式手法で許されるようになった（宣教師で医師のデイヴィッド・リヴィングストンのアフリカ探検は、ナイル川源流の地図を作ることも目的だった。彼は一八六六年に消息を絶ち、ニューヨーク・ヘラルド紙の記者ヘンリー・スタンレーによって「発見された」）。それでも数十年間は、「技術の改良によって実際に知識の一部が失われる期間が続いた」。*

クルーグマンによれば、同じようなことは時として経済学にも発生する。「その傾向は理解できるし、避けられないのだが、経済学はより数学的に抵抗の少ない方法をとる」という。ちょうど、最初は海岸沿いに地図を作成したのと同じだ。収穫逓減の法則が直観に訴え、しかも数学的に表現しやすかったため、経済学者はその含意の解明に専念した。それに対抗する力はずっと説明しにくいため、無視された。

こうして不足に気を取られ、記述されることが大きな取り柄の旧式モデルに導かれて、リカードとマルサスは経済学の主流を長い迂回路に誘導したのだった。本書はここから全七章を使い、経済学者が途中で様々な工夫を凝らしながら長い道のりを歩み、一九七〇年代末にようやく自分たちの立ち位置を取り戻すようになるまでの軌跡を描く。

＊このように興味深い知識の盛衰が実際に発生していた証拠は、『一二世紀から一八世紀までの地図上のアフリカ』に残されている。これはベルリンの国立図書館が所蔵する七七枚の古地図をまとめた美しいコレクションだ。エーゴン・クレンプによって編集され、一九六八年にライプチヒで出版された。

第6章 地下水

The Underground River

消えた「収穫逓増」

慢性的な欠乏状態が人類にとって避けられない運命だという考えは、一九世紀はじめに大勢の人たちを長く納得させるだけの説得力を持たなかった。そう信じ続けるのは経済学クラブに所属する小さな集団に限られていたが、ほどなく彼らでさえ、欠乏状態は回避できないという発想の正当性に疑問を抱き、距離を置き始める。未来には何を期待できるかが、ふたたび活発に議論される。まもなく小説家のチャールズ・ディケンズや随筆家のラルフ・ワルド・エマーソンは、デイヴィッド・リカードやT・R・マルサスよりもずっと広範囲にわたり、英語で経済を解釈するようになった。

ナポレオンがようやく一八一五年に敗北してから数年間、英国社会は不安定な状態が続き、革命の危機に瀕した。しかしその時期を過ぎると、広範囲に永続的な平和が到来し、英国も大陸諸国も確実に繁栄の時代を迎えた。鉄道が建設され、運河が造られ、蒸気船が建造され、電信ケーブルが敷設される。一八三〇年には、英国はふたたび食糧の自給が可能になった。

一握りの著名な経済学者の研究は、ピン工場に象徴される経済学の伝統を継承した。ただし彼らは、コンドルセやゴドウィンのような楽観的なビジョンの持ち主ではなかった。歴史から学ぶ傾向が強く、経験を重視する現実的な学者たちだった。**チャールズ・バベッジ**（一七九一～一八七一）は『機械化と工業化がもたらす経済効果』（一八三三年）のなかで、競争ではなく工業化こそが新しい世紀の最も顕著な事実だと主張する。あるいは、フランス人土木技術者**オーギュスタン・クールノー**（一八〇二～一八七七）と**ジュール・デュピュイ**（一八〇四～一八六六）は、独占、道路、橋梁に注目した独自の経済学を展開し、一八三〇年代には数理ミクロ経済学を実質的に発明した。スコットランド人経済学者の**J・R・マカロック**（一七八九～一八六四）は、リカードと弟子たちの問題を以下のように誰よりも明確に指摘した。「彼は農業技術が変わらないことを前提に、農地への追加的な労働投入は、一般的に、より少ない収穫をもたらすことを公理または一般的原理と定めている。この定理は確かに真実だが、同時に農業技術がほんの短期間で変化することもまた真実である……」。当時最悪だった土地の生産高は、二〇〇年前の最良の土地の生産高を上回っていたと、マカロックは記している。

ただし彼らはリカードやマルサスに異議を唱えたものの、専門化や知識の増加を経済学の主要な問題として掲げたわけではない。むしろこの時期、主流派経済学、つまり見えざる手に象徴される経済学の威光は着実に増していった。その悲観的予測は実際のところ外れたのだから、歴史上の興味深い認知的不協和の事例の一つだろう。リカードやマルサスは「科学的」だから優れているが、アダム・スミスは「記述的」だから、そうではない、というのだ。

このような状況で政治経済学クラブがロンドンで興隆する。銀行は評論誌の発行を始めて、今日の経済学会誌の先駆けとなった。英国科学振興協会は、経済学と統計学を対象とするF部会を設立した。経済学の普及を目的とする書物が広範な読者を獲得した。そのひとつである一八四三年にロンドンで創刊されたエコノミスト誌は、自由貿易という新しい学説を擁護した。バベッジやマカロックなど異端の経済学者は脇に追いやられてしまう。やがて一八四〇年までには、工業化とそれに伴うコスト低下、すなわち経済学者から「収穫逓増」と呼ばれる現象への関心は薄れ、かなり限定的な話題になる。ピン工場に象徴される経済学は「地下水」となり、「数十年ごとに地表に湧き出る」程度にとどまったと、何年ものちに**ケネス・アロー**（一九二一～二〇一七）は述べている。

この時点で、過激なジャーナリストから哲学者・経済学者に転じた**カール・マルクス**（一八一八～一八八三）が、表舞台に登場する。この異端の人物を、経済学者たちは無視することができなかった。

マルクスが広めた「資本主義」

長年にわたり、カール・マルクスの名のもとで多くの事柄が語られ実行されてきたが、マルクスの歴史上の役割を理解するには、物騒な弟子たちを多く従えた宗教指導者と見なすのが最善だろう。彼はメリー・ベイカー・エディ（クリスチャン・サイエンス・チャーチ創始者）とほぼ同年齢で、ブリガム・ヤング（モルモン教指導者）よりも一五歳若く、彼自身も宗教の影響が強い環境で育った。一八一八年、ドイツの古都トリーアで、著名なラビの家庭に生まれた。父親はユダヤ教の信仰を放棄して、ヴォルテールやルソーを信奉するようになった。息子のマルクスも、生涯にわたって反ユダヤ主義を掲げた。しかし彼の研究には、預言者としての側面が目立つ。「何百万人もの人間を、あっという間に新しい精神世界の信者に改宗させてしまう」と、歴史家でありマルクスの伝記作家のフランク・マニュエルは指摘している。

しかし当初、カール・マルクスは経済学者だった。ボンとベルリンの大学で学んだ生粋の教育者だったが、一八四三年にパリに移ると、裕福な紡績工場経営者の息子**フリードリヒ・エンゲルス**（一八二〇〜一八九五）と出会い、たちまち親友になる。ふたりは『共産党宣言』（*The Cmmunist Manifesto*）を執筆し、そこから政治指導者としてのマルクスのキャリアが始まる。彼はパリを追われてブリュッセルに移住するが、その前に、二巻から成る『経済学批判』を出版する契約を交わしていた。一八四九年には、家族と共にようやくロンドンに落ち着く。そして毎日のように大英博物館に通い、アダム・スミスをはじめとする古典派経済学者の著作を読み漁った。本書の目的、すなわち経済学者マルクスを理解するためには、デイヴィッド・リカードの熱心な生徒としての側面に注目すべきだろう。ただしこの生徒は、いつまでも生徒でいるつもりはなかった。マルクスはリカードの正確さ、科学への願望、公理の証明といった要素を愛した。あらゆる面でリカードの生徒だったと言えるが、ひとつだけ例外があった。リカードとは異なり、収穫逓減ではなく収穫逓増を出発点と考えたのだ。

それ以外の点でマルクスは、土地所有者、資本家、労働者の三者による権力争いというリカードのアイデアに全面的に賛成だった。貧困についての論理も受け入れたが、ややひねりを加えた。さらに大陸の伝統を反映し、おなじみの「生産要素」を「階級」という表現に取り換えた。「土地」という要素の代わりには、土地の所有者（封建貴族）、「資本」の代わりには、ブルジョア階級という言葉が使われる。このブルジョア階級という新参者が貴族に取って代わるプロセスが進行していると、マルクスは論じた。ほとんど目に見えないが、いまは資本家による革命の最中で、その起源は二〜三世紀前まで遡るという。そしてもうひとつ、「労働」の代わりに、ここには不幸な「プロレタリア階級」が存在した。

すでに『共産党宣言』のなかで、彼は同時代の似たような経済書のどれよりも、当時の状況をつぎのように簡潔にまとめた。

ブルジョア階級は、かれらの百年にも満たない階級支配のうちに、過去のすべての世代を合計したよりも大量の、また大規模な生産諸力を作り出した。自然力の征服、機械装置、工業や農業への化学の応用、気船航海、鉄道、電信、全大陸の耕地化、河川の運河化、地から湧いたように出現した全人口――。これほどの生産緒力が社会的労働のふところのなかにまどろんでいたとは、以前のどの世紀が予感しただろうか？

（マルクス、エンゲルス『共産党宣言』第1章、大内兵衛他訳、岩波文庫）

台頭著しい資本家階級にとって、技術は守護神のような存在だった。この時代の仕組みから、ブルジョアジーはありとあらゆる利益を搾取し続ける。彼らはそのように行動する習慣が、心理的に身についているのだ。最終的には、地主ではなくブルジョア階級が、何もかもひとつ残らず吸い取ってしまう。しかしその時点で、プロレタリア階級が蜂起して形勢を逆転させる。プロレタリア階級のメンバーは政治革命を通じて「生産手段」の所有権を奪い取り、それ以後はすべてが順調に進む。

論法がこの時点に達すると、大きな疑問が湧いてきた。革命のあと、生活はどのようになるのか。のちにマルクスは、有名な余談のなかでつぎのように説明している。分業はほぼ消滅し、誰もが「猟師にも漁師にも羊飼いにも批評家にもなる必要がなくなり」、好きなように行動できる。午前中は魚釣り、午後は狩猟、夕方は牛の世話、「夕飯のあとは批評をする」ことも可能だ。これがまるで、今日の工業民主主義国の中産階級の引退後の生活を記述しているような印象を受けるとしたら、それは間違いなく偶然の結果だ。

それから三五年間、マルクスは新聞記事や論説やエッセイを量産し続け、もちろん三巻から成る『資本論』（*Capital*）を執筆した。英国人経済学者たちとの根本的な意見の相違は、次第に曖昧になっていく。たとえばリカードは、天然資源の不足が原因で成長は止まると信じていたが、これに対してマルクスは、知識の増加に支えられて成長は継続すると信じた。目の付け所は異なるが、両者の見解はほぼ一致していることが認識できる。

マルクスの貢献を詳しく論じるのは難しい。彼が『共産党宣言』のなかで提唱した政治改革の一部、公立学校、中央銀行、累進所得税、基幹産業の国有化は、今日の基準から見て特に衝撃的ではない。土地の所有権や相続権を認めないなどとんでもないアイデアもあった。一方、マルクスが世界に紹介した「資本主義」（capitalism）という専門用語は、一八六〇年代に入ってさかんに使われ始めた。分業の変化を暗示するために「革命」（revolution）という言葉を使ったのも、彼が最初ではないだろうか。大著『資本論』のあちこちに、多くの賢明な洞察がちりばめられている。

何よりも明確な成果は経済学を「技術の批評史」として再定義した試みだが、残念ながらその場所は『資本論』の脚注だった。それ以外の部分は言葉づかいが不明瞭で、時にはくだらない印象を与える。彼の詳細な議論は、一〇〇年前のスミスの表現を使うなら、「過酷な試練を経験している人のみを対象にして、問題を取り除くための」原理を紹介しているような内容だった。そして経済成長は、どのページでもマルクスにとって何よりも問題だった。リカードから受け継いだ問題、すなわち階級間の配分には多くのインクを費やしているが、どこでも大して重要視されていない。

娘婿のポール・ラファルグがマルクスについて描き出したイメージは、後世にまで語り継がれている。彼は、マルクスが愛読したことで知られるバルザックの物語『知られざる傑作』に登場する画家のイメージに義父を重ね合わせ、つぎのように表現している。「才能ある画家が頭のなかの構想を描き出そうと何度も試み、カンバスにひっきりなしに手を加えた挙句、様々な色を塗りたくっただけで、形のあるものは完成されない。それでも偏見に満ちた本人の目には、頭のなかの現実が完璧に再現されたように見えてしまう」。

J・S・ミルの「定常状態」

一八四八年になると、古典派経済学は再定式化の機が熟していた。それは、マルクスのような外部の挑戦者によって権威を脅かされたからだけではない。パリをはじめヨーロッパの首都の街路に暴徒が押し寄せる状況で、経済学の大刷新を説明する十分な理由があったからでもない。内部の矛盾が積み重なり、経済学者自身にも紛れもない現実となったからだ。デイヴィッド・リカードが生産に関して決定的な発言を行ったと偽るのは、もはや不可能になってしまった。

ここでジョン・スチュアート・ミルという名前の英国人経済学者が、『国富論』で大きな説得力を持っていたビジョンに改めて注目し、研究に取り組み始めた。もちろん、リカードによって様々な

「科学的改善」が加えられた状態のビジョンである。ミルの父親ジェイムズは、リカードの親友だった。息子の仕事は、産業革命が顕著な形で引き起こした大いなる成果を、収穫逓減という直観的に明らかな論理と調和させることだった。

スミスやマルクスと同様、ミルは『経済学原理』(*Principles of Political Economy*、一八四八年)のなかで成長を出発点と見なした。ただし、リカードを英国で「最も偉大な政治経済学者」として評価していたため、「純粋理論」に関しては基本的にリカードの説を踏襲した。「生産の真の限界」は、「土地の量と生産力がどれだけ限られているかによって決定される」と記している。しかし同時に、「収穫逓増」の傾向も確認しており、一部の産業ではコスト低下のおかげで利益が上昇すると考えた。*彼はこの傾向を、農業の「一般法則」である収穫逓減と対立する形で紹介したうえで、両者の妥協を試みた。まず第一二章では、収穫逓減は経済学にとって「最も重要な原理だ」と書いている。しかし第一三章では、「人類が自然を支配する総合的な力に何らかの要素が加えられれば」、収穫逓減は予想に反して一時的に停止または統制されると記した。

このように、ミルは技術の進歩をまったく無視したわけではない。しかし、それを少なくとも経済学的観点から説明しようとは試みなかった。最低でもあとしばらくは技術の進歩が続くと仮定しただけで、それ以外は本文で取り上げられていない。むしろ重要な部分は、本の冒頭の「まえがき」につぎのように隠されている。「国家の経済状態が物理的な知識の程度によって決定されることを考えれば、それを土台とする自然科学や芸術にとって、国家の経済状態は研究対象になる。政治経済学が関心を持つのは、成長を促す心理的・制度的原因のみである」。

これは自分たちの問題ではないと、外生的成長について経済学者が突き放す伝統は、ここから正式に始まった。分業（division of labor）はほとんど注目されず、ミルが「より基本的な原理（more fundamental principle）」と考えた「協働」（cooperation）の原理の一部になってしまった。単純にせよ複雑にせよ、仕事を遂行するために労働者が助け合うときには、かならず協働が成立する。これは一般的すぎる原則で、おそらく役には立たない。専門化に代わるものが、ミルが「生産性」（productiveness）と呼んだブラックボックスだった（今日のわれわれは「productivity」という言葉を使う）。生産性が増加するかぎり、すべては順調だとミルは主張した。技術的知識の増加が経済を動かす力となったにもかかわらず、ブラックボックスである生産性は外生的な（exogenous）力と見なされ、「自分たちの問題ではない」として扱われた。

ミルはもうひとつのアイデアをアダム・スミスから取り入れ、近代的に手を加えた。それは「定

＊アダム・スミスは、「過去四世紀における銀の価値の変動に関する余論」のなかで同様の区別について触れている。そしてリカードも、賃金に関する章のなかで、知識の増加がおよぼす影響に静かに注目している。ほとんどの商品に関しては、天然資源の希少性が高くなってコストが上昇しても、「機械の改良、分業の改善、科学や芸術の分野での生産者のスキルの向上によって相殺される以上の効果がもたらされる」と記している。しかし「価値と富」というタイトルの第二〇章になると、知識は富を増やす可能性があるが、労働者にとって物事は改善されないと記し、その理由として価値は労働のみに依存する点を指摘している。

常状態」(stationary state)というアイデアで、このとき国家は「法や制度の性質によって許されるかぎりの富を十分に補充した」状態になる。オランダは長い間、最大限の富を手に入れた国家の見本と見なされてきた。「少々手に入れる」のと同じ頻度で「少々手放す」ので、何年過ぎても豊かにも貧しくもならず、同じ場所にとどまっているようだった。リカードはいつもと同様、この概念についてもっと正確に解説している。定常状態(彼はこの用語を使わなかった)ではある時点まで、十分な利益を得られる可能性が残されるので、富を蓄積し続けることに価値が生じる。しかし地代がその時点を超えて上昇すると、今度は衰退が避けられず、見通しが悲観的になる。一方ミルにとって、定常状態の到来は憂慮すべきではなく、むしろ望ましいものだった。この状態になると、誰もが十分な金を手に入れる。誰もがくつろいで、自然の美しさや芸術を楽しむことができる。

このように社会に「成人期」が訪れるという着想に、一九世紀半ばの理論家は抵抗感がなかった。というのも、当時は自然界の多くが、明らかに「S字」曲線のパターンをたどっているように見えたからだ。懐胎期間がゆっくりと進行し、つぎは急激な変化を伴う青年時代が訪れ、そのあとは実質的に変化のない成人期が長く継続し、最後は衰えて死を迎える。生きとし生けるもののあいだで、これはほぼ普遍的なパターンのように思えた。生産性の成長はいつの日か停止するという考え方は、ミルによって経済学に深く組み込まれた。定常状態という概念は、一世紀以上にわたって数学的形式で継続的に取り上げられた。この仮定に基づいて、形状や規模が様々なすべての国家が、比較的急速に成人期に向けて収束すると考えられた。

ミルの『経済学原理』は経済学者たちから喜ばれた。この本は、『共産党宣言』への反論として良いタイミングで出版されたからだ。産業革命が起きたからといって、リカードが間違っていたことにはならない理由が、道理にかなった形でわかりやすく説明されている。収穫逓増が収穫逓減に勝る期間は限られている。最終的には、収穫逓減が勝利を収めるのだ。さらに『経済学原理』は、人口問題に関して、特に最低生活賃金に関して従来よりも楽観的にとらえている。明瞭で説得力のある英語の文章で書かれているが、それでいて、リカードのシステムの基礎を成す数学の性質についてわかりやすく説明し、自分なりの解釈まで少々加えている。

「幸い、価値法則には筆者や将来の研究者が解決すべき事柄が残されていない。この主題に関しては理論が完成されている」とミルは記している。これでは、彼がこの主題に興味を失うのも無理はない。その後ミルは、ヴィクトリア朝時代の自由主義の守護聖人、フェミニスト、環境主義者、社会民主主義者となり、時代を少なくとも一〇〇年は先取りした。本文を改訂したのは一八五二年の一度だけだ（彼の存命中、ほかの人たちが全部で七回、改訂を行っている）。自分は必要なことをすべてやり遂げた、とミルは考えた。

限界主義者の登場

たまたまこの時期の経済学は、理論の抽象化と数学的表現に関して第二の飛躍期を迎えようとしていた（最初の飛躍期は、もちろんマルサスによって代表される）。早くも一八三〇年代にフランスのエンジニアのあいだでは、数学的推論の明快さへの興味が高まっていた。一八四〇年代にはそれはドイツにまで広がり、一八六〇年代にはヨーロッパ全体で全盛期を迎える。一八八〇年代以降も大英帝国では『経済学原理』が市民宗教のバイブルであり続けたが、数理経済学の黎明期には、記述的経済学者としてのジョン・スチュアート・ミルはたちまち時代遅れになった。

モノの価格は主観的であり、商品と人間のニーズとの関係に起因することを、新しい経済学は大前提として認識している。スミス以降の経済学者は、価値は商品そのものに内在しているはずだと考えてきた。この価値は、生産や流通に必要とされる労働量と何らかの関係があるように思えた。しかしこの見解からは、解決できない矛盾が生じた。たとえば、なぜダイヤモンドは高価なのに、水は安いのか。新しい経済学の心理的視点に立つと、ダイヤモンドが高価なのは人間の手で地面から掘り起こされるからではない。良い価格で売れることがわかっているから、わざわざ掘り起こすのだ。

重要なのは商品の全体量ではなく、追加の増加量だという洞察が、ここではきわめて大切になっている。この発想はのちに限界分析として知られる。喜びを提供する行為にはとらえどころのない性質が備わっているが、次第に経済学者はそれを「効用」（utility）という言葉で表現することで落ち着いた。効用は収穫逓減の原理を一般化する方法だった。ここからほんの少し進むと、どの商品も異なる用途に役立ち、どんなニーズも無数の競合商品によって満たされることも仮定できる。

アイスクリームをもう一口食べるか、それともタバコを吸うか。タバコを吸うか、それともタバコを買うお金を節約し、新しいシャツを買うか。あるいは首飾りにもう一粒の真珠を加えるか。どんな商品に費やされる最後の一ドルも、ほかの商品に費やされる最後の一ドルと価値が等しいことを消費者は忘れない。出費するときは最後の一ドルまで細かく調整し、総効用に対する最大の寄与を目指す傾向がある。そうなると、ここでの課題は、最大化の問題となる。ちょうど天文学者や建築家やエンジニアが、与えられた課題を「静力学」(statics)――力や質量の平衡状態について研究する物理学の分野――の問題として習慣的に解決し、微積分法を日常生活に応用したのと同じようなものだ。**ウィリアム・スタンレー・ジェヴォンズ**(一八三五～一八八二)は、一八七一年に興奮気味にこう語っている。「無数の小さな喜びや悲しみについて考慮することで、富や価値の性質は説明できる。ちょうど静力学が、無数の小さなエネルギーの不均衡を土台に成り立っているのと同じだ」。このアイデアについては、ヨーロッパ各地の思想家がほぼ同時期に思いついた。ドイツの**ヘルマン・ハインリッヒ・ゴッセン**(一八一〇～一八五八)、ウィーンの**カール・メンガー**(一八四〇～一九二一)、ローザンヌの**レオン・ワルラス**(一八三四～一九一〇)などだ。

高校の代数の試験に合格できるレベルの子どもなら、これがどんな喜びなのかある程度理解できるはずだ。文章題を与えられて慎重に考えているうちに、細かい要素が入り乱れた状態が整理され、同じ内容を数学の方程式で短く正確に表現できるようになったときの喜びと変わらない。与えられた課題に微積分学の視点から取り組み、制約下での最大化の問題として解決していく新しい方法のおかげで、リカードのコーンモデルなど、文章での説明を試みる従来のモデルは、ほどなく時代遅れになった。もちろん、記述的経済学者は、押しのけられて面白いはずがなかった。たとえばミルはつぎのように記した。「ジェヴォンズはある程度の能力の持ち主だ。しかしわたしには、データには厳密な正確性が備わっていることを示唆する表記法の採用に、実情を無視して……強いこだわりを持っているように思えてならない」。しかし勝利を収めたのはジェヴォンズのほうで、彼は次のように論じている。「いかなるふたつの商品のあいだの交換比率も、交換が完了して消費される商品の量に注目し、そこから最終的に得られる［限界］(marginal) 効用の相関関係を表している」。

限界分析の可能性については、フランス人経済学者ワルラスが詳しく述べている。「微積分学の時代のリカード」と呼ばれたワルラスは一八三四年生まれで、エコール・ポリテクニークへの入学に備えて幅広い分野の勉強に取り組み、デカルト、ニュートン、ラグランジュ、クールノーの著書を読破した。フランスの大学の最高峰への受験には二度失敗したが、何十年ものあいだルイ・ポアンソの『静力学要論』を枕元に置いて読み続けた。そして一八五八年のある日、父親（アマチュアの経済学者だった）と散歩しながら話し合ううちに、つぎのように決心を固めた。すでにエンジニアたちが様々な複雑な物理系を対象に行っていることを、自分は経済学で実行しよう。すなわち、互いに関連し依存し合う変数のあいだから、経済に関して一般均衡（general equilibrium）を構築するのだ。

ジェヴォンズをはじめ英国の限界主義者（marginalist）は、二商品市場について取り上げるところまでで満足した。一方、ワルラスはすべてに関して同時に取り上げたいと考えた。「交換の仕組み」の相互依存性について説明するためにワルラスが考案した手法は本人によれば、少なくとも原則として、無数の連立方程式を取り上げ、同じだけの数の未知数の解を求めることができた。価格をひとつ、予算の制約をひとつ、あるいは効用関数をひとつ変化させれば、その波及効果はシステム全体におよぶ。ちょうどケネーが『経済表』で目指したものと同じだ（ついでに言えば、マルクスが苦労して計算した「剰余価値」とも同じだ）。価格と量のあいだに「一般的な」相互依存性を確立しようとする計画は、英国ではほとんどの経済学者から非現実的な試みと見なされた。あまりにも野心的で、当時の技術水準からかけ離れていたのだ。ワルラスはつぎのように反論した。「短期間で収穫したければ、ニンジンや薬物野菜を植えなければならない。しかしもっと大きな野心を持ち、オークの木を植えたければ、自分にこう言い聞かせるだけの分別を持たなければならない。わたしがこれを植えれば、おかげで日よけができたと孫は喜ぶだろう」。

限界主義者は自分たちがリカードから逃げ出しているように感じており、ある意味でそれは正しかった。なぜなら、信頼できない労働価値説に頼ることも価値と富を無駄に区別することも、もはや必要ではなくなり、いまでは主観的な効用にさえ取り組めばよかった。しかしもっと深いレベルでは、実はリカードと以前よりも密接に関わっていた。というのも、限界主義者の構想を支える数学は、収穫逓減という前提に大きく依存していたからだ。一皮むけば、個別最適を支える数学は完全競争市場の見えざる手について説明しているだけで、未だに重力の法則と定期的に対比された。ちなみに均衡状態という概念を具体的に説明するための卓上型モデルでは、水の入ったふたつの水槽が喩えに使われることもあった。ふたつの水槽がパイプでつながれると、水が多いほうから少ないほうに流れ、水位に差がなくなったところで水の流れは止まる。少ないほうから多いほうに水が流れ、収穫逓増が発生することはあり得ない。

経済学者は、自分たちのモデルが政策にとって持つ意味を極めて深刻に受け止めた。物資の欠乏がいずれは経済成長を停止させることは、以前にも増して明白な印象を受けた。英国の炭鉱がまもなく枯渇すれば、富や力の成長はまず間違いなく終わりを迎えるとジェヴォンズは解説し、一八六〇年代の英国で名声を博した（その四年後、ペンシルバニアで石油が発見された）。そしてジェヴォンズが一八八二年に没した後、彼の書斎には天井から床までメモ用紙が積み上げられていた。まもなく英国からは紙もなくなると彼は予測して、紙不足に備えていたのだ。

第7章
スピルオーバー
Spillovers and Other Accommodations

マーシャルの「外部性」

一八九〇年になると、英国は七五年前にナポレオン戦争で危機の瀬戸際にあったのが嘘のように様変わりしていた。リカードやマルサスの悲観的な確信は、まったく実態を把握していないように感じられた。それはマルクスとミルの論争も同じだ。当時は統一ドイツが新たな大国として登場し、米国の存在が注目され始めていたが、島国の英国は古くからのライバル、フランスをはるかに凌ぐ繁栄を謳歌するようになっていた。

あちこちに巨大工場の姿が見られた。染色工場や製鋼所、食肉加工工場が建設されただけでなく、新しく鉄道網が張り巡らされて、蒸気船が運航し、電話や電気が登場した。新しい産業はどれも独占を特徴とし、工場所有者はどんどん豊かになった。しかし最大の驚きは、大人数から成る中産階級が新たに出現したことだ。たしかにロンドン一帯の住民は未だに悲惨な貧困状態で暮らしていたが、一世紀前とは貧困の種類が変わった。雨風を防ぐ場所、暖房、電気、食糧、衣類などが、貧困者でも以前よりたくさん手に入るようになった。それは明らかに、新しい産業が登場したおかげだ。

これは、今日のわれわれが経済成長と呼ぶ現象である。ただし一八九〇年には、この用語は未だ存在していない。そのため当時の経済学者は、純国民分配分（net national dividend、国民所得と同義）の増加について語った。リカードの忠実な信奉者は、このような増加が一時的なもので、まもなく傾向は逆転すると考えた。その一方、これは永続的なもので、産業革命の予期せぬ成果だと一部では信じられた。しかし、ごく優秀な経済学者は、ひとつだけはっきり理解していた。それは、この成長を経済学的に説明する必要があったことだ。

かくして一八九〇年、優秀な経済学者がまたひとり表舞台に登場し、前世紀に工業化が実現した仕組みの解明を試みた。今回挑んだのは、ジェントルマン層の哲学者ではない。**アルフレッド・マーシャル**（一八四二〜一九二四）は、ケンブリッジ大学の政治経済学教授だった。そして彼は、驚くほどの成功を収める。マーシャルは、近代的世界で専門化と競争がいかに共存したのかを解説するに当たり、アダム・スミスの二面性を見事に作り変えたため、もはやふたつの境界を確認することが不可能になってしまった。

必要なのは、ちょっとした工夫だけだ。二〇世紀の経済学に何が起きたのか理解するためには、外・

部で発生する（external）収穫逓増（increasing return）について理解しなければならない。マーシャルの発明は、たちまち「外部性」（externality）と呼ばれるようになった。

「曲線の本」

マーシャルの『経済学原理』（*Principles of Economics*）のより明白なイノベーションは、需要と供給という語彙と、それを説明するために使われた図表だ。経済学のあらゆる概念のなかで最もなじみ深い需要と供給だが、最初はわざわざ紹介する必要があった。たとえばミルはほとんど言及していない。限界効用理論が登場した時代の経済学者は、効用の意味の解明に深く没頭したため、需要と供給というビジョンに内在する統一性を表現するために頭をひねる余裕がなかった。しかしマーシャルの手によって相反するふたつの力は普遍的な枠組みとなり、大小のあらゆる質問に対する解答となった。

価格は生産コストに左右されるのか。それとも代金を支払う人間の渇望に左右されるのか。マーシャルは、どちらも正解だと明言した。需要と供給、生産と消費、効用と生産コスト。いずれも様々な時期に様々な程度で重要な存在になり得る。ふたつの要素のどちらが重要なのか、答えるのは簡単ではない。ハサミの二本の刃のどちらがモノを切断するのか答えられないのと同じだ。供給曲線と需要曲線が交差している小さな図表は、ふたつの要素の関係性を言葉よりも明確に説明しているし、数学記号よりもやさしい。「本書の論証は、決して図表に頼っているわけではない」とマーシャルは記している。必要とあれば、完全に省くこともできる。「しかし経験から判断するかぎり、図表の助けを借りるほうが、多くの重要な原理を確実に把握して理解できるような印象を受ける。純粋理論の問題の多くは、図表の使い方をいったん学んだら、これに頼る以外の方法での解決は考えられない」。

マーシャルに備わった権威は、一部は優れた経済学的直観に、一部は控えめでエレガントな文章に由来している。(「政治経済学または経済学は、日常生活を営む人間についての研究である」という文章で、『経済学原理』は始まる)。ただし、数学的アプローチの代わりに文章と図表によるアプローチを採用した決断は、学問的に重大な犠牲を伴った。マーシャルの著書で紹介される経済学は、ワルラスが考案したような壮大なプロジェクトではなかった。ワルラスは一般均衡のシステムのもとで、お茶の価格が他のありとあらゆるもの――中国の賃金、アッサムの収穫量、シンガポールの石炭やブラジルのコーヒー価格、バーミンガムの需要――に左右されることを示した。これに対してマーシャルは妥協戦略を採用し、部分均衡という方法を使った。ここでは、一度に少数の事柄のみに注目する。脚注に登場する需給曲線の小さな図表では、これが精いっぱいだった。お茶とコーヒー、お茶とレモンなど、特定の市場の相互依存性だけを解説する。ここで肝心なのはマーシャルによれば、他の事柄はすべて大なり小なり同じだと仮定することだ。ラテン語では、ceteris paribus(ケテリス・パリブス、「他の条件が等しいならば」)と表現される。

マーシャルが「曲線の本」と読んだ大著は取り組み方が不十分だったかもしれないが、従来の研究に比べて分析のレベルが高度であることを強調するため、取り組んでいる主題を政治経済学ではなく経済学として紹介した。そして図表を支える手段として、彼は幾何学ではなく代数学で原理を構築している。経済の問題を完全に数学的に処理しようと、経済学者は高邁な理想を抱くものだが、図表だけではその期待に応えられないことをマーシャルは十分に理解していた。一世紀前に偉大な数学者のラグランジュは、アイザック・ニュートンの『プリンシピア』の幾何学的証明を自著『解析力学』で葬り去ったが、その序文には誇らしげにこう書かれている。「本書には図解がひとつもない。代数演算だけだ」。ラグランジュのあとにはワルラスも、ケネーの奇妙な図表（経済表）を標的にして、経済全体を連立方程式として表現するモデルに置き換えようと夢見た。マーシャルは、厳密に数学的なアプローチの優位性を理解していた。そのため数学に関する付録21番には、相互依存が十分に機能している世界モデルを表現する手段として、いくつかの方程式が記されている。これは、経済全体を「俯瞰できる」アプローチだという。マーシャルは友人への手紙にこう書いている。「わたしは脚注21番についてできるかぎり現実的な形で説明するため、これまで全人生を捧げてきたし、これからもそれは続くだろう」。しかし『経済学原理』の本文では、彼の主張が言葉によって慎重に展開されており、それは幾何学に支えられている。結局、代数学は付録に押し込められてしまった。

さらにマーシャルをはじめ、当時執筆活動を行っていた多くの研究者たちは、リカードが存在を否定して以来、経済学者が夢中になって取り組んできた問題への解答が、数学によって提供される可能性を見逃さなかった。すなわち、競争経済において人々が分け前を受け取る理由が、数学を使えば体系的に説明できそうだった。機械の所有者は、どのようにして山高帽を稼ぐのか。農地の価格は高く、都会の土地はさらに高いが、荒地がタダ同然なのはなぜか。なぜ列車の車掌は、医者よりも報酬が多いのか。そして見えざる手は、全製品を生産者のあいだでどのように配分するのか。

これらの疑問への解答も、他人の仕事への「限界的」貢献度によって明らかに左右される。マーシャルの同時代人のひとりで、福音主義を信仰する米国人経済学者の**ジョン・ベイツ・クラーク**(一八四七〜一九三八)から見ると、限界主義者の洞察からはまさに「賃金の科学的法則」が確実に導かれた。市場は巨大な計算機のように作用する。資本と労働は相互依存関係にあって、市場から与えられた分け前を提供し合いながら、相手の効率の改善に努めていく。トラストや組合は、その効果を高めるだけの存在にすぎない。「労働は資本から分け前を奪われ、それと同じように、資本は労働から分け前を奪われる。他のものは介在しない。なぜなら、労働と資本というふたつの主体の利益は、まったく同じに固定されているからだ」。さらに、この一連の推理は、言葉よりも数学を使うほうが明確に進められる(実際のところ、言葉はまったく明確ではない)。こうして、最大限へと向かう様々な量の相対成長について語るうえで、微積分は急速にリンガフランカ(共通語)になりつつあった。たとえばスウェーデンの経済学者**クヌート・ヴィクセル**(一八五一〜一九二六)は、同じアイデアをつぎのように説明している。「もし製品の総生産量を協業要素の実関数(連続関数)として解釈するなら……ある要素の一部が失われた結果として生産量が減少する場合には、それと同じだけどこかで生産量が増加することによって、効率が維持されなければならない」。

構成要素（「協業要素」）の一定量から得られる産出量をレシピの材料のように見なす奇抜な方法を使い、投入と総産出量の関係を数学的に説明するやり方は、生産関数として知られるようになった。生産関数が経済学の中核を成すにつれて、数学のなかに隠されていた多くの仮定が次第に明らかにされていった。なかでも本書の目的にとって最も興味深いのは、すべての投入を一定量増加させれば、産出量は同じ割合で増加するという仮定だろう。実際、この単純明快な関係はそれより一五〇年前にスイスの偉大な数学者レオンハルト・オイラーがすでに指摘していた。ここで彼は、「一次線形」や「一次同次」といったごく一般的な方法を採用している。いまではオイラーの定理は、経済学者の標準的なツールキットの一部になっている。このように数学の形で整然とまとめられると、あまり気づかれないが、収穫逓増と収穫逓減の事例のどちらも無難に説明できるという副次効果がもたらされた。投入が二倍になれば産出もかならず倍増するなら、一般に規模に関して収穫は一定だと仮定される。ここから発展して体系化された教義は、まもなく限界生産力説と呼ばれるようになった。

今日、競争市場における費用と企業について取り上げる章は、どの経済学入門書でも中心に位置づけられている。企業が競争する世界では、あらゆる要素の限界生産物は市場で価格が設定される。市場を観察した結果、費用が賄われ、収入の増加が見込まれると判断すれば、企業が製造に必要な労働者をひとり追加雇用したり、鉄鋼を新たに一トン購入したりすることができる。完全競争下では、各要素の限界生産物の価格を市場が決定し、全体が完璧に機能する。それですべてが完結する。ヴィクトリア朝時代のある著名な経済学者はこの新しい形式主義に深い関心を持ち（『数理心理学』の著者である**フランシス・イシドロ・エッジワース**〈一八四五〜一九二六〉）、限界生産力説には起業家の入る余地がないと嘆いた。

厳密な論理に関して、マーシャルは何年間も相反する感情を抱き続けた。一方では、新しい数学的手法を使うほうを一貫して好んだ（ジョン・スチュアート・ミルについて、友人には手紙でこう評している。「彼は文章で表現しているため間違いが多いというきみの意見には賛成だ。彼にもリカードにも、一抹の真実は含まれるとは思うのだがね」）。しかしその一方でマーシャルは、抽象的な論法を追求しすぎて研究者に誤解を招く可能性を恐れた。数学的手法の「限界は常に見過ごされる。抽象的な視点からアプローチする研究者は特に、定符号形式に何もかも放り込む姿勢には明確な危険が潜んでいることを見過ごしてしまう」と書いている。そして自らの方針について、一九〇一年三月、友人でありかつての教え子のアーサー・ボーリーに宛てた手紙で以下のように述べている。

（1）数学は探究の原動力ではなく、省略表現として利用する。
（2）問題を解明するまで数学にこだわる。
（3）それを英語で表現し直す。

（4）つぎに、実生活で重要な事例を使って説明する。
（5）数学を廃棄する。
（6）もしも（4）が成功しなければ、（3）を廃棄する。
最後の部分は、わたしもよく実行する。

ルール（4）の違反のなかでも特にマーシャルが憤慨したのが、フランスの数学者オーギュスタン・クールノーのような優秀な思想家が、自ら考案した代数に溺れてしまったことだ。クールノーは一八三八年、価格低下と収穫逓増が独占につながる可能性について最初に主張した。しかしこのとき、このような結果を妨害しかねない対抗勢力についてほとんど触れようとしなかった。「数学的推論をいくら大胆に進めていっても、幸先の良いスタートを切ったどの企業でも、地域の事業全体を独占することになるという結論に必然的に導かれることにまったく気づいていない」人々に、マーシャルは脚注で不満を漏らした。

ここではピン工場のパラドックスが、再び顔をのぞかせている。これに対処するためには「外部性」に頼らなければならない。

「知識は生産を促す最も強力な原動力である」

ミル以上にマーシャルにとって費用の低下は明白な真実だった。二〇世紀の大半において生活水準は上昇し、それは貧困層も例外ではなかった。これは、収穫逓減という厳格な論理と矛盾している。当時の経済学者は限界分析のおかげで、難問の意味を以前よりも正確に説明する方法を手に入れた。すなわち、新しい商品ひとつの限界費用——ピン一本の価格——が、すべてのピンの平均費用よりも低いときには、かならず収穫逓増が発生するのだ。しかしマーシャルが入念に体系化した方程式では、あらゆるものを生産する費用は遅かれ早かれ低下するのではなく、高くなるはずだった。さもないと、最も低い生産コストを提供する企業が市場全体——たとえばピン市場全体——を独占してしまう。ここでは何が進行しているのだろうか。

そこでマーシャルは収穫逓増に対処するため、費用の低下にはふたつのソースが、収穫逓増にはふたつの種類が存在しなければならないと結論した。どちらにも生産規模、すなわち市場の大きさが関連している。マーシャルが「内部経済」と呼んだひとつ目の経済は、ピン工場でおなじみのもので、「各企業の生産設備の規模、組織と経営効率に左右される」。一方ふたつ目の「外部経済」は、「産業全体の発展に左右される」。内部経済はマーシャルの読者にも十分に馴染み深かったが、まもなく外部性として知られることになる外部経済は、経済の大きな「発見」であり、ブレークスルーだった。マーシャルの説明をミルの説明と区別するうえで、おそらくこれは最も重要な特徴だった。

というのも、このあと解説していくが、この外部性によって、マーシャルの体系の内部に「多産性」が組み込まれたのである。

各企業によって利益が獲得される内部経済に関するマーシャルの説明には、以下のように多少の詩的要素が忍び込まされている。

有能な人物が多少の幸運に恵まれ、商売で安定した基盤を確保する。真面目に働き、質素な暮らしを心がけ、自己資本が増加すると信用を獲得し、そのおかげでさらに多くの資本を借り入れると、信用はさらに拡大していく。周囲には、普通以上の熱意や能力を備えた部下が集まってくる。事業が拡大すれば、経営者である彼と一緒に部下も成長する。経営者と部下のあいだには信頼関係が構築される。どの部下も自分に特にふさわしい仕事にエネルギーを注ぐので、高い能力が簡単な仕事に無駄に費やされることも、未熟練労働者に難しい仕事が任されることもない。こうして能力が適切に配分される経済が着実に発展すると、事業は拡大し、それと共にあらゆる種類の専門の機械や工場が導入され、この分野でも同様に経済が発展する。改良されたあらゆるプロセスが速やかに導入され、さらなる改良の基盤が形成される。成功は信用をもたらし、信用は成功をもたらす。成功と信用のおかげで従来の顧客を確保し続け、新しい顧客を連れてくることができる。事業が拡大すれば、仕入れで有利な立場を得られる。商品は互いに他の商品の広告の役目を果たし、売り先を見つけるための苦労は減少する。こうして事業の規模が拡大すれば、競争相手に対する優位性は急速に拡大し、販売する商品の価格を下げてもやっていける余裕が生まれてくる。

この場合に費用の低下のソースは、今日では「規模の経済」(economies of scale)という言葉で簡潔に表現される有利な立場に他ならない。間接費や固定資本費用をたくさんつぎ込んで生産を増やして、利益の増加につなげるのだ。大企業の台頭に関するマーシャルの説明は、当時のロックフェラー、カーネギー、ジレット、ノーベルのストーリー、あるいは今日ならビル・ゲイツのストーリーのような印象を受ける。オートメーションについて取り上げた章は、昨日執筆されたと言われてもおかしくない(「機械は遅かれ早かれ、製造過程の単調な作業をすべて人間から引き継ぐ」と書かれている)。ほとんどの経済学者が「大量生産」について反射的に語るようになるのは、これより二五年後のことだ。つぎの流行語となる「研究開発」(R&D)が登場するのはさらに二〇年後、そしてウォルマートなどに関連した現代の経営手法が内部経済のソースとして確認されるまでには、さらなる時間を要した。しかしすべてはここに存在していた。「専門化された機械」や「改良された工程」についてのマーシャルの説明のなかで暗に語られている。

では、収穫逓増に恵まれたひとりの事業主、たとえばピンの製造業者が、市場を完全に支配しないのはなぜか。マーシャルによれば、少なくとも一時的に支配することはできる。他にもあと一人または二人とのあいだで、関連産業の全部門を分け合うだろう。

たしかに近代の活動の一部は、採用する技術の性質がまさに理由となって、独占に向かう傾向を持っているように思える。こうした「自然独占」の良い例が鉄道だ。事業を立ち上げる費用が非常に高いので、普通はひとつの企業が他よりも安い費用で市場全体にサービスを提供できる（鉄道経営者はしばしばこの教訓を苦い経験によって学ぶ。並行路線を敷設しても、一方はほどなく撤退に追い込まれる）。実際、近代の運送業では、「収穫逓増の法則がほとんど反対に遭わずに機能している」とマーシャルは書いている。このように競争が維持されそうもない産業では、規律をもたらすために政府による規制が必要とされる。しかしピン工場には、そのような日常的な規制は間違いなく不要だ。結局のところ、それが見えざる手の核心なのだ。

一方、通常は競争が激しい産業では、ほとんどの場合に収穫逓増を阻止する力が強く働くと、マーシャルは書いている。そのひとつが死の必然性だ。ピン工場の創業者が引退し、あとに有能な経営者が続かなければ、かつて事業を成功に導いてくれた力が、今度は事業を破綻させることになるのだ。

しかしそれ以外は、自分が考案した体系のなかで競争が確実に維持されるように、マーシャルは誰にでも自由に手に入る利益を組み込み、これを外部性の収穫逓増と呼んだ。この利益は産業の規模に由来するもので、「近隣効果」と呼ばれるときもある。この費用低下の二番目のソースは「外部性」という言葉に短縮され、本来の意味を失わないまま、すぐに「スピルオーバー」（拡散）という言葉に変換された。外部経済においては、金銭の授受がなくても利益（または費用）が発生する。朝起きてみると、手に入っているのだ。

ここで再び、ヴィクトリア朝時代にふさわしい格調高い文章を以下に紹介しよう。

産業は所在地を選ぶと、そこに長くとどまる可能性が高い。熟練が必要な同じような商売に携わる者同士が近隣に拠点を置けば、お互いに非常に有利な立場を確保できる。商売にまつわる謎は、もはや謎ではなくなる。まったく自然な環境で、子どもたちは謎の多くを無意識に学ぶ。良い仕事は正当に評価される。機械や工程の発明と改良、あるいは事業の一般的構成に備わった価値については、速やかに話し合われる。もしも誰かが新しいアイデアを考案したら、それは他の人たちに注目され、彼らの提案が採用され、その結果としてさらに新しいアイデアが生み出される。やがて近隣では子会社が成長し、備品や材料を供給し、交通を整理して、多くの点で経済の物的側面に貢献する。

このスピルオーバーのプロセスが正確にはどのように機能して、結果として独占者の支配を弱めるのか、マーシャルはあまり深く追求しなかった。ただし、彼は非常に現実的な人物だったから、確実にアイデアを持っていたはずだ。おそらく、あなたがライバルの秘密を知りたければ、ライバルの製品を購入したうえで、分解してどのような仕組みなのか調べることはできる。あるいはライバルの助手を雇ってもよいし、工場を見学して相手の計画をこっそり頭に記憶してもよい。競争相手が気づかないうちに作り出したチャンスを利用しながら、事業計画の弱点を意識的に探すことは可能だ。優秀な頭脳は代用品を見つけられる。ピンの代わりにステープル、運河の代わりに鉄道といった具合に。あるいは、新聞や業界誌を読むだけで、ヒントが得られるかもしれない。しかしマーシャルにとっては、ある人物の優れたアイデアは必然的に他人に奪われ、それを土台に新しいアイデアが考案されることを明記すれば十分だった。なぜなら、「従来の方法にきわめて重要な改良が加えられ、それが実験段階を過ぎたら、秘密はまず守られないからだ」。こうした「近隣」効果には、空間的近接性よりも規模が関わっている。企業自体ではなく、「業界全体の発展」に左右される。仮想の近隣が広がっていけば、いまに多くの外部経済が全員の手に自由に入るようになる。マーシャルは綿工業での経験について書いてもよかったが、対象は鉄鋼業でも造船業でも銀行業でも、ついでに言えばシリコンバレーでもかまわない。

外部性という概念は、たちまち成功を収めた。というのも実際のところ、経済活動の金銭には反映されない副次効果は、日常の世界のいたるところで観察されたからだ。この副次効果は、良いときもあれば悪いときもある。守ることが難しい秘密などは、往々にして氷山の一角にすぎない。たとえばダムが建設されれば、農家は費用を払っても払わなくても、畑が洪水の被害を受ける可能性を取り除いてもらえる。これは良い外部性だ。その一方、ダムは漁師の漁獲高を減少させる。これは悪い事例で、「外部不経済」に該当する。農家が果樹に受粉するためにミツバチを借りてくれば、そのミツバチは隣の家の木にも受粉する。町に醸造所をつくるには、警備員を増やさなければならない。タバコのメーカーによって、非喫煙者のドライクリーニング代が上昇し、地元の病院には増築の必要性が生じる。あるいは、学校はラテン語を教えるだけでなく、労働予備軍を訓練して彼らの生産性を向上させることも可能だ。価格に反映されないこれらの費用と便益のすべてを表現できる包括的な言葉があるとは、なんと便利なことだろう。

第二次世界大戦後には、価格に反映されない費用が注目された。資源の枯渇、汚染、過密などの悪いスピルオーバーは、「共有地の問題」として知られるようになった。この外部性は、貴重な資源が全員のものであると同時に誰のものでもないときに作用し始める。たとえば牧草地からは、家畜の餌を好きなだけ取ってもかまわない理由が誰にでもあるが、その一方、土地を開墾して牧草地を増やさなければいけない理由は誰にもない。せっかくの利益を他人に奪われてしまうからだ。これに対し、マーシャルの研究体系のなかで、良い外部性が果たす役割は、当時ほとんど見過ごされてしまった。良い外部性が働けば、利益は自由に手に入るので、「何かが」存在する気配を感じられる。おかげで常に誰かが既存の事業に挑戦する意欲に駆られ、実際にその能力に恵まれる。

ここでは、スピルオーバーとは経済活動の価格に反映されない副次効果だという点を忘れないでほしい。価格とは無関係だ。限界生産性を求める手の込んだ微積分の計算に含める必要はないし、実際のところそれは不可能である。スピルオーバーは投入ではないし、報酬をいっさい必要としない。価格を幾何学で表現する際に果たす役割もない。したがって、いっさい記述する必要がない。マーシャルの分析に備わっているこの便利な特徴を、彼の読者の大半は明確には理解しなかったかもしれないが、数学が得意な本人は確実に理解していたはずだ。スピルオーバーのおかげで、マーシャルの研究体系は損なわれることなく維持された。この賢明なツールがあったからこそ、見えざる手に導かれる完全競争という仮定と収穫逓増はうまく調和し、数学から正しい結果が導かれたのである。

自分の分析にやり残した部分がある程度残されていることは、マーシャルも認識していた。ある時点ではジョン・スチュアート・ミルを真似て、つぎのように記している。「知識は生産を促す最も強力な原動力である。知識のおかげでわれわれは自然を征服し、欲求を満たすことができる」。しかしべつの時点では、つぎのように書いている。「知識や組織に関しては、公共財産と私有財産の違いの重要性がますます高まっている。いくつかの点では、物質に関する公共財と私有財の違いよりも重要度は高い。それも理由のひとつとして考えるならば、組織はほかの生産手段と区別して考えるのが最もふさわしいときもある」。そしてマーシャルは、「残された疑問についてはもっと後の段階で」じっくり研究すると約束している。しかし結局、既存の価値を脅かしかねない問題の多くについてのヒントや考察は、著作の脚注や余談のなかに埋もれてしまった。

マーシャルは『経済学原理』のなかで生産要素を取り上げた節の結論として、収穫逓増と収穫逓減、すなわち見えざる手とピン工場のあいだの対立状態を、べつの強力な類推を使って要約している。そこで彼は、企業は森の大きな樹木のようなもので、「いずれはどの樹木も、年齢による衰えを隠せなくなる」と指摘して、以下のように説明している。

しかしここでは、森の若い樹木から教訓を学ぶことができる。若い樹木には年齢の進んだライバルが覆いかぶさっており、そこを突き破って成長していかなければならない。この戦いの途中で多くは挫折してしまい、最後まで生き残るのはほんのわずかだ。しかし生き残れば年を経るごとに強くなり、高く伸びるにつれて光や空気をたくさん吸収し、ついには周囲のどの樹木よりも高くそびえる。まるで成長が永久に続き、成長するにしたがって永久に強くなっていくような印象も受ける。しかしそうはならない。ほかの樹木よりも最盛期が長続きして、サイズが大きくなったとしても、いずれは年齢による衰えがやって来る。高い樹木はライバルよりも光や空気を吸収しやすいが、徐々に生命力を失い、順番に主役の座を譲っていく。新しい主役は素材の強度で劣るかもしれないが、若さという武器を持っている。

ここでは、外部性という概念が文章で見事に説明されている。そして再び経済学は、一流の実践者たちからほぼ完全な学問と見なされた。論理がきわめて明瞭だったため、マーシャルが考案した限界分析という体系的な手法の功績は、古典天文学の偉業や化学の原子量表に匹敵するという評価が定着した。マーシャルは一九〇八年に退官する。『経済学原理』の第二巻は未完のままで、生産手段としての知識というテーマに立ち返ることはなく、限界生産力説に関する疑念は解消されなかった。ただし数学の可能性については疑わず、つぎのように指摘している。「経済学の探究という狭いけれども重要な分野にとって、数学はふさわしい学問である。実際、つぎの世代にならないうちに、経済学が数学に支配されていることに議論の余地がなくなるだろう」。マーシャルは一九二四年に没した。

その二年後、経済学者たちがシカゴ大学に集まり、『国富論』刊行一五〇周年を祝った。ただしここで暗黙のうちに賞賛されたのはスミスの功績ではなく、価値や流通の限界分析というマーシャルの研究成果だった。一方、国民生産は資本と労働と土地のあいだで共有されるというスミスのアイデアに関しては、ポール・ダグラスというシカゴ大学の新進気鋭の教授が、出席者につぎのように述べた。これについては「波風を立てずに黙って」見過ごし、分業などの主題を優先するほうがよい。分業においては「彼の本物の才能が発揮されているのだから、こちらを取り上げるほうが本人にとっても有利だ」。

アリン・ヤングのエディンバラ講演

こうして自画自賛の雰囲気が漂っていたが、一九二〇年代に入ると数人の若手経済学者が、マーシャル体系のおかしさに気が付いた。なかでも収穫逓増の処理が問題だった。一例を挙げると、「外部経済」は天の恵みに見えるが、実はトロイの木馬のように厄介な存在であることがわかった。マーシャル自らがケンブリッジ大学教授の後継者として選んだ**アーサー・セシル・ピグー**（一八七七

〜一九五九）は、いまやつぎのように論じるようになった。外部性が広く普及して実体を伴うようになったことを考えれば、政府は費用が低下している産業（製造業者）に補助金を提供し、費用が上昇している産業（農業や鉱業）には課税すべきだ。しかしこれでは、政府は経済運営に際限なく関わってしまう。アダム・スミスは、このような結果を考えていたのだろうか。どこかに矛盾が存在しているはずだった。

　こうして一九二〇年代後半には、大西洋のどちら側でも経済ジャーナル誌で「収穫の法則」をめぐる議論が沸き上がった。ケンブリッジ大学では経済史が専門のジョン・クラファム教授が、理論を研究する同僚が外部経済による収穫逓増の具体例を示していない点を鋭く指摘した。はっきりと確認して測定できる効果がなければ、このカテゴリーは「経済の空箱」にすぎないのではないか。一方、シカゴ大学では経済学者の**フランク・ナイト**（一八八五〜一九七二）が、論理が一貫性を持つためには、ある人物からスピルオーバー（拡散）したものがべつの人物の内部経済にならなければおかしいと主張する。ファシストが支配するイタリアを逃れてきた熱血漢で、ケンブリッジのジョン・メイナード・ケインズと共に学び始めた**ピエロ・スラッファ**（一八九八〜一九八三）は、製造されたほぼすべての消費財は価格が下がっていることを指摘した。これはすべてスピルオーバーがもたらした結果だという可能性は考えられるだろうか。実際、収穫逓増は「全体の調和を乱すダークスポットのひとつ」だとスラッファは記した。

　この問題を最も的確に指摘したのは、**アリン・ヤング**（一八七六〜一九二九）という興味深い人物だった。このオハイオ生まれの経済学者は今日ではほとんど忘れられているが、一九二〇年代には世界的にトップの経済学者のひとりと見なされていた。ジョン・メイナード・ケインズと**ヨーゼフ・シュンペーター**（一八八三〜一九五〇）よりも七年早く一八七六年に生まれたヤングは、ちょうど良い時期に限界分析の波に乗り、この新しい手法の限界を指摘して、成功を収めた。彼は二〇世紀のはじめにあちこちの大学を教授として渡り歩き、どこへ行っても新しい経済学を教えた。スタンフォード大学では、因習の打破を掲げるもじゃもじゃ頭の若者を雇った。シカゴ大学から逃れてきた**ソースタイン・ヴェブレン**（一八五七〜一九二九）である。コーネル大学ではフランク・ナイトを、ミシガン大学では**エドワード・チェンバレン**（一八九九〜一九六七）を教えるが、のちにこのふたりは競争の性質をめぐって展開された議論で正反対の立場をとった。

一九二〇年、ヤングはハーバードに招かれた。彼は大学の所在地のケンブリッジからマンハッタンを定期的に訪れ、ニューヨーク連邦準備銀行の総裁ベン・ストロングに提言した。当時、ニューヨーク連銀総裁が連邦準備制度のトップを務めていた。やがて一九二六年にハーバードから引き抜かれてロンドン・スクール・オブ・エコノミクス（ＬＳＥ）に採用されると、英国に招聘されて教壇に立つ最初の米国人となり、おまけに英国で最も高給取りの経済学者になった。彼は英国到着後直ちに英国学術協会のＦ部門（経済学・統計学）のトップに選ばれる。このときエディンバラで行われた就任講演のタイトルは「収穫逓増と経済発展」だった。一九二八年のことだ。

ヤングは冒頭でいきなり聴衆につぎのように語りかけた。ケンブリッジ大学の経済学者のあいだでは「魅力的で技術的に高度な」議論が展開されているが、それについては何も言うつもりはない。限界生産力説を説明する幾何学にも、手の込んだ代数学にも興味はない。それよりもヤングは、アダム・スミスの古臭い話、具体的には専門化の能力が市場の大きさによって制約されるというスミスの言明について話したかった。「この定理は最も啓発的で実りの多い一般化のひとつに数えられると、わたしは常々考えてきました。経済学のあらゆる文献のあらゆる箇所に見つけることが可能です」。ところが、その原理はほとんど忘れ去られていた。

なぜか。ヤングはつぎのように大胆に分析した。スミスはピン工場での専門化を、専ら従来と同じ仕事の細分化と見なしたが、これは論点がずれているのではないか。むしろ分業では、分業によって得られた知識を利用して、従来とは異なる新しい仕事に取り組むことが大切なのではないか。おそらくピン製造業者は、ピンの新しい用途を発見しただろう。あるいは、ほかの商品の製造に携わる人たちにとって役立つ機械や金型を作ったかもしれない。ハンマーを作るのは一本の釘を打つためではないと、ヤングは指摘する。ハンマーのような道具を作ったら、まず自分で何本も釘を打ってみて、納得できれば道具を他人に販売し、ほかの目的のために使ってもらう。逆に、ほかの産業に所属するほかの製造業者が、新しい機械をピン製造業者のところに持ってくるかもしれない。このようにして産業そのものが分化を通じて成長していく。この場合には、「産業の漸進的な分化と専門化がプロセスに不可欠な要素となり、それによって収穫逓増が実現する」。ここでは規模が重要な側面になる。

一九二〇年代に発生した三つの大きな出来事が、ヤングの発言に影響を与えた。この三つについて、聴衆は新聞記事で読んでいるものとヤングは仮定した。ひとつ目はヘンリー・フォードの自動車産業での成功であり、それは（ミシガン州）ディアボーンのリバー・ルージュに新しく建設された巨大工場によって実証された。ふたつ目は、立ち遅れたソ連経済の近代化を目指した**レーニン**の挑戦であり、新経済政策として知られる。三つ目は、経済大国の地位を英国から奪った米国の大成功だ。どのケースにおいても、成否のカギを握るのは規模と専門化の関係だ、とヤングは指摘した。

ヘンリー・フォードが大量生産をひたすら追求できたのは、大量生産された車を受け入れてくれる潜在市場の規模が大きかったからだ。一方、レーニンはソ連の産業に大きな変化を起こし、「アラジンの魔法のように」生まれ変わらせようとしたが、悪戦苦闘している。それは大きな潜在市場が存在しなかったからではない（ソ連の国土は広い）。いけなかったのは、必要な補助的産業を創造し、新しい習慣を定着させるためのコストを考慮に入れなかったことだ。そして米国が経済で他国を大きく引き離して優位に立ったのは、巨大な国内市場のおかげだった。大英帝国国内では貿易が広範囲に行われるが、地理的な近さ、優れた輸送網、大きな人口など、米国の製造業者に備わっている利点にはかなわなかったのである。

残念ながらヤングの能力は、考えを言葉に表すところまでに限られていた。しかも、使う言葉が難しかった。たとえば、オーストリア学派の用語である「迂回生産」（roundaboutness）をそのまま使っている。これは機械主導の専門化を意味するもので、分業の増加を説明するために取り入れた。

ほかには、定性的変化、不均衡、複雑性の増加、「累積的因果」（cumulative causation）について語っている。プロセスを説明するためにこのような婉曲表現を使ったのだが、どれも十分に理解されなかった。今日でも、自分では何を目指しているのかわかっていて、論理展開を慎重に組み立てられたとしても、その良さがかならずしも周囲から理解されないことはある。

「収穫逓増と経済発展」は、経済学者のあいだで賞賛された。当時の経済学の一般通念から、大きくかけ離れていたからである。これを契機に一握りの若手経済学者が従来の発想を見直したが、そのひとりがハンガリーからの移民でロンドンでヤングの助手を務めた**ニコラス・カルドア**（一九〇八〜一九八六）だった。しかしそれ以外には、ほとんど影響を及ぼさなかった。これもまたケネス・アローの地下水の喩えの一例で、いきなり表面に顔を出して一時的に注目を集めるのだが、再び引っ込んでしまう。ヤングが間違っていたわけではない。文章で説明したことがいけなかったのだ。ヤングの講演は、よりによって経済学が抽象化と一般化に新たに大きく舵を切っている時代に行われたのだ。

エディンバラ講演はヤングにとって、経済学者の見解に影響を及ぼす最後のチャンスになった。このあと彼はハーバードに戻る決心をして船に乗り込んだが、一九二九年に大流行していたインフルエンザに罹り、帰らぬ人となる。享年五三歳。やがて一〇月、世界中で株式市場が崩壊し、一九二〇年代の好景気に終止符が打たれる。

第8章 ケインズ革命と経済学の現代化

The Keynesian Revolution and the Modern Movement

科学思想の新しい波

振り返ってみると、二〇世紀における技術経済学（technical economics）の分水嶺は非常に見分けやすい。一九三〇年、英国は過去一五〇年間と同様に世界の経済学の中心だった。大恐慌について論じ合うため、ヨーロッパ各地から人々がロンドンに押し寄せた。しかし、そこで待っていたのは、マーシャルの伝統を守り続ける年老いた番人たちの無理解だった。ほとんどがオックスブリッジの大物からなる経済学の第一人者たちは、収穫逓増と収穫逓減についての難解な議論にこだわっていた。政治家は、自由貿易の望ましさなど、レッセフェール（自由放任）政策に関する従来の議論の数々に夢中だった。しかし現場では、前進がほとんど途絶えた状態で、英国でもほかの工業民主主義国家でも失業率は二五パーセントを超えた。

一九四五年には経済学は再び勢いを取り戻し、楽観的な雰囲気のなかで様々な道が探索されて活気づいたが、このとき、拠点は米国に移っていた。分水嶺よりも以前は、経済学者は研究成果を文章で著し、数字を使うことも理論を提案することも滅多になかった。しかし分水嶺以降は、研究成果を数字で説明し、確率論的に考え、あらゆるものを測定するようになった。理論を提案する代わりにモデルを構築した。

何が起きたのだろうか。もちろん、大恐慌が発生した。そして、ジョン・メイナード・ケインズの存在が大きい。よく語られるところによれば、「ケインズ革命」は一九三五年頃に始まり、未曽有の世界恐慌を引き起こした力の謎を手遅れにならないうちに解明した。おかげで産業資本主義は、中央計画に支配される運命を免れたのだという。

ケインズは「マクロ経済学」を発見したと言われる。ここは不思議な世界で、供給と需要がかならずしも一致する必要がなく、貯蓄はかならずしも良い行為ではなく、借金はかならずしも悪い行為ではなく、倹約や比較購買が尊ばれる「ミクロ経済学」の日常世界とはあまりにもかけ離れた領域だった。ちょうどニュートンの世界とアインシュタインの世界と同じぐらいの差があった。

一方、ナチスが台頭すると、アルベルト・アインシュタインに代表される科学者の集団が迫害を逃れてヨーロッパを脱出した。これら難民の圧倒的多数は米国に定住し、その結果、多くの研究分野の中心が新世界に移ることになったが、そこには経済学も含まれていた。ケインズの描いた青写真は戦後世界の大繁栄の基盤となり、西側諸国は共産主義を選んだ国との戦いで勝利を収めるはずだった。

この筋書きはのちにおおよそ実現した。しかしすでに一九二〇年代から一九三〇年代はじめにかけて、科学思想の新しい波が技術経済学を席巻し、希望に燃える経済学者には新しいツールが手に入った。彼らが展開する現代経済学の運動では、文章に頼る曖昧な論法を排除して、もっと厳密な方法を取り入れようとする強い決意が共有された。運動の先頭に立った経済学者たちは、二〇世紀の変わり目に生まれている。当時は科学が飛躍的な進歩を遂げ、誰もが科学の可能性を疑わなかったが、彼らもそんな楽観主義を吹き込まれて成長した。

一部の経済学者は、現実の世界から得られたデータを分析するため、統計的思考を経済理論に組み込みたいと考えた。計画に伴う現実的な問題に関心を持つ学者もいた。あるいは、人間の相互作用を数学的に分析するために、純粋に形式的なスキームを構築しようと決断し、手始めにいくつかの基本的な定理から取り組む学者もいた。さらに、戦略的行動を科学の一分野として思い描く学者もいた。このような学者たちからなる集団は、数学的手法と形式論理学を好む傾向を共有していた。経済学の現代化運動は、記述的経済学の長い伝統を否定するところから生まれた。経済学者は一九四五年以降、おなじみの「ケインズ経済学」と同様、新たな探究を支えるツールの構築にも夢中で取り組んだ。

やがて、現代化に取り組む研究者全員が徐々に一つの確信を共有するようになった。ケインズによって提唱されたミクロ経済学とマクロ経済学への分割は当初は役立つが、結局は長続きせず、受け入れられないということだ。換言すると、科学的研究の第一の使命は、変化する状況への価格調整の失敗などマクロ経済学的現象を、ミクロ経済学的な個人の行動の説明によって基礎づけることだった。経済学が十分に説得的であるとするなら、経済的行動の一貫した説明が基礎からなされることが必要だった。

様々な分野で活躍した**ジョン・フォン・ノイマン**（一九〇三〜一九五七、いまでは量子力学の数学やコンピュータへの貢献と同様、ゲーム理論に関する仕事で広く知られている）を除けば、現代経済学を押し進めたパイオニアたちは、経済学以外の場所でほとんど記憶されていない。そのひとり、**フランシス・プランプトン・ラムゼイ**（一九〇三〜一九三〇）は、新しいスタイルの典型例として誰よりも優れている。フランクという呼び名で知られる天才で、一九二〇年代には英国のケンブリッジに混乱を引き起こした。

コウルズ委員会と計量経済学の誕生

当時、ケンブリッジで学ぶ若者がどれだけ不安をくすぶらせていたか、二〇歳の若者だったフランクが友人のウィトゲンシュタインに一九二三年に宛てた以下の手紙からうかがい知ることができる（手紙は、ラムゼイの弟子ピーター・ニューマンによって回収された）。

わたしは数学の再構築に向けて大して貢献していない。色々なものを読みかじっていることが理由のひとつだろう。相対性理論について少々、カントについて少々、それにフレーゲ……でも本当のところ、何も手につかない。不幸にも夫のいる女性に恋をして、エネルギーのほとんどを費やしてしまった。おかげで精神は不安定で、もう少しで精神分析を受けるところだった。二週間前に突然症状が改善していなければ、クリスマスはウィーンに行って九カ月滞在し、精神分析を受けるつもりだった。今は気分がよくて、研究もはかどっている。効率の公理に関連したものを除き、有限整数に関してすべての問題を解いたと思う。いや、でも間違っているかもしれない。

ラムゼイは、フォン・ノイマンと同じ一九〇三年に生まれた。友人であり指導教員でもあったジョン・メイナード・ケインズよりも二〇歳若い。一九二〇年代初頭には、目の前の課題の解決に関して、恩師のケインズよりも数学的にはるかに優れた能力を備えていることが明らかになった。経済学の論文は三本しか発表していないが、どれもきわめて重要なものばかりだ。われわれのストーリーに最も関連が深いのは「貯蓄の数学的理論」という論文で、一九二八年に『エコノミック・ジャーナル』に掲載された。しかも掲載されたのはヤングの会長講演「収穫逓増と経済発展」の次のページだった。

当時脚光を浴びた主流派の研究と表舞台から追いやられた従来の研究の違いが、これほど明確に浮かび上がったケースはまずない。ヤングは数学を完全に避けているが、ラムゼイはと言えば、きわめて難解でほとんど使われない変分法を手段として、国家が時間と共に最大の満足を得るためには収入をどれだけ貯蓄に回すべきかを決定しようとした。彼は、労働と資本が結びついて生産の流れが出来上がるモデルを使った（友人のジョン・メイナード・ケインズが、「ジャム」を喩えに使ったのは有名だ）。ここでは、ジャムの一部は消費され（「今日のジャム」）、一部は貯蓄に回され（「明日のジャム」）、最後に「至福の」定常状態に到達する。そしてラムゼイは、やや複雑ながら数学的に正確な解答を準備した。すなわち賢明な政策立案者は、ジャムの消費を金利に固定して変化させなければならない。金利が下がれば消費を増やし、金利が上がれば減らすのだ。

天寿を全うしていれば、ラムゼイは二〇世紀の偉大な経済学者のひとりになっていたかもしれない。「貯蓄の数学的理論」は一九五〇年代にロバート・ソローの手によって復活した。その研究手法や洞察が注目され、経済学現代化の一部として新しい世界に受け継がれたのは米国人アリン・ヤングではなく、英国人ラムゼイのほうだった。残念ながらラムゼイは、黄疸の合併症で一九三〇年、二六歳の若さで夭折した。ヤングがインフルエンザで死んでから、一年も経っていなかった。

一九三〇年代、経済学の現代化は米国であり得ないような成功を経験した。ロッキー山脈地域で地滑り的勝利を収めたのである。当時、シンシナティの裕福な株式仲買人アルフレッド・コウルズは、経済予測家が一九二九年一〇月の大暴落も、その後の不況も正確に予測できなかったことに驚いた。この不況は前例がないほど深刻で長く続いたのだ。そこで、誰かがどこかで正しく軌道修正しなければならないと確信したコウルズは、次世代を担う最優秀な学生を見つけようと決意する。そこで、母校イェール大学教授**アーヴィング・フィッシャー**（一八六七〜一九四七）のもとを訪れた。

アルフレッド・コウルズは、主に象徴的な意味で経済学に貢献した。そこには、それまでの人生が影響している。彼は裕福な株式仲買人で、専門家の助言を積極的に仰いだ。祖父はシカゴ・トリビューン紙の創業者だったので、マコーミック一族の莫大な遺産を相続する権利を持ち、大金持ちになった。そして次第に将来性のある研究への資金援助に関心を抱いた。当時はほとんどのビジネス専門家が、二〇世紀の経済はきわめて複雑で、直観や片手間の研究といった従来の手法では太刀打ちできないと認識し始めていたが、コウルズはその象徴的存在だった。彼が素晴らしかったのは、一九三〇年代はじめには存在していた雑多なアマチュア予測家ではなく、大学の経済学部の研究部門に意見を求めたことだ。

フィッシャーはコウルズを、欧米の思索家たちのグループに紹介した。当時、彼らは統計学や数学と関連した経済理論の発展を目的とする新しい国際団体の立ち上げに奔走していた。やがてこれはエコノメトリック・ソサエティ（計量経済学会）と呼ばれる。のちに「計量経済学」（econometrics）という言葉には、非常に特殊な意味が込められるようになった。すなわち、理論と数学と統計技術を混ぜ合わせ、経済学に対して自意識過剰なほど実証的なアプローチをする点が注目される。しかし当時は、現代的という以外に特別な意味はなかった。この新しい組織は二種類の会員から成り立っていた。大部分を占める一般会員と、少人数の特別会員の二種類である。新しい特別会員は既存の特別会員によって選ばれた経済学者中の経済学者だ。そんな組織は能力主義的で、厳格、強烈であるはずだった。

最初の二九人の特別会員には、すでに名声が確立され、協会の設立に関わった経済学者が含まれた。米国からはフィッシャー、ウェスリー・クレア・ミッチェル、**ハロルド・ホテリング**（一八九五～一九七三）、ノルウェーからは**ラグナル・フリッシュ**（一八九五～一九七三）、ドイツからは**ヤン・ティンバーゲン**（一九〇三～一九九四）、オーストリアからはヨーゼフ・シュンペーター、英国からはジョン・メイナード・ケインズ、フランスからは**ジャック・リュエフ**（一八九七～一九七八）が選ばれた。そして誰も生死がわからなかったが、ロシアの**ニコライ・コンドラチェフ**（一八九二～一九三六）の名もあった（彼は六年後にソ連の強制労働収容所で死亡する）。ハンガリーのフォン・ノイマンは含まれなかった。すでに経済学に関して真剣に取り組み始めていたが、未だに物理学者としてのみ注目されていた。第二回目の特別会員、すなわち従来のメンバーによって選ばれた最初の特別会員の一部は、経済学の信奉者には非常に馴染み深い存在になった。**ジョン・ヒックス**（一九〇四～一九八九）、**ピエロ・スラッファ**（一八九八～一九八三）、**フリードリヒ・フォン・ハイエク**（一八九九～一九九二）、**オスカー・モルゲンシュテルン**（一九〇二～一九七七）、**ワシリー・レオンチェフ**（一九〇五～一九九九）などだ。二回目に回されたスラッファはひどく気分を害し、会費の払い戻しを要求した。

コウルズは、協会の新しいジャーナル誌『エコノメトリカ』への資金提供を引き受けた。[*] さらにコウルズ委員会という組織を創設し、新しいスタイルの研究の発展も目指した。この組織の運営者にはコーネル大学教授のチャールズ・ルースを採用する。全国復興庁の調査局長としての仕事に不満を募らせていたルースを引き抜き、自分が休暇を過ごす牧場に近いコロラドカレッジにポストを準備したのである。以後数年間、毎年夏にコウルズ委員会はカレッジでサマーキャンプを開催し、世界中から著名な数理経済学者を招いた。こうして一九三〇年代にパイクスピークで、形式手法を重んじる経済学の現代的なスタイルが目に見える形で表現され、しっかりと定着したのである。

数年のあいだ、ケンブリッジやニューヨークを訪れたあとコロラドに移動して、この知的刺激にあふれたサマーキャンプに出席する一流の思索家たちの流れは絶えることがなかった。このサマーキャンプで、あるいは名門大学のセミナー室や食堂では、経済学の未来像について活発な（そして周囲を元気づかせるような）会話が交わされた。経済学者の集団は活気に満ち満ちていた。経済政策について、ヨーロッパが経験している数学や物理学の進歩の素晴らしさについて、複数の学問の関係性について、そして真に科学に立脚した経済学を創造するためには何が必要かについて話し合

＊正式手法を強調する二番目のジャーナル誌、『レビュー・オブ・エコノミクス・スタディーズ』も、英米の若手経済学者グループによって一九三三年にロンドンで創刊された。経済学における現代化運動の源泉は各地に見られた。

った。しかし、コロラドで食卓を囲みながら何を話していても、食後は時として会話を中断し、静かに耳を傾けたはずだ。一九三〇年代の工業化が進んだ世界のほぼすべての住人と同様、コウルズ委員会の経済学者たちはラジオに耳を傾けた。混乱状態のヨーロッパからはニュースを、ニューヨークからは音楽を、ラジオは届けてくれた。そして少なくともコウルズ委員会ではほぼ全員が、公理的手法には周囲の期待に応える力が備わっており、それがラジオのストーリーによって見事に体現されていることを理解していた。この素晴らしい発明は、わずかな数学の方程式によって、どこからともなく生まれたのである。

物理学と数学の公理的アプローチ

現代化運動の担い手である経済学者が、なぜ電気の歴史に興味を抱いて引き込まれるのか理解するためには、物理学の一分野として電磁気学が誕生した時期が数理経済学よりわずかに早い程度だということを思い出せばよい。アダム・スミスが一八世紀に『国富論』を執筆していた頃、電気という現象は未だに深い謎に包まれ、磁気との関連性は観察されていなかった。スミスとほぼ同世代のベンジャミン・フランクリンは、ライデン瓶を取り付けた凧を雷雨のなかで楽しそうに揚げた。

その後フランクリンは実験の結果を記した一連の論文をまとめ、『電気に関する実験と観察』というタイトルで一七五一年に出版した。彼はこの本のなかで、電気について論じる際に今日でも使われている言葉の多く、電池、導体、コンデンサ、帯電、感電、電気技師などを紹介している。そして以後、電気の研究は目的を持った研究へとたちまち進化を遂げ、ひとつの学問分野として確立され、研究者たちの専門のコミュニティも形成された。やがて一八二〇年以降、電気という現象の理解は急激に進み始めたが、そこに大きく貢献したのは、主に研究室で実験に取り組む新しい世代の科学者たちだった。

ロンドンではハンフリー・デービーが電気化学という学問分野を創造した。彼の弟子マイケル・ファラデーは簡単な発電機を組み立て、機械のエネルギーを電気に変換した。彼はこれをマグネト発電機と呼んだ。それから数十年のうちに、実践的な発明家がいたるところに登場し、発電機の性能は大きく向上した。ほかにも灯台のアーク灯、電球、発電所、送電線などが登場する。同じ時期、研究専門の物理学者は電気の行動の様々な側面の解明に努めた。電気と磁力に関するクーロンの法則、アンペアの法則、電磁誘導に関するファラデーの法則、電気抵抗に関するオームの法則などは、すべて異なる実験室で行われた様々な研究の成果である。しかし実際にリーダーシップをとるのは発明家のほうだった。

一八六四年、ジェイムズ・クラーク・マクスウェルというスコットランド人物理学者が、科学史に燦然と輝く洞察を閃いた。その三年前、彼はいわゆる電磁界の力学モデルを設計して公表していた。これは、回転する車輪と動かない車輪が取り付けられた木板で、物理的な力を表現するために設計された。しかしそれから三年後、マクスウェルは自分の理解を確かめるために構築した物理的モデルを棚上げし、代わりに少数の簡単な方程式を使い、光と電気と磁気の関係をまとめ上げたのである。これはいたって単純な原理だ！　マクスウェルの方程式は、以前は共通点のなかった複数の法則をひとつに統合しただけではない。そこからさらに進み、エネルギーは広範囲に存在することを仄めかしたのである。しかもそのほとんどは、人間の感覚では検知することができない。以後数年間、この放射エネルギーが実際に存在するのかどうか、物理学者は議論を交わした。公理的アプローチと、それに支えられた新しい奇妙な数学には、多くの物理学者が批判的だった。

マクスウェルの発見の正しさが確認されると、議論の傾向はいきなり変化した。一八八八年、ドイツの大学院生ハインリヒ・ヘルツがマクスウェルの理論への挑戦を決心し、独創的な実験を考案する。実験では、部屋の一隅にふたつの真鍮製のノブが置かれ、それぞれが誘導コイルにつながれ、ふたつのノブのあいだにはスパークギャップが設けられた。ヘルツはこの装置を「電気発信器」と呼んだ。一方、部屋の反対側には「検出器ループ」が置かれた。これは、アンテナに先ほどと同じようなふたつの真鍮のノブが取り付けられた装置で、やはりふたつのノブのあいだにはギャップが設けられた。こうして準備を整えてから発信器（送信機）で火花を起こし、部屋の反対側の検出器（受信機）にどこからともなく送られていく様子を観察すると、それはマクスウェルの方程式で暗示された方法や速度（光の速度）とまったく同じだった。こうしてヘルツは、予想されていた電磁波の存在を見事に示し、この問題について知識のあるほとんどの人たちを満足させたのである。電磁波は熱や光に似ているが、肉眼ではまったく見えない。最終的に波長の測定に成功したヘルツは、

「科学史において実験で誰よりも決定的な勝利」を挙げたと、のちに歴史家のC・C・ギリスピーから評価された。ワイヤレス電力という謎の大陸は、メタルホイールで覆われた木板に見切りをつけて方程式に取り組む勇気を持つ物理学者によって発見され、彼の論理に忠実に従って実験を行った若者によって正しさが確認されたのである。

マクスウェルの方程式は多方面に影響をおよぼした。方程式は相対性理論や量子力学の誕生だけでなく、様々な分野での実際的応用を促した。無線電信が、そのあとにはラジオが実現する。エックス線が発見され、量子理論が考案され、原子の分裂に成功し、トランジスタと半導体が開発された。マクスウェルやヘルツに代表される物理学者の影響を受けた将来の発明家や産業技術者は、科学的理解を前提として研究を進める傾向を強めていく。

高尚な抽象表現は科学の現実世界での応用に結びついたが、純粋数学もまた予想外の形で貢献した。たとえば、一九二〇年代はじめに学問の最前線にいた数学者たちは、無限個の未知数を持つ方程式の解明に興味を抱き、いわゆる関数「空間」の理論に取り組んだ。ここで扱うのは無限次元の空間で、とにかく抽象化が徹底している。やがて一九二七年、若きジョン・フォン・ノイマンがあることを明らかにした。発見されたばかりの量子力学はふたつの競合する経験的理論、つまりシュレーディンガーの波動方程式とハイゼンベルクの行列力学に支えられ、そこには明らかな矛盾が存在するが、それを解消する手段として形式主義が役立つのだ。具体的にフォン・ノイマンは、ヒルベルト空間という抽象概念を利用した。これは彼の恩師であり、ドイツの偉大な数学者であるデイヴィッド・ヒルベルトにちなんで命名されたものだ。ヒルベルトは二〇世紀はじめ、ほかにも多くの成果を残した。そのひとつが、幾何学と代数学の不思議な関連性を生かした概念の考案で、この関連性については、一七世紀にデカルトがはじめて方程式を図式化したときに認識された。ほどなく幾何学と代数学の融合は、経済学にも役立つことが証明される。

一九二〇年には、世界中の工業学校が基礎科学と数学の学部を新設していた。教授たちは、産業界に定期的に助言するようになった。ただし、発明がトップダウン方式で行われる厳密なプロセスが確立されていたわけではない。トーマス・エジソンのような人物は相変わらず、いわゆる「過去の成果が詰め込まれた科学」への理解を通じて、目覚ましい成果を残した。しかし、マクスウェルをきっかけに、少なくとも物理学では理論がついに実践を追い抜いた。それは、公理的アプローチのおかげだ。

したがって、一九二〇年代から一九三〇年代にかけて現代経済学の青写真を描いた若手経済学者が、あとに続こうと考えたのも不思議ではない。フランク・ラムゼイが相対性理論や精神分析や整数論に関して読まずにいられなくなったのと同じ情熱に駆られ、最高の頭脳を誇る同時代の学者の一部は公理的アプローチを採用した。その狙いは、幾何学の公理を定めた偉大なユークリッドの先例に倣うことだった。ここではまず、真実として認められ、証明が不要な少数のシンプルな公準を準備する。つぎに、そこにいくつかの定義を加える。そのうえで新しい公理が、すでに証明済みの命題の論理的派生物であることを明らかにしていく。その途中では、モデルの事実が世界の事実と一致しているかどうか、常に点検を怠らない。そして最後に、ひとつの分野全体に存在する重要な事実のすべてが、論理的公理として形式化される。この時点まで到達すると、ウィリアム・ハーヴィやジェイムズ・クラーク・マクスウェルのような、新しい発見の実現が期待される。たとえばアーヴィング・フィッシャーは一八九二年、ポンプ、台車、パイプ、車輪を備えた油圧機械を製作し、経済学の一般均衡の原理――ひとつの事実とほかのすべての事実との相互作用――を実例で説明した。しかし一九二〇年代末には、このやり方は時代遅れになっていた。[*] 少なくとも最先端の経済学は、いまや数学一辺倒になり始めていた。経済学者もまた、現実的な説明を放棄したのである。

コウルズのサマーキャンプは単なる足がかりだった。この時期ヨーロッパからは、危機感を募らせた知識人が米国に続々と移住してきた。まず一九二〇年代にはソ連から、一九三〇年代になるとナチス支配下のドイツから、ドイツに占領された国から知識人が難民として逃れてきた。社会科学に関心を持つ少数の難民は、研究所に所属した。マンハッタンのロックフェラー研究所(現ロックフェラー大学)、プリンストンに新設された有名な高等研究所などで、ここにはアインシュタインとフォン・ノイマンが招かれた。研究所に所属する知の巨人たちは教師としての職務など現実世界の厄介ごとから解放され、研究に専念することができた。しかし、圧倒的多数の移民は大学の経済学

*フィッシャーは、のちに一九二五年にモデルの第二弾を製作したが、これは特に具体的な目的があったわけではない。

部に勤務した（一九一九年にコロンビア大学を離れた教授グループがニューヨークに創立したニュースクール・フォー・ソーシャルリサーチは、多くの移民の受け皿になった）。経済学は次第に専門化していく。経済学者は同じ経済学者を対象に執筆する傾向を強め、研究成果は専門ジャーナルに掲載されるようになった。現代化運動は破竹の勢いだった。

しかし、数学が経済学の共通語になる前にひとりの英国人経済学者が登場し、独特の格調高い散文で記述的経済学の最終章を綴った。

「大きな革命を起こすと確信……」

今日でさえジョン・メイナード・ケインズには圧倒的な存在感があり、彼が二〇世紀の最も有名な経済学者ではなかった時代を想像するのは難しい。しかし一九二九年にはケインズはその他大勢のひとりにすぎず、大きな影響力を持つ最高の学者とは思われていなかった。当時、シティ（ロンドンの金融街）では通貨問題の権威として知られていた。公務員としての経歴のおかげで、政策に関する見解をあちこちで求められた。ケンブリッジ界隈では、教師としてよりはむしろ大学の資金を運用する能力で評判をとっていた。

ただし、ケインズは決して目立たなかったわけではない。そもそも彼は、（友人のフランク・ラムゼイと同様）ケンブリッジの実力者の大のお気に入りだった。経済学者だった父親はアルフレッド・

マーシャルの同僚で、陽気な母親は有名な大臣の娘だった。若きメイナードはイートン校で数学と古典を学んだ後、マーシャル門下の優等生になった。そして、当時ケンブリッジ大学で学ぶ多くの学生の例に漏れず、哲学者G・E・ムーアに魅せられ、使徒（アポストル）という秘密結社に参加し、同性愛に多くのエネルギーを費やした。ケインズは経済学の学位を取得していない。その代わりに公務員試験を受けた。

インド省に就職し、第一次世界大戦中は大蔵省に所属して一九一九年のパリ講和会議には英国代表団の一員として参加する。会議で締結された条約の表現への激しい弾劾である『平和の経済的帰結』（*The Economic Consequences of the Peace*）を機に三二歳で有名人になり、以後四半世紀にわたり英国の公的事柄の中心人物だった。ブルームズベリーという文化人グループにのめり込み、確率に関する論文を執筆し、一九二五年にはロシア人バレリーナのリディア・ロポコワと上流社会にふさわしい結婚式を挙げた。ケインズは投機家としての才能に恵まれ、ひと財産を作って失っては、すぐに取り戻した。大蔵省からも相談を受けていたほどだ。おまけに背が高くて着こなしが洗練されており、どこへ行っても目立つ存在だった。

それでも五〇歳に近づくにつれて、ケインズは同世代の思想的指導者たちの陰に隠れてしまった。一九三〇年に刊行された『貨幣論』（*Treatise on Money*）は、反応が芳しくなかった。六歳年長のアーサー・セシル・ピグーはケンブリッジ大学教授になっていたが、当時の英国の制度では「教授」になれるのは各学部一人だった。**デニス・ロバートソン**（一八九〇〜一九六三）や**ハーバート・ヘン**

ダーソンなど後輩たちのほうが知名度が高かった。オーストリア出身のヨーゼフ・シュンペーター（一八八三〜一九五〇）はロンドンで教鞭をとり、派手な言動が注目された。やはりオーストリア出身で年下のフリードリヒ・フォン・ハイエクは、時代の風雲児になった。一九三〇年代が始まる頃のケインズは、その他大勢の経済学者のひとりにすぎなかった。ところが、一〇年後には景気循環の謎を解いた人物として広く認められる。

少なくとも一八三七年以来、周期的な信用不安に資本主義は悩まされてきたが、一九二九年一〇月の「暗黒の火曜日」に始まった信用不安の症状は桁外れに深刻だった。財産が失われ、破産が宣告されたが、それよりもはるかに気がかりなのは、資源が十分に活用されなくなったことだ。失業率が上昇し、米国でもヨーロッパでも二五パーセント近くにまで跳ね上がった。生産量は一九三〇年代のあいだに三分の一も落ち込み、貨幣価値は半減する。新しい投資はほとんど途絶えた。波紋は世界中におよび、批評家のエドマンド・ウィルソンはこの現象を地震に喩えた。経済学は四面楚歌の状態になった。これはマルクスが予言した資本主義の崩壊なのだろうか。

この大暴落がケインズが脚光を浴びるきっかけになった。当初は分析に基づいたビジョンがあったわけでないが、「何かがすごくおかしいという漠然とした不安」が拭いきれなかった。大学で学んだ内容とは、明らかに矛盾しているとしか思えなかったからだ。その洞察は徐々に具体的な形をとり、ついに『雇用・利子および貨幣の一般理論』（*The General Theory of Employment, Interest and Money*）にまとめられる。最初はケンブリッジで「サーカス」と呼ばれる若手学者集団に一章ずつ紹介し、つぎにケンブリッジとロンドンの中間で開催されたセミナーで同僚の教師や学生に熱狂的に支持された。『一般理論』の核心となるのは、一般的な過剰供給という概念である。つまり、何かを生産しても消費者の購買意欲が湧かなければ、不況が発生し、何らかの手を打つまでは無期限に蔓延する可能性である。言い換えると、見えざる手による需給のバランス回復の意図は失敗する。

　これは実際、その一二〇年前にマルサスが経済学クラブの第一回会合で警告し、リカードの信奉者から即座に退けられた、まさにその可能性だった。リカードのグループは、供給が自動的に需要を喚起すると信じていた。だがケインズは著書のなかで、マルサスは正しく、リカードは間違っていると指摘している。経済学の気取ったひとりよがりが誤ったのだ。現代の産業経済には、失業率が高止まりする傾向が備わっている。したがって過剰貯蓄ではなく、総需要の不足こそ大きな脅威なのだ。

　ケインズの診断には、新しい解決策が込められていた。すなわち政府は金がなければ借入をして、総需要のギャップを埋めるべき、ということだ。政府が「支出を増やし」、完全雇用に向けて経済を動かせれば、自ずと目的地に到達するはずだった（あるいはケインズは、つぎのように語っている。「われわれは［車と同じように］点火装置《マグネトー》（ジェネレーター）問題を抱えている。これでは再び発進することはできない」）。しかし、公開の場で継続する議論では素朴な比喩が持ち出されたが、いまや経済学者は新たに複雑な語彙を考案し、それを使って市場の暴落とその後の不況の原因について激論を交わした。

市場がかならずしも頼りになる解決策にはなり得ないことが率直に認められると、一般通念が覆されてしまった。いまや「複数均衡」(multiple equilibria)の可能性が提起された。見えざる手によって生まれるはずだった需要と供給の唯一の、一般的で信頼できる、可能な限りベストな均衡に代わって、高失業率の均衡も同様に可能だったのだ。そうなると経済には完全雇用均衡から程遠い場所で「立ち往生する」(stuck)可能性が生じる。この可能性、すなわち賃金の硬直性、雇用者も被雇用者も好まない「粘着的」賃金を説明するための新しいメカニズムが発見された。ここで新たに重視されるのが心理的要因で、「流動性選好」(liquidity preference)や「消費性向」(propensity to consume)といった造語が「消費関数」(consumption function)を表現するために使われた。『一般理論』では通常のような図表の代わりに、文章による生き生きとした表現が目立つ。方程式は少ないが、それでもケインズの読者に従来とは異なる持論を紹介するには十分である。ただし、『一般理論』には他にも様々な主張が展開されており、そのすべてに一貫性が備わっているわけではない。方程式が散見されるものの、文章での説明の要素がはるかに多い。

この本によって、ケインズはマクロ経済学を発明したと言われる。経済全体の仕組みの秘密、特に失業と不完全雇用と景気循環そのもののシステム全体を蝕む病状の秘密を、彼は解き明かした。ヨーロッパでは、ほかにも複数の経済学者が同じ方針で研究に取り組んでいた。ポーランドの**ミハウ・カレツキ**(一八九九〜一九七〇)、ノルウェーのラグナル・フリッシュ、オランダのヤン・ティンバーゲンなどだ。しかしケインズは、誰よりも強烈な印象を与えた。彼の好敵手であるピグー教授も、最終的につぎのように認めた。「実物的にせよ貨幣的にせよ、彼は関連性のあるすべての要因をひとつの正式な構想にまとめ上げた。それを介すると、それぞれの相互作用を理路整然と研究できる。わたしの知るかぎり、［彼］以前にそんなことを成し遂げた人物はいなかった」。

さらにケインズは、自分のアイデアを上手に売り込む宣伝マンとしての才能に恵まれていた。著書に『一般理論』という思わせぶりなタイトルを選んだのは、おそらく読者にアルベルト・アインシュタインを連想してもらうためだろう。それより十数年前、アインシュタインが発表した一般相対性理論は物理学に革命を起こした（ケインズにはアイザック・ニュートンの初版本や原稿の収集癖があったことは忘れてはいけない！）。ケインズはジョージ・バーナード・ショーに宛てた有名な手紙につぎのように記した。「わたしがいま執筆している経済理論に関する著書で、大きな革命を起こすと確信している。それは短期間ではなく一〇年の歳月をかけて、経済問題に関する世間の考え方に劇的な変化をもたらすだろう」。

ケインズは『一般理論』のなかで、ケンブリッジの学者たちが一〇年以上夢中で取り組んできた論争に、何気ない発言ですら触れていない。それは収穫逓増と収穫逓減のあいだの対立関係、収穫逓増の経済成長への貢献である。外部性についても、従来の収穫逓減が収穫逓増に凌駕されるのかという問題についても、著書ではいっさい触れていない。リカードは、不況によってすべてが底を突くのでないかという不安に怯えたが、ケインズにとって不況はそんなものとほとんど無関係としか思えなかった。彼は、一般的な収穫逓減が始まることを心配しなかった。ケインズによれば不況とは、生産能力の不足の反映ではなく、その反対だった。問題なのは景気循環の安定であって、経済成長ではなかった。

実際、ケインズは成長に関するアイデアについて、『一般理論』の数年前に「孫の世代の経済的可能性」(*Economic Possibilities for Our Grandchildren*) という講演のなかで触れている。のちにこれは一冊のエッセイにまとめて出版され、そこでは基本的に弟子であり友人でもあるフランク・ラムゼイが提唱した最適貯蓄モデルが文章で明確に表現されている。人類が定常状態に到達するために必要な時間は、あと一〇〇年程度だとケインズは大胆に述べている。そのうえで、経済が最終的な目的地に到着する前に道を踏み外し、溝に落ちてしまう可能性を懸念した。

というのも、当時は絶望的な時代だった。一九三六年に英国では、失業率が未だに二五パーセントちかくあった。ソ連では粛清が始まりつつあった。大恐慌の混乱のなかで、人々は行動を求めていることをケインズは理解していた。カナダの経済学者で、早い時期に宗旨替えしてケインズ学説の教科書を最初に著したロリー・タルシスは、つぎのように述べている。「ケインズが提供したのは希望だ。捕虜収容所や処刑や残虐な尋問の支えがなくても、繁栄は回復され維持されるという希望だった。ケインズの言う通りにすれば……誰もが全世界の問題解決に貢献できると、当時はわれわれの多くが考えていた」。

ケインズ革命の担い手

『一般理論』が登場すると、最先端の経済学者はふたつの大きな陣営のいずれかに分類され、所属するようになった。一方は政策志向のケインズ派、それ以外は経済学現代化の陣営にとどまるか、あるいはそちらに引き寄せられた。もちろん、どちらかの視点に純粋にこだわる経済学者はほとんどいなかった。ほぼ全員、何らかの動機が独特の形で混じり合っていた。その違いに、リベラルか保守かといった政治は関わっていない。それよりは、当面の問題や可能性に取り組む姿勢が関わっていた。何よりもまず研究戦略の違いであり、異なる気質や期待や野望を原動力にしていた。

『パスツール象限――基礎科学と技術革新』のなかで政治学者ドナルド・ストークスは、科学者が研究に打ち込む動機をふたつに分類している。ふたつは大きく異なり、一方では有益性が考慮され、もう一方では基礎的理解が追求される。それを彼は、次頁のような図で表現した。上段左列は、デンマークの物理学者ニールス・ボーアにちなんで名付けられた。若き日の彼は、原子構造の模型の探究に打ち込んだが、そのような姿勢をストークスは「純粋に発見のための航海」だったと評価した。ボーアは、実際的応用についてはまったく考えていない。下段右列には、米国の偉大な発明家トーマス・エジソンの伝統が当てはまる。すなわち、「専ら応用を目標とした研究で、科学の一分野の現象をじっくり理解しようとは思わない」。下段左は、実際には空白ではないとストークスは書いている。ここは、特定の現象について好奇心を大きくそそられ、じっくり観察する研究者を対象に

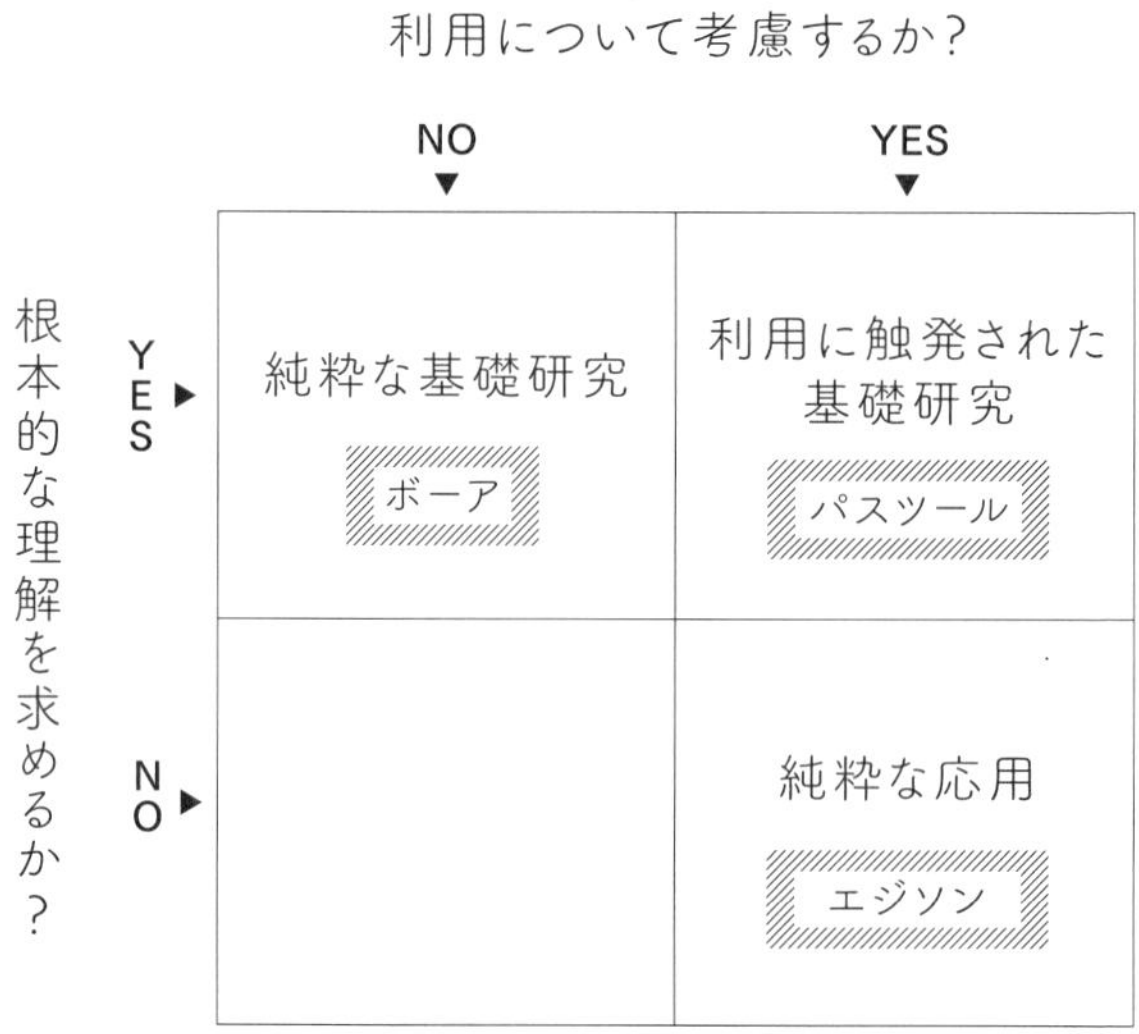

しており、たとえば鳥種の出現率やマーキングや移動パターンについて観察したバードウォッチャーがすんなり当てはまる。これらの観察記録に基づいて、『ピーターソンの北米野鳥図鑑』が執筆された。あるいは、伝説的な天文学者ティコ・ブラーエが記録したデータは、惑星の軌道は楕円形であることをヨハネス・ケプラーが証明するために必要とされた。

　ストークスにとって、科学への社会的投資から最も高い見返りが期待できるのは四番目の象限、すなわち上段右列で、彼はこれを「利用目的の基礎研究」と呼んだ。ここでは差し迫った問題に関連して、知識のフロンティアが拡大される。モデルになったのはルイ・パスツールで、彼は細菌論の創始者であると同時に公衆衛生関連の基礎的技術を数多く開発している。ただしストークスはすぐあとに、このプロセスは一切の妥協がないわけではないと補足している。純理論的な基礎研究から極めて実用的な結果がたちまち生み出されるときがあり、その逆もあり得る。すべての科学には、どんな交響曲よりもはるかに多くのトーンや声が混じり合っているのだ。例外が許されない「正しい」アプローチなど存在しない。したがって、科学者自身の声に素直に耳を傾けるしかない。

ストークスから見るとジョン・メイナード・ケインズは、少なくとも「主な」研究成果に限っては、パスツールの象限に属する人物だった。しかし、われわれの目的にとっては、経済学において利用目的の基礎研究を象徴する人物には、おそらくポール・サミュエルソンのほうがふさわしい（彼については次章で取り上げる）。一方、ケインズ（そして後のミルトン・フリードマン）は、経済学の伝統である応用研究の継承者として理解すべきだろう。すなわちケインズは、経済学という学問全般の理解に取り組むよりも、実際的な結果を達成するほうに関心が高かった。

たちまちケインズ学派に魅せられたのは、経済を再び機能させようと決意して実践的に動機付けられた研究者たちだった。彼らは（常にではないが）通常、強い政治的感情の持ち主だった。そして間違いなく、自分たちは研究タイプの経済学者だと考えていた。ただし彼らにとっての大きな動機は、（米国人の場合は）科学に基づいたエンジニアとして、強力な景気循環の謎を解き明かし、制御して手なずけ、人類のために役立てることであり、（英国人の場合は）診断を下して薬を処方したうえで、病気を治療することだった。すなわち、ケインズ学派の伝統に従う経済学者は、現実的かつ客観的で、行動重視の研究哲学を共有していた。彼らにとって経済学は、何よりもまず役に立つ知識だったのである。

他方、現代的な手法の経済学者たちは、内々には自分たちの活動を新しい量子物理学や誕生したばかりの分子生物学に喩える傾向がずっと強かった。彼らにとって経済の仕組みの理解は目的そのものであり、特に数理経済学者は時として現実的応用ではなく美の創造を目指した。数学では、美という言葉が頻繁に使われていた。彼らが妥当性ではなく厳密さを強調するのは、世界の問題に無関心だったからではない。自分たちが創造した知識が実際に信頼されるためには、深くて強固な土台が必要だと確信していたからだ。一九三〇年代から一九四〇年代、一九五〇年代にかけて、彼らが所属する傾向が強かったのはコウルズ委員会やランド研究所で、ブルッキングス研究所や全米経済研究所などではなかった。

ほどなく、エンジニアや医者に喩えられる政策重視型の経済学者は、米国では二グループに分かれた。ケインズ派と反ケインズ派だ（英国のケンブリッジには過激なケインズ派という三番目のグループが残され、そこではカール・マルクスの理論が次第に存在感を強めたが、次第に注目されなくなった）。一般的に米国のケインズ派はやや中道左派の傾向があり、ケインズ派としての看板を維持した。一方、米国の反ケインズ派は、マネタリストへと装いを改めた。ケインズ派は、政府の行動に依存する政策を好む傾向がある。これに対してマネタリストは、概して自由放任主義の政策を好み、様々な規則を通じて政府に制約を課そうとした。ただし、問題となっている様々なメカニズムに関する意見は異なるかもしれないが、ケインズ派もマネタリストも切迫感と使命感を共有する点は同じだった。しかし、経済学現代化陣営の経済学者にはこのような傾向がなく、もっと抽象的な問題に取り組んだ。結局、現代化のもとで基礎科学を志向する経済学者は増え続け、最後はやはり、それぞれの路線に基づいてふたつのグループに分かれた。メンバーは、ひとつは塩水学派(Saltwater school)、もうひとつは淡水学派(Freshwater school)として区別される。この名称は、それぞれの研究の中心の所在地に由来している。しかしある意味で、すべての論争はケインズにまで遡る。彼が節約の逆説を発見したことをきっかけに論争が始まり、七五年にわたって継続したのである。

臨床学者として、ケインズは秀逸だった。彼は政治も心理学も理解していた。経済学の分野では、探偵として彼に匹敵する同僚はいなかった。例外は、おそらくシャーロック・ホームズぐらいだろう。しかし、科学的手法に頼る経済学者かと言えば、そうではなく、少々無駄話が目立つ。ハーレー街で診療を行う医者のように、直観に頼って患者を元気づけるような診断を下した。* 感情を交え

*ケインズは『孫の世代の経済的可能性』の最後に謙虚さを装い、つぎのように書いている。「もしも経済学者たちが何とかして、彼ら自身を歯医者と同じレベルで謙虚で有能であると考えることができたとしたら、それは素晴らしいことだろう」。実際のところ、ケインズのマクロ経済学は、ジークムント・フロイトの精神分析との共通点が多いのではないか。優れた経験則であり、謎めいた領域で長持ちするメンタルマップだった。

ずに分析を行い、自分の正しさを確信するような堅実な理論家ではなかった。切迫感に駆られ、仲間の経済学者と同じような疑問に取り組むより、政治家を説得して行動を促すほうに関心があった。出来る限り多くの支持者を獲得するため、マーシャルの正統派教義を藁人形に見立てた。こうして「伝統」とは反対の立場をとることによって、自分の研究の独創性を過度に強調したのである。結果として、彼は経済学という学問のなかで自分と関わりのない部分とのつながりを断ち切ってしまった（そのため、たとえば本全体でマーシャルの図表は一度しか登場していない）。しかし、結局は結びつきを復活させる必要が生じた。

一九三七年、ケインズは代弁者を確保した。現代化運動のリーダー的人物がケインズの洞察に共感し、古典派経済学でも新しい経済学でも理解できるような形に表現し直してくれたのだ。この人物、すなわちジョン・ヒックスは、ケインズには欠けているものをすべて備えていた。（少なくとも表面的には）控えめで、オックスフォードで学び、ロンドンを拠点に活動し、数学に造詣が深く、何よりも若さに恵まれていた。当時五三歳のケインズは、ライバルのヨーゼフ・シュンペーターと同様、エドワード七世時代を代表する著名人だった。これに対して三三歳のヒックスは、新しい世紀の申し子だった（一九〇四年生まれのヒックスは、同じ年に生まれたフォン・ノイマンやラムゼイと共に、現代化運動の草創期を支えた）。さらにロンドン・スクール・オブ・エコノミクスの教授で、『価値と資本』という本の著者だった。一九三九年に出版されたこの本では、万能型の一般均衡が数学的に見事に処理されている。その結果、マーシャルが思い描いてワルラスが提唱した一般均衡の鳥瞰図が出来上がり、かつてなかったほど説得力の強いビジョンが提供された。おまけにヒックスは、ケインズと同様、市場は実際に「立ち往生する」可能性があるという結論にほぼ自力で到達していた。

おそらく後からの思いつきで、ヒックスは「ケインズ氏と古典派」というタイトルの論文を執筆した。ここで彼は、マーシャルが考案した図表を少々、それに代数方程式を少々使いながら、ケインズが文章で伝えたメッセージを作り変えた。すなわち、収入、利息、貯蓄、投資の関係をシンプルなモデルに仕立て上げ、商品の「総供給」と「総需要」を貨幣の形で表現し直したのである。すると突然、経済学に閃きの瞬間が訪れた（同様のモデルは、その年に同じエコノメトリック・ソサエティの会議で**ロイ・ハロッド**〈一九〇〇〜一九七八〉と**ジェイムズ・ミード**〈一九〇七〜一九九五〉によって紹介されたが、ヒックスの論文の圧勝に終わった）。馴染み深い用語に変換され、測定や伝達、さらには操作もおそらく可能な変数で表現されたおかげで、ケインズのメッセージは若手経済学者のあいだに瞬く間に支持されるようになった。「難解なケインズの文章の中身が、経済学者の頭にやっとすんなり入るようになった」と、ポール・サミュエルソンがのちに書いている。「実際、数学モデルが登場するまでは、ケインズ本人でさえ自分の分析を本当には理解していなかったのではないかと確信できるだけの理由も存在していた」。

このようにしてヒックスは、旧世代の古典派経済学者と、新たに台頭した英国の過激なケインズ派とのあいだの橋渡し役を務めることになった。一九三五年には、ロンドンからケンブリッジに拠点を移す。しかし、仲裁の努力は実を結ばなかった。革命家を自称する若手と、マーシャルの伝統の継承者とのあいだのギャップは、あまりにも大きかった。しかも古い歴史を持つ誇り高き大学では、ヒックスが率先して進めた現代化の分析的なスタイルに、どちらの派閥も大して興味を持たなかったのである。一九三七年、ヒックスは荷物をまとめてケンブリッジを去り、マンチェスターへと向かい、戦時中は大学生を相手に講義を行った。しかし同じ時期に米国では、彼の理論に大学院生たちが丹念に目を通していた。

同じ年、ケインズは深刻な心臓発作に見舞われ、それをきっかけに体力も気力も衰えた。国際的な財政・経済政策に関してトップレベルの要人に助言する仕事は一九四六年に没するまで続けたが、学問分野でのリーダーシップはすでにつぎの世代に引き継がれていた。一方、ドイツやイタリアなどでは、大量の国外脱出がだいぶ前から始まっていた。米国には経済学者の未来があったが、英国は過去に取り残された。ただし、(戦後、オックスフォードに移った)ヒックスの影響力は衰えなかった。彼はとにかく主張が明瞭でブレなかったのである。

ある一点で、ヒックスの信念は特に揺らぎがなかった。彼がパイオニアとなった新しい万能型の分析には、少なくとも現状のままでは収穫逓増の入り込む余地がなかった。ピン工場は、立ち入ることができない。彼の専門書『価値と資本』は、完全競争を前提としている。かりに完全競争が放棄されたら、「一般均衡論の大部分が破壊され、残骸と化す恐れがある」とヒックスは書いている。

第9章 数学は言語である

"Mathematics Is a Language"

マサチューセッツ州ケンブリッジと収穫逓増問題

一九三〇年代末、技術経済学の重心は英国から米国へと移動した。華やかな式典が開かれ、聖典が受け継がれたわけではない。新聞発表もなかった。しかしヨーロッパから大量の難民が到着すると、経済学の最先端の領域についてロンドンやウィーンやベルリンを中心に展開されてきた議論の場は、新世界へと移転した。ケインズ革命の中心はマサチューセッツ州ケンブリッジに場所を変え、経済学現代化のもっと広範なアジェンダは、ロッキー山脈の麓で一時的だが象徴的な形で取り上げられた。以後一〇年かけて、経済学に工学的立場から取り組む流派と科学的立場から取り組む流派のふたつが混ざり合い、ついには簡単に見分けがつかなくなった。

あるひとりの経済学者はほかの誰よりも、ケインズ革命と経済学現代化の双方を体現するだけでなく、実はどちらも目的と手段が対立していることを象徴する存在でもあった。この人物、ポール・サミュエルソンは、シカゴ大学で経済学を学んだ後、一九三五年秋にハーバード大学に大学院生としてやって来た。このとき、弱冠二〇歳だった。

以後一〇年間、サミュエルソンは『経済分析の基礎』(*Foundations of Economic Analysis*)という数学的入門書のなかで、新しい公理的アプローチの多くを体系化した。そしてつぎに、きわめて大きな影響力を持つことになる『経済学』(*Economics*)という教科書を執筆し、この新しいアプローチを大学新入生に紹介した。そこでは、ミクロ経済学とマクロ経済学を区別したケインズの貢献が強調されている。このように読者をレベルで分け、『経済分析の基礎』は経済学者、『経済学』は残りの読者を対象にしたおかげで、サミュエルソンの二冊の教科書は瞬く間に技術経済学の標準的な解説書としてアルフレッド・マーシャルの『経済学原理』に代わる存在になった。ほどなくサミュエルソンの経済学は、単に「新しい経済学」として知られるようになる。その経済学は、原理的には永久に、実際にもたびたび、古い経済学に巨大な改良を加えたものだった。

だが、われわれのストーリーの目的と関係があるのは、サミュエルソンの登場を機に得たものよりも、失ったもののほうだ。長期にわたるアジェンダのどの問題が急を要するのか、それと同時にどの問題の答えが手の届くところにあるのか、経済学現代化とケインズ革命を契機に経済学者の考えが変化した結果、再び経済学の空洞化が起きたのである。そもそもサミュエルソンがマサチューセッツにやって来たきっかけは、数理経済学ともケインズのマクロ経済学とも無関係だった。どちらもまだマサチューセッツには届いていなかった。不況が深刻化しているにもかかわらず、一九三〇年代はじめの米国では経済学の興味の対象が未だに収穫逓増だったのである。

サミュエルソンをハーバードに連れてきた人物は、エドワード・チェンバレンだった。彼は経済成長という主題を他の誰よりしっかり把握しているように見えたが、それは独占的競争（monopolistic competition）という学説のおかげだ。英国では、**ジョーン・ロビンソン**（一九〇三～一九八三）という若い女性が似たような学説を考案し、それを不完全競争（imperfect competition）と呼んだ。しかし、狂騒の二〇年代――新しい製品や新しい手法が途切れることなく登場した時代――を特徴づける現象について誰よりも多くを語ったのは、チェンバレンのほうだった。当時は通りに出れば、新製品のブランド名がいやでも目に入ってきた。シボレーの車（ゼネラルモーターズから融資を受けた）、ケルビネーターの冷蔵庫、ＲＣＡのラジオ番組、スタンダードオイル、クエーカーオーツ、ジレットのカミソリなどだ。収穫逓減と完全競争の世界で、こんなに多くの新製品が何をしているのか。

しかし、チェンバレンを取り上げる前に、われわれは各地の大学を渡り歩いたアリン・ヤング教授に話を戻さなければならない。覚えているだろうか、エディンバラで収穫逓増と進歩について語った人物である。独占競争のストーリーは、実はヤングが出発点である。彼は早くも一九〇八年、近代における商標やブランド名や広告の重要性に注目していた。「賢い発明品の優越性が広告によって宣伝されれば、非常に高い価値が備わるだろう。たとえばカキを購入するにしても、特定の『ブランド』(商標)のカキを選べば、何か付加価値が備わったように感じられる。よそで販売されているカキと同じではなく、他では絶対に存在しない特別の高級感が備わるのだ」と、彼は教科書に記している。商標が管理するのはカキではなく、名前である。商標は販売業者の財産であり、他人が使うことはできない。

ヤングはまだ早い時期に、現代の知的財産というアイデアを経済文献のなかで非常に明確に取り上げた。マーシャルが暗示した内容はすべて含まれていると言ってもよい(マーシャルよりも曖昧な記述、たとえばソースタイン・ヴェブレンが著書『有閑階級の理論』や『技術者と価格体制』に記した内容とも大差ない。ヴェブレンは、経済学の世界では派手な批評家として知られた。彼の見解は、ジョン・ケネス・ガルブレイスの著作を介して多くの読者に伝えられた)。やがてヤングは教科書のつぎの版で「販売費」(selling expenses)に焦点を当てた。これは通常、予算のなかで費用の項目に記載されるものの一部だ。「ごく一般的に、それでもおおよそ正確に言えば、これらの費用が発生するのは、人々がほしいものを製造するためではない。起業家が売りたい特定の製品を、人々に買いたいと思わせるように仕向けるため」である。

販売費が問題になるのは、生産量が十分に確保され、加えて近似した代替品との競争とは無縁、またはどちらかなので、販売価格の設定を選択できる企業である。ここでは、ピン工場を例にとってみよう。完全競争市場では、どの企業もピンの市場価格に影響をおよぼせない。各企業は市場価格で好きなだけの数のピンを販売できるが、それにビタ一文とも上乗せできない。価格を上げようとすれば、競争相手に商売を奪われてしまうからだ。見えざる手が本当に機能していれば、ピンの「販売費」は存在しない。

しかし、ピン工場が市場価格に直面していないと仮定したらどうなるか。ここでは、これらの問題を論じるために経済学者が考案した費用の分類体系を使えば役に立つ。どの入門書でも生産の基本を解説する章では、費用の分類体系が中心的要素になっている。まず、ピン製造の事業には固定費用が含まれる。これは、事業を立ち上げるために要する時間、最初のピンを販売する前に購入しておくべき機械や設備と関連している。製造を始めるにあたっての最低限の支出と言ってもよい（機会費用は、他の行動を選択すれば得られたはずの利益を指す）。変動費用は、ピンの製造量によって増減するもので、労働や材料にかかる費用が該当する。平均費用はその名前が暗示するように、総費用（固定費用と変動費用の合計）を製造したピンの本数で割り算したものだ。限界費用は、ピンの生産量を一単位増加させたときの費用の増加分を指す。

製造業者は当初、ピンをできるかぎりたくさん製造し、どんな販売価格を設定しても受け入れられる。他の業者が市場に参入しても、先行者として有利な立場を確保しているからだ。この時点では、ピンの業界価格に大した影響をおよぼせるわけではないが、ピンの販売量が増えてくると、大規模生産が企業のコストを引き下げることによって生じる経済的利益である内部経済（internal economies）を理解し始める。その結果、ワイヤーをできる限り安値でまとめて購入し、ピン製造用の新しい機械に投資を行い、ピンをもっと効率的に製造する方法を発明するためにエンジニアを雇い入れ、広告枠を購入し、販売員を雇い、コンテストに参加し（パリのピン展示会で金賞を受賞すれば箔がつく！）、官僚に口止め料を支払い（ピンが公式の基準を満たしていることを認証してもらうため）、小売業者と契約を結んでピンを展示する陳列棚を確保しようと努める。こうして長い戦いが続いたあと、最終的に他のピン製造業者のほとんどが事業から締め出されてしまう。

ではつぎに何が起きるだろう。これは興味深い問題だ。

チェンバレンの独占的競争

チェンバレンはアイオワシティ（アイオワ州）で生まれ育った。つまり、ピンよりも鉄道にかなり精通していたわけで、それは彼に有利に働いた。経済学者の想像力のなかでは収穫逓増の事例として、鉄道が急速にピン工場に代わる存在になりつつあったからだ。アダム・スミスにとって、河川や港は潜在的な市場規模の重要な決定因子だった。しかし二〇世紀はじめには、鉄道が景観を様変わりとまではいかないが変化させ、河川沿いに存在していた古い市場を結びつけ、新しい市場を創造した。鉄道の場合には、誰でも市場に一番乗りすれば大きな優位を確保した。競争が存在しても、並行する路線が敷設されても、一番乗りを果たした鉄道の有利な立場は揺るぎなく、水上輸送を大きく引き離し、好きな価格を設定することができた。かつてピン製造企業が努力して獲得しようとした収穫逓増が、鉄道にはほとんど自動的に手に入った。

言い換えれば、鉄道は自然独占（natural monopoly）だった。独占者の商品には、近似した代替物が（まだ）存在しない。独占者は価格をつける（make）ことができる。最大の収入をもたらすと思える価格を設定すればよく、他人が市場でどんな価格をつけようと、その価格を受け入れる（take）必要はない。少なくとも一時的には、見えざる手の原則から解放される。ピンの事例からもわかるように、価格は低下する可能性があるが、概して独占者は需要以下に商品の供給量を抑える。ほかの製造業者が市場に参入できる場合よりも、高い価格を設定する。毎週水曜日には早めに帰宅して、長期の休暇を取得する。諺にもある通り、独占の主な報酬は穏やかな生活なのだ。

やがて、線路から最大の利益を獲得するために避けられない現実的な問題が認識されるようになった。すなわち、異なる顧客に異なる価格を請求することで、この習慣は直ちに価格差別として知られるようになる。今日では、飛行機で隣に座っている乗客が、自分より多いにせよ少ないにせよ、異なる料金をチケットに支払っているのは当然だと考える。しかし当時、鉄道会社が平均価格だけを請求し、鉄道への依存が大きな荷送人や旅行者全員が腰を上げずに平均価格より下がるまで待っていたら、それは驚くべきことだった。あるいは、鉄道会社は各路線で一律料金を請求したが、もっと高い価格を支払うことを厭わない乗客や荷受人は多いのだから、みすみす利益を失っていた。よく紹介される事例が銅と石炭だ。銅は石炭よりも価値が高くてもかさばらないので、銅の所有者は市場までの高い輸送料金をすすんで支払ってくれるはずだ。

チェンバレンはつぎのことを認識した。すなわち、市場をほぼ独占しているいかなる販売業者も、製造の限界費用を賄うだけの市場価格では製品を販売しない。最大の利益をもたらしてくれる量と価格の組み合わせを考えたうえで販売できる。顧客は特定の製品をどうしてもほしいと思えば、高い価格を厭わない。鉄道分野に限らず、歯磨き粉、タバコ、自動車といった商品で製造業者は価格設定を積極的に工夫するようになった。製品の特徴、商標、広告、店舗などによる上手な差別化は、マーケティングの効果を高めるために欠かせない要素なのだ。

独占にはこのような要素がある程度、ほぼ常に存在しているとチェンバレンは確信するようになった。なぜなら、少なく見ても長期間にわたって企業は製品市場を独占するからだ。あるいは独占状態を共有する少数の強力なライバルと結託し、通常は市場を上手に分け合うからだ。ひょっとしたらピン工場のオーナーは、推測される以上に鉄道のオーナーと似た存在だったのかもしれない。結局、平均費用の低下は収穫逓増の定義そのものである。

チェンバレンは自分のアプローチを独占的競争と呼んだ。多くの人は、このふたつの単語を並べるのは大きな間違いのような印象を受けた。このフレーズは、言葉として矛盾した表現ではないだろうか。いや、お互いに効果を奪い合うことはないと彼は指摘した。むしろ、価格について明確に説明するためには、ふたつの単語が必要とされるときが多いという。独占とは、製品差別化の成功に伴う「付加価値」である。独占には商品的価値があり、価格設定にも役立つ。英国ではジョーン・ロビンソンが、著書『不完全競争の経済学』のなかでおおよそ似たような分析を行った。ただし、ふたりの理論はかなり異なる。ロビンソンは、マーシャルの経済学をできるだけ取り入れようと努めた。これに対してチェンバレンは、製品そのものに関心を抱き、操作可能な変数として注目した。さらに彼は、企業が固定費用を賄うためにはある程度の独占が必要だとも主張している。さもなければ競争という見えざる手が、生産費用と販売価格の差額利益をゼロにまで減らしてしまうからだ。

この新しい枠組みへの抵抗は激しかった。チェンバレンが一九二九年に『クォータリー・ジャーナル・オブ・エコノミクス』のなかで、独占的競争の立場から寡占（oligopoly）——競合する少数の大企業が業界を支配する状態——の分析を試みようとすると、ハーバード大学の編集者**フランク・タウシッグ**（一八五九〜一九四〇）は寡占という言葉の使用を禁じた。理論的に、一握りの売り手しか存在しない業界など存在し得ないことが根拠だった。やはりアリン・ヤングの優等生だったフランク・ナイトは、カキ販売業者のあいだでも、ついでに言えばビュイックのディーラーのあいだでも、結局のところ競争は完全になる理由について説明するために手の込んだ枠組みを発明した。彼は最終的にシカゴ大学に落ち着き、そこで完全競争の意味について詳しく研究する。そして、ロンドン・スクール・オブ・エコノミクスでアリン・ヤングの最後の助手を務めたニコラス・カルドアは、収穫逓増と規模の経済を「不可分性」（indivisibility）の観点から研究すると、問題はさらにややこしくなると指摘した。

正確なところ、不可分性とは何だろう。それは何かがひとまとまりで存在することで一種の制約（ボトルネック）を受け、一定の規模に満たないと商品として通用しない状態を指す。橋は、川のこちら側から向こう側にかかっていなければ役目を果たさない。都市間を結ぶ鉄道を完成させるためには、鋼鉄のレールを一本ではなく二本準備しなければならない。チョコバーを食料品として大量に購入するためには、店に出かけなければならない。有力な企業を創造するためには、起業家としての才能が欠かせない。要するにどれも、たとえ束の間であっても、独占的立場を与えてくれるものばかりだ。これに対して完全競争は、販売の対象となるいかなる商品も、所有者は数限りなく存在するという前提に支えられている。いかなる商品の市場価格も、特定の個人の影響を受けるとは考えない。収穫逓増などという厄介なものは存在しないし、いかなる企業も生産を体系化する必要などない。その代わり、複数の経済的要因の自由な相互作用が影響力を発揮する。やがて一九五〇年代半ばになると、議論は脱線し、人間の労働の可分性が注目されるようになった。一人前の労働者五〇人は半人前の労働者一〇〇人に匹敵するか？　一人の労働者の仕事量は一〇〇人のアリ人間の仕事量と同じか？　結局、不可分性の意味についての議論は途絶えてしまうが、それも無理はない。しかし、この不可分性というつかみどころのない概念には、あとから再び遭遇する機会が訪れる！

チェンバレンにとって不幸なことに、独占的競争に関する著書はこれ以上ないほど最悪のタイミングで出版された。経済学を新しい代数学が席捲しているのに、見当違いの幾何学を提供してしまった。一九三五年秋に失業率が二五パーセントに達したとき、広告に関する洞察を紹介してしまった。ジョーン・ロビンソンが指摘したように、お茶の価格の決定因子など誰にも興味がなかった。ロビンソンは少なくともケインズ経済学に基づいた分析を完成させたが、チェンバレンはと言えば、大恐慌を終わらせるための確実な処方箋を提供しなかった。

地下水が、今度ははっきりと見える形で再び姿を現した。しかし一九三三年の状況はあまりにも悲惨だったため、誰も気に留めなかった。

痛快で自信に満ちあふれた『経済分析の基礎』

ハーバードにやって来たポール・サミュエルソンに大きな影響を与えたのはチェンバレンではなく、ロシア革命を逃れてきた難民ワシリー・レオンチェフと、数理物理学者エドウィン・ビドウェル・ウィルソンだった。レオンチェフはサミュエルソンより九歳年長でしかなかったが、サンクトペテルブルクで成長し、ベルリンで学んだ。ベルリンで完成させた「ロシア経済のバランス」という論文のなかで、財やサービスの循環に関してかつてないほど扱いやすいモデルを創造した。彼はこれを投入産出表と呼んだ。さらに最新の数学的手法、量子力学の新しい発見、あるいは数多くの変数を含む方程式を解くために開発されたツールに対する熱狂を、他人事として見逃さなかった。

ウィルソンはさらにインパクトの強い人物だった。当時五六歳の彼はイェール大学の偉大な熱力学者ウィリアード・ギブスの弟子で、経済学は科学の要素をもっと取り入れるべきだと確信し、経済学者の発想を改めさせようと決意に燃えていた。ウィルソンにとってそれは何より、経済的現象の説明にもっと厳格なレベルの数学を導入することを意味した。彼は現代の研究者の例に漏れず、数学によって説明の一貫性が強調されれば、論理の鎖の切れ目やギャップが見つけ出され、理論が明確にならざるを得ないと主張した。ウィルソンは一九二〇年代末の一時期、米国科学振興協会が外部人材を導入するよう説得を試みた。「経済学の基盤を安定させる」ため、異分野の科学者を一時的に採用することを勧めたのである。

薬剤師の息子ポール・サミュエルソンは一九一五年にインディアナ州ゲイリーで生まれ、シカゴで成長した。一九三五年にシカゴ大学を卒業したときは、あらゆる賞を総なめにした。当時創設されたばかりの社会科学評議会から大学院の奨学金を受け取り、コロンビアではなくハーバードを進学先に選んだ。緑豊かな村や教会の白い建物の美しさが目を惹く景色を期待してケンブリッジに到着するが、実際にはチャールズ川をはさんでボストンの対岸に位置するケンブリッジは、薄汚れた小さな工業都市だった。それでもここは、北米で最も重要な学問の中心地だった。

ケンブリッジは興味深い場所だ。一六三〇年にアラベラ号が到着してマサチューセッツ湾植民地が創られ、ボストンと他の三つの入植地が建設されてからしばらく、チャールズ川沿いに非国教徒が形成したコミュニティは、教育程度の高い人たちの割合が地球上で最も高かった。ほとんどが、ケンブリッジ大学の卒業生だった。一六三六年、彼らはハーバード・カレッジを創立し、その二年後には小さな入植地の名称をニュータウンからケンブリッジに改めた。ちなみにプリマスの宗教コミュニティ、九六キロメートルほど南に位置する古い植民地は、そのような野心を持たなかった。新世界のケンブリッジと旧世界のケンブリッジの感情や知性面での結びつきは、その後ずっとかなり密接だった。サミュエルソンがやって来たとき、ハーバードはまもなく創立三〇〇周年を迎えようとしていた。

一九三五年夏、熱力学者ウィルソンは経済学改革の試みの一環として、数理経済学に関するセミナーで教鞭をとった。受講生はたった四人。アブラム・バーグソン、シドニー・アレクサンダー、ヨーゼフ・シュンペーター、サミュエルソンである。サミュエルソンは早速シカゴで学んできた経済学を数学に変換した。「ひとつの学問しか学ばない学生は、物事の本質ではなく、物事を支える論理をなかなか認識できない」とのちに回想している。「わたしの人生で最も喜びに満たされた瞬間は、E・B・ウィルソンによるギブスの熱力学の詳しい解説に導かれ、物理学や経済学の例証にとらわれず、永遠の真理を推論したときに訪れた」。

では、真理とは何か。経済学者や退職したエンジニアが物理学と経済学の類似点について延々と話すのを聞かされるほど退屈な経験はない、とサミュエルソンは語る。しかし、ルシャトリエの原理として知られる金言を経済学に取り入れると、俄然面白くなる。わかりやすく言えば、「風船をぎゅっと握れば、容積は縮む」ことに注目する。この原理に基づいて数学的定式化を行えば、風船と同様、利益最大化を目指す企業が購入すべき投入量はいくらか、決めることも可能だ。「圧力と容積、ついでに言えば絶対温度とエントロピーのあいだで平衡状態が保たれるように、賃金率と労働、あるいは地代と土地面積のあいだにも同じような共役関係や二元的関係が成り立つ」。しかも数学には普遍性があることから、二個の変数を持つ問題にも九九個の変数を持つ問題にも当てはめられる。ルシャトリエの原理は経済学への応用が数えきれず、そのすべてに最大化の公式、つまり複雑な問題に正確な解決法を提供する数学という「黒魔術」が関わっている。

サミュエルソンはいきなり最前線で八面六臂の活躍を始めた。生産の経済学、消費者行動、国際貿易、財政、所得分析で変数の最大値や最小値を求めるために微積分を応用し、各分野が正式にどのような類似性に支えられているのか見つけようとした。ちょうど五〇年前にマーシャルが、利益や利息や地代に関する様々な理論を統一し、個別最適化という一般理論でひとまとめにしたのと同じだ。「カナダの澄んだ小川でマスを探す釣り人のような気分だった」と、サミュエルソンは当時を回想している。「糸を垂れれば、魚が釣り針に食いついてきた」。彼が編集者に送った論文は、「もっと短く、そして数学的要素を減らすように」と書き込まれて戻ってきた。ふたつの要望に同時に応えるのは不可能だと、サミュエルソンは冗談交じりに語った。しかも、どちらも最善ではなかった。編集者から拒まれた論文の質は、「どちらかと言えば、他の論文よりも少しよかった」と本人はのちに書いている。

このような状況でサミュエルソンには、ケインズの『一般理論』の重要性が少しずつわかりかけてきた。実際、一九三六年はじめに『一般理論』を最初に手にしたときには、あまり重視していなかった。

これが何を意味するのか自分はまったく理解していないことを認識し、落ち着かない気分だった。さもなければ、本の主張には完全に抵抗していただろう。それに個人的にじっくり振り返ってみると、本が出版されてからおよそ一年から一年半のあいだ、マサチューセッツ州ケンブリッジでは誰もが、これは何を意味するのか本当にはわかっていなかったと断言してもよい。それは秘密でも何でもない。やがて一般理論の最初の数学的モデルが登場し、激しい抵抗に遭いながらも、有効需要――総購買力を積極的に行使するか否かを問わず――に関するケインズのアイデアは、一時的な流行ではなく、未来の動向の一部であることが徐々に認識されるようになった。

ケインズの命題に込められた意味の解析という難事業に取り組んだのは、**アルヴィン・ハンセン**(一八八七～一九七五)だった。彼がハーバードで行った財政政策に関するセミナーは、米国でマクロ経済学が新しく花開く温床になった。ただしサミュエルソンが回想しているように、サウスダコタ出身で五〇歳のハンセンが革命をもたらすとは思えなかった。当時、ケンブリッジの銀行貸出金利はわずか八分の三パーセントでしかなく、サミュエルソンのような大学院生が銀行を説得し、敢えて預金を受け入れてもらうような状況ではなかった。連邦準備制度理事会は緩和に動いたが、米国は流動性の罠のほぼ完璧な事例だった。結局、ハンセンの学生たちは「意味のない行動」をとるのは無駄でしかないことを理解していた。

戦争が急速に現実味を帯びてくると、サミュエルソンは複数の研究論文をまとめて学位論文に仕上げる作業に追われた。論文のなかで彼は、現代化アプローチとケインズ理論は基本的に統一可能であることを示し、「ふたつの一般理論をまとめた一般理論」を創造したかったと、四五年後に語っている。当時、すでにサミュエルソンは、自分以外にもヨーロッパの様々な研究者が、同じものを目指していると断定した。彼の目標はヒックスと同じで、経済の世界のあらゆる存在を組み込んで、一般均衡をダイナミックに解説することだった。第二次世界大戦がいよいよ迫ってきた一九四〇年半ばから一九四一年一月にかけて、「経済分析の基礎」を急ピッチで執筆する。この学位論文が経済学現代化の影響を受けていることは、サミュエルソンのタイトルの選び方からも明らかだ。古典派は原理について書くが、現代派は基礎を追求する。七年後、論文は『経済分析の基礎』という一冊の本にまとめられて出版された。

『経済分析の基礎』をじっくり読まなくても、それが宣言書であることはわかる。「数学は言語である」(Mathematics is a language)と、本の口絵で宣言されている。これはウィラード・ギブズからの引用だ(この物理学者の言葉による説明のなかでは、この四語が最も長いと言われる)。マーシャルは数学を付録に限定したが、サミュエルソンは本文に方程式をどんどん入れた(「『経済学説が得体のしれない数学に変換されたものを長々と読まされるのは、時間の無駄ではないだろうか』とマーシャルは言うが、それは正反対だ」と、序文に書いている)。マーシャルは一般均衡の探究を後回しにして、一度にひとつの事柄に取り組む手法を優先し、残りはセテリス・パリブス(他の条件が同じなら）だと考えた。これに対してサミュエルソンは、少なくとも原則として相互依存のアイデアに立ち返った。

しかしワルラスが予想したように、体系化されず、たくさんの数字が並び、おそらく解読不能な方程式を連ねるのではなく、サミュエルソンは新しいマクロ経済学の影響を強く受けた体系を創造した。ケインズと同様、少数の重要な変数、貯蓄、投資、消費、政府支出を特定し、互いの関係の解明を目指した。あらゆるものは、他に依存していると言うだけではもはや十分ではなかった。いまや経済の世界をサブシステムに分割し、大きな支出カテゴリーがどのように相互依存しているかを示す必要があった。

振り返ってみると、サミュエルソンが現代化とケインズ革命のどちらか一方だけに所属していなかったことは明らかだ。二股かけており、そこから生じる緊張が彼のなかでは決して解決されなかった。様々な研究の最前線にいることがはっきり認められるのも遅く、一九四四年にようやくエコノメトリック・ソサエティのフェロー*に選ばれた。生涯にわたって中間的な立場を貫き、古いものと新しいもの、科学の崇高な目標と工学上の差し迫った問題の仲介に継続して取り組んだ。一時的な流行には懐疑的で、進歩は耐久性を伴うべきだと強調した。何より、彼は熱意を周囲に伝染させ

＊統計的ならびに実証的なツール構築プログラム、すなわち最終的に計量経済学として知られる分野を除いたあらゆる分野のリーダーになった。

る能力を持っていた。

一九四七年に本の形で出版されるずっと以前から、『経済分析の基礎』は次世代のリーダーとなる経済学者を刺激して、数学という言葉を使った新しいスタイルの経済学への転向を促していた。サミュエルソンの影響は、とてつもなく大きかった。「まだ二〇代の大学院生が、目の前で経済学のすべてを四つか五つの章に再編し、マーシャル、ヒックス、フリードマンなど、他のすべての経済学者を追いやってしまった！」と、何年ものちにロバート・ルーカスは記し、この本の痛快で自信に満ちあふれた雰囲気を説明している。さらにルーカスは、『基礎』とその著者が経済学を専攻する戦後世代の学生に世界中で大きな影響をおよぼしたことを、つぎのような巧みな比喩で表現している。「サミュエルソンは経済学版のジュリアード・チャイルド（料理研究家）のような存在だ。基本について教えると同時に、複雑な文化のインサイダーになった気分を味わわせてくれる」。いまや経済学者はフランス料理ではなく、数学で自己表現する方法を学んだ。

サミュエルソンの勝利

一九四一年に学位論文を完成させると、サミュエルソンは荷物をまとめてチャールズ川の川下にあるＭＩＴ（当時はTech〈テック〉と呼ばれていた）に向かった。ハーバードが彼をすぐに昇格させるのを躊躇ったのは、おそらく彼の数学的傾向に職業的な憤りを感じたからで、第二次世界大戦前夜の米国の大学に蔓延していた反ユダヤ主義が原因ではなかった。MITからは、ハーバードよりも良い条件を提供された。戦争中はMITの軍事研究部門だったリンカーン研究所に所属して、弾道諸元表の作成に取り組んだ。コウルズ委員会のグループとは、ほとんど関係がなかった。戦争末期には科学事務局に駆り出され、数人の同僚と共にヴァネヴァー・ブッシュの有名な報告書「科学、その果てしなきフロンティア」の草案を執筆する。そこからは、「これ以上は望めないほど素晴らしいもの」が誕生したとサミュエルソンは書き残している。「人口に応じて米国のすべての郡に研究補助金を提供する計画が策定されるどころか、全米科学財団（社会科学を含む）が創設され、米国立衛生研究所が大幅に拡大された」のである。

サミュエルソンの前途には、様々な勝利が待っていた。彼が広範囲にわたって提唱した経済学説の数々は統合され、執筆した大学の教科書は一八回も版を重ね、ジョン・F・ケネディ大統領やニューフロンティア政策の非公式の顧問を務め、一九七〇年にはノーベル賞を受賞した。さらに金融市場の仕組みに深い関心を抱き、教え子たちが設立したコモディティーズ・コーポレーションに創業時から長期間にわたって投資を続け、金融業界でも素晴らしい成果を上げた。

サミュエルソンが去ったハーバード大学では論争が延々と繰り広げられ、この名門大学は経済学におけるリーダーの地位を失った。数学への抵抗は収まらなかった。サミュエルソンの卒業論文は経済学部の最優秀論文に選ばれていたので、ハーバード大学出版局は事前の合意で『基礎』の出版を義務付けられていた。ところが第一刷の一五〇〇部が印刷されたあとでハロルド・バーバンク会長は、苦労して完成させた図版（何千もの方程式を含む）を破棄するよう命じた。そのため、その後三五年間は改訂が不可能になってしまう。おまけに、ケインズ学派の影響力に反対する卒業生の集団であるヴェリタス協会が、経済学部で魔女狩りを始めた。ハーバードの有名な独りよがりは、大きな損失をもたらした。

ハーバードにはエドワード・チェンバレンが取り残され、いまや対照的なふたつのグループから攻撃されるようになった。一方からは研究主題に関する数学的説明の欠如を指摘され、もう一方からは完全競争というアイデアから乖離している点を非難された。チェンバレンが提起した問題が取り上げられるのは、産業組織論の講義やビジネススクールといった日の当たらない場所に限定され、主に論じられるのは参入・撤退障壁や戦略的差別化といったテーマだった。しかもチェンバレンとロビンソンは共同戦線を張るどころか、学問的な対抗意識を燃やし、パンチとジュディの人形劇さながらのドタバタ劇を演じ、互いにいがみ合うだけでなく、他の経済学者とも対立した。チェンバレンは一九六七年、ロビンソンは一九八三年に没するが、少なくとも経済学の現代化には、どちらも大した影響を残さなかった。

時代遅れの「シュンピー」

あともうひとり、一九三〇年代から一九四〇年代にかけて経済学の景観の創造に貢献した人物を忘れてはいけない。収穫逓増や独占新商品や経済成長について数学を使わず説明する理論にとって、ヨーゼフ・シュンペーターの名前は一種の隠語となり、エドワード・チェンバレンよりも存在感を放った。数ある名言のなかでも、「創造的破壊」(creative destruction)という言葉は、「見えざる手」に次いで優秀作品の二番目にランクされている。ただし、若き日のウィーンでは、シュンペーターは経済学現代化の先頭に立っていた。最初に執筆した論文(一九〇六年)は「理論経済学における数学的手法に関して」というタイトルで、レオン・ワルラスの一般均衡の方程式が説得力のある形で要約されていた。

シュンペーターは二九歳だった一九一二年、ドイツで『経済発展の理論』(*Theory of Economic Development*)を出版し、若くして名声を得た。すでに当時、技術の変化は成長の本質であり、起業家は成長の原動力だという点に注目していた。「つまり……原則として経済に変化を起こすのは生産者であり、消費者は必要とあれば生産者によって教育される。言うなれば、新しいものをほしがるように教えられる」のだ。結局、当時はマコーミック、ロックフェラー、ベイヤー、エジソン、スウィフト、カーネギー、デューク、アルフレッド・ノーベルが華やかに活躍した時代だった。何年も過ぎてからでも、経済史家はシュンペーターの重要な論点の事例研究に夢中だった。典型例として取り上げられたのが、鉄道が台頭するストーリーだった。

一九世紀の産業経済において人工運河に代わって鉄道が支配的な輸送体系になったのは技術的に優れていたからだが、それだけではなかった。運河のオーナーの動きがその交替を容易にした。水路の所有者は定期的に共謀して輸送価格が高く据え置かれるようにした結果、鉄道に絶好の機会を与えてしまった。鉄道は運河に比べ、建設や運営にかかる費用が安く、しかも冬になっても凍結しない。そのため鉄道を経営する起業家は、運河のオーナーの「横暴な支配」から荷送人を救い出す解放者として歓迎された。鉄道関係者から融資を受けた蒸気技術や冶金術の研究は、ほかの多くの分野で進歩を促した。炭鉱労働者、線路製造業者、蒸気機関を使用する工場には利益がもたらされ、ラバのブリーダーや艀《はしけ》の船頭が損失を被った。これは、のちにシュンペーターが創造的破壊と名付けた現象の本質である。特定の産業内での似たような企業同士の競争にほとんどの経済学者は目を奪われるが、こうした競争は取るに足りない、とシュンペーターは主張する。重要なのは、旧い技術と新しい破壊的な技術とのあいだの競争である。

しかしシュンペーターは、自分が考案した体系の数学的な説明を試みようともしなかった。収穫逓増についての系統的な分析はほとんど見られない。収穫逓増は時間の経過と共に変化を引き起こす特殊なメカニズムであり、マルクスの場合と同様、経時的変化は彼の理論の最も顕著な特徴だったにもかかわらず（すなわち、静的な均衡ではなく、動的な変化に注目した）、数学的な視点からは取り組まなかった。しかも、これらの点はアルフレッド・マーシャルの理論と共通しているが、スピルオーバー（拡散）や近隣効果は何の役割も果たしていない。ケインズやチェンバレンと同じく、彼の不幸は生まれた時代が悪かったことだ。彼もケインズも一八八三年に生まれた。シュンペーターは数学を賞賛し、学生に教え、数学には何ができるかを理解していたが、アブラム・バーグソンが指摘するように、数学を操って斬新な課題に取り組む能力に欠けていた（彼はエコノメトリック・ソサエティの創設者であり草創期に会長も務めたが、計量経済学を実践しなかった）。彼は友人につぎのようにこぼした。「モーゼが約束の地をようやく目にしたのに、自分は足を踏み入れることが許されないと知ったとき、自分と同じような気分を味わったのだなと感じるときがある」。

ライバルのケインズがいきなり大きく注目された一九三二年、シュンペーターは海を渡ってマサチューセッツ州ケンブリッジで教鞭をとり始めた。ケインズへの注目は予想外の展開で、彼は強い憤りを感じた。ところが米国では科学が五〇年周期で急激に進歩しすぎた結果として大恐慌が発生したのであり、ほどなく成長は回復するとの見解を述べると、周囲からの信頼を失ってしまう。一九三五年には、彼に代わって同僚のレオンチェフが、数理経済学科の教授に就任した。一九三九年には景気循環に関する研究が二冊の本にまとめられ、ようやく出版されるが、ケインズの新しいアイデアにばかり注目が集まる状況では、これほど不適切な本もないという印象を与えた。学生たちは「シュンピー」という言葉で、絶望的なほどの時代遅れを表現するようになった。具体的には「『限界効用』について一七の言語で説明できても」、それ以上は何もできない人物をこのような形で揶揄した。おまけに、彼はドイツに好意的な姿勢を疑われた。

隅に追いやられて失望し、怒りっぽくなったシュンペーターは、戦時中はケンブリッジに引きこもり、それ以外の学問の中心地との接触を断ったため、数学の目覚ましい進歩から取り残されてしまった。そして、カール・マルクスの重要性に関する悲観的な瞑想録の執筆に専念する。この『資本主義、社会主義、民主主義』は大部分が読みにくい。ヨーロッパの社会主義の歴史に多くのページを割いているが、説明がくどくて飽き飽きするほどだ。資本主義は生き残れるだろうか？「いや、わたしはそう思わない」「起業家や資本家――実際、ブルジョア的な生き方を受け入れている階層全体が最終的には機能しなくなるだろう」といった具合だ。

しかし「創造的破壊」の章は、地下水の伝統、すなわち収穫逓増の決定版だ。ここでシュンペーターは一九一二年の本のテーマを繰り返し、経済成長をもたらす重要なメカニズムの多くを具体的な言葉で特定している。すなわち、新商品の登場、新しい市場、生産や輸送の新しい手段、新しい形態の産業組織といったメカニズムが、通常はいきなり一気に働き始め、比較的長く続いた穏やかな時期を中断させ、生活水準の劇的な向上をもたらす。経済学でこうした変化を無視するのは、「デンマークの王子が登場しない『ハムレット』」を上演するようなものだ、とシュンペーターは書く。しかし、限界分析という新しい原理を教える教科書のなかで、知識の増加はほとんど無視されてしまった。一方、人類はまもなく食糧や天然資源が底を突くという古くからの不安が戦時中の物不足によって現実味を帯びてきた状況で、シュンペーターはつぎのように書いている。「近い未来に食糧と原材料のどちらも当惑するほど豊かになり、その結果として総生産高が拡大され、それを好きな形で利用できると予測しても、外れる可能性はまず考えられない」。

文章主体の著作のなかで自らの成長理論をひとまとめにしても、まとまりに欠け、しかも多少気取っていたため、これでは、行動を指向する『一般理論』だけでなく、経済学現代化の形式的な手法の将来性に惹きつけられた若手経済学者から、無視されることが保証されたようなものだ。『資本主義、社会主義、民主主義』は、企業の幹部役員、政策立案者や、知識人から好意的に評価され、記述的経済学者からは共感された。しかし一般市民のあいだでシュンペーターの名声は高まっても、学者としての影響力は衰えてしまった。結局は経済学者や統計学者を対象にした初歩数学の小品を出版し（「腹ばいから高ばいに成長した」と学生たちはからかった）、ハーバードで起業研究センターの設立を手伝い、膨大な経済思想史の執筆に取り組み、一九五〇年に帰らぬ人となった。チェンバレンやロビンソンと同様、シュンペーターも存在を忘れられた記述的経済学者のひとりに名を連ねてしまった。

数理経済学の明と暗

何年も経過すると、生前に与えられる栄誉をほぼすべて手中にした人物を改めて賞賛する方法は簡単に見つからなくなった。しかしポール・サミュエルソンの賞賛者たちは、とびきり素晴らしい方法を準備した。古くからの格言にもあるように、祝宴のメインディッシュとなる復讐を、時間をかけて十分に冷ましてから食べてもらった。ハーバード大学出版局は『基礎』刊行三五周年を祝う盛大な行事の一環として、数理経済学の黎明期におけるサミュエルソンへの冷たい仕打ちを償う形で、ようやく第二版を出版したのである。いまや本で紹介される方程式はコンピュータで計算され、図版はレーザープリンタで印刷された。こうしてサミュエルソンの著作は装いを改めて世間に紹介され、その結果、彼は一九四七年以降の数理経済学の目覚ましい発展について概説するチャンスを手に入れた。

サミュエルソンは一時期、『基礎』が出版されてコウルズ委員会グループが活動を開始して以降の空洞化に注目した。「増やしても減ってしまう可能性がある。一九五〇年代の数理経済学の大半は、時代遅れでお粗末な……エドワード・チェンバレンの学説よりもエレガントだった。しかし優雅な衣装を纏うため、時として本物の手足を切断してしまった」。数学テクニックの第二波は、目覚ましい成功を収めた。「しかし、経済学者はその成功に目がくらみ、規模に関する収穫逓増という現象から離れてしまった……寡占の問題をはじめ、現実の世界で進行している最大化の問題の多くを引き起こしている技術から目を背けてしまった」。

この発言は、いかにもサミュエルソンらしい。正直で感情に動かされず、そして不可解である(「科学において間違った挑戦相手から簡単に勝利を手に入れても、そんな勝利に価値はない。少なくとも、ほぼ例外はない」といった発言もある)。しかも彼は、自分の過ちを精いっぱい素直に認め、チェンバレンの主張は正しかったかもしれないと指摘している。しかしチェンバレンは、主張を表現する言葉の選び方を間違えた。誰であれ「独占的競争」について解明するつもりなら、形式的な数学で表現しなければならない。

第10章 経済学のハイテク化

When Economics Went High-Tech

戦時下の研究

一九四一年に米国が第二次世界大戦に参戦すると、技術経済学は戦争への奉仕を求められ、大きく再編された。全米のあちこちの施設で経済学者のチームは与えられた任務に本格的に取り組んだ。マサチューセッツ州ケンブリッジにあるＭＩＴリンカーン研究所では、レーダーや数学的射撃統制の研究にポール・サミュエルソンが駆り出され、空き時間には学位論文の発表に備えて改訂作業を進めた。ワシントンでは、**サイモン・クズネッツ**（一九〇一〜一九八五）とロバート・ネイサンが国民所得勘定を考案する。ニューヨークのコロンビア大学では、統計研究グループが確率の数学研究に取り組み、なかでも不発弾を探し出す方法の改善は目覚ましい成果を上げた。プリンストンでは加算器の改良が行われ、大型汎用コンピュータ登場への道を開いた。

しかし経済学者たちの心をとらえたのは、戦時下の任務をめぐってシカゴ大学で繰り広げられたドラマだった。一九三九年には、コウルズ委員会が僻地のコロラドスプリングスからシカゴに拠点を移し、財団として再編され、シカゴ大学経済学部とオフィススペースを共有した。やがて戦争が始まると、政府から新しい任務を与えられた。米国経済の実用的な計量経済モデルの構築である。

以後一〇年間、経済学の未来の多くがコウルズ委員会で具体化した。しかもここでは、経済学を構成する様々な要素、ケインズのマクロ経済学、計量経済学、数理経済学、ゲーム理論が差別化を始めた。ある意味、それは「中心から離れた場所での」活動であり、当時のほとんどの人々はマサチューセッツ州ケンブリッジでケインズ派のエンジニアが戦争財政の問題について行う発言に注目していた。科学的思考のコウルズの経済学者が、見えざる手の論理をかつてないほど深く研究したのは明るいニュースだった。

しかし残念なことに、ピン工場は今回もまた補足として取り上げられるか、まったく無視された。収穫逓増の意味は、さらに不明瞭になってしまった。

数理モデル、線形計画法、ゲーム理論

シカゴに召集された「猛者たち」(DIRTY DOZEN)は、同名の映画(邦題「特攻大作戦」)の登

場人物たちと少なくとも多少は似ていた。ただし、**ヤコブ・マルシャック**（一八九八～一九七七）が集めたメンバーは破壊行為ではなく、統計学、経済学、哲学、数学、戦略の専門家だった。「ヤーシャ」という愛称で親しまれたマルシャックも、経済学現代化の生みの親のひとりである。穏健少数派のメンシェヴィキだったため、ロシア革命を逃れて難民となり（一時はフランクフルター・ツァイトゥング紙の経済学担当記者として活躍した）、戦前はベルリンでフォン・ノイマンと共に研究を続けた。米国に渡ってからはニューヨークのニュー・スクール・フォー・ソーシャル・リサーチで教鞭をとり、その後コウルズ委員会に所属した。このようなキャリアのおかげで、成長を非常に幅広い視点からとらえる能力を身に着け、学者市場で需要不足だった状況を巧みに利用して、素晴らしいチームの編成に成功した。

統計学者**トリグベ・ハーヴェルモ**（一九一一～一九九九）は戦争のため祖国に戻れず、ノルウェー大使館から派遣された。**レオニード・ハーヴィッツ**（一九一七～二〇〇八）は、ポーランド出身の弁護士であり数学者だった。誕生間もない計量経済学を専攻し、サミュエルソンの最も優秀な生徒だった**ローレンス・クライン**（一九二〇～二〇一三）は、恩師からニューヨーク連邦準備銀行への就職を勧められたが、シカゴのほうに魅力を感じた。オランダ人物理学者の**チャリング・クープマンス**（一九一〇～一九八五）は、経済学者として再出発する。心理学者の**ハーバート・サイモン**（一九一六～二〇〇一）や貨幣理論が専門の**ドン・パティンキン**（一九二二～一九九五）が、コウルズを頻繁に訪れた。フォン・ノイマンは原爆開発のためにプリンストンからロスアラモスへ向かう途中、乗換駅で下車してコウルズに立ち寄った。経済学者のサイモン・クズネッツもやって来ては、自ら構築した国民経済計算の枠組みについて説明した。**オスカー・ランゲ**（一九〇四〜一九六五）はシカゴで数学を教えたが、のちには時々姿を消し、そんなときはスターリンとの会談が新聞の一面で報じられた。夜になっても、チームには仕事が山ほどあった。少し離れた場所ではエンリコ・フェルミがリーダーを務めるグループが、サッカースタジアムの地下にあるスカッシュのコートで原子炉の建設に汗を流した。異なるチームのメンバー同士の交流も盛んで、食堂でメモを比べ合った。

シカゴのコウルズ委員会に関連するイノベーションのなかで最も特筆すべきは、おそらく数理モデルというアイデアだろう。ケインズ派のマクロ経済学のなかに、たちまち取り入れられた。ちなみに、当時の連立方程式はコウルズ委員会メソッドと呼ばれた。これはもはや記述問題を解く高校レベルの代数ではない。「もしこうすれば、ああなる」という推理の連鎖が特徴の最先端の数学とも程遠かった。大学レベルの微積分を使って仮説をわかりやすく説明し、完全に矛盾がなくなるところまで、感情的な激しい言葉を意味明瞭な専門用語に置き換えた。クラインはつぎのように回想する。「われわれは、世界を方程式の解として眺めた。実際に機能するモデルの構築を目指した。経済の繁栄は、われわれの手腕にかかっているような気分だった」（そして戦争での勝利も）。やがて、原因と結果を切り離す作業はコウルズの経済学者が想像した以上に難しい問題であることが判明するが、僅かな例外を除いたすべての最前線の研究で、ほどなく「モデル」という言葉が「仮定」に代わって定着した。いまやモデルを持っていなければ、論争に参加する資格はなかった。

つぎに注目すべきは計量経済学だ。計量経済学は統計学と経済学を統合したもので、その結果として生まれた統計的手法は、数学の世界で微積分以来の素晴らしい成果として評価された。人生の多くは偶然の出来事だと、コウルズの経済学者たちは認識した。すなわち、人生は確率的誤差に支配される。均衡を記述するいかなる連立方程式もランダム発生（「確率的ショック」）に支配される可能性があり、そうなると純粋に経済学的な仮定に矛盾が生じ、理論が示唆する進路から変数が脱線しかねない。このような複雑な世界では、原因と結果をどのように測定するのが最善なのか。統計学において回帰分析というサブフィールドは、天体力学から人間の遺伝まであらゆる分野で原因と結果を分類し、変数同士の相関関係を説明する手段として古くから採用されてきた。そこで経済学者はこのツールを、自分たちの問題の研究に採用することにした。

数理経済学は、コウルズ委員会から発展した三番目の重要な要素である。実際、これはチームの最初の具体的成果につながった。「輸送問題」（shipping problem）である。すなわち、確保できる船、乗員、貨物、入渠《にゅうせん》設備などの数に基づいて、多くの目的地のすべてを通る最善のルートを見つける方法である（平時には、これは巡回セールスマン問題として知られる）。確かにこれはスケジューリングの問題にすぎないが、根本的には経済学の諸問題と何ら変わらない。希少な資源をうまく割り当て、最小限の時間で最大の資材を届けることを目指す。このような決断を下すための実践的な数学的体系を一九四二年に思いついたのは、物理学者から経済学者に転じたクープマンスだった。ほどなく彼は、一〇〇以上の変数の最適化も可能であることを発見する。数年後に米国人は、レオニート・カントロヴィチが一八三九年にレニングラードで同じ発見をしていた事実を知った。彼はソ連で合板トラストのために、木材製造の最適化に取り組んでいた。やがて一九四七年には、当時米空軍に所属していた数学者ジョージ・ダンツィークが、最小投入量で最大産出量を確保するだけでなく、その途中の様々なトレードオフを計算するための最善の方法を考案した。彼はこのシンプレックス法（単体法）のテクニックを「豆の支柱を上っていく」（climbing the beanpole）ような作業だと表現した。いまよりも素朴な時代だった当時は、豆の支柱は家庭菜園ではお馴染みの存在で、家庭的な比喩はわかりやすかった。実際、ダンツィークの計算を三次元で描くと、豆の支柱のように見えた。「この豆の支柱」は幾何形体であり、ポリトープと呼ばれる多次元超多面体である。問題を解決するためには外側を周回し、ひとつひとつの角を確認し、あちこち向きを確認しながら、頂点をひとつずつ移動して、そのたびにかならず良い解決法が得られる。回転、上昇、回転、上昇と繰り返せば、最後にこれ以上は高くいけない地点に達する。こうして豆の支柱を上っていくのだ。

経済学者は、この新しいテクニックを線形計画法（リニア・プログラミング）と呼んだ。なぜ線形と言うのだろう。それは、方程式をグラフに表すと、マーシャルの限界分析のような曲線ではなく、直線が描かれるからだ。直線、平面、超平面と続く（直線が二次元では平面になるように、平面は三次元以上で超平面になる）。現実の世界での生産や物流管理の問題に関して離散的に行われる取捨選択を説明する手段として、線形テクニックは微積分よりもずっと優れていた。ここでは、すべての変化がスムーズに進行することが前提にされる。では、なぜプログラミングなのか。「スケジューリング」はあまりにも地味な印象で、「プラニング」（計画）には望ましくない含意が込められるからだ。共産主義が目指したのはプラニングではなかったか。経済学者が自分たちの取り組みをこっそりプログラミングと呼んだのは、いずれにせよ、すべての軍事計画がすでにプログラムと呼ばれていたからだ。

実際、新しいテクニックのブランド名は微妙な誤解を招きやすかった。この新しいツールは、微積分から大きく脱却している。本質的に幾何学であり、位相幾何学として知られる数学の部門を土台としている。方程式のグラフを描く方法をデカルトが示して以来、代数学と幾何学の関連性は知られてきた。しばらくは、この専門分野は単に解析幾何学として位置づけられたが、やがて一八世紀には位相幾何学（トポロジー）へと姿を変えた。そのきっかけは、数学者のオイラーがバルト海の都市ケーニヒスベルクを訪れたことである。このとき彼は、同じルートを二度通らなければ、有名な七つの橋をすべて渡るのは不可能であることを証明した。オイラーはこの問題から飛躍して、チエスのゲームでナイトをどのようなルートで動かせるか、様々な可能性を図解した。その後、新しいテクニックは一般化され、三次元の分析に利用される。ここでは円錐体、多面体などあらゆる形状と大きさの立体が対象になり、ほどなく数学者独特の傾向を反映し、n次元まで含まれるようになった。二〇世紀はじめには、理論家はヒルベルト空間として知られる抽象概念にまでたどり着いた。これは無限次元の数学の形式で、フォン・ノイマンは量子力学の特性を示すためにこれを採用した。

第二次世界大戦が終わって数年のうちに、線形計画法の重要性は中世の複式簿記の発見に匹敵すると評価されるまでになった。最終的には、現代の驚くほど複雑な石油精製装置の管理、予約から燃料補給まで民間航空機の運航に必要な全業務の確認など、様々な分野に応用される。そして経済学者にとってこれはマーシャルが描き出した世界経済の全景を把握するための近道であり、あらゆるものの一括処理というワルラスの夢の実現を意味した。レオンチェフは投入産出表を使って経済を静止状態のスナップショットにまとめ、非常に便利なツールを準備した。つぎの目標は静止画像の動画への変換で、経済全体の力学モデルでの表現だった。数学的推論を積み重ねて経済の変化を追跡すれば、驚くべき反響がどれほど遠くまでもたらされるか確認することが可能だ。こうして経済学は急速に進歩し、サミュエルソンの『基礎』の完成本が一九四七年に出版されるのを待たずに、その内容をはるかに超えるレベルにまで達した。一〇年後、サミュエルソン、ロバート・ソロー、**ロバート・ドーフマン**（一九一六〜二〇〇二）の三人は、学生に新しい数学を紹介するために『線形計画と経済分析』（*Linear Programming and Economic Analysis*）を執筆しなければならなかった。

コウルズ委員会における四つ目の研究テーマは最も広範囲に影響をおよぼしたが、シカゴではなくプリンストンが発信源だった。ただし情報は、フィラデルフィアからの夜行列車で定期的に伝えられた。研究成果は一九四四年、『ゲーム理論と経済行動』（*The Theory of Games and Economic Behavior*）として出版される。この本は、人間には理性があり、他人の行動を予想して影響を与えるための行動を正確に説明できるという定理を前提にしている。（ゲーム理論は、戦略的思考と呼ぶほうがふさわしいかもしれない）。ジョン・フォン・ノイマンは一九三〇年、欧州を難民として逃れてきた重要な知識人の第一陣として、アインシュタインと共にプリンストンにやって来た。一九三三年に高等研究所が設立されると、ふたりは一緒に参加した。フォン・ノイマンは一貫して経済学に興味を持っていたが、この時点ではまだ深く関わっていなかった。

やがてフォン・ノイマンはオスカー・モルゲンシュテルンというオーストリア人難民から説得され、室内ゲームの原理に関してすでに発表していた論文を一冊の本にまとめた。かくして戦略的思考が経済学に導入される。厳密に個人的な戦略についても協力関係が必要とされる戦略についても、一部のゲームにはビジネスの状況との共通点が明らかに多かった。もしもそれを説明するのが目的だったら、『ゲーム理論』は非常に短い本になっていただろう。

しかし、それは始まりにすぎなかった。六〇〇ページ以上におよぶ本の大半は、きわめて抽象的な数学が占めている。そもそもフォン・ノイマンは一九二八年にベルリンで開催された有名なセミナーで、線形計画法を独力で発見した。このとき彼はマルシャックからチョークを取り上げ、部屋をせわしく歩き回り、考えていることを声に出し続けたため、たまりかねた友人が仕方なく会議を中止した。当時コウルズで研究中だった「活動分析」（activity analysis）に比べ、フォン・ノイマンが本にまとめた数学のほうが奥深くて一般的で、経済問題の解決に欠かせないことを経済学者は最終的に発見するが、当時はまだそれが明らかではなかった。三〇年が経過した頃にようやく、フォン・

ノイマンが紹介したヒルベルト空間のツールである「固有値」（eigenvalues）や「固有ベクトル」（eigenvectors）を使い、システム変数を表すようになった。しかし戦時中はシカゴのほとんどの経済学者にとって、『ゲーム理論』の難解な数学はべつの言語も同然だった。

かくして経済学の現代化を織りなす四本の糸のすべてが、シカゴのコウルズ委員会に存在するようになった。このグループがそもそも研究を任されて看板にもなっていたマクロ計量経済学的モデル構築だけでなく、ケインズ派のマクロ経済学、数理経済学、ゲーム理論の三つも大事な要素として加わった。シカゴでのコウルズ委員会の全盛期は一九四二年から一九五四年まで一〇年以上続いたため、時代ごとに異なった要素が強調される。コウルズ委員会だけが長期間にわたって率先して研究に取り組んだのは、四つの要素のなかでモデル構築だけだった。残りの三つに関しては、ほかの研究機関も大きく貢献した。

ここで、当時のコウルズ委員会の経済学者が手動式の加算器を未だに使用していたことを思い出してほしい。最初の電子コンピュータは、主にプリストンで発明している最中だった。原子爆弾の製造に必要な大量の演算を行うために、不可欠な存在だったのだ。電子コンピュータにはどんな能力が備わるのか、本当に理解している経済学者は、おそらくフォン・ノイマンひとりだっただろう。それでもコンピュータの黎明期だった当時、ほとんど手間をかけず瞬時に演算する方法がまだ発見されていなくても、それがすごい能力を秘めていることは想像できた。

シカゴには、五本目の糸が存在していた。これはコウルズ委員会とオフィスを共有していたが、信念は共有しない経済学者で構成され、マーシャル経済学の現状維持を擁護した。意外でもないが、経済学の現代化を巡る喧噪に彼らは大きく刺激され、抵抗を試みた。

ミルトン・フリードマンとコウルズ委員会の移転

あらゆる大事業において、敵がいることは役に立つ。少なくとも当初、コウルズ委員会の「敵」は全米経済研究所（NBER）だった。NBERはワシントンのブルックリン研究所と共に一九二〇年代に政策立案者に公平無私な助言を行う目的で、ほぼドイツのモデルに基づいて設立された。両機関とも、特別利益団体や節度のない連中の喧噪の代案となるモデル構築が目標とされた。NBERのアプローチは完全にお馴染みのもので、実証的だった。国民所得勘定の創設ではサイモン・クズネッツがパイオニアになった。ソ連から逃れてきたワシリー・レオンチェフは、ここを最初の避難場所に選んだ。ほかにもソロモン・ファブリカント、**アーサー・バーンズ**（一九〇四～一九八七）、ジェフリー・ムーアなど、たくさんの勤勉な学者が研究員として所属した。しかし一九三〇年代半ば、NBERが確保したとびきりの大物は、ミルトン・フリードマンという名前の有望株だった。

フリードマンは並外れた人物である。問題解決能力が高く、創意工夫に富み、何事も疑ってかかり、好戦的な気質を生まれながらに持っていた。一九一二年に生まれたフリードマンは長じてラトガース大学に進学し、シカゴの大学院で経済学を学んだ（ここで大学生のポール・サミュエルソンとの出会いが実現する)。しかし経済的事情のため、学位論文を完成させずにシカゴを去ることになり、以後一〇年間は研究者として正式に採用されるチャンスに恵まれなかった。ニューヨークのコロンビア大学で非常勤講師を務めるかたわら、ニューディールのためにワシントンで臨時に設置された国家資源委員会に所属した。一九三七年、ニューヨークのNBERに採用される。

当時はまだ開戦前だったが、NBERは戦略的後退局面にあり、優秀な人材を大学の経済学部に奪われていた。一九四〇年には新婚のフリードマンも(妻のローズ・ディレクターは、大学院の同級生だった)ニューヨークを離れ、ウィスコンシン大学で教鞭をとることになった。ただし当時はほとんどの大学で反ユダヤ主義の嵐が吹き荒れており、辛い経験を強いられたフリードマンは一年でマディソンを去り、財務省の租税調査課に就職する。一九四三年にはコロンビアに戻り、陸軍省で応用統計学の研究に従事する(一九四六年にはようやく、一九三〇年代にNBERで完成させた研究成果が認められ、博士号を授与される)。一九四五年にはミネソタ大学に移り、ジョージ・スティグラーの同僚になった。翌年、スティグラーをシカゴ大学の教授に推す動きがあったが、家賃統制措置に激しく反発したため見送られ、代わりに友人のフリードマンに白羽の矢が立った。かくして一九四六年、フリードマンはシカゴに戻ってきたのである。

シカゴでフリードマンは、大事な盟友と出会った。政治的理由でアイオワ州立大学から移ってきた**セオドア・W・シュルツ**(一九一二〜二〇〇六)だ。彼はサウスダコタ州の農家の息子で、伝統にとらわれない人物だった。ちょうどスコットランドで、アリン・ヤングが経済の進歩に関する有名な講演を行ったのと同じ頃、農業における収穫逓増をテーマにウィスコンシン大学で学位論文を執筆した。アイオワ州立大学の教授時代、シュルツは騒動に巻き込まれた。経済学部の研究成果報告書のなかでひとりの学生が、少なくとも戦時中は費用のかからないオレオマーガリンの製造を緩和すべきだと主張したのである。これに対し、安い代替品を食料品店から遠ざけるためなら手段を選ばないバターのロビー団体が、この刊行物の回収を要求する。大学側は不本意ながら妥協して、シュルツは辞職する。一九四一年、彼はシカゴの社会科学研究棟にやって来た。

フリードマンはシカゴ学派、実際には第二シカゴ学派のリーダーになった。彼はほどなく、フランク・ナイト、**ヘンリー・サイモンズ**、**ロイド・ミンツ**、ポール・ダグラスといった重鎮を、若手と入れ替えたからだ。シカゴ学派にとって、マーシャルは未だにバイブルだった。『一般理論』の成果は怪しいもので、『ゲーム理論』は本質的に数学ゲームだった。不完全競争は人を惑わす幻想であり、少なくともこれは呆気なく却下された。フリードマンは論文「実証的経済学の方法論」(*Methodology of Positive Economics*)のなかで、チェンバレンを非難する。それから徐々に意図的に、ケインズ派の学説への反撃を始めてその影響力を弱めていく。なかでも、綿密な実証的研究を一冊の本にまとめた『米国金融史』(*A Monetary History of the United States*)では、大恐慌の原因に関する標準的な解釈への反論を展開した。これは一九六二年にようやく出版される。シカゴ学派は古典派を名乗るわけにいかなかった。ケインズが新古典派のマーシャルに対して完全な勝利を収めていたからだ。そこで代わりにマネタリストを名乗るようになった。

一九五〇年代はじめ、フリードマンの前途洋々たる未来に影を落とす唯一のライバルといえる学派が、あいにく彼が率いる経済学部とオフィススペースを共有していた。コウルズ財団である。フリードマンは、正当性が疑わしい数学者に大事な経済学部を乗っ取られるのではないかと憂慮した。「わたしは過去も現在も……コウルズのアプローチを一貫して非難してきた」と、一九九八年になっても書いている。コウルズの数学者たちの手法はあまりにも尊大で、反民主主義的で、マーシャルが指摘したように間違いを犯しやすかった。

一方、コウルズ・グループのメンバーは、フリードマンから迫害を受けているように感じた。フリードマンは彼らのワークショップに乗り込んで妨害し、役職への任命に反対した。経済学現代化派の若手研究者のひとりだったケネス・アローは、一九四〇年代末にシカゴで一年間を過ごした。彼は当時を振り返り、フリードマンのグループから風紀を乱すやつらだと思われていたと語っている。「われわれは結束が強かったけれど、不安もつきまとった。おかしいけれど、迫害されているような気分でね……シカゴで五、六人の小さなグループを作っているだけなのに、目の敵にされた」。コウルズの新人は新しいアイデアの数々に夢中になった。新しい証明や反例を興奮した面持ちで発表し合い、自分の研究の重要性について熱弁をふるった。

実際のところ、コウルズのアプローチの中心になりつつある新しい高等数学のスタイルには、望ましくない側面が存在した。拠りどころとなる数学は、少なくともヨーロッパでは、戦後に大学のきわめて専門的な学問分野で確立された。それをよく理解するためには、N・ブルバキという謎の人物に注目するとよい。ブルバキはフランスの公理化運動のリーダーであり、きわめて厳密な理論に裏付けられた論文を次々に発表した。のちにブルバキはひとりの人物ではなく、フランスの数学者たちのグループだと判明する。彼らは手の込んだ大学院レベルの教科書を執筆し、引退した陸軍大将の名まえをペンネームに選んだ。彼らの熱気に影響された数学者のあいだでは形式主義が流行し、一九五〇年代から一九六〇年代にかけて米国にまで広がり、小学校の「新数学」では初歩の集合論として教えられた。欧米の大学で教えられる数学にはフランス特有の異端的で見下した雰囲気が漂い、大勢の人たちが抵抗感を持ったが、米国中西部では特にその傾向が強かった。

さらにシカゴ学派の多くは、ハイテク化した新しい手法から得られる利益について懐疑的な姿勢を崩さなかった。旧いやり方の効能を信じたくなる理由を説明するために、難しい話はいらない。戦時中に経済学者のジョージ・スティグラーは、適切な食事をとるために年間コストをどこまで抑えられるか計算する作業を任せられた。これは当時の経済学者が取り組んだ現実的な問題の典型で、特に統計研究グループにとってはめずらしくなかった。スティグラーが考案した食事では、一部の食品を他のもので代用し、一ドル当たりのカロリー摂取量を増やした。選んだ食品のあいだでは五一〇通りの組み合わせが可能だったが、彼はそこからいくつかの組み合わせを選んで研究した。この可能性を選んだのは、一定の範囲内に収まるように感じられたからだ。結局、彼は最も安い可能性をひとつだけ特定できなかったと結論する一方、それにかなり近づいたと思える理由を説明した。

戦後になると、食事の問題では線形計画法の分野でジョージ・ダンツィークが新たに考案したシンプレックス法の効果が真っ先に試された。このアプローチには、七七の未知数と九つの方程式が含まれたと、彼は著書『線形計画法とその周辺』で回想している。手動式電卓を使った計算で解を求めるまでには、延べ約一二〇日要した。結局、スティグラーの解（一九四五年のドル価値）は、このときの計算で割り出された年間最低費用を僅か二四セント上回っていただけだった。これだけ近い値が出せれば十分ではないだろうか。スティグラーは一九五六年、シカゴに戻った。

コンピュータの登場と数学テクニックの進歩によって新しい手法がどれだけ役立つようになるか、想像できる人はまずいなかった。当初は精いっぱいの目標だった計算が、キーボードをちょっと叩くだけで実行できるようになるとは想像できなかった。やがて人類は、月までロケットを飛ばすことになる。しかし一九五〇年代はじめには、シカゴの人間（少なくとも経済学部）が知っているのはせいぜい「プログラミング」が実際にはプラニングを意味することだった。ロバート・ルーカスがのちに振り返っているように、自由市場の有効性を信じる一九五〇年代のシカゴ大学では、いかなるプラニングに対する反感も非常に強かった。古い手法で十分なのは間違いなかった。

コウルズ財団と経済学部のあいだの緊張は一九五〇年代はじめに高まり、シカゴの暗澹たる冬が追い打ちをかけた。南部の農業地帯からやって来た失業者が大学周辺にたむろして、キャンパスの治安が悪化したのだ。シカゴ大学は地方への移転を一時的に考え、どうすべきかを巡って軋轢が高まった（フリードマンはまったく悪びれず、相手に反省を迫るタイプだと、討論の参加者は語った）。一九五三年、コウルズ財団はイェールへの移転を発表する。

それからの二年間で、働き盛りの数理経済学者の一団がシカゴを離れていった。コウルズ財団の教授では、チャリング・クープマンス、**ジェラール・ドブルー**（一九二一〜二〇〇四）、ヤコブ・マルシャック、**ロイ・ラドナー**、**マーティン・ベックマン**。ほかにはハーバート・サイモン、ローレンス・クライン、ハリー・マーコウィッツ、ケネス・アローがもっと早い時期にシカゴを去った。もはや来ることがない訪問者も数えると、将来のノーベル賞受賞者が六人もハイドパークから追いやられ、あとに残ったシカゴ学派からの受賞者の人数にほぼ匹敵した。

経済学の現代化運動は住処を失った。しばらくはパデュー大学が主な中心地になったが、次第にもっと重要な拠点が加わっていく。カリフォルニア（アローとマルシャックの落ち着き先）、ピッツバーグ（ハーブ・サイモン）、ロチェスター（**ライオネル・マッケンジー**〈一九一九〜二〇一〇〉）、フィラデルフィア（ローレンス・クライン）、ニューヨーク（**ハリー・マーコウィッツ**〈一九二七〜〉）そしてもちろん、イェールだ。

ではＭＩＴは？　ケンブリッジでは現代化運動の手法への抵抗が微妙ながら独特の形で存在していた。一九五〇年代には数理経済学者の市場が活況を呈したが、ポール・サミュエルソンの人選では現実的な傾向が重視され、ケインズ革命のマクロ経済学的なプログラムとの釣り合いが配慮された。このような「操作」(operationalizing) からはほどなくＭＩＴ独自のスタイルが生み出される。様々な現象についての一般均衡モデルの数々で、貯蓄行動、金融・通貨市場、経済成長、国債、失業、インフレなどが対象にされた。ある学生はこれを「フォルクスワーゲン」モデルという気の利いた言葉で表現した。すなわち余計な要素が含まれず、シンプルで使いやすく、少数の重要な変数が経済学的観点から示唆的に結び付けられ、政策にとっての妥当性を考慮して選ばれる。しかも、政策立案者への説明が比較的容易だった。米国経済を支える基本的な概念の枠組みは、大部分が戦後にケンブリッジのＭＩＴで設計された。この小さな都市の反対側に位置するハーバードは、追いつくために苦戦していた。

何年ものあいだ表面化しなかったが、ＭＩＴは実践的な問題に影響をおよぼしたことで、代償を払わされることになった。とびきり優秀な学生は、薄汚れたイーストケンブリッジにあるＭＩＴのキャンパスに相変わらず集まってきたが、ここには石油精製所と石鹸製造工場から発生する臭いが風に乗って運ばれ、風向きがよければチョコレートの香りが漂ってきた（一八世紀以来、ボストンでは砂糖菓子がハイテク産業だった）。しかしある時点から、まだ落ち着き先を決めていない優秀な経済学者が、町の反対側にあるキャンパスを選ぶようになったのだ。

一九六〇年代はじめ、ＭＩＴとハーバードがケネス・アローの招聘を激しく争い、アローがハーバードを選ぶと、賽は投げられた。アローは単に由緒ある名門大学の一員になる可能性に惹かれただけかもしれない。ここでは科学者やエンジニアではなく、歴史家や哲学者や古典学者が同僚になる。あるいは、真に興味深い経済学の構成要素に関するＭＩＴの「独自の見解」が、彼にとっては窮屈過ぎたのかもしれない（サミュエルソンとアローが同じ屋根の下で研究を続けるのは「効率が悪かった」だろうと、ＭＩＴでサミュエルソンの同僚だった理論家のライオネル・マッケンジーは何年ものちに敢えて発言している。「ふたりともスターだったけれど、まったくタイプが異なり、どちらも相手のオーラを弱める傾向があった」)。いずれにせよ、MITは現代の経済運営について教える方針を継続し、アローを獲得したハーバードは、新しい方法で競争の場に戻った。

こうしてコウルズ委員会がシカゴを去った一九五四年までには、戦後の経済学の構造が出来上がった。戦前、学問の中心地は英国のケンブリッジ大学の経済学部とロンドン・スクール・オブ・エコノミクス(LSE)、そして米国のハーバード大学、コロンビア大学、シカゴ大学だった。いまやそこにふたつの太い柱が新世界から新たに加わった。マサチューセッツ州ケンブリッジのMITと、シカゴ大学である。

どの経済学部にもリーダーがいた。フリードマンとサミュエルソンは好敵手で、キャリアの始めからの知り合いだった。気質はかなり異なるが、科学的なスタンスに似たような特徴があり、お互いに刺激し合いながら進化を遂げた。どちらもいわゆる臨床工学的な視点に傾倒しており、どちらが率いる経済学部も、その制約のなかで正反対の立場から問題にアプローチした。マクロ経済学的欠陥は本物で危険をはらんでいると確信するMITのケインズ学派は、規制と財政政策の重要性を強調した。シカゴの反ケインズ派はこれを「微調整」(fine-tuning)だと非難して、市場が持つ魔法の力や、介入が逆効果をもたらす可能性について教えた。

そして全米各地の二流大学では、山中に潜むゲリラのように経済学現代化の活動が続けられた。

第11章 ソロー残差

The Residual and Its Critics

戦後経済成長の謎

一九四五年、第二次世界大戦が突然終わると、一九三〇年代の不況の再現を多くの経済学者が憂慮した。最終的に、ヨーロッパと日本は焦土と化した。米国は独立戦争以降、戦争をするたびに戦後はかならず深刻な不況に見舞われた。連邦準備制度理事会は景気の低迷を予測する。一九四四年にはポール・サミュエルソン自らニュー・リパブリック誌に寄稿して、「迫りくる不況」について警告した。太平洋で戦っている米兵は、「四八年は金門島、四九年は失業戦線」だと冗談を飛ばした。

ところが、戦後には世界史上類がないほどの好景気が持続した。厳しかった戦時中には家庭に蓄えられて表に出なかった流動資産が火付け役になった。ここではケインズ派の政策が一役買った。おかげで前世紀のような「恐慌」ではなく「景気後退」が訪れ、期間が限定され、規模が小さく、深刻な結果はもたらされないものと解釈される。そして、源泉徴収や社会保障プログラムなどの「景気の自動安定化装置」(Automatic Stabilizers)が激しい変動を鈍らせた。にわか景気が訪れ、所得は増加する。「新古典派総合」(neoclassical synthesis)が宣言され、この知識体系には九五パーセントの経済学者が賛同した。ケンブリッジとシカゴは長期間にわたって問題解決に取り組み、工学的観点へのコミットメントを共有し、それ以外の点では意見の不一致を礼儀正しく合意した。

経済学者の株は着実に上昇した。特に一九六〇年にジョン・F・ケネディが大統領に選出され、新しい経済学のリーダーたち、サミュエルソン、ソロー、**ジェームズ・トービン**(一九一八~二〇〇二)、アローをワシントンに招くと、評価は一気に高まった。確かに、当時は冷戦に象徴される時代だった。ソ連がスプートニクを打ち上げると、月への一番乗りをかけたレースが始まった。産業民主主義とソ連や中国の中央計画に基づいた独裁主義のあいだの競争は、経済学者の奉仕が重宝されたもうひとつの理由だった。タイム誌は一九六五年、没後一九年目にジョン・メイナード・ケインズを表紙に掲載し、戦後の好景気の立役者として偶像化した。

ただし、一九五〇年代はじめの技術経済学にはひとつ重要な謎が残された。好景気そのものの説明である。企業は大きくなり、競争には以前ほどの激しさがないのに、経済はかつてないほどの速さで成長していた。ケインズなら過少消費の問題を、政府の介入によって解決したかもしれない。しかし、貯蓄の減少がどうして経済成長につながったのだろう。収穫逓減の論理は避けられないはずなのに、何が起きたのだろうか。

ここで再び誰かが、見えざる手とピン工場の矛盾を調整する必要が生じた。避けられないとしか思えない結果に、確実に間違いない説明を考えなければならない。今回は、モデルのなかでもケインズ派のモデルが必要とされ、新しい概念がまたひとつ生まれた。ほどなくこれは残差（residual）と呼ばれるようになった。

シンプルなソロー・モデル

一九五〇年代はじめ、諸国民の富に関するケインズ派の伝統的な主張のほとんどは、即興で考案された少数のモデルにまとめられたが、どれも問題の本質をつかんでいるとは思えなかった。戦前、ケインズの同僚の経済学者（そして伝記作家）だったロイ・ハロッドが、実業家の「アニマル・スピリッツ」を方程式に組み込もうとした（アニマル・スピリッツという言葉は、好景気につながる心理状態を説明するためにケインズが考案したものだ）。ハロッド・モデルからは、経済は永遠に成長することが可能で、貯蓄率が倍になれば成長率も倍になると推測された。しかし世界はそう動いているようには見えなかった。

一九四六年には、さらに厄介な可能性がもうひとつ、**エブセイ・ドーマー**（一九一四〜一九九七）という経済学者によって指摘された。すなわち、経済はどんどん不安定になり、爆発的なインフレと長引く失業のあいだを永遠に揺れ動く可能性だ。このドーマー・モデルは、いわゆるナイフ・エッジ（knife edge）問題として知られるものを表していた。すなわち、行動が少し変化するだけで、結果が何らかの方向に一気に進んでいくのだという（ジョージ・オーウェルの小説『1984年』には、これと同じような見解が含まれる）。しかし、世界がこのような形になるとも思えなかった。

やがて、元陸軍兵士（GI）ロバート・ソローが、問題解決に名乗りを上げた。ソローが厄介な任務に自発的に取り組むのは、このときが最初ではない。彼は一九二四年にブルックリンで生まれ、一九四〇年に高校を卒業すると、秋にはハーバード大学に奨学生として入学する。当時、大学院生のあいだではケインズのアイデアが話題になっていたが、新入生の彼は馴染めなかった。ケインズのアイデアはあまりにも斬新なのに、当時のハーバードの経済学はあまりにも硬直的だったからだ。一九四二年、ソローは陸軍に志願する。そして、戦闘情報担当下士官としてイタリアの軍事作戦に三年にわたって従事した後、一九四五年秋にハーバードに戻ってきた。そこで、新たな恩師に巡り合う。ワシリー・レオンチェフで、サミュエルソンは一〇年前の彼の教え子だった。レオンチェフに説得されたソローは、微積分の講義をとった（「当時は［数学が］驚くほど重要で、みんなが数学に夢中になった」という）。

やがてニューヨークに戻り、コロンビア大学で統計学について少し学ぶと、ハーバードに帰って博士論文を完成させ、まもなくMITで景気循環の講座を持つようになった。景気循環の本当の名称がマクロであることは、あとから知ったと回想している。こうしてソローは革命の一人前の戦士になった。ほどなく、戦時中に考案された線形計画法のテクニックの経済学的応用にまつわる謎を他の経済学者に紹介するため、本の共同執筆に取り組んだ。そこからは当然、経済成長の時間的経過を解説するフランク・ラムゼイとジョン・フォン・ノイマンのモデルに行き着いた。このとき、ふたりとも経済学者としての訓練を受けていないことをふと思い出したと、のちにソローは語っている。経済成長のプロセスは、ラムゼイやフォン・ノイマンが想像したように単純な拡大でもなければ、ハロッドやドーマーの世界とも似ていなかった。そこでソローは、独自のモデル作成に乗り出した。

優れたモデルの構築には何が必要だろうか。現代経済学の手法に関する鋭い解説で定評のある**ジョージ・シャックル**は、世界から余分なものをそぎ落とし、最低限必要な要素だけを残す経験だと説明する。世界は「きわめて細かく流動的で、躍動感があり、結局のところ曖昧」である。モデルが役立つためには厳格でなければならない。論理や数学が機能するためには、仮定は十分にシンプルかつ正確であるべきだが、メカニズムそのものが排除されるほど厳密では困る。シャックルによれば、モデルを作成する際には前進も後退も厭わない姿勢が大切だ。仮定を少し変えてみたら、まったく予想外の展開になり、ひょっとしたらもっと啓発的な結果が得られるかどうか、常に問いかけてみなければならない。「モデルは芸術だ。特定の芸術形式の制約のなかで自由に作り上げるもので、そのような作業を通じて命題を論理的に結びつけていく。制約された自由のなかで創造される点は、ソネット、交響曲、家具職人や建築家の着想など、ほかのあらゆる芸術形式と似通っている」。

経済学者ソローの重要な発明は、生産モデルに資本と労働の代替性を取り入れたことだった。ドーマー・モデルでは、生産において労働の代わりに資本を用いる可能性がなかった。労働と資本の割合は固定されており、厳密に特定された条件下でのみ着実な成長が実現する。これに対してソローは、資本・産出高比率が固定されたハロッド＝ドーマーモデルの代わりに、可変的な生産関数という比較的新しい概念を取り入れた。これには、二重の意味で長所があった。まず生産者は、労働の費用が高すぎるときには資本を、資本の費用が高すぎるときは労働を使うといった具合に、自由に置き換えることができる。その結果、もはやモデルにはナイフ・エッジ問題が発生しない。つぎにこのメカニズムでは、モデルの外で決定される条件も考慮される。媒介変数、すなわち「与件」(given)であり、それによって技術変化の割合が説明される。

手の込んだ数学は必要とされない。とりあえず、微積分よりも複雑にはならない。ここでは、生産関数が投入と産出の関係を説明する。似たような関数は一九五〇年代はじめ、消費者による貯蓄と支出の関係を説明するために考案されていた（消費関数）。今回ソローは、限界生産力説を巡って一九二〇年代に数学者のチャールズ・コッブと経済学者のポール・ダグラスが展開した議論に関連して生み出された形態を採用した。これを使うと、労働者が確保する所得と資本所有者が確保する所得の割合は、少なくとも米大陸では時間が経過してもほとんど変わらないことを示すデータの正しさをうまく説明できた（一八九九年から一九二二年にかけて、賃金は産出高の七五パーセントを占めた）。そのうえで、もっと一般的な関数のほうが役に立つとソローは結論し、ほかの研究者と共同で考案した。大体において、経済学者は簡単なバージョンを好んだ。

このモデルのために、ソローは完全競争という前提を維持した。完全競争においては、資本と労働のそれぞれが受け取る限界生産物に変化が生じると、収穫逓減が発生していることになる。実際の総産出量の増加のなかには、資本と労働のどちらにも起因しない部分が含まれるが、モデルではこれを「技術変化」という媒介変数として考えた。ソローが考案した方程式$Y=A(t)F(K, L)$のなかの、$A(t)$の部分だ。方程式そのものは決して難しいものではない。労働と資本の蓄積を、知識の成長率を表す何らかの任意定数と掛け算することによって、産出と投入の成長を表現している。収穫逓増の可能性はあるが、それについては脚注で触れる程度で、分析に必要とはされなかった。

最後にモデルを機能させるためには、技術の進歩の割合、すなわち$A(t)$についての明確な仮定がソローには必要だった。そのヒントはカレンダーのなかにあった。時間の経過と共に、知識は毎年着実に増え続けるという手っ取り早い仮定を彼は思いついた。これなら、ピン工場について論じなくてもよい。大学院生のときにソローは経済史を勉強し、**A・P・アッシャー**の『機械の発明の歴史』を読んだ（アッシャーはハーバードの傑出した経済史家である）。英国経済史についてもある程度読んでいたが、ほとんどの時間を費やしたのは、定常状態と収穫逓減の関連性を指摘したジョン・スチュアート・ミルの著作だった。そして最終的に、ミルと異なる理由はほとんど考えられないという結論に達し、同じアプローチをとった。すなわち、知識は外生的に増加するものだと仮定する一方、成長は徐々に収束して最後は定常状態に落ち着くものだと仮定する。定常状態に達すると、しまい込んでいた資本を追加しても、減価償却や人口増加を埋め合わせるだけである。成人期、至福期など、どんな呼び方をするにせよ、この時点に達したら成長は止まる。

確かに、物事の根拠にそれほど関心のない人たちも、「研究分野での革命」が一九五〇年代半ばの企業国家・米国を席巻していることを十分に意識していた。レオナード・シルクをはじめとする切れ味鋭いジャーナリスト、**セオドア・レビット**や**シドニー・シェフラー**など数理経済学が専門外の経済学者は、この傾向に注目するよう記事や著書で呼びかけていた。のちにソローは、自分のモデルのなかで技術はアマチュア無線のような公共財だと説明している。政府の何らかの行動の結果であり、周波数を合わせる手間を惜しまなければ誰にでも手に入る。やがて、地道な家具職人や建築家、詩人と同等の数理経済学者であるソローは、一九五六年、知識の成長を促す力は経済とは無関係で、背景に潜む存在だと考えれば簡単であることを発見した。そして、知識に影響をおよぼすことも、ましてや統制することも、経済政策には到底不可能だと仮定した。現実の行動に関しては、資本蓄積、貯蓄率、労働供給など、伝統的な経済変数を操作すればよい。

このように仮定した結果、ジョン・スチュアート・ミルが一世紀前に示した見解は数学で言い換えられた。「国家の経済的状況が物理的知識の状態に左右されるかぎり、これは自然科学の主題であり、自然科学を土台とする芸術の主題である。政治経済学が関わるのは成長の心理的・制度的原因のみだ」とミルは指摘したが、ソローはそれをやや異なる形でつぎのように表現した。「生産関数のなかで経時的に引き起こされる完全に任意の変化について、原則として考慮することはできるが、そこから体系的な結論が導き出される可能性はほとんどあり得ない」。しかし表現は異なっても、込められた意味は同じだ。$A(t)$すなわち知識は、時間の経過とともに着実に必然的に増加するものと仮定される。このストーリーでは、運河や鉄道の歴史にわざわざ触れる必要はない！

モデルで説明できない部分

『クォータリー・ジャーナル・オブ・エコノミクス』掲載の「経済成長理論への一貢献」(A Contribution to the Theory of Economic Growth) は、世界初の人工衛星、ソ連のスプートニクが地球を周回したのとほぼ同時期に発表された。西側の市場経済を考えるうえでソロー・モデルは非常に貴重であることが判明した。ここでは、均衡が一般的であることが基本的な特徴になっている。すなわち、諸要素は結びついていて、労働力の成長率が変化すれば、資本・産出高比率も変化する。この体系は、いかなる要素成長率にも適応可能で、各要素は正比例の関係で拡大を続け、定常状態へと近づいていく。しかもこれは動的であり、静的ではない。動いている体系についての説明であり、完全な動画像ではないにしても、定型化された動画のようなもので、少数の重要な変数が徐々に変化していく様子を説明している。

この新しい定式化が真に効果を発揮したのは、均衡成長の経路が図式で表現されたおかげだ。ソローはある日、子どもを小児科医院に連れて行ったときにこれを思いついた。彼は紙（処方箋つづりから破り取った）を借りて、そこにアイデアをスケッチした。ここでは二本の交差する曲線によって、モデルの重要な方程式が表現される。一方の曲線は生産関数、もう一方の曲線は資本蓄積率を表す。真に興味深い問題のすべてが、労働者一人当たりの資本と労働者一人当たりの生産高の観点から容易に論じられる。たとえば、一人当たり投資が一パーセント増加したと仮定する。それは生産高にどんな影響をもたらすだろうか。労働者の貯蓄には？　このモデルは実践的なツールだった。「これなしで、経済をどのように動かせるだろうか。わたしにはまったくわからない」とソローは語る。

ソロー・モデルには驚くべき意味が込められている。実際のところ、貯蓄率は成長率にとって重要ではないというのだ。ハロッド＝ドーマーモデルは、貧困国が成長率を加速させるためには貯蓄を倍増させれば十分であることを示唆している。たとえばソ連のように単純に税金を二倍に増やす方法だ。しかしソロー・モデルによれば、このような「資本深化」が成長率にもたらす影響は一時的にすぎない（ただし、未来の生産高のレベルには恒久的な影響をおよぼす）。では、一時的とはどのくらいなのか。数年？　あるいは数十年？　それは重要ではない。結局のところ、このような措置の最後には収穫逓減が待っている。新しい機械の費用に関連して労働者の賃金が上昇するからだ。国家がいくら貯蓄しても成長率の上昇にはつながらない。人口増加と技術変化のみが、高い成長率を達成する手段である。

本当の衝撃をもたらしたのは、一九五七年に発表された「技術変化と総生産関数」（Technical Change

and the Aggregate Production Function）というフォローアップ論文である。一九〇九年から一九四九年にかけて資本と技術変化が成長にもたらした相対的な貢献を評価するため、ソローは自分のモデルのデータを米国の国民総生産に応用した。そこから、改めて驚くべき結論が飛び出した。各要素が限界生産物を受け取ると仮定して、資本と労働の投入を増やしても、産出量の増加の半分しか説明できないのである。人口の増加を考慮して調整を行うと、資本の増加によって説明できる産出量は八分の一になってしまい、全体の八五パーセントが説明不可能になった。このようにモデルでは説明できない部分の成長が残差（Residual）である。

冷戦時代の青写真

見えない力の証拠を求めて残差に注目するのは、科学では古くから役に立つ習慣だった。一八四六年に惑星の海王星が発見されたのは、天王星の軌道計算で現れた残差のおかげだ。原子より小さい亜原子粒子の存在が一九五〇年代に実験的に確認されるまで、ニュートリノは長年にわたって測定残差にすぎなかった。ポール・サミュエルソンはソローについて、エンリコ・フェルミのような人物だと評した。つまり想像力豊かな理論家であると同時に、物事を実際に機能させることができるのだ。ソローの仮定によれば、$A(t)$すなわち技術が変化する割合は、説明不能な部分を説明する要素であり、これによって全般的な生産性が向上していく。

収穫逓減に逆らって経済が山を上り続けるのはなぜか、ここでようやく答えが見つかった。労働や資本の蓄積はほとんど関係なかった。「技術の進歩」すなわち残差によって測定される知識の成長が、新しい富を生み出していたのだ。技術的変化は実在し、重要であり、労働や資本という従来の投入とは基本的な性質がかなり異なることは、スミス、ミル、マーシャル、シュンペーターらの著作の読者もわかっていた。ソロー・モデルは、現代経済学の数学の言語を使って技術的変化を説明した。たしかに収穫逓増の源はモデルの外に置かれているが、生産性に対する知識の貢献が測定可能な形で区別されている。ソローの二本の論文は第一級の衝撃を与え、見事な説得力で大勝利を収めた。

ソローはミルの主張を微積分に置き換えただけだと言えるし、実際にそう言われた（当時の米国で、微積分は大きく進歩していた）。あるいは公平に評価すれば（当時は誰もそうはしなかったが）、結局、シュンペーターが正しかったことの確かな証拠が残差のモデルから提供されたと言っていい。技術は成長の最も重要な源泉として群を抜いた存在なのだ。新しい機械に対するリカードの警告を労働組合は忘れてもかまわない。心配はやめて、新しいイノベーションの宝庫に感謝すればいい。

いまやケインズ経済学全般、なかでも特にソロー・モデルは冷戦時代の青写真になった。技術は成長を促す最も重要な原動力である。責任は公共部門と民間部門のあいだで分担される。政府は景気循環を安定させ、大学に資金を提供した。労使は和解して、成長から得られた利益を共有することに同意した。

成長をケインズ経済学の体系に組み込んでしまうと、ソローは成長への興味を失ったようだ。一九五〇年代末から一九六〇年代はじめにかけて最も緊急度が高いと思われた問題に再び取り組んだ。それはソ連とうまく競争することと、景気循環の波を穏やかにすることだった。ほどなく彼はポール・サミュエルソンと共にフィリップス曲線に注目する。これはニュージーランドの経済学者**A・W・フィリップス**（一九一四〜一九七五）が報告した経験的規則性を指すもので、失業とインフレのトレードオフが暗示されていた。以後一五年間にわたってマクロ経済学では、このトレードオフを操作すれば経済の成果が改善されるかどうかという問題が議論の中心を占めた。インフレ率を少し上昇させれば、失業率は低下するのだろうか。一九六〇年代の経済学者は、このような「微調整」(fine-tuning）の可能性に大きな興味を抱いた。

ソローは一九六二年、大統領経済諮問委員会の報告書のなかの最適経済成長に関する部分を執筆した。これによって一九六四年のケネディによる減税のお膳立てが整い、結果として成長への障害が取り除かれたと言われる。舞台裏でソローは、技術変化を擁護するために重要な役割を演じ続けた。新しい専門技術が導入されると、当初は失業が目立つし、深刻な問題に思えるかもしれないが、それでも新しい技術を受け入れるべきだと労働組合を説得した。

アローの知識の経済学

経済学の共和国は広い。そのコンセンサスは非常にわかりずらく、自分ではどうにもできない外生的技術変数がほとんどの仕事をこなすソロー・モデルでは成長の謎は解決されないと考える経済学者は多かった。スタンフォードの**モーゼス・アブラモヴィッツ**（一九一二〜二〇〇〇）によれば、残差は「われわれの無知の物差し」だった。「名称をつけても説明にならない」と、シカゴの数理経済学者ツヴィ・グリリカスは明言する（ほどなく、残差は全要素生産性＝Total Factor Productivity＝に名称変更された）。

英国ケンブリッジのケインズ派は特に憤慨し、総生産関数というアイデア全体に異議を唱えた（「それ自体を除けば何も説明できない比喩だ」と、ジョーン・ロビンソンは鼻先で笑った）。シュンペーター学派も腹を立てた。シュンペーターは晩年、ハーバード・ビジネス・スクールの企業家研究センターを拠点にしていたが、彼の死後も伝統は引き継がれ、やがて偉大な経営史家**アルフレッド・チャンドラー**（一九一八〜二〇〇七）らを輩出した。一方シカゴではセオドア・シュルツが、身体化されたスキルや学校教育を人的資本（human capital）と呼び、その概念の構築に熱心に取り組んだ。一九六五年には、計量経済学者の解答が準備される。グリリカス（シュルツの門下生）とカリフォルニア大学バークレー校の**デール・ジョルゲンソン**（一九三三〜）は、技術変化を「内生化する」（endogenize）プログラムを発表した。このプログラムでは技術の変化が厳格な経済学的観点から説明されるので、結果として残差は消滅する。もちろん数理経済学者は、ソロー・モデルのハイテク化バージョンで実験を行った。

しかし、どこよりも興味深い形でソロー・モデルを凌ぐ試みに挑戦したのは、ランド研究所だった。同研究所は戦後、米空軍によってカリフォルニア州サンタモニカに設立された。ランド（RAND, Research and Development）は「学生のいない大学」のような組織として、国防問題の研究に取り組むとびきり優秀な科学者やエンジニアの確保を目指した。ここにはしばらくの間、この時代の最も優秀な頭脳の一部が集まってきた。

第二次世界大戦中に開発された計画立案の方法は、一九五〇年代半ばには国防総省や工業学校で流行現象になり、それに基づいて「システム分析」や「システム・ダイナミクス」が進められた。しかしランド研究所の経済学者（そしてかなりの研究開発の専門家）は、トップダウン方式の組織では競争が排除され、科学や工学の問題への斬新で有望なアプローチが中断される可能性への不安を募らせた。そして、大陸間弾道ミサイルのアトラスの開発には大がかりな計画が必要だという現実に決断を迫られた。ランドの経済学者が声を上げたのは、このときだった。ソ連がスプートニクを打ち上げ、宇宙への進出競争で先を越された米国民がショックを受けた数カ月後、「われわれは必須の洞察力も、学んで理解できるものは何かを決める能力も持っていない」と、**リチャード・ネルソン**とバートン・クラインが警告した。「われわれにはもっと競争が必要だ。重複も『混乱』も必要だ。減らしてはならない」。

当時、ランド研究所を頻繁に訪問していたのがケネス・アローだった。まだ三〇代はじめの若さだったが、同世代で最高の経済学者のひとりであることには疑問の余地がなかった。一九二一年生まれだからフリードマンより九歳、サミュエルソンより六歳年少で、ソローよりは三歳年長だった。彼らのなかでは、大恐慌の影響を最も深刻に受けたかもしれない。ブルックリンの実業家として成功を収めていた父親は、大恐慌で破産した。そのためアローは学費無料のニューヨーク市立大学に入学し、一九四〇年に卒業すると保険数理士として一時働いてから、奨学金でコロンビア大学に進学し、ハロルド・ホテリングのもとで数理統計学を学んだ。「この時、自分のニッチを見つけたことがわかった」と彼は回想している。

実際、その通りだった。アローの学位論文は、戦時中兵役に就いたため四年遅れて提出された（非常に大きな期待に自分は応えられないのではないかという不安も影響した）。しかしこの論文は、ほとんど何もないところから、今日では社会的選択として知られる分野を創造した。この分野では、民主的投票制度から生じる様々なパラドックスや可能性を本格的に研究する（彼は手始めに、大企業の株主支配についての調査を行った）。やがて彼はコウルズ委員会で、競争均衡の存在を様々な形で証明し、複雑な問題への解答を見出した。その結果、数学ですべてが解決可能だとワルラスが閃いた直観の内的整合性が確認されることになった。こうして一九五〇年代はじめには、見えざる手の論理をアローは誰よりもよく理解していた。彼は不確実性の形式理論を開発し、これも非常に重要な理論として注目される。そしてランド研究所を定期的に訪問した頃には、取引において売り手と買い手で所有する情報量が大きく異なる問題の研究に取り組んでいた。

ランド研究所の空軍戦略家が早い時期に残したメモをきっかけに、アローは軍関係の研究調査の経済学的側面について考えるようになった。というのも、発見のプロセスほど不確実なものはない（そのためランドの研究者は冗長で似たような調査に熱心に取り組む）。軍拡競争において、リスクは確実に中心的な要素である。しかしここでアローは、ほかにもふたつの特異な属性が知識の創造に影響をおよぼしていると結論した。まず、新しいノウハウは往々にして独占しづらい。「占有化」(appropriable) が難しいので、創造した人や代金を払った人がかならずしも利益を独り占めにできない。他人がほどなくコピーする。そしてもうひとつ、知識の一部だけを購入することはできない。新しい知識は不可分 (indivisible) であり、利益を享受するには一定の固定費を支払わなければならない。加えて、一定の状況下での知識へのニーズは、知識の規模とは関係ない。知識が少し必要であろうが、たくさん必要であろうが、同じように使用料を払わなければならない。

いまや、「不可分」という言葉の使用に一定の混乱が伴うようになっていた。思い出してほしい。国財政学では、財のもたらす便益をすべての人が入手可能なら、その財は不可分であると言われた。国防は不可分であり、警察による保護、灯台の明かり、ラジオ放送も不可分である。ところが、エドワード・チェンバレンなど生産理論の研究に取り組む経済学者にとっては意味が少し異なる。不可分な財は、まるごと存在するか、存在しないかのどちらかであり、「ひと塊《かたまり》」である。ほんの少しだけ購入することはできない。一度だけ使う場合にも、全部の代金を払わなければならない。橋を半分だけ使えないのと同様、新しい知識を半分だけ持つことはできない。ただし、いったん手に入れれば、使う回数に明らかな限界はない。この不可分性という性格のおかげで、知識への投資は「収穫逓増の法則に従う」のだ、とアローは語る。

現実の世界には、特許や守秘義務など占有可能性の問題を処理する実際的な方法が数多く存在する（ただし特許には、市場を不必要に縮小させる傾向がある）。しかし知識の「不可分性」――必然的に固定費を伴う――は、少なくとも経済理論家にとってもっと難しい問題だった。多少の知識を最初に手に入れた人は誰でも、たとえばピンの製造業者は、それを利用して価格を低く設定し、製造するピンの量を増やし、知識の蓄えを増やし、価格をさらに低く設定し、最終的には収穫逓増の論理を通じて市場を占領する可能性を考える。

知識の蓄積について語るべき具体的なことを見つけるため、アローは経験を通じた知識蓄積モデルを構築した。実践（practice）、経験（experience）、研究（research）という異なる要素のなかから、経験を選んでモデルで使うことにしたのは、三つのなかで最も表現しやすかったからだ。研究開発は現金支出が必要だし、実践には時間がかかるが、経験による知識は知識創造の副産物だ。アローはこれを「ラーニング・バイ・ドゥーイング」（learning-by-doing、「実行による学習」）と呼んだ。

不可分性という側面を扱う手段として、アローは七五年前のアルフレッド・マーシャルと同じように、「外部性」に注目した。ラーニング・バイ・ドゥーイングにおいては、獲得された知識は生産の予想外の副産物と考えられる。生産に伴うほかの見返りのないスピルオーバー（拡散）、たとえば灯台の明かりやラジオ放送と基本的に変わらない。世界はこのような形で機能しているように見える。たとえば、船や飛行機を製造する企業では、追加投資を行わなくても労働者一人当たりの年間生産高が一五年間着実に増え続ける（この現象が観察されたスウェーデンの製鋼所にちなみ、これはホルンダル効果と呼ばれた）。

アローはモデルを機能させるために、合理的期待（rational expectations）というほとんど知られていないモデリングの慣習を借りてきた。合理的期待においては、いかなるものでも他人に知られるようになった途端、誰もがすでに何もかも知っていると仮定する。その結果、アローはソローのラジオ放送に匹敵する要素をモデルに組み込んだ。これは手っ取り早い方法だが、モデル構築者にはこの方法がふさわしい。ホルンダルのスピルオーバー（拡散）をほかの製鋼所が利用できるよう、賢明で進歩的な行動の数々を詳しく説明する必要はない。隣人がすでに知っていることを、誰でもうまく見つけ出すものだ。ひょっとしたら製造業者は窓を開けているかもしれず、そうすると「何かが存在するという」不思議な気配が感じられ、その結果、新しい知識が自然に手に入ってくる。マーシャルの体系と同様、アロー・モデルのなかでは外部性の収穫逓増のおかげで、あらゆるものから正しい結果が導き出される。産業が成長すれば、スピルオーバーが規模の拡大に伴って増えていく。どの企業も学んだ知識を利用して市場を独占することは不可能だ。

ちょっと変わった知識の経済学に関するアローの考察は、一九六〇年にミネアポリスの会議で紹介された。それに引き続き、ラーニング・バイ・ドゥーイング・モデルが、一九六二年に発表されるが、その頃にはアローは、ケネディ大統領の経済諮問委員会に参加していた。数年間、アロー・モデルは一部の経済学者のあいだに熱狂を生み出した。なぜなら、収穫逓増がようやく形式化によって社会的に認められたのだ。知識の拡散の詳細の解明に取り組んだ経済学者はほかにもいたが（リチャード・ネルソンや**エドマンド・フェルプス**〈一九三三〜〉など）、大した成功に至らなかった。

しかしやがて、数学があまりにも多すぎる点が問題視される。信頼できる行動指針に期待される節度ある資質が、アロー・モデルには備わっていなかったのだ。不安定であり、少し変化を加えるだけでも崩れてしまう。そのため、ラーニング・バイ・ドゥーイングは、経済学者のツールキットのなかで重要な存在にはならなかった。その代わり、外部性や収穫逓増に関する考察の一部として、日の目を見る日をひっそりと待ち続けることになる。一九六〇年代末には外部性に対する熱狂は衰え、消滅した。

それでも次世代の経営コンサルタントは諦めることなく、「学習曲線」（learning curve）（「経験」はそう呼ばれるようになっていた）をビジネスの万能薬に作り変える作業に挑戦し続けた。ボストン・コンサルティング・グループの全盛期と重なるしばらくの間は、何と言っても市場占有率が注目され、これが収穫逓増に直接結びつくと考えられた。しかしこれでは、採算性の向上をうまく説明できない。スピルオーバーが現実に存在するからだ。市場占有率だけが、利益を増やし続けるとは考えにくい。

少なくともアローの論文の一部は、教科書経済学で紹介される標準機能の一部に加えられた。根本的に新しい知識を十分に生み出す手段として自由企業経済が当てにならない三つの理由である。まず、知識は割り当てることができない。つぎに、分割することができず、そのため収穫逓増が生み出される。三つ目として、知識の生産は本質的に不確実である。このような市場の失敗に日常的に直面するのであれば、政府が定期的に関与しなければならない。少なくとも理論的に全米科学財団は当てになる存在だった。

アロー門下のシェル、宇沢、

このような背景に抗して、ソロー・モデルを超える最後の、最も興味深い試みがMITのソローの教え子だった若手経済学者によって進められたプロジェクトだった。ソロー・モデルのどこかが間違っていたというわけではない。本当に重要なすべてのもの、たとえばシュンペーターが言及したすべての要素がモデルの外部にあり続けることに満足できなかったのである。一九六〇年代半ばに進められたこの試みは、知識の増加と独占的競争が果たす役割の解明に集中的に取り組まれた。

一九六〇年代はじめには、とびきり優秀な学生が世界中からMITに集まってきた。ここは経済学の牙城としての自意識が強く、公平無私と公共精神を等しく強調した。経済学部のメンバーは毎日スタムティッシュ（指定席）でランチを共にした。大学のレストランでは、彼らのために大きなテーブルが常に予約されていた。サミュエルソンは学生の教育を統括するため、ワシントンからの誘いを拒んだ。ソローは大統領経済諮問委員会で目立たないが高レベルの仕事をこなしていたが、講義のために毎週急いでMITに戻ってきた。ケンブリッジからは毎年、きわめて聡明な若手教員が誕生していた。教えるため、あるいは学ぶため、優秀な若者たちが引きも切らず大学の門を叩いたもので、MITでは未だにこの黄金時代の素晴らしさを驚嘆している。

そのひとりとして一九六四年に登場したのが、助教授**カール・シェル**（一九三八〜）だ。スタンフォードで博士課程の大学院生だったとき、アローの成長理論の謎について手ほどきを受けた。実際、アローが提唱したラーニング・バイ・ドゥーイングを土台に執筆されたシェルの学位論文では、政府から資金提供を受けて蓄積された技術の知識は、収穫逓増を創造すると考えた。さらに彼は成長の問題に取り組む際、技術をモデルから除外するのではなく、モデルのなかに組み込むことに情熱を注いだ。

新しいテクニックは熱狂的に歓迎されたが、テクニックの発信源はよりによってソ連だった。モスクワでは一九二〇年代から位相幾何学の学派が強い影響力を発揮していたが、それを支えるのは実用化への政府の大きな関心だった。兵器の研究から産業プロセスの管理まで、その範囲は多岐にわたる。ソ連では数学者は国際舞台で活躍できる職業で、西側との接触をある程度まで許された。一九六〇年代はじめの最大の話題は、ポントリャーギンの「最大原理」（maximum principle）だった。これは一九六一年にロシア語で出版された『最適制御の数学的理論』（*Mathematical Theory of Optimal Processes*）で紹介されたもので、翌年には英語に翻訳される。この最大原理の登場によって、従来の代数学である変分法と新しい学問の位相幾何学を結びつける強力な方法が提供された。ポール・サミュエルソンはボストンの有力な難民コミュニティの友人を介し、あるいは時折やって来る亡命者への目立たない訪問を通じ、ソ連での研究の進展を追跡した（たとえば早くも一九四五年には、線形計画法に関するレオニード・カントロヴィチの研究ついて学んでいた）。たしかにサミュエルソンがスタムティッシュでのランチで語ったように、盲目の伝説的な数学者（ポントリャーギン）を囲むサークルに所属する学者の多くは反ユダヤ主義傾向を強めていたが、彼の著作で紹介されているテクニックは本物であり有益で、経済学への応用も可能だった。魅力はそれだけではなく、たとえば使いこなせる人には収穫逓増に取り組んで数学と経済学で正しい結果を出す方法が提供された。

一九六四年には、アロー門下のべつの優等生である**宇沢弘文**（一九二八〜二〇一四）がスタンフォードからシカゴに異動して、彼が主催していた成長に関するセミナーも一緒に移ってきた。いまや研究の環境は整った。シカゴは宇沢を招聘することによって、モデル構築で競う意思を示した。宇沢の友人シェルはすでにＭＩＴに在籍しており、技術の変化に関する優れたモデルが共同研究を通じて生まれる可能性が期待された。宇沢が主宰する会議の長さと、終了後の飲み会の盛り上がりは伝説になった。翌年夏、宇沢とシェルは全米科学財団の支援を受けて、優秀な学生十数人――ＭＩＴの学生数人も含まれる――をシカゴに招いた。

当時は輝かしい時代で、可能性は無限に感じられた。ケンブリッジのグループ、すなわち**ジョージ・アカロフ**（一九四〇〜）、**ジョセフ・スティグリッツ**（一九四三〜）、**ウィリアム・ノードハウ**

ス（一九四一〜）、**アイタン・シェシンスキー**（一九三七〜）、**ムリナル・ダッタ＝チョードリー**（一九三四〜二〇一五）、**ジョルジオ・ラ・マルファ**（一九三九〜）は、シカゴへ向かう途中、インディアナ州ゲイリーにあるスティグリッツの実家に立ち寄った。予定が終了すれば、ニューハンプシャー州のスクアム湖にあるアカロフの実家を訪れ、あちこちを修理する。セッションのない月には、成長理論について昼も夜も話し合った。「シカゴの熱気のなかで友人や好敵手としての関係が強化された」と、シェルは何年ものちになつかしそうに語っている。歴史を塗り替えるほど強力な理論が今まさに創造されつつあることを、経済学者たちは実感できた。「われわれは宇宙の秘密に触れた気分だった」と、シェシンスキーは回想している。このときの若手経済学者と同じ興奮を、三年早く出版されたトーマス・クーンの素晴らしい著作『科学革命の構造』を読んで感じる者もいた。一九六〇年代半ばには、知識の増加という話題は大勢の人たちの関心の的になっていた。

つぎの展開については意見が大きく食い違い、それは未だに継続している。シカゴでのセミナーが終わると、シカゴ・グループの数人のメンバーがスタンフォード大学を訪れた。同大学の行動経済学先端研究センターで最適成長に関する会議と一カ月のワークショップが開催されていたのである。これはケネス・アローが企画したもので、**フランク・ハーン**（一九二五〜二〇一三）、ライオネル・マッケンジー、**チャリング・クープマンス**（一九一〇〜一九八五）、**カール・クリスチャン・ワイツザッカー**（一九三八〜）など、数理経済学分野の著名人多くが参加していた。当時、数理経済学では経済成長が政策によって加速されるか否かが最も熱い話題になっており、この問題をテーマにした会議がいくつも開催されていたが、このときの会議でクライマックスに達した（それ以前には、研究者は一九六三年七月に英国ケンブリッジ、その数カ月後にバチカン、一九六四年夏にはニューヨーク州ロチェスターで会議を開催した）。たとえば、「ターンパイク」に関する新しい刺激的な定理が考案され、証明や反証が行われた（ターンパイクとは、重工業への強制的な投資を通じ、経済が短時間で産業を高レベルに発展させるルート）。あるいは、資本蓄積に関する「黄金律」（どれだけ貯蓄し、どれだけ消費すべきか）が提案された。こうして、技術の変化に関するマクロ経済学的モデルが導入されていった。

一九六五年夏に何が起きたかといえば、若手研究者が年配の経済学者によって野心の追求を阻まれたのだ。若手研究者に必要とされる数学はあまりにも手が込んでいた。問題そのものは興味深くても、モデルは容易に操作することも制御することも理解することさえできない。言うなれば、数学として行儀が良くなかった。出発点次第で爆発的な成長を示すかと思えば、縮小してブラックホールのような不況に陥る可能性もあった。ソロー・モデルの特徴である確実な安定が得られないのだ。経済学が前進していくには、とにかく現時点に関心を持つべきだ、と若手は忠告を受けた。この夏の知的討論への参加者の一部にとって、これは未だに触れられたくない話題で、本来ならもっとデリカシーや配慮が必要とされた。

いずれにせよ、その夏にＭＩＴの学生たちが執筆した論文がまとめられ、シェルの編集を経たうえで、『最適経済成長理論集』（*Essays on the Theory of Optimal Economic Growth*）として出版された。しかし一九六七年に刊行されても、大して注目されなかった。ちなみに同じ年にジョン・ケネス・ガルブレイスが『新しい産業国家』を出版し、若手経済学者が取り組んだ技術的な問題に厳密な記述的アプローチで臨んだが、両者の取り組んだ内容はほぼ同じである。結局、シェルは一九六六年に学位論文で紹介したモデルの詳しい解説を執筆した。それは『アメリカン・エコノミック・レビュー』に掲載され、会議資料としても使われた。シェシンスキーは同誌に手記を公表する。ノードハウスはMITに提出する論文で独占的競争モデルについて取り上げるが、土壇場でそれを撤回した。ほかの若手の成長理論家は、状況を察した。**ジェイムズ・マーリーズ**（一九三六〜二〇一八）は最適課税の問題に取り組み始める。エドマンド・フェルプスはマクロ経済学に戻った。宇沢は日本に帰国した。

このような結果として、若手の関心は小さなモデルや実際的応用へと移った。そのため、よりによって世界経済で大きな成長が進行しているときに、成長理論への興味を失い、場合によってはすっかり忘れ去ってしまった。一九六五年の暑い夏をシカゴで過ごしたMITの優秀な学生たちは、その後、ほかの研究テーマで大成功を収める。しかし、彼らをMITのハイドパークのキャンパスに呼び寄せて進められた活動は最終的に放棄され、シェルひとりだけが残った。彼らの活動は事実上、最後のあがきとして抹殺される。進歩の王道はほかの場所にあった。

「偉大な発見は出尽くした」

一九六九年、成長理論の聖別式がソロー自身によって宣言された。彼はウォーリック大学で行われた一連の講義のなかで、それまでに獲得したと思われる成果を慎重に振り返った。たしかに残差は有益な概念だったが、いまとなってはオレンジの果汁がほとんど搾り取られたような状態だった。モデルは考案され続けるが、ますます複雑になり、数学は奇抜な傾向を強めていく。それが経済学者として成功する道だった。ただしソローは、現実の経済の役に立つ洞察がここから得られるとは期待していなかった。

自分が考案するようなモデルは、政策の処方箋を直接的に提供するわけではない、とソローは語る。「しかしゲームでもない。むしろ偵察訓練のようなものだ。そこにどんなものがあるのか知りたければ、状況を理解するために二、三人の同僚をこっそり送り込み、人間の生活を支えてくれるかどうか確認すればよい。定住する価値があると判断されれば、今度はもっと大きな作戦が必要とされる」。規模の大きな数理経済学のモデルを構築し、データを山のようにたくさん集め、単調な仕事に取り組んでいくのだ。理論には、これ以上のものは提供できない。

このような言葉を使ってMITは、自分たちが実際的な事柄の研究に打ち込んでおり、新しい地図の特徴をすでに十分把握していることを定期的に繰り返し強調した。イタリア人のベテラン経済ジャーナリスト、リゴ・レヴィは一九六九年、若手の期待の星である**レスター・サロー**（一九三八

〜二〇一六）をＭＩＴに訪問したときに、当時すでに公式見解になっていた言葉を聞かされた。「もはや新しい発見は存在しない。偉大な発見は出尽くした」。サローはイタリア人ジャーナリストにこう言い放った。

第12章 無限次元スプレッドシート

The Infinite-Dimensional Spreadsheet

ノーベル経済学賞の創設

一九六九年、経済学が社会から受ける尊敬は頂点に達した。ヨーロッパも日本も米国も、かつて記録になかったほど長期にわたって景気拡大が持続していた。第二次世界大戦が終了してから二五年目にして、驚くべき成長が絶頂期を迎えたのだ。それまでの一五〇年間、景気は変動を繰り返し、経済崩壊に定期的に脅かされてきた。しかし、いまや景気循環が消滅したわけではないが、変動の波は穏やかになった印象を受けた。おりしも米国は、月にはじめて人類を送り込んだ。

そこで慎重に検討を重ねたすえ、スウェーデン当局は新たにノーベル経済学賞を創設した。物理学賞、化学賞、医学賞、文学賞、平和賞という従来の分野に、経済学賞が追加されたのだ。こうした行動を誘発した具体的な要因は、世界初の中央銀行であるスウェーデン銀行の創立三〇〇周年である。もっと広い意味では、この新しい賞は経済学の成熟が認識された結果であるとも、本物の成熟を早めるための手段であるとも考えられた。ちょうど一八世紀に英国提督名義の賞をきっかけに航海中の船の経度を測定するマリン・クロノメーターが登場し、近代の航海時代が幕を開けた状況と似ている。誰が何を語るかは、ほとんど重要ではない。とにかく世界で最も尊敬されるブランドがはじめて、ひょっとしたら一度だけ提供されることになったのである。

ところで、中央銀行は根本的に重要な意味を持つ発明だったと推論された。広く模倣され、最終的には不可欠な存在になった。経済学者は中央銀行の機能（時には失敗も含む）、すなわち信用の拡大、取り付け騒動の防止、投資意欲の拡大についての理解を深めた。こうした活動は大体において成長のスピードや信頼感を増やし、安定性の向上につながった。経済学は物理学（マクスウェルを思い出してほしい）と、あるいは過去の医学と同じ科学的進化のパターンをたどっているようにも見える。最初は様々な工夫が凝らされ、観察が行われ、つぎに巧妙な操作が成功すると、健全な理論的土台に支えられた学問分野が見事に誕生するのだ。

ある程度の意見の相違が残されたが、そんなものは顧みられなかった。世間の人たちは、マサチューセッツ州ケンブリッジにケインズ派が存在し、彼らのライバルはシカゴのマネタリストで、こちらは古くからのマーシャル学派の正当性を擁護する集団だと認識した。英国のケンブリッジは重要ではあっても取り残されたアウトサイダーで、最終的には批判者として位置づけられた。少なくとも一部の世代の知識人の目には、経済学はこのような形で記憶された。それは、明るく秩序ある世界だった。

しかし数年以内に、経済学の内外で大混乱が起きる。経済学者のあいだで積極的なマクロ経済学的管理を主張するケインズ派と、彼らを批判する懐疑派のあいだで論争が始まり、リベラル派と保守主義者の意見の違いが浮き彫りにされた。しかも、こうした政治的な意見の違いは、たちまち技術的な問題へとエスカレートした。厳密には何をどのようにモデル化すればよいのか。複雑な歴史的データの裏付けから最も大きな恩恵を受けるのは、どの理論的な方向なのか。舞台裏では、不確実性（uncertainty）、情報（information）、期待（expectation）の経済学における重要性を巡り、激論が交わされた。

一九七〇年代半ばには、理論家は一種の内部分裂に巻き込まれた。論争の中心は、どのモデルを選ぶかだった。意見を異にする理論家が境界線を越えて意思疎通を図ることがもはや難しくなった。経済学の古くからの住人は、新しい展開を公然と非難して、舞台を去った。一般市民は「経済学の危機」について勝手な見解を述べた（中間派の経済学者がこの言葉を使った可能性は低い）。経済学の解説者として尊敬されていたニューズウィーク誌のロバート・サミュエルソンは（ポールとは関係ない）、つぎのように述べた。「経済学がノーベル賞にふさわしいと考えているのは、経済学者だけだ」。

ここで世間が見落とし、大半の経済学者も理解できなかったのは、馴染み深い経済問題に取り組む新しい数学的ツールが、今回の論争の大きな争点になっていたことだ。若手経済学者は、時間の経過と共に個人が決断を下すプロセスをもっと写実的に描くために、数学的なテクニックを身に着けたロケット・サイエンティストになった。廉価なコンピュータが登場すると、それはいかにも実現しそうだった。

結局、すでに公理化された一般均衡論より価値のあるものは、新しいツールのなかには皆無だった。

マーコウィッツ、アロー、ドブルー

ここでちょっと、この反目の始まりを振り返ってみよう。一九五〇年代はじめ、コウルズ委員会がシカゴ大学を離れる直前のことだ。博士号取得を目指していた二五歳のハリー・マーコウィッツの面接試験が、当時の傾向を何よりもはっきり物語っている。彼はヤコブ・マルシャックのもとで、分散投資の理由について研究を始めた。具体的には、株式ポートフォリオで投資家が直面する問題の分析に取り組んだ。マーコウィッツは線形計画法のテクニックを使い、リスクと投資収益率のトレードオフを厳密に評価する新しい方法を考案した。今日、「効率的」ポートフォリオ選択の方法と言われるものだ。この問題は色々な意味で、ジョージ・スティグリッツが満足できる正確さで解決した食事の問題と類似しているが、こちらのほうがより複雑だった。

マーコウィッツの論文を審査する委員会には、ミルトン・フリードマンも参加していた。大学院生だったマーコウィッツが自説の弁護を始めると、フリードマンはこう言った。「ハリー、この数学に間違いがあるとは思わないが、ひとつ問題がある。これは経済学の学位論文ではない。経済学の学位論文ではないのだから、経済学の博士号はあげられない。数学でも、経済学でも、いや、経営学でもないよ」。*もちろんこれは、新しい知識が登場したときの一般的な反応である。信条は簡単に変えられるものではない。しかしこの日のハイドパークでは、フリードマンではなくマルシャックが委員長だったため、マーコウィッツは無事学位を取得した。実際、およそ三八年後には、このときの論文で取り組み始めた研究成果によってノーベル経済学賞を受賞する。

しかし、ある一点においてフリードマンは正しかった。マーコウィッツの研究分野には新しい名称が必要だった。今日では、これはファイナンスと呼ばれる。ただし、投資問題への応用は新しい計画ツールによって提供された無数の可能性のひとつにすぎない。ケインズ革命が戦時中に動き出して数年後、コウルズ委員会には新しい研究の第二波が訪れて熱狂を引き起こしていたが、ファイナンスはその一部だった。一九五〇年代はじめ、コウルズ委員会は再び手に触れて感じられるほどの興奮に包まれていた。

博識家のケネス・アローは、新しい可能性を誰よりも直観的に理解していた。天才は常にそうだが、アローの天才ぶりの起源は謎めいている。夏のあいだ保険数理士として働いた経験のおかげで、実用的な知識を吸収することができた。大恐慌で父親が倒産した影響で、不確実性に対する理解が深まった。そして二三歳のとき、フォン・ノイマンの『ゲーム理論と経済行動』を読む機会に恵まれた。

専門分野に参入したばかりの若い理論家は、新しい数学への期待で興奮していた。アローは一九四八年から四九年にかけて、シカゴ大学助教授としてコウルズ委員会に所属した。彼の回想録は、社会科学研究がどのように行われていたか、当時の雰囲気を垣間見せてくれる。彼は家賃統制に関する**フランコ・モディリアーニ**（一九一八〜二〇〇三）の討論を聞きに行った。耳を傾けているうちに、アローは種類の異なる住宅を異なる商品として考えるなら、大半の消費者は大半の種類の住宅のなかから最低価格を選んで購入するのではないかと思い付いた。そうなると、住宅の割当が最適だと証明することにどんな意味があるのか。一筋縄ではいかない問題にアローは悩み続けた。そしてポール・サミュエルソンが主宰するセミナーで意見を訊ねようとしたとき、「彼の図表を見た途端、分離超平面定理（separating hyperplane theorem）が答えを提供してくれることに気付いた」のである。

凸集合理論の中心的な概念である分離超平面定理を、アローは経済学の観点から解釈することに成功した。するとそれをきっかけに、コウルズのグループが抱える理論的な問題の実に多くが解決

＊この出来事については、ピーター・バーンスタインの『証券投資の思想革命──ウォール街を変えたノーベル賞学者たち』（青山譲他訳、東洋経済新報社）で紹介されている。

された。皆さんは、おわかりだろうか。控えめに言っても、一体何を話しているのか理解に苦しむだろう。具体的に、超平面とは何か。これは、三次元以上の空間に存在する平面である。では、超平面は何を分離するのか。これは、無差別曲線と変形曲線を分離する。この分離超平面に直線を引いたとき、直線の傾きを相対価格として理解できる。

経済学者は、双対性（duality）として知られる幾何学の性質を利用できることに気づいた。すなわち、線形計画法で表現できる問題はすべて、双対と呼ばれる二番目の問題と密接に関連している。ポール・サミュエルソンはすでにこれを予測していた。経済学のいかなる問題も、いずれの方向からも取り組むことができる。価格の問題を解決すれば、配分の問題の解答も自ずと手に入る。さらに超平面は、ダンツィークが線形計画法問題を解くために提案したシンプレックス法（単体法）において、計算を引き受けてくれる。超平面は、実行可能解と達成不可能な解を分離する。典型的なプログラムでは、使い果たされる資源は入手可能な資源を超えられないことが不等式で表現される。資源に余裕がある場合には、シャドープライス（競争市場によってなされる最適な資源配分と同じ資源配分を、計画経済などで競争によらず達成させるための計算上の価格）はゼロになるはずだ。シャドープライスがプラスの場合には不等式は方程式となり、通常の手法で解決可能だ。おわかりだろうか。まだ無理なら、地元のカレッジで数理経済学入門講座を受講するとよい。経済学はハイテク化が進んだ。マーシャルの「曲線の本」は、いまや形状の地図帳となった。

フォン・ノイマンは正しかった、とアローは確信した。微積分は、集合論や位相幾何学ほどには用途が広くなかった。微積分では解決できない事柄があるだけでなく、同じ問題に微積分で取り組むと、位相幾何学の手法を使うよりもはるかに労力を要した。数学が高度に抽象化されれば、一般化や簡略化から大きな利益が得られる。アローがシカゴを去った後、**ジェラール・ドブルー**（一九二一～二〇〇四）という陽気なフランス人がやって来た。彼も独自に多くの同じ結論に達した。

一九五一年、アローとドブルーは別々に研究成果を発表し（ライオネル・マッケンジーも別個に発表する）、集合論と凸解析を使えば、経済を説明する方程式に解が得られるときがわかり、新しい経済学の最大の謎のひとつが解決されることを示した。そこでは、方程式の代わりに不等式が、線上の点の代わりに空間が、需要と供給の幾何学図の代わりに生産可能性フロンティアが使われる。戦時中に船の運航スケジュールや軍装備の供給などの現実的な問題の解決に取り組んだ不思議な数学は、「支柱をさらに這い上り」、雲を突き抜けていった。

こうした新しい知識は、どれも本当に必要だったのだろうか。当然ながら懐疑的な目を向ける人たちも多く、しかもそれは記述的経済学の分野にわずかに残った大物に限定されなかった。数理経済学者のあいだでも意見が分かれた。二〇年前に物理学で新しい手法が発明されたときにも、同じような反対の声が上がった、とクープマンスは指摘する。このとき量子力学者は、原子の「状態」を説明するために初めて集合論を利用した。クープマンスも他の数理経済学者も決して怯まなかった。たとえば負の数が紀元一世紀に数学者や論理学者によって発見されたときも、形だけの空虚な存在としか思えなかった。何百年間も数学者のあいだでは謎めいた怪しげな主題だった。やがて一三世紀になると、お金に関わる問題のなかで、レオナルド・フィボナッチが負の数を損失の可能性として解釈する。インドの論理学者たちも同じ結論に達した。以来、負の数はわれわれに身近な存在になったのである。

二〇世紀最大の経済学者

一九五三年、アローは集合論を経済学に手堅く応用すれば、新しい数学が役に立つことを示した。何世紀も前から商人や経済学者は、オプション契約の作成方法を理解していた。ここでは、実際に商品が提供される時間や場所、正確な状況についての説明が実物商品に追加される（たとえば寒波の襲来など）。すでに一九三〇年代、ジョン・ヒックスはあらゆる商品の提供時期について分析を行っていた。それによれば、五月に提供される小麦は、八月に提供される小麦と価格が異なる（結局、先物取引は農家のあいだでめずらしくない習慣だった）。いまやアローは、この分析を一歩大きく前進させたのである。

パリで開催された会議のために準備された七ページの論文のなかで、アローはオプション市場のアイデアを一般化し、経済のあらゆる事柄のみならず、想像し得るあらゆる状況を含めた。こうして集合論と位相幾何学という新しいツールを使って作成されたモデルでは、実物商品の物理的な定義に対し、それを手に入れることができる「実世界の状態」(state of the world) についての付随的な定義を付け加えた。すると、同じ実物商品が先物市場で存在するかのようなモデルが作成されたのである。この描写はきわめて正確なので、最初に保有できる商品だけでなく、あらゆる技術的な可能性も明らかになった。そうなると不確実性は統計的概念となり、決められた場所と時間にひとつの可能性が実現する見込みを理解できるようになった。

この新しい概念は「状態依存的」(state contingent) 定式化として知られるようになった。これを使うと経済学者は、想像できるあらゆる状況において、想像できるあらゆる種類の商品を対象とした市場が存在する世界を思い描くことができる。アローはこれを「完備市場」(the complete market) と呼んだ。この新しい定式化には、外部性さえすんなりと含まれる。もはや「何かが存在する気配を感じられる」という表現を使う必要はない。その代わりに外部性は、「個人から個人へと引き渡される商品であるが、適切な市場が存在しない」ものと見なされた。のちに**ロナルド・コース**(一九一〇〜二〇一三) が指摘するように、所有権 (あるいは所有権からの自由) が不完全ながら説明されたのである。

この「条件付き請求権」(contingent claim) の定式化は、考え得るリスクを一通り網羅した保険のようなものだ。たとえば、完全に健康だった年との対比で、死亡時の生命保険契約の価値は決定される。八月に雨が多かった場合と、雨が降らなかった場合の小麦の収穫量が比較される。企業が利益目標を達成した場合、上回った場合、下回った場合の普通株の価値が比べられる。アローの洞察のおかげで、一般均衡理論は不確実性理論へと変貌を遂げた。不確実性の世界では、発生する可能性のあるすべてのものに確率が割り当てられ、実際に存在するかのように処理される。もしも市場が確立され、確率についての評価が異なる売り手と買い手が取引できる環境が整えば、このような商品を対象に実際に状態依存的な契約を作成することも可能だ。現実に穀物市場や保険市場では、トレーダーが何世紀も前からこれを実践してきた。それを抽象化するためには、数学の概念モデルを高度化し、ヒルベルト空間などを含めればよい。こうして、馴染み深い習慣は理論の面から深く理解されるようになった。

一九五〇年代、数理経済学は急速な進歩を遂げ、ツールボックスはどんどん充実していった。戦前には、微分法と行列代数以外ほとんど何もなかったが、いまやジェラール・ドブルーによれば、たくさんの要素が追加された。凸解析、集合論、一般位相幾何学、代数的位相幾何学、測度論、無限次元空間理論、大域解析、超準解析などで、これでもリストのほんの一部だという。一九五九年にドブルーは、『価値の理論――経済均衡の公理的分析』を出版する。直ちにこれは、新しい位相経済学を理解するための決定版となり、ケネーの『経済表』以来、最も簡潔でコンパクトな経済モデルとして評価され、しかも内容はずっと一般的だった。

コード化されてコンピュータにインストールされた状態依存型アロー＝ドブルーモデルは、再計算機能を持つ初歩的なコンピュータ・スプレッドシートが発明されるよりもずっと以前から、事実上のスプレッドシートとして機能した。結局、スプレッドシートではコンピュータにコード化された方程式を使い、縦列と横列に並べられた数字のあいだの関係が評価される。しかし、アロー＝ドブルーのスプレッドシートは、こうした普通のスプレッドシートとは違う。集合論と凸性の数学のおかげで、無限次元スプレッドシートになった。ここでは縦列と横列の代わりにベクトルが使われ、少なくとも理論上は、世界のすべての商品のすべての市場の可能性について解説できる。

この枠組みは、独創的な経済学者が思い描くいかなる目的にも役立つ機会を待っていた。ほどなく、ランド研究所でアローの同僚だった数学者**ハーバード・スカーフ**（一九三〇～二〇一五）が経済学を十分に学び、無限次元スプレッドシートの証明の手段を国民所得勘定と結びつければ、現実の世界での相互依存度を計算できることを示した。やがてイェール大学の経済学教授になったスカーフの指導のもとで、若手経済学者は一般均衡の計算手法を洗練させ、特定の政策変更が経済システム全体にどれだけの影響をおよぼすかを正確に測定するようになった。

これらはいずれも新聞の一面で報じられたニュースからも、ケインズ派の著名な経済学者が開催するセミナーからも遠い場所での出来事である。何年ものちに経済学者は、二〇世紀最大の経済学者は誰か議論を交わした。ケインズ、シュンペーター、フォン・ノイマン、サミュエルソン、フリードマン？　居並ぶ経済学者のなかで最も評価が高かったのは、大体においてケネス・アローだった。

第13章

経済学はロケット・サイエンス、「モデル」は動詞

Economists Turn to Rocket Science, and "Model" Becomes a Verb

淡水学派VS塩水学派

経済学現代化のツール作りへの投資は、一九七〇年代に入ると成果を生み始める。科学志向の経済学者は、ゲーム理論による抽象化と無限次元スプレッドシートを武器にして、ケインズ派とマネタリスト両陣営の研究者に対する挑戦を始めた。現代化は従来のテクニックの許容範囲を超えて、馴染み深い問題をもっと現実的に処理することを目指し、なかでもインフレと独占的競争に注目する。やがて現代化は勝利を収めた。一九七〇年代の末には、少なくとも経済学の最前線で活躍する学者のあいだでは、ケインズ派とマネタリストというお馴染みの対立はほぼ消滅していた。その代わりに、マクロ経済学の淡水学派（Freshwater）と塩水学派（Saltwater）という新しい区別が登場する。議

論の内容の多くは従来と同じだったが、いまや議論で使われる言語が変化した。

議論の出発点はインフレだった。一九六〇年代終わりには、経済学にはそれより大きな問題がなくなっていた。サミュエルソンとソローはフィリップス曲線に関する論文のなかで、インフレに対する工学的立場からの解決策を提案していた。それによれば、多少の失業はインフレの緩和に役立ち、多少のインフレは失業の解消に役立つ。そして数年間、フィリップス曲線はマクロ経済学の主役となった。ただし厄介なことに、提案されたようなトレードオフが発生しているようには見えなかった。失業率が増加しても、インフレ率は低下しないのだ。大きな要因は、いまや人々がインフレを予想するようになったことだという点で、経済学者の見解は一致した。政府がこれから何をするつもりか、賢明に察するようになったのである。

適応的期待

予測が経済の結果に確実に影響をおよぼすことを、経済学者は常に理解していた。価格上昇が予想されれば、人々はそれを見越して品物を仕入れ、実際に価格が上昇するまで販売を控える。その結果、価格の自己実現的な上昇が促されるが、同じことをする人たちが増えすぎると、最後に値崩れが起きる。投資家や生産者はさらに複雑な行動をとる。ある意味で、このような形での均衡状態からの乖離はケインズも重視していた。そのため、一九三〇年代以降、経済学者は無意識のうちに期待・予想（expectation）を形式的な説明に組み込む作業に取り組んできた。

市場に製品を送り出すために必要な時間が経過するだけで、市場価格には変動が起きる。それがいかに重要かを証明するために、標準的な教科書ではクモの巣理論（cobweb theorem）が使われる。これは、相互作用に伴う遅れをグラフで表したときの形にちなんで命名された。なかでも、相互依存関係にあるトウモロコシと豚肉の価格の周期が典型的な例とされた。やがて一九三五年、若き日のロナルド・コース（そしてR・F・ファウラー）は、養豚の周期がクモの巣理論の予測では二年なのに、英国では四年間続くことを示した。なぜか。ひょっとすると農家は予測が正確になるほど利益が増えることを理解しているので、ベーコンの輸入状況や需要の変化など、手に入る追加情報は何でも考慮に入れたのかもしれない。この論争は、のちに合理的期待として知られるようになった心理的仮定が生まれる伏線になった。

一九五〇年代末には、クモの巣理論は洗練されたバージョンに進化を遂げ、適応的期待（adaptive expectations）と呼ばれるようになった。ここでも、人類は相変わらず過去を振り返る。ただし過去の過ちが考慮されるのは、実際に過ちを犯してからだと仮定した。経験から学ぶだけで、想像力を働かせない。ケインジアン・モデルのほとんどはこの適応的期待を前提として採用したが、それは習慣の生き物であるホモ・エコノミクスのだまされやすい心理的特徴を信じたからというより（実際、一部の人たちはだまされた）、そう考えるほうが便利だったからだ。一九四〇年代から一九五〇年代にかけてモデル構築のパイオニアとなった経済学者が利用した扱いにくい数学的ツールは、化学工場の管理や合板の製造、あるいは無線の送信機・受信機を組み立てるために開発された。当然ながら、人間は統制を目的とした政策に素直に従うものだと仮定した。

一方、シカゴ学派は数学的願望にほとんど邪魔されなかったため、「すべての人間にはスコットランド人のようなユニークな要素が多少含まれる」という前提を採用し続けた。男女を問わず人間は抜け目がなくて先見の明を備えた動作主体であり、情報を集めて他人（自分たちを操作しようとする相手も含む）の意見を考慮できるものと見なされた。しかし、無数のスコットランド人を投入したモデルを扱いやすくするためには、もっと洗練されたモデリングのテクニックが必要とされた。

この問題を解決したのはロバート・ルーカスだった。一九五〇年代にシカゴ大学の学部時代、ルーカスは歴史を専攻したが、ある時点で経済学を学ぼうと決心する。そして大学院への進学を控えて後れを取り戻すため、夏のあいだ、ポール・サミュエルソンの『経済分析の基礎』を読むことにした。これを注意深く読み込んだ結果、講義の初日には「シカゴ学派の誰よりも経済学を扱う専門家」になっていた。

その後、教室ではミルトン・フリードマンが語る価格理論に熱心に耳を傾け、なお一層の興味をかき立てられた。まず、話の質が高く、講義は「自分にとってユニークな経験だった」とのちに書いている。講義が終了するとルーカスは急いで帰宅して、フリードマンが話した内容をサミュエルソンから学んだ数学に変換した。「自分はフリードマンほど頭の回転が速くないが、経済学の問題にアプローチするための体系的で確実な方法を考案すれば、最終的に正しい場所に到達できると思った」という。

「わたしは『基礎』が大好きだった」と、ルーカスは何年ものちに回想している。「仲間の多くと同様に、『基礎』の見解を自分のものとして吸収した。だから経済理論の問題を数学で公式化できなければ、途方に暮れた。自分にとって数学的分析は、経済理論に取り組む多くの方法のひとつではなく、唯一の方法だ。経済理論は、数学的分析に他ならない。他のものはすべて、背景を飾る絵画や無駄話のようなものだ」。

新しい古典派マクロ経済学

問題解決の手段として、ルーカスは合理的期待（rational expectation）という仮定に注目した。これはケネス・アローがラーニング・バイ・ドゥーイング（実行による学習）モデルのなかでスピルオーバー（拡散）を機能させるために使った世界観と同じで、それが未来完了型にまとめられている。アローと同様、ルーカスは物事が機能する仕組みの詳細にはこだわらなかった。噂は広まるものだと、単純に仮定した。ルーカスの解説によれば、合理的期待は便利な近道である。「ずっと複雑なプロセスの結果が簡単に導かれる。ただし、人々が未来を理解するために実際に経験する思考プロセスについて、詳しく説明するわけではない。なぜなら、われわれの行動には適応性がある。何らかの行動を試して成功すれば、それを繰り返す。成功しなければ、何か他のものを試す。合理的期待は、行動が成功したときの状況に注目する」。最終的に、未来はこんな状態になっているだろうと予想するのだ。

つぎにルーカスは、期待に引き起こされる一連の変化をモデル化するための数学ツールを探した。すなわち、個人の決断の数々はどれも過去に下された判断に左右され、しかも時として予想外の出来事（統計学の言葉では「確率的ショック」という）に影響されながら変化していくと見なした。そして、リチャード・ベルマンが一九五七年に出版した『ダイナミック・プログラミング』に注目する。[*]ベルマンはランド研究所に勤務する数学者で、文字通りのロケット・サイエンティストだった。刻々と変化する状況で次々と選択を行うとき、決断を最適化するための一連のテクニックの開発に取り組んだ人物である。たとえば、ミサイルを大気圏上層まで飛ばし、それを地球の反対側で命中させる場合、さらには月まで飛ばす場合などが考えられる。同じような決断プロセスは、これほど奇抜ではない行動でも核心を占める、とベルマンは指摘した。たとえば、コントラクト・ブリッジのビッド方式、ポーカーのレイズ、カウンターレイズ、コールなど、ハッタリをかけるチャンスが訪れる事例は特に興味深い。ベルマンの著書を読んだルーカスは、支出や貯蓄の時期の計算、在庫

＊ベルマンが一九八四年に出版した『ハリケーンの目――自伝』（*Eye of the Hurricane: An Autobiography*）は、第二次世界大戦中に高等科学と工学が交わる場所で働いた才能ある数学者（彼は鋭い観察者でもあった）の生涯を垣間見せてくれる興味深い一冊である。

を取り崩す時期についての決断、株式から債券への移行時期の判断についても、同じ手法が同じように応用できるのではないかと考えた。現在と未来の関連性について正式な言明が必要なものは何であれ、ロケット・サイエンスによって改善が期待できる候補とされた。

新しい手法はダイナミック・プログラミング（動的計画法）と呼ばれた。「ダイナミック」（動的）という言葉は、歴史や変化を暗示するからだ。あるいは再帰法とも呼ばれるのは、問題を支える一般的構造が何度も繰り返されるからだ。使われる数学は、単に豆の支柱を上るケースよりもはるかに複雑である（ただしベルマンは、基本的なルールは簡単そうな印象を受けると述べている。「自分のいる場所から最善を尽くせば」よいのだ）。では、最適制御とダイナミック・プログラミングの違いは何か。それは主に時間の問題である。ダイナミック・プログラミングは、最善の結果に到達するために絶えまない修正が可能なので、事前に旅程を順序だてて計画する必要がない。その点ではラムゼイの変分法、さらには線形計画法とも同じだ。即興で物事を決定できるので、知らなかった事柄や途中でどうしても発生する予想外の問題を考慮に入れることも可能だ。

では、経済問題はどのように扱えばよいか。ルーカスは投資行動の説明に取り組んでいるとき、起こり得る様々な結果について解説するために、無限次元スプレッドシートが理想的な枠組みを提供してくれることに気づいた。そこで彼は友人の**エドワード・C・プレスコット**（一九四〇〜）と昼夜を分かたず研究に励み、新しい数学やアロー＝ドブルーの状態選好モデルをマスターした。そこから導かれた結果が十分に理解されると、ほかの経済学者たちは衝撃を受けた。新しいテクニックを使うと、モデルからは全員に最適な結果が手に入る可能性が明らかになったのだ。システムの計画者だけに限定されない。もはや企業は、現行価格が永遠に継続すると考えているかのような行動をとらない。将来の価格についての合理的期待に基づいて、投資の価値を常に繰り返し計算する。すなわち、企業は本物の人間に経営されているかのように行動する。ルーカスとプレスコットは分散的できわめて不確実な世界のモデルを創造した。執筆した論文には「不確実性のもとでの投資」（Investment under Uncertainty）というタイトルを付けた。

これは「新しい古典派マクロ経済学」（new classical macroeconomics）である。あらゆる人間のなかにスコットランド人のようなユニークな要素を想定する点で「古典的」である。景気循環の理論を必然的に伴う点で「マクロ」だ。そして、ケインズ派やマネタリストが採用してきた新古典派（neoclassical）の教義と大きく異なる点で、「新しい」。この驚くべき変容は、一九七〇年代に経済学の上空を嵐のように吹き荒れた。当時、青年期を過ごした**オリヴィエ・ブランシャール**（一九四八〜）は、のちにつぎのように説明している。「人々や企業が合理的期待を抱いているなら、政策のことを複雑だが受け身のシステムを制御するものだと考えるのは間違っている。むしろ、政策立案者と経済のあいだのゲームとして政策を考えるのが正しい。そうなると正しいツールは最適制御ではなく、ゲーム理論である」。

一九七〇年代には飛躍的な進歩が相次いで達成される。中央銀行関係者にとっては（少なくとも最も優秀な関係者にとっては）かねてより馴染み深かった概念の数々が、いまや数学で解説されるようになった。信頼性は重要な留意事項となり、評判、透明性、独立性はいずれも、経済政策の重要な要素と見なされるようになった。数学の要素が色濃い無限次元スプレッドシートのおかげで、短い周期と長い周期の違いを文章で説明する習慣はなくなり、その代わりに予想される結果と予想外の結果が区別されるようになった。何が起きようとも、あとには均衡が訪れるものと解釈された。

アカロフ、スペンス、スティグリッツ

ほぼ時を同じくして、ほかの経済学者は期待ではなく、情報(information)を様々な程度でモデルに組み込むことを学んでいた。ここで重要人物になったのが、ジョージ・アカロフという若き数理経済学者である。一九四〇年生まれのアカロフは、イェール大学を卒業すると数学を学ぶ環境を求め、一九六二年の秋にMITに進学した。一年目は、代数的位相幾何学の講義にあり余るエネルギーの大半を費やした。当時はMITで誰もが成長理論を学んでいたので、彼もソローの門下生になった。ジョセフ・スティグリッツ、ウィリアム・ノードハウス、アイタン・シェシンスキーは同門であり、全員がシカゴ大学に移った。

しかし、アカロフは成長理論に関わる問題に興味がなかった。シカゴで取り組んだ研究から、「パテ・クレイ」(putty-clay)モデルと呼ばれるものの安定性が決定的に導き出され、彼はこのモデルが「経済成長の火急の問題のひとつだと教えられていた」。しかし、投資財の固定的な資本・労働比率

と可変的な資本・労働比率の区別(パテとクレイの区別)は、彼にとって大して重要とは思えなかった。それよりは、本物の市場が実際にどのように機能するのかに興味があった。そこで一九六六年にMITを卒業すると、カリフォルニア大学バークレー校に赴任した。

ほどなく彼は、新車販売に見られる毎年の大きな変動について研究することに決めた。新車販売の不安定さの原因が何であれ、それを突き止めれば、景気循環の構造で賃金や価格の設定を不安定にさせる原因の解明に役立つかもしれないからだ。人が新車を積極的に購入するのは中古車セールスマンの動機を信用できないことが大きな理由であることを、アカロフは発見した。「セールスマンが車を売りたいのは、それが中古車(lemon)だからで、わたしは問題がありそうな中古車を購入したくはない」と考える。経済学者はこれを「情報の非対称性」(asymmetric information)問題と呼び始めた。一方が知っていることを他方は知らないことを指す。このような考察は馬の売買人にとっては当たり前なことだったが、当時のアカロフは知る由もなかった。

今日、アカロフが確認したメカニズムは逆選抜(adverse selection)と呼ばれる。不安が大きいと中古車市場は縮小し、ひょっとしたら崩壊する恐れもある。ほどなく彼は、この問題は車に限定されないことに気づいた。たとえばローンや保険の市場など、品質の評価が困難な**いかなる**市場でも逆選抜が発生する可能性があった。アカロフは研究を続け、満足のいく形で結果をまとめた(途中で、それまで好んできた難解な位相幾何学による証明を放棄して、もっと標準的なアプローチに乗り換えた)。そして論文を提出すると、一年間の休暇を取ってインドを訪れ、インドが貧しい理由を現地でじかに確かめることにした。その間、新車販売に関する論文は数回にわたって却下される。あまりにも些細な問題で、公表する価値がないと判断されたからで、シカゴ大学の『ジャーナル・オブ・ポリティカル・エコノミー』のレフェリー（査読者）に至っては、明らかに間違っていると決めつけた。明らかに間違っていたのだろうか？　そう訊ねられたレフェリーは確かに間違っていると答え、論文が正しければ経済学は今日とは様変わりしてしまうと指摘した。最終的に「レモン市場（The Market for Lemons）論文は、一九七〇年に『クォータリー・ジャーナル・オブ・エコノミクス』に掲載される。これはたちまち成功を収め、ほどなく経済学は装いを改めた。

中古車の研究は、独占的競争（monopolistic competition）への回帰のきっかけとなった。ほぼ一年後、**マイケル・スペンス**（一九四三～）というハーバードの大学院生は、アカロフが指摘した苦境から売り手が抜け出せる方法のひとつを紹介した。たとえば、これから労働市場に参入する学生は、学士号よりも上の学位の取得に投資する。このように質の高さをアピールするために費用をかけて何らかの手段を取ることを、スペンスはシグナリング行動（signaling behavior）と呼んだ。彼のモデルは「レモン」と同様に明瞭で、しかもこちらのほうが応用範囲が広かった。彼の論文「市場のシグナリング」（Market Signaling）からは、のちに一〇〇〇本もの学位論文が生み出されたと言われる。なぜなら、買い手が入手できる情報にギャップが存在する場所ならどこでも、役に立つことが証明されたからだ。求人市場、金融市場、耐久消費財市場、医薬品市場など、範囲は広い。これでようやく、三〇年前にエドワード・チェンバレンが広告からデザインまであらゆるものを対象に、製品差別化と名付けた複雑なプロセスを正式に説明する方法が提供されたのである。

つぎに、三人目の若き経済学者が問題解決に参加した。スペンスはシグナリングについて説明したが、三人目の研究者のジョセフ・スティグリッツは、スクリーニング（screening）のメカニズムを明らかにした。このメカニズムにおいては、価値のある情報が様々な方法で引き出される。たとえば、保険会社がこのトリックを使えば、顧客をリスクの程度に応じて分類し、保険の控除免責条項を差別化できる。やがてスティグリッツは分析の対象を金融に拡大して信用割当について説明する。さらに求人市場にも拡大し、社員が勤労意欲を失わないために設定される高い賃金（能力給）について説明した。

スティグリッツの情熱的な研究スタイルは、スペンスとほとんど正反対である。彼はアマースト大学時代を過激な大学自治会長として過ごし（学生社交クラブ廃止運動を進め、マーチン・ルーサー・キング牧師と一緒にワシントンでデモ行進に参加した）、その後はＭＩＴにやって来たが、実際の卒業予定よりもまる一年早かった。頭の良さは有名で、新天地で強い印象を残す決意に燃えていた。一年目の終わりには、ポール・サミュエルソンの『論文集』の第一巻の編集を任されるまでになった。さらに研究論文を執筆したが、ずいぶん分量が多く、発表に際しては複数の論文に小分けしなければならなかった。日本では、伝説的な八時間講義を行った。熊がハチミツに惹きつけられるように、彼は論争に惹きつけられた。スティグリッツの研究は、刺激的なありとあらゆる事柄を対象にしているようだった。成長論、一般均衡論、財政、企業財務、不確実性下での企業理論、失われた市場、比較経済学などあらゆるものに手を出したが、なかでも最も成功したのは情報の経済学(economics of information)だった。

新しい古典派とニュー・ケインズ派

新しいテクニックは激しいバトルを引き起こしたが、特にルーカスが考案した無限次元スプレッドシートの応用は槍玉に挙げられた。しかし経済学の現代化は徐々に勝利を手に入れる。合理的期待、情報の非対称性、あるいはマクロとミクロなど、どのような角度からアプローチするにせよ、経済学の伝統的な問題を新しい手法で理解することから得られる利益はあまりにも大きく、無視できるものではなかった。

しかしだからと言って、現代化の手法に関して完全な合意が実現したわけではない。正反対である。一九三〇年代に経済学を工学と見なす新しい解釈を採用した集団がケインズ派とマネタリストに分裂したように、現代派もふたつの陣営に分裂し、しばらくはそれぞれ新しい古典派とニュー・ケインズ派を名乗った。この新たな分裂は、かつての分裂と同じような経過をたどった。

有利なスタートを切ったのは新しい古典派だった。結局、彼らは様々な手法を開拓したのだ。完全競争という仮定の利便性、政府の失敗が様々な形で起きる可能性、非自発的失業の問題が誇張されている可能性などを強調した。しばらくの間、このような政治的立場はツールの暗黙の前提であるかのような印象を与えた。

やがてケインズ派も活動を始め、新しい手法を採用した。一般均衡モデルを構築し、合理的期待を想定し、無限次元スプレッドシートを使って現在と未来を明らかな形で結びつけた。ほどなく、先達によって確認された不完全性、摩擦、非対称性といった変種も強調するようになり、当然ながら、通常は何らかの規制が含まれる解決策を好んだ。フィリップス曲線が復活し、適切な修正を加えたうえで期待や衝撃的な出来事を説明するために使われた。こうしてニュー・ケインズ派が生まれた。

そのため一時期、マクロ経済学は淡水学派（Freshwater）と塩水学派（Saltwater）のふたつに分かれた。淡水学派はシカゴ、ミネソタ、ロチェスター、カーネギーメロンなど、河川や湖のほとりの内陸部の大学で優勢だった。塩水学派は海岸沿いの大学で流行し、ＭＩＴ、ハーバード、イェール、プリンストン、スタンフォード、バークレー、そしてこれらの大学のあいだに立地する多くの大学が含まれた。経済学者はたちまち、現代派が従来とは大きく異なる手法を採用していることをアピールする手段として、新しい言葉を採用した。ケインズ派やマネタリストの旧いスタイルの教義は、若手のあいだで支持を失った。

何年ものちにアカロフは、新しい手法の起源は成長理論の黎明期にまで遡ると振り返っている。当時、ロバート・ソローをリーダーとする初期の成長理論家は、完全競争の基準からやや外れた最初のモデルを構築した。アカロフによれば一九六〇年代はじめより以前には、ユニークな制度や特定の市場の性質を把握する目的で理論家がモデルを構築することは滅多になかった。チェンバレンが例外として際立っていた程度だ。たしかに独占的競争は大学院生や一部の大学生に教えられたが、講義を聞くためにはわざわざ地方に出向く必要があり、一日か二日の空き時間を確保できなければ無理だった。

これらの「特別な」モデルは、難しすぎて表現ができないどころか、明確に理解することさえできない世界の特徴を描写することを目指した。ヴィンテージ資本、人的資本、ラーニンフ・バイ・ドゥーイング（実行による学習）、「パテ」と「クレイ」財モデルなどだ。ところが、こうした経済成長の初期モデルは革命の種を蒔いた。「ロスト・パトロール」（481ページ参照）の猛者たちが最初に生み出した成果のなかに、情報の非対称性が含まれたのは必然の結果だ、とアカロフは書いている。そこにファイナンスや淡水学派マクロ経済学の進歩を加えてもよいだろう。いずれにせよ、結果は否定しようがない。ゲーム理論、集合論、ロケット・サイエンスといった新しい手法のおかげで、経済学の理論は現実の世界について多くを語れるようになった。「モデル」という単語が名詞ではなく動詞として最初に使われるのを聞いたのは、一九六九年夏だった、とアカロフは回想している。

ソローの遅いノーベル賞受賞が示すこと

その間、スウェーデンでは新しい分野でノーベル賞が授与され、まるでバックミラーを賢明に利用しているかのように、一般大衆や報道機関を未来へうまく誘導した。言うなればノーベル賞委員会は現代思想史の大衆版の執筆を始め、新しい賞は徐々に広く受け入れられていった。

一九六九年に第一回ノーベル経済学賞を受賞したのは、ラグナル・フリッシュとヤン・ティンバーゲンだった。二人は一九三〇年代にエコノメトリック・ソサエティの設立に尽力した功労者だが、米国の一般大衆のあいだでは経済学者としてまったく無名だった。第二回は四五歳のポール・サミュエルソン、第三回は国民所得勘定を考案したサイモン・クズネッツが受賞する。第四回はジョン・ヒックス卿とケネス・アロー、第五回は投入産出表を評価されたワシリー・レオンチェフが選ばれた。その後、スウェーデンの委員会は基準をかなり緩和して、自国の**グンダー・ミュルダール**（一八九八〜一九八七）とオーストリアの大物経済学者フリードリヒ・フォン・ハイエクという、経済学では対極的な立場を象徴する人物を同時に選んでバランスを取った。その翌年は、経済学に線形計画法というツールを持ち込んだチャリング・クープマンスとレオニート・カントロヴィチが受賞する。

ここでようやく一九七六年、スウェーデンの委員会は、四半世紀前にクープマンスをシカゴから追い出したミルトン・フリードマンに賞を与える。さらに一五年後には、クープマンスの弟子ハリー・マーコウィッツも受賞対象になった。しかしどういうわけか、不可解なことにソローの功績を認めることを一九八七年まで待ったことで、進歩の要をおろそかにしてしまった。一九九四年にはやっとジョン・ナッシュ（そして**ジョン・ハーサニ**〈一九二〇〜二〇〇〇〉と**ラインハルト・ゼル**

テン〈一九三〇～二〇一六〉を受賞者に選び、五〇年ちかく前に始められたゲーム理論の進歩が経済学の発展にもたらした功績をはじめて認めた（これが最後ではない）*。一九七〇年代末、経済学の現代化はトップクラスの大学院で完全に勝利を収めていたが、一九九〇年代にはストックホルムでも勝利を確実にしたのである。

いつものことだが、新しいテクニックが導入されると、一定の空洞化が発生する。経済学者はまず簡単な問題から取り組むからだ。皮肉にも、このときは成長理論が無視されてしまった。一九七〇年代から一九八〇年代にかけて成長理論が顧みられなかったのは、実に奇妙としか言えない。世界経済の混乱の大半には成長が関わっていたのだ。生産性の低下、高インフレ、アジアの「虎」の台頭、ヨーロッパの復活など、多くの現象が発生していた。ところが経済学者の頭は景気循環と政策の有効性でいっぱいだった。しかも、成長理論の重要問題はほとんど解決されたものと見なされた。

アフリカ地図と同様、成長の源泉に関するソロー・モデルは太い輪郭で構成され、内部の詳細にはほとんど触れず、興味深い行動の大半は故意に取り除かれている。だが、現代の経済学の広い範囲を対象に「虎の生息地」が未だに印されているとすれば、若手経済学者が自ら地図作成のための遠征を企画して、未知の領域に踏み込んでいくのは時間の問題だった。

＊その頃になっても、受賞者を決定する投票日には、スウェーデン王立科学アカデミーの会議で経済学賞の反対者による妨害工作が考えられ、委員会は企てを食い止める必要があった。このエピソードについては、シルヴィア・ナサーの『ビューティフル・マインド――天才数学者の絶望と奇跡』（塩川優訳、新潮社）に紹介されている。

KNOWLEDGE and the WEALTH of NATIONS

A Story of
Economic Discovery

Part 2

第 II 部

第14章

新しい出発

New Departures

一九七〇年代の分岐点

重要な分岐点がはっきり確認できることは滅多にない。最初はほんの少しだけ地面が盛り上がるだけで、頂上がそそり立つわけではない。あるいは、小さな水の流れがいくつも発生し、あちこちに向かっていく。どれも一見すると無関係だが、やがて少しずつ合流し、最後は一本の大きな川になる。経済政策の歴史では、一九三〇年代と同様に一九七〇年代も重要な分岐点になった。こちらのほうが重要度は高いかもしれないが、当初は注目もされなかった。

一九七〇年代にグローバル経済を襲った混乱は、大恐慌とは大きく異なる危機を引き起こした。不景気ではなく二桁インフレが発生して相対的衰退が目立ち、絶望ではなく眩暈が感じられた。産業民主主義国家では、物事が制御不能に陥っているような感覚があちこちで経験された。計画経済が近づいている、と一部の観測筋には見えたのに対し、計画経済はさらに後れを取っている、と他の観測筋には見えた。南北格差が広がったとしか思えず、第三世界の国のほとんどは追いつくことを断念した。一握りの国、日本、そしてアジアの「虎」と呼ばれる台湾、韓国、香港、シンガポールだけが、成長の秘密を手に入れたようだった。

一九七〇年代には大学の経済学部に入学した学生の一部は、謎解きや問題解決を目指した。一九三〇年代に経済学を専攻した学生たちと同様、ある意味、彼らの志望の理由も危機だった。インフレ、失業、資源不足、生産性低下など、一九七〇年代は憂慮すべき事柄が多かった。レッド・ツェッペリンの楽曲「幻惑されて」(Dazed and Confused、のちにコンサート映像やこの時代を舞台にした喜劇映画のタイトルにもなった)は、この時代の精神を的確に表現している。一方、大恐慌の記憶は消えつつあった。第二次世界大戦後、景気後退は深刻な出来事ではなくなり、長びく不況の発生を食い止めることは、もはや困難な作業とは思えなかった。

実際、当時の最も差し迫った問題は、三〇〇年前に近代経済学誕生のきっかけとなった問題と同じだった。なぜ一部の国は、他の国より成長が速いのだろう。一部の国で成長が減速するのはなぜか。若い学生たちが教室に入ると、黒板にこうした問題が書かれていたわけではない。当時の最も興味深いテーマが経済の安定ではなく成長だという事実は、あとから徐々にわかってきた。一九七〇年代、最も成長が速い国は日本だった。日本が米国の自動車産業に大攻勢をかけていることは明白だった。あれだけの産業上の有利な立場が、どうして呆気なく損なわれたのだろう。小さな島国がどのようにして記録的な成長率を達成したのか。成功の秘密は何だろう。

「産業内貿易の謎」

そんなわけである日、ポール・クルーグマンという二四歳のＭＩＴの大学院生が、カリフォルニアのビジネスマンから仕事上の不安を聞かされた。日本の国内市場は手厚く保護されている。それを練習の場として利用しながら、日本は世界市場征服の準備を進めているという。これは一九七八年の話だ。日本のメーカーはまずカメラとオートバイで成功を収め、つぎは自動車で勝負する準備を進めていた。テレビ、ビデオテープレコーダーなど米国の家電業界はすでに包囲されている。先端技術産業が盛んなカリフォルニア州の住民は、つぎの大きな標的が二〇年ほど前に発明されたばかりの半導体であることを理解している。いずれのケースでもメカニズムは変わらない。まず日本は、最新式の製造プロセスに惜しげもなく投資する。つぎに、国内市場向け生産に腰を据えて取り組み、固定費用を回収する。やがて製造技術が改善すると輸出市場を標的にするが、海外市場では商品価格を徐々に低下させる。

その日、カリフォルニアのビジネスマンの話を聞きながら、クルーグマンは学校で教えられた国際貿易の概論を頭のなかで復習した。それは標準的な概論であり、リカードの時代から教科書で紹介されてきた。それによると、天然資源の状態に基づいて各国間には専門化の自然なパターンが存在している。自動調整機能を持つ完全競争の力と規模に関する収穫一定が、各国間で正しい調整を達成することを可能にする。たとえばポルトガルはワイン、英国は毛織物、米国は材木を輸出する。そのうえで各国が取引すると、土地やヒトなどの生産資源の不均等な分布が是正され、世界は平等に発展していく。

ときどき基準から外れるケースがあることはクルーグマンも理解していたが、どれも後日、通常のやり方で処理された。貿易理論は理論家の手で一九三〇年代に体系化され、一九四〇年代に入るとポール・サミュエルソンによって、サミュエルソン＝ストルパー定理（Samuelson-Stolper theorem）として形式化されていた。この標準的なモデルに共感し、その修正と拡張に誰よりも賢明に取り組んだのは、サミュエルソンの弟子であり、クルーグマンの師匠でもある**ジャグディーシュ・バグワティー**（一九三四〜）だった。クルーグマンがバグワティーの門下生になった頃には、貿易に関する興味深い問題はほぼ解決し尽されたような印象が強かったが、それも無理はなかった。

相談を受けたビジネスマンは比較優位の原則を理解していないのだろうと、クルーグマンは考えた。さらにビジネスマンは、「恒常的（ホメオスタシスな）」世界観を経済学者と共有していなかった。この世界観によれば、市場調整作用が自動的に働く結果、貿易と専門化では「本来の」パターンが確実に回復される。結局、ビジネスマンは自分で一貫性のあるモデルを考案したわけではない。しかし、彼は自分が活動の場としている世界の現実が、クルーグマンらが大学で教えられる経済学説とはまったく違っていることを強く確信していた。

あらゆる基準で、クルーグマンは興味深い青年だった。ロングアイランドで成長し、少年時代にはアイザック・アシモフの『銀河帝国の興亡』に夢中になった。この作品には、賢く勇敢な心理歴史学者たちが登場する。彼らは数理科学者でもあり、少数の適切な方程式によって銀河帝国の運命を操ることができた。クルーグマンはイェール大学に進み、ウィリアム・ノードハウス教授のもとでエネルギーの世界市場について学んだ（夏の計量経済学プロジェクトでは、石油価格が上昇すると人々は消費を切りつめることを発見した！）。イェール大学卒業後は、一九七五年秋にノードハウスの母校ＭＩＴに進学する。

当時のＭＩＴは、経済学を学ぶ場所として世界一で群を抜いていた。それは経済学部の教授陣の質の高さと献身的な努力のおかげだった（いまでも世界一かもしれないが、抜群の存在ではない）。そのため、経済学専攻を希望する優秀な若者の実に多くが、入学を許可されるとＭＩＴを選んだ。当然ながら、全員が何とか目立とうとした。あるときクルーグマンは、ほんのジョークのつもりで惑星間取引の経済学的意味に関する論文を執筆したが、そこでは一般相対性理論を考慮して金利が調整された。

小さな数学モデルの構築はクルーグマンにとって朝飯前だった。彼には仮定を単純化する才能があったようで、そのため完成したモデルは扱いやすくても取るに足らない内容ではなかった。彼は最新の数学テクニックも学んだ。当時はツールが大いに持て囃されていたのである。クルーグマンは通貨の投機売りをテーマにした論文を執筆し、為替レートの決定に関する新たな見解を紹介したが、これをわざわざ学位論文に含めるわけではなかった。学位論文は当時の流行を反映し、標準的なケインズ派の見解を新しい方向に拡大し、国際貿易の合理的期待モデルと組み合わせた。しかし結局、クルーグマンは将来の方向が定まらないまま（一九七七年六月に）大学院を去り、イェール大学に戻って教鞭をとった。「本当に研究が好きなのかも、わからなかった」と彼は振り返る。

ところで、ビジネスマンが正しかったとしたらどうだろう。たしかに長年にわたって多くの政治家や一部の経済学者が――アレクサンダー・ハミルトン以前にまで遡る――幼稚産業の保護を支持してきたが、そこでは市場占有率だけが収穫逓増の魔法を通じて有利な立場を与えてくれることが根拠になっていた。一九六一年には、**ステファン・ブレンステム・リンダー**（一九三一～二〇〇〇）というＭＩＴの学生が、「自国市場効果」（home-market effect）についての仮説を立てた。それによれば、内需が堅調な市場に企業が参入するためには、国内企業の輸出が禁じられるか、海外企業からの輸入が禁止されている状況が役に立つ。ここでリンダーはボルボを想定している。ボルボが第二次世界大戦中に自動車事業に参入したとき、スウェーデンでは車の輸入はほとんど禁じられていた。外国企業との競争から守られている数年間でボルボは自動車製造について学んだ。そしてスカンジナビア諸国の市場を支配すると、一九六〇年代には海外に車を積極的に販売し始め、米国市場にまで進出した。

リンダーの認識では、スウェーデン企業の米国市場への参入は例外だった。リカードが考案した仕組みのなかでは起こるはずがない。標準的な理論の予測によれば、国家間の専門化はどんどん進み、車は英国、列車はドイツ、飛行機は米国で製造される。ボルボのような自国市場効果は弱いので、すぐに取り除かれるはずだった。しかし、リンダーは先進国にはあらゆるカテゴリーで一斉に輸出を増やす傾向があり、同一製品を各国間で輸出し合うことにも気づいた。米国はフォードの車とボーイングの飛行機をドイツに輸出し、ドイツはフォッカーの飛行機とフォルクスワーゲンを米国に輸出する。やがて、これは「産業内貿易の謎」(the puzzle of intra-industry trade) として知られるようになった。

日本がスウェーデンとまったく同じことをしていて、しかも規模が大きいとしたらどうだろう、とクルーグマンは考えた。保護主義的政策に頼り、自動車だけでなく様々な製品を次々と順番に保護していたらどうか。一年目はチェーンソー、翌年は芝刈り機と船外機といった具合に対象を取り換えれば、最後には自国市場で規模に関して有利な立場を確保して、海外に低価格で販売できるのではないだろうか。日本のような国では市場を巧みに操る戦略的トレーダーが暗躍し、政府を都合の良い形で利用する。法律を通過させ、企業間の調整を行わせ、普通は偶然にしか達成できない成果を確実に手に入れる。最初はオートバイ、つぎは自動車、そのつぎは飛行機、さらにつぎはコンピュータと標的を取り換えていく。そうなると、他の国は特定の事業から完全に締め出される可能性もある。そしていったん締め出されると、戻るのは不可能だ。

しかし、ビジネスマンにとって妥当に思えることが、訓練を受けた経済学者には馬鹿げた発想に感じられてしまうどころか、考慮に値する可能性がほとんどなさそうに思えた。ビジネスマンが説明したプロセスをモデルで説明できなければ、指摘されるような効果について系統立てて考えることはできないし、ましてやその影響を正確に測定することなど不可能だった。

「産業組織論」の進展とクルーグマンの挑戦

偶然にも、同じような疑問は一九七〇年代半ばにマサチューセッツ州ケンブリッジの経済学者の頭も悩ませたが、彼らは別の分野で仕事をしていた。一九七〇年代はじめ、産業組織論（Industrial Organization、ＩＯ）として知られる専門的な学問分野がにわかに活気づいた。その背景には、アカロフ、スペンス、スティグリッツらが新しく開発したシグナリングやスクリーニングといったモデルの存在があった。産業組織論は、猛烈な勢いで進歩していた。当時、米国政府はＩＢＭやＡＴ＆Ｔを相手どり、独占禁止法訴訟を計画中だった。ベル研究所やランド研究所の経済学ジャーナル誌はビジネスのために紙面を割き、応用経済学の必要性を強調した。そして実際、一九五〇年代から一九六〇年代にかけて理論家ジョン・ナッシュ、ジョン・ハーサニ、ラインハルト・ゼルテン、**ロバート・オーマン**（一九三〇〜）らが開発した一連の難解な抽象概念を土台にして、新しい世代の若きゲーム理論家、なかでも**デイヴィッド・クレプス**（一九五〇〜）、**ポール・ミルグロム**（一九四八〜）、**ジョン・ロバーツ**（一九四五〜）、**ロバート・ウィルソン**（一九三七〜）が、新しいツールを創造していた。

こうして、個別企業がどのようなプロセスを経て市場を独占するに至るのかという問題は、形式言語で問われるようになり、成功を重ねていった。これらの企業は、なぜほかの行動ではなく、特定の行動をとるのか。企業はどのように統治され、どのように資金調達するのか。いつ階層組織（ヒエラルキー）を好み、いつ好まないのか。そして、すべての中心に収穫逓増の問題があった。企業は製品の多様化やブランドのイメージアップなど様々な手段で競争相手を阻止しながら、収穫逓増を実現することを新しいモデルは示した。若い経済学者は未だに、少なくとも総合的な理論として独占的競争は行き詰ったと教えられたが、結局、具体的な応用の可能性が若干残されていた。ここで突然、ピン工場の問題が復活する。

こうした独占的競争モデルのひとつのなかに、クルーグマンは自分の問題を解決する鍵を見出した。それは一年ほど前に**アビナッシュ・ディキシット**（一九四四〜）とジョセフ・スティグリッツが考案したモデルで、クルーグマンとはまったく異なる問題の解決が目的だった。すなわち、「製品増殖」（product proliferation）は、経済にとって有害か否かを調べる手段として考案された。当時広く支持されていた理論は、「ブランド」の増殖をインフレの一因として考えていた。しかし、ふたりは過度の多様性が戦略として使われている可能性はないかと考えた。たとえば食品加工業界を支配する少数の巨大企業は驚くほど多様な製品でスーパーマーケットの棚を独占し、競争相手の市場からの締め出しを狙っているのではないか。そうなると、最適な多様性について新たに何かを語る方法を見つけなければならない。

多様性という問題はそれより五〇年前、コロンビア大学の**ハロルド・ホテリング**（一八九五〜一九七三）が空間的位置に関して取り上げた。たとえば、一カ所の交差点に三軒のガソリンスタンドが集まり、どこも同じものを販売するような状況が対象になる。ディキシットとスティグリッツは、これに若干の変化を加えた。競争は複数の独占製品のあいだで行われ、製品の中身はどれも少しずつ異なる。ガソリンスタンドの代わりに、朝食用のシリアルと棚スペースが対象になった。そのうえで、顧客は多様性を好むものと仮定して、そのような顧客の効用関数を「加法的分離性」（additive separability）として知られる数学テクニックで表した。すると顧客は、アロー＝ドブルーが考えた世界にぴったり収まったのである（ここでもやはり、分離超平面が描かれた！）。「ジョーと僕は、不完全競争の分野で扱いやすい一般均衡モデルを構築するために新しいことに挑戦したけれど、用途があれほどたくさん見つかるとは思わなかった。わかっていたら、後に続く論文を自分たちで執筆していたよ！」とディキシットはのちに回想している。

差別化された製品を扱ったこの「小さな美しいモデル」を、クルーグマンは自分の問題に応用できるのではないかと考えた（これについて彼は独占的競争に関するロバート・ソローの講義で学んだ）。よくあることだが、他にもたくさんの経済学者が、ちょうど同じ時期にふたりと似たようなモデルを構築していた。[*] しかし、クルーグマンをはじめ応用を検討している多くの研究者にとって、ディキシット＝スティグリッツモデルは最も役に立った。これもまた、ＭＩＴが得意とする経済的で使いやすい「フォルクスワーゲン」モデルのひとつに数えられた。**

このような状況のなかでクルーグマンは一九七八年一月、MITで指導教官だった**ルディガー・ドーンブッシュ**（一九四二〜二〇〇二）に会いに行った。彼は国際経済学の第一人者である。そして話のついでに何気なく例のビジネスマンとの会話について触れ、独占的競争の貿易モデルの構築には挑戦する価値があるのだろうかと話すと、ドーンブッシュはたちまち興味をそそられた。そこでクルーグマンは本格的に取り組むことにした。

いきなり成功を収めた二六歳

いまやクルーグマンは、収穫逓増やコスト低下が貿易政策における政府の役割を暗示していることを二世紀にわたって論じてきた大勢の経済学者の長いリストに名前を連ねようとしていた。**ジョン・レイ**、**フリードリヒ・リスト**（一七八九〜一八四六）、ジョン・スチュアート・ミル、**フランク・グラハム**（一八九〇〜一九四九）、ステファン・リンダーらから成るリストである。経済学者が一九七〇年代半ばまで（リカードの）コーンモデルの数学バージョンを使い続けてきたことは、いま考えると不思議な印象を受ける。トウモロコシには、ほかの商品よりも目立つ取り柄があるわけではない。しかし、それ以外に使えるツールは存在しなかった。結局のところ、経済学では手に入るもので我慢するしかない。

しかし先達とは異なり、クルーグマンは広範囲な新しい概念ツールにアクセスできた。そして問題に本格的に取り組むと、厄介な問題は解決に向かった。モデルのなかの商品の一部は飛行機のような独占商品で、直ちに代替品が見つからない。したがって製造業者は独占的に（妥当な範囲で）価格を設定できる。これに対してトウモロコシのような商品は、売り手も買い手も多く、完全な代替品が存在する。そのため価格水準は古くからの単純な需要と供給の仕組みによって決定される。ここまで来ると突然、行く手の視界をさえぎっていた霧が完全に晴れた。クルーグマンは興奮し、一晩中眠れなかった。「自分の全キャリアの成功を握る鍵が手に入ったことに、わずか数時間で気づいた」と、のちに「我がキャリアの出来事」という自伝的エッセイに書いている。

そこでクルーグマンは早速、適切な経済論理を使いながら、一企業や一国家が有利な立場を確定し、競争相手を締め出すことが可能になるプロセスを証明した。「経済学の方法論がいかに多くの盲点を生み出すものか、いきなり気づかされた。モデル化できないものは目に入ってこない」。

かくして、まったく新しい展望が開けた。クルーグマンは新しいモデルを使って、収穫逓増と一

＊ケルヴィン・ランカスターは一九七五年、マイケル・スペンスは一九七六年、ディキシットとスティグリッツは一九七七年、スティーブ・サロップは一九七九年。

＊＊ディキシット＝スティグリッツモデルの利点については、『空間経済学——都市・地域・国際貿易の新しい分析』（藤田昌久、アンソニー・ベナブルズ、クルーグマン著、小出博之訳、東洋経済新報社）で明快に論じられている。

般均衡が共存できることを示した。代替品がまず存在しない高級品——自動車、飛行機、シリコンチップなど——の大量生産で先行した国は、大量生産を維持する。すると、専門化は単価の減少につながり、他の国が割り込む余地がなくなる。

ここでは、市場がかならずしも「事態を正す」とは期待できないことが暗示されている。「正常」に戻るというよりも、混乱が時間の経過と共に深まるかもしれない。理論の用語でいう、複数均衡である。複数均衡が発生すると、きわめて破壊的な結果となる。厚生経済学の定理が機能しなくなり、政府の役割を考えなければならないからだ。実際、貿易関連省庁が救いの手を差し伸べる状況が確かに存在していた。一九七〇年代末、クルーグマン・モデルが語るストーリーには破壊的な威力が潜んでいた。国際的な専門化のパターンを説明できる可能性のあるものは、もはや地理条件の違いや比較優位の原則だけではなくなった。時には歴史そのものが——国家がどのような形で先行するにせよ——原因になる可能性も考えられた。

残念ながら、当時の基準からすると、このモデルはあまりにも未解決の部分が多すぎて、説得力に欠けた。たとえば経済学者は概して多くの結果ではなく、ひとつの結果だけを望む。多くのことが可能なら、それは具体的に何なのかを知りたいと思う。そのため翌年は、クルーグマンにとってきわめて不本意な年になってしまった。ジャーナルは論文の掲載を拒んだ。先輩たちは彼を無視し、研究に低評価を下した。実際、合理的期待を取り上げた野心的な論文で使われる最新理論と対照的に、彼のモデルは呆れるほどローテクだった。イェール大学は彼の共同研究を却下した。困難は解消されずに継続する。彼のささやかなモデルは不完全だった。

やがて一九七九年春、ミネアポリスで講演するためボストンのローガン空港で搭乗待ちをしているあいだに、独占的競争と比較優位という相容れない原理を統合する方法が見つかった。この分析のトリックは、独創的な図表処理装置によって明らかにされた。のちにクルーグマンは、最初にアイデアが閃いた夜からの一連の出来事は、発見のプロセスの典型例だった、とつぎのように説明した。「ときどきアイデアがぼんやりと浮かび、場合によってはその状態が何年間も継続する。やがて何らかの出来事をきっかけに霧が晴れると、ほぼ完成されたモデルが姿を見せる」。ここで姿を現したのは、国際競争に従事する数種類の異なる産業における規模に関する収穫逓増だった。これならば、ビジネスマンが日本について抱いた不安——最初は芝刈り機、つぎは自動車、さらにつぎは半導体が狙われるという不安——は、首尾一貫したストーリーの一部として表現される。たしかに「国家は明らかに企業とは異なり、ビジネスから完全に締め出されることはない。でもひょっとしたら、国家は一部の企業から締め出される可能性がある。そうなると実際のところ、一時的なショックが恒久的な影響を貿易におよぼす可能性が生じる」。

七月、クルーグマンは考案したモデルを全米経済研究所（NBER）の第一回夏季研修で紹介する（一年前、NBERはニューヨークからケンブリッジに移転していた）。のちにケンブリッジでの夏季研修は、優れた企画として評価されるようになった。第一回目はささやかな規模だったが、それでも存在感をアピールしたい若手経済学者が数多く出席した。

「あれ以来のあらゆる行動を振り返ってみると、あそこで論文を紹介した一時間半は、人生で最高の九〇分だったと思う」と、クルーグマンは何年も後に書いている。「映画『歌え！　ロレッタ愛のために』という映画に感傷的なシーンがある。若き日のロレッタ・リンが騒々しい酒場ではじめて歌う場面で、みんな少しずつ静かになって、最後は彼女の歌に耳を傾ける。ちょうどそれと同じだった。いきなり成功を手に入れたんだ」。このとき彼は二六歳だった。

独占的競争の国際貿易への導入

一九七九年夏に成功を収めたクルーグマンは、経済学で国際貿易を研究するトップレベルの研究者が集まる「見えざる大学」への参加をすぐに許された（普通は二本の論文を投稿する必要があるが、当時は貨幣に関する未発表の論文が手元にあった）。このグループは、世界中の都市でほぼ定期的に会議を開催した。飛行機での移動時間は参加者にとって、つぎの会議で発表する論文を準備する場になった。本当に興味深い事柄がいつ飛び出してくるか、まったくわからなかった。当時、開催された国際貿易に関する会議のひとつを、クルーグマンはつぎのように回想する。このときの開催地はミラノだった。「会場は粗末だった。椅子の座り心地は悪く、背中が痛くなった年配の参加者もいた。ホテルは一定の水準以上だったが、いたって質素だった。でもG7サミットと比べて協議の中身は充実し、物事の本質を鋭く見抜いていたことは保証できる。本当に興味深い発言をするのはピンストライプのスーツを着こなした有名な学者ではなく、ブルージーンズをはいた若い経済学者なんだ。これは決して忘れられない」。

一九八〇年夏、国際貿易とファイナンス分野の大きな会議となったのが、英国ウォーリック大学で三週間にわたって開催された夏季ワークショップだった。オックスフォードからそれほど遠くないウォーリックは、大学としては二流だが、経済学への真剣な取り組みには定評があった。この企画は、選抜された優秀な若手と一流学者が毎年夏に交流し、最近の問題について話し合い、最新のテクニックについて学ぶ機会を提供することが狙いだった。この夏、ウォーリックには全部で二八人の多彩な顔触れがそろった。まだ現役で活動を続けるベテラン、つぎのステップへの飛躍を目指すキャリア半ばの精力的な若手、キャリアをスタートしたばかりの才能ある博士研究員などで、最後のグループのひとりがクルーグマンだった。

この年のウォーリックでは為替レートが最も大きな話題になった。ほかには不確実性の数学もホットな話題で、アビナッシュ・ディキシットと**ロバート・ピンディック**（一九四五〜）は、アロー＝ドブルーの無限次元スプレッドシートを貿易専門の経済学者に紹介した。不完全競争は唯一の議題ではないし、最も重要でもなかった。クルーグマンは「双方向ダンピング」（reciprocal dumping）に関する論文を（**ジェイムズ・ブランダー**〈一九五三〜〉と共同で）準備していた。ここでは市場の規模が重要に思えた。大きな国での低コスト生産にとって状況は有利になる。

今回、クルーグマンのプレゼンはそれほどうまくいかなかった。このような会議の常として、反論があがった。年配者は懐疑的で、批判的でもあった。クルーグマンとブランダーのふたりは、ある人物から「不完全な競争者」と呼ばれる。大御所の**チャールズ・P・キンドルバーガー**（一九一〇〜二〇〇三）は、「直観的に明らかな事柄を理解するために形式モデルを必要とする研究者」に苛立ちを募らせた。なぜなら、国際貿易に関する収穫逓増というアイデアは、とっくに議論し尽されていた。一九五三年にはキンドルバーガー自身の教科書で、翌年にはティンバーゲンの教科書で取り上げられ、ふたりの研究の土台となった論文が一九二九年に**ジョン・ウィリアムス**（一八八七〜一九八〇）によって執筆されていた。「ケネス・アローが収穫逓増を形式化して尊敬に値する姿に仕上げたとき、マサチューセッツ州ケンブリッジが喜びに包まれたことを覚えている。［だが］……価値のある真実を方程式で表現しただけでクルーグマンの国際貿易理論の新しさが評価されることには、多少の苛立ちを覚える」とキンドルバーガーは語る。

しかし形式化に関心のある若手は、がぜん興味をそそられた。特にひとりの出席者は、貿易へのクルーグマンの階層化アプローチを支える論理と斬新さに強い印象を受けた。この人物、**エルハナン・ヘルプマン**（一九四六〜）は、一九八〇年に三四歳だった。彼は新しい世代のリーダーであり、ハーバードではケネス・アローの門下生で、同僚からは豊かな想像力と堅実さを併せ持つ人物として評価されていた。旧ソ連のザラバードで生まれ、ポーランドで成長し、一九五七年には家族と一緒にイスラエルに移住する。兵役終了後はエンジニアになる計画だったが、サミュエルソンの教科書のヘブライ語訳が同僚の机に上に置いてあり、この分厚い本を読んだことをきっかけに計画を変更した（「いったん読み始めたら、やめられなくなった」という）。ヘルプマンは一九六六年にテルアビブ大学に入学し、卒業するとハーバードに移った。

一九八二年、国際貿易理論に関する新しい入門書の執筆を計画しているヘルプマンは、クルーグマンに協力を呼びかけた。ふたりの絆は研究を通じて深まり、ほどなく本を共同で執筆することになった。国際貿易論分野のあちこちから国際貿易のパターンに関する他の点では関連性のない数々の論文がいきなり発表されていたが、そこには、より深くより広い真実が盛り込まれていた。ふたりは独占的競争の理論を貿易に応用するため、体系的な解説に取り組んだ。この戦略は報われ、一九八五年に刊行された『市場構造と外国貿易――収穫逓増、不完全競争、国際経済』は幅広い層から絶賛される。書評のなかで、ロバート・ルーカスはつぎのように評した。「経済学のアイデアが役に立つ形で発展するかどうかは、アイデアを正確かつ扱いやすい形で形式化できる能力に大きく左右される……本書は目覚ましい成功を収めた」。シカゴを三〇年間守ってきた完全競争の牙城から、これほどまでの賞賛が寄せられたのだ！　価値のある真実をまとめた方程式には、すごい説得力が備わっていた。

独占的競争は、貿易理論を瞬く間に完全に席捲した。国際貿易の「新しい」経済学は、一九八〇年代はじめの世界にふさわしかった。トウモロコシ、ワイン、毛織物など、国際貿易を一種類のみでとらえる代わりに、経済学者は国際通商をおおまかに二重構造と見なすようになった。構造を下から支える商品やサービスは完全競争を特徴とし、比較優位が原動力になっている。そして上の部分は独占的競争で、ここでは政府から補助金をたっぷり提供された大企業が、お互いの市場に定期的に攻撃を仕かけ、専門化が市場規模によって決定される。

どちらのタイプも相互の利益を生む。ただし、構造の下の部分を支える完全競争の有利な立場は天然資源の配分に左右されるが、上の部分、すなわち独占的競争の論理的根拠は歴史がもたらした結果にすぎない。芝刈り機にせよ飛行機にせよコンピュータにせよ、誰でも一番乗りを果たしたところが勝利を収める。ひょっとしたら日本の成功もこれで説明することができる。あるいは、ボーイングやIBMの成功も説明できるだろう。この新しい発見は何よりも妥当に思えた。政府がいつまでも「産業政策」を採用し、「戦略的貿易」に従事したくなる気持ちも理解できる。ここでは、新しい政策の適用は難しいか、それとも簡単かという点が確実に唯一の問題だった。

マンデルとサプライサイド経済学

一九八〇年夏、ウォーリックで開催された貿易に関する会議に出席した経済学者によって独占的競争が「発見されていた」頃、米国民の関心は熱狂的な政治運動に集中していた。ロナルド・レーガンがジミー・カーターの対抗馬として大統領選に出馬したのだ。カーターは現職だったが、レーガンは独特の有利な立場に立っていた。彼は革命の先頭に立っていると言われた。ひょっとしたら、それは事実だったのだろう。確かにわれわれは、以後レーガン革命について語るようになったのだから。この革命は、相互依存や個人的責任に対する様々な姿勢を対象にしている。しかし、当初レーガンにとって革命の対象は別のものだった。一九八〇年夏には、「サプライサイド革命」(supply-side revolution)が大きな話題になっていた。ただし、これは本物の革命ではなく、主にメディアが計画した反乱だった。

すでにおわかりだろうが、危機の時代にアウトサイダーダーが表舞台に乗り込んでくることはめずらしくない。それが良い結果をもたらすことさえある。一九三〇年代には、不況の原因を巡る議論の中心にはジョン・メイナード・ケインズが自発的に関わってきた。自分に注目を集めようとするあまり、いくつかの点で問題を混乱させたかもしれないが、「行き詰まり」や複数均衡についてのストーリーは、技術経済学者からも賛同された。スタンドプレイに関して、ケインズの右に出る者はいない。それに比べ、一九七〇年代に議論を乗っ取ろうとした少人数のアウトサイダー集団はかなり劣っていた。一九七〇年代末から一九八〇年代はじめにかけて注目されたサプライサイド経済学は、経済学の展開を追跡する立場から見れば混乱を極めていた。大物経済学者が舞台裏にいたのだから、なおさらだ。**ロバート・マンデル**(一九三二〜)である。

サプライサイド経済学者のなかでは、**ジュード・ワニスキー**がはるかに目立つ存在だった。彼はラスベガスの新聞記者としてキャリアを始め、(嘘つきジャーナリストのハンター・S・トンプソンと同じく)不幸な結末を迎えたダウ・ジョーンズの週刊新聞ナショナル・オブザーバーの特集記事執筆者になり、最後はウォールストリート・ジャーナル紙の論説委員になった。一九七〇年代はじめ、経済学を巡る興奮がシカゴから伝わってくると、彼は記事の執筆にじっくり取り組んだ。まず一九七五年には季刊誌パブリック・インタレストに記事を執筆し、一九七八年には『世界が機能する仕組み』という本を出版し、「マンデル＝ラッファー仮説」と呼ばれるものが経済学の分野で革命を起こしていると主張した。

そもそもマンデル＝ラッファー仮説とは何だろう。ワニスキーに代わって説明するなら、一般均衡に基づいた世界観と呼ぶのがふさわしい。ここではあらゆるものが他のあらゆるものと結びついていると仮定され、特に仕事と余暇の選択ではその傾向が強い。もっと範囲を狭めれば、「国際収支への貨幣的アプローチ」と表現してもよい。これは一九七〇年代はじめ、マンデルが教授だった時代のシカゴ大学において、国際経済学に関するワークショップで盛んに論じられた。当時、**アーサー・ラッファー**（一九四〇〜）はスタンフォードの大学院を卒業して赴任したばかりの経営学助教授で、時間を見つけて政府の仕事に関わり、一貫してマンデルの友人だった。

マンデルの同僚教授**ハリー・ジョンソン**は、為替政策を巡ってミルトン・フリードマンと定期的に議論を戦わせ、刺激的な数年間を過ごした。貨幣は自由に変動させるべきだとフリードマンは論じた。そのうえで中央銀行は通貨供給量を管理すればよい。これに対してマンデルとジョンソンは、それは確実に失敗すると反論した。資本が移動可能になるからだ。開放経済においては、財政政策と金融政策は為替制度によって非常に違う働きをする。この政策を巡る論争では、フリードマンが勝利を収めた。その結果、ケインズがブレトンウッズで考案した制度は崩壊へと向かい、まもなく変動相場制がルールとなった。しかしマンデルは、方法論に関する戦いでは勝利を収めた（そのあと、すぐに詳細な点で彼の主張は覆された）。ここで問題になったのは、部分均衡分析へのフリードマンの強い好みと、それがまったく使えないことだった。現実の世界では、セテリス・パリブスにとどまらない（他の条件が不変ならば、というわけにはいかない）。ここでマンデルが注目したのは一般均衡モデルで、これを使えば、すべてが同時に機能することが示される。ある若手の国際経済学者（**マイケル・ダービー**）は、国際収支への貨幣アプローチが引き起こした興奮を、その一五年前にロバート・ソローの成長モデルがもたらした大論争に喩えた。

実際、マンデルは相互依存の世界についての見解を拡大し、一九六八年に出版された『マンデルの経済学入門』という小品ながら興味深い宣言書のなかで平易な英語を使って詳述した。たとえばそこでは、つぎのような洞察が紹介されている。「競争はふたつの形態をとる可能性がある。競争者を簡単に特定し、指摘できるときには、競争は個人的なものになる。それができないときは非個人的になる」。一方はレンタカーのハーツやエイビスが支配する競争、もう一方は小麦市場での競争である。古くはチェンバレンが、そしてクルーグマンは一九七九年に数理論理学を使って同じことをほぼ正確に書き留めた。しかし『マンデルの経済学入門』はモデルの代わりに、自由詩を使って表現している部分が多い（たとえば、以下のような文章がある。「産出、投入／商品と要因／発明、特許／俳優の芝居／ああ！」）。あるときマンデルの門下生ルディガー・ドーンブッシュが、つぎのような冗談を言った。「先生の講義に少し遅れたみたいだ。ひょっとして、モデルの説明は終わったのかな」。

新しいアイデアを巡る混乱は決まり事である。専門分野のあいだでの混乱は習慣的に繰り返される。確認できるかぎり、ワニスキーは『マンデルの経済学入門』について記事で紹介しなかった。間違いなく、経済学者は気にも留めなかった。マンデルとラッファーは学術論文を一本も共同執筆しなかった。ふたりとも当時の連合総会で研究について発表しなかった。ラッファーはシカゴを去り、政府の仕事に就いた。マンデルは変人ぶりがエスカレートし、不満を募らせた。一九七一年にはシカゴ大学を飛び出し、故郷のカナダにあるウォータールー大学で教鞭をとることになった（「ウォータールー（ナポレオンが敗れた「ワーテルロー」の英語読み）はようやくナポレオンに出会った」とリチャード・ケイブスは皮肉った）。マンデルの見解のなかの最も具体的な部分——国際収支への貨幣的アプローチ——は、ほかの教授たち、なかでもジェイコブ・フレンケルとドーンブッシュによって引き継がれ、研究が進められた。本人の名誉のために記すが、少なくともラッファーは国際経済学の教科書を（マーク・マイルズと一緒に）一九八二年に執筆し、最後はコンサルティングの世界に消えていった。収穫逓増が熱狂的に支持されたおかげで、せっかくの教科書はまったくの時代遅れになってしまった。

一九七四年にコロンビア大学に採用されたあとも、マンデルは主流派から外れたままだった。経済学の日の当たらない場所に一〇年以上とどまり、政策を提言してみたものの、論文や著書をほとんど発表せず、教える機会も少なくなった。しかし、少しずつ経済学に再び真剣に取り組み始めた。

ドーンブッシュは、年老いた恩師をノーベル賞候補としてスウェーデンの委員会に推薦する。ただし、受賞者紹介で引用された功績は一九五〇年代のもので、サプライサイド時代のものは含まれなかった。しかもマンデルはノーベル賞記念講演で金本位制をわざわざ擁護したが、ほとんど説得力がなかった。

しばらくの間、サプライサイド陣営は政策を巡る論争で優勢を保ち、その後何年も強い発言権を維持した。それは主に、ウォールストリート・ジャーナル紙の社説面の編集者だったロバート・バートレーのおかげだ（「わたしは彼から、常識外れの事柄の威力について教えられた」と、彼はワニスキーについて語った）。サプライサイド陣営が指摘する事柄には、往々にしてもっともらしい真実が含まれていたが、本当に真実だと断定はできなかった。たとえば減税によって経済の成長は加速すると主張したが、これはソロー・モデルと完全に矛盾している。もしかしたら彼らのほうが正しかったのかもしれないが。

しかし彼らは、自分たちの結論を総意としてモデルの形で慎重にまとめる努力を怠った。過去の発言のほとんどを無視して、普通なら使われる言葉を意図的に避けた。宣言したわけではないが、サプライサイド陣営が本当に関心を持っていたのは経済の成長で、サプライ（供給）という言葉をこれでもかというほど頻繁に使った。そしてウォーリック大学の経済学の会議で収穫逓増革命が注目されているあいだ、サプライサイド陣営は何事もなかったかのように、新聞で活動を続けた。

第15章 馬鹿げてる！

"That's Stupid!"

ケンブリッジの経済学をシカゴへ持ち込む

一九八〇年夏、べつの場所ではポール・ローマーという若い学生が、大学院へ復帰する準備を進めていた。彼は一年間休学し、トロント生まれの医師である妻に同行してオンタリオ州キングストンに滞在した。妻はキングストンの大学病院で研修医としての訓練を終了する予定だった。この一年のあいだにローマーは論文のテーマを決めていた。経済成長の新しいモデル構築である。経済成長の前兆としてコストが低下することは、過去二〇〇年のあいだ確認されてきた。彼は、コスト低下を知識の増加によって説明できるのではないかと考えた。そのため新しいモデルのなかでは、技術の変化がシステムにとって外生的ではなく、内生的な要素として見なされる。さらに、成長が減速ではなく、実際に加速している世界が描かれる。

キングストンの所在地であるオンタリオ湖の北岸は五大湖の最東端に当たり、セントローレンス川はここから始まる。今日のキングストンは辺鄙な場所ではないが、特に注目もされない。かつては軍事的な要衝で、一八四八年には米国の侵入を防ぐために城壁塔が建設された。いまでは、カナダの名門大学の拠点になっている。それはクイーンズ大学で、カナダでもとびきり優秀な若者が集まってくる。ローマーが暇を持て余すことはなかった。

ローマーは昼間、講義を受けて数学と経済学のスキルを磨いた。夜は学位論文のテーマになりそうな主題の研究に取り組んだ。やがて六月、妻に自家用車のフォルクスワーゲンの運転を任せ、自分はレンタルしたトラックのハンドルを握り、一年間滞在した五大湖を離れた。三年前に大学生だったシカゴ大学に戻り、学業を再開する予定だった。

今回、ローマーには特別な資格があった。前年夏、MITで教科課程を終了し、経済学の博士号の実地テストに合格していた。つまりケンブリッジで学んだ成果を、地球上で最大のライバルである大学の経済学部に持ち込むことになる。論争の内幕を知るためには、どちらの陣営にも参加してみる経験に勝るものはない。

家宅侵入の経済学

一九七七年秋、ＭＩＴには二〇人ぐらいの経済学専攻の学生がやって来た。ローマーもそのひとりだった。この時点まで彼には特に際立つところがなかった。シカゴ大学で専攻した数学の成績がとびきり優秀だった程度だ。

ローマーは一九五五年、七人の子どもの二番目としてコロラドで生まれた。父親は長年農業を営み、そのかたわらジョン・ディアの農機具ディーラー、航空学校の経営、住宅建設、スキー場開発を手がけ、最後は政治家になった。彼は一時期、イェール神学校で学んだ経験のある弁護士でもあった。ポールが一一歳だった一九六六年、父親ロイ・ローマーは連邦上院議員選挙に出馬するが落選した。一九七四年、リチャード・ラムがコロラド州知事になりロイを首席顧問に任命すると、政治の世界に復帰する。一九八二年には州財務官に選出され、一九八六年にはついに州知事になった。その間、妻のベアトリクス・ローマーは専業主婦として子どもたちを大事に育てた。あるとき、ポールが小学校の学芸会で木の役をもらって大喜びで帰ってくると、私立学校に転校させた。息子にはもっと大きなことに挑戦する気概を持ってほしいと願ったからだ。

以後、彼にとって学業は自己表現の大事な方法になった。高校の最後の二年間はニューハンプシャー州フィリップス・エクセター・アカデミーで学ぶが、二年生のときは反抗的な生徒で学業がふるわず、三年生になるとフランスの学校との交換プログラムに参加した。そのため普通の三年生とは違い、あちこちの大学のキャンパスを訪問して面接を受ける時間がなかった。願書を提出した学校のなかで、シカゴ大学だけから合格通知が届く。そこで分子生物学者のジェイムズ・D・ワトソン、ポール・サミュエルソン、ロバート・ルーカスといった先輩に続き、シカゴのサウスサイドにある厳しさで有名な大学に入学した。一九七三年夏、ローマーは新入生としてウォーターゲートにやって来た。

自由な環境で学業に専念できるシカゴは、エクセターで独立心を押さえつけられたローマーの傷を直ちに癒した。ここではいかなる質問も許された。学部時代、ローマーは宇宙論研究者になるつもりだった。しかし一九七〇年代半ばには明らかに戦後の基礎科学ブームの熱が冷め、宇宙の起源について思いめぐらす人生は将来性がなさそうに感じられた。そこでしばらくは企業弁護士になる道を考える。ところが、のちに価格理論の講義を受講したことをきっかけに経済学に興味をそそられ、法律家としてのキャリアの踏み台として専攻することにした。当時は技術経済学が、法律の分野にかなり影響を与えていたのである。やがてMITの大学院から合格通知を受け取った。ローマーは一九七七年に数学の学位を取得してシカゴを卒業すると、東部へ戻った。

MITにやって来たローマーは、経済学の正式な訓練をそれまでほとんど受けていなかった。そんな場違いな学生は、おそらく八年前にカリフォルニア工科大学から入学した**ロバート・マートン**以来だった。しかもマートンとは異なり、輝く存在ではなかった。シカゴ大学時代にルームメイトの**デイヴィッド・ゴードン**（現在はクレムソン大学経済学部教授だ）からビールを飲みながら経済学についてかなり学んだが、当時のMITにはヨーロッパから優秀な学生が大勢集まっており、多くはすでに経済学修士号を取得していた。これでは、その他大勢のなかに簡単に埋もれてしまう。そしてこの頃、サミュエルソンとソローは以前よりも教える機会が減っていた。いまや学生たちのあいだでは、**スタンレー・フィッシャー**（一九四三〜）とルディ・ドーンブッシュの門下生になることが流行していた。このふたりは、シカゴからケンブリッジに新しい学問の要素を持ち込んだ。フィッシャーと同僚のオリヴィエ・ブランシャールの共著『マクロ経済学講義』は、大学院生のマクロ経済学の教科書として人気があった。当時はケインズ経済学が最後の輝きを放つかのように、誰もが合理的期待に関する数理経済学モデルの構築に努め、一時はローマーや一年前に卒業していたクルーグマンも熱中した。ローマーは、ほかのふたりの淡水学派の学生と一緒に時間を過ごした。ミネソタで経済学を学んだ**ブルース・スミス**と、UCLAからやって来た**デイヴィッド・レヴィン**だ。三人は大いに語り合った。

ある晩、ケンブリッジのローマーのアパートに泥棒が窓から忍び込んだ。ビックリ仰天したローマーは玄関からそっと抜け出し、そこで若いカナダ人女性に出会った。彼女は廊下を隔てた向かい側の部屋の住人で、夜明け前の暗闇のなかを出勤するところだった。そこでローマーは、女性に電話を借りて警察に通報する。この女性バージニア・ラングミュアは、マサチューセッツ総合病院で研修医としての一年間を過ごしているところだった。ふたりは恋に落ちて結婚する。その後ローマーは、家宅侵入の経済学をテーマに選び、必修課程である数理経済学の論文を執筆した。そして

MITでの実地試験に楽々合格すると、ラングミュアと一緒にカナダで一年間を過ごす準備を始めた。

MITで二年間過ごしたあと、もはやローマーは弁護士になる可能性について考えなくなったが、ケンブリッジに戻るつもりもなかった。彼が次第に興味をそそられるようになったテーマは、MITでほとんど共感されなかった。二年生になったとき、ソローは（別の場所で）つぎのように語った。「近年では、経済理論の研究に取り組んでいる誰もが、成長理論は有望ではないことを骨の髄まで理解している。進取の気性に富んだ理論家が魚を釣る池としてはふさわしくない……少なくとも一時的に、成長理論は使い尽くされたと思う」。そこでローマーは妻に同行してカナダに滞在中はクイーンズ大学で学び、経済学の学位論文を執筆するために復学するときはシカゴ大学を選ぶことに決めた。

招待されたわけではないし、成功する保証もなかった。実際、経済学の由緒ある教会のひとつで聖体を拝領してから別の教会に乗り換えるのは前代未聞だった。

ノイマン・モデル、ソロー・モデルを超えて

ふたりはカナダへ向かった。クイーンズ大学は経済学やコンピュータ科学などの学部の優秀さに定評があり、権力の回廊との（ほとんど目に見えないが）強い結びつきがあった。およそ四〇人の

経済学者が所属しているが、なかでも最も著名なのが**ロバート・リプシー**だった。理論経済学者で、時々ノーベル賞候補にも挙げられた人物である。しかし、ここでローマーに最も重要な影響を与えた教師は、**ラッセル・デヴィッドソン**だった。独立独歩を貫き、学問の世界で定期的に存在感を放つような人物のひとりだ。

スコットランドの船長の息子だったデヴィッドソンは、エディンバラ大学で物理学を学び、一九六六年には著名な化学者イリヤ・プリゴジンの研究助手となり、最初はベルギー、つぎにテキサス大学に所属した。ただし、一九七〇年代は物理学者の市場が供給過剰だったことから、デヴィッドソンはブリティッシュコロンビア大学で一年間、計量経済学者としての訓練を積んだ。物理学と数学は単位が一部重複しているため、二つ目の博士号を難なく取得した。そしてクイーンズ大学では、直近の重要な寄稿をまとめたリーダー（アマルティア・セン編）から教材を選び、成長に関する講義を行った。講義の前には予め、論文を一度にひとつずつ丹念に読んで予習をした。「ちょっと前まで、ポントリャーギンのスタイルの研究が注目された。でもわたしは、リチャード・ベルマンをどう解釈すべきか、手品のブラックボックスのなかには何が入っているのか、興味があった。それから、経済に関する直観を何よりも大切にした」。

ある日、デヴィッドソンはフォン・ノイマンの成長モデルを学生たちに紹介した。一九三七年に発表されたこの有名な論文のなかでフォン・ノイマンは位相幾何学を使い、経済モデルのなかで均衡の存在をはじめて証明した。一〇ページの論文の原点は一九二八年にベルリンで開催されたセミナーで、このときフォン・ノイマンはいきなり立ち上がってマルシャックの話を中断し、初期の一般均衡理論の難問の数々を見事に解決した。しかもそれは、これらが問題として一般に認識されるずっと以前の出来事だった。のちに、アローとドブルーが自らの根拠に基づいてモデルを構築した結果、その重要性がようやく明らかにされた。知の営みについての歴史が専門のユルグ・ニーハンスによれば、「一つの根本的なアイデアが、これほど多くの実りある結果をもたらしたことは、かつてなかった」。

しかしここでは数学を深く追求するあまり、現実が犠牲にされた。フォン・ノイマンのモデルでは（その土台となった**グスタフ・カッセル**のモデルと同様）、すべての投入・産出が一定の割合で成長する。固定されたひと揃いの商品が、まるで魔法のように、同じ商品の集団を大きく「繁殖させていく」。鋼鉄はさらに鋼鉄を、トウモロコシはさらにトウモロコシを生み出していく。何も変化はなく、経済はひたすら成長を続ける。ところが、この解説を聞かされているうちに、ローマーは思わず口走った。「でも、馬鹿げてる！」。デヴィッドソンは穏やかに答えた。「馬鹿げてる？　たしかにそうかもしれないが、何とか解決法を見つけよう」。

ローマーは一瞬、タイムワープした気分になった。ＭＩＴの大学院生時代、彼はソローの経済成長モデルを学んだとき、外生的に成長する知識は一種の公共財だと教えられた。フォン・ノイマンモデルは、ソロー・モデルやその前身であるケインズ派のモデルが駆逐しようと狙った学説に他ならなかったのである。旧いモデルでは単純化を目的に、技術は変化しないものと仮定され、資本に技術定数を掛け算した結果が成長だと見なされた（これはフォン・ノイマンのスタイルのモデルでＡＫと呼ばれる。Ａは技術に関して一般に認められた記号表示、Ｋは資本の通常のシンボルである）。これに比べて、ソロー・モデルはずっと説得力がある。技術変化の割合は外生的に決定されるが、少なくとも技術に関する知識は増加するものと仮定され、その量は残差を賢明に使うことで測定可能だった。

しかし、旧いモデルは修辞的スタイルが異なり、ずっと一般的だった。このときはじめてローマーは、経済学現代化にどの程度の力が備わっているのかを垣間見た。ソロー・モデルは確かに役立つが、何だかせわしなく、美しくない、とローマーは考えた。ソロー・モデルを学んだあと、大勢の人は立ち止まり、こう語る。「こんなものは忘れよう。大きな問題について考えることができない」。フォン・ノイマンモデルを教えられたローマーは突然、世界が時間の経過と共にどう変化するのかという、何よりも深い謎にどう取り組めばよいのか、気が付いた。「それまで、こんなモデルは見たことがなかった。シカゴに行ってからは、たっぷり見ることができたけれどね」。

ローマーは、ずっとあとになってから行った講演で当時の出来事を回想している。ここで彼はフォン・ノイマンの貢献の微妙な点を理解できなかったことを認め、「間違いなく、わたしはあまり機転が利かなかった」と語った。しかし、その後の研究によって、論文の成長自体の記述を厳しく批判した当初の判断は正しかったと確信した。「新しい製品、新しいプロセス、大学、民間の研究所、特許、科学研究――これらは過去も現在も、どれも経済成長の中心を占めているように思える。ところがモデルでは、これらについて論じる代わりに、軽率にも一見魅力的な数学モデルを提示している。しかし、そこから有意義な解釈を引き出すことはできない」。

そこで、二四歳の若者らしく自信満々のローマーは直観に従い、もっと良い経済成長のモデル構築を決意する。知識を含む点で、フォン・ノイマンモデルよりも改善される。新しい知識がシステム内部の意図を持つ決断から生み出される点で、ソロー・モデルよりも優れている。ソロー・モデルでは、個人の利益のための研究開発投資はまったく行われない。政府の研究によるスピルオーバー(拡散)の恩恵を受けるだけだ。おまけに流行の波に乗り、経済学者が一九四〇年代以降に開発して普及した数学ツール、特に無限次元スプレッドシートが利用されていた。

何年も後にローマーは、キングストンでは穏やかな一年を過ごした、と語っている。一枚ずつ薄紙をはぐように、問題に少しずつ取り組む日々だった。

わたしの記憶では、最初に取り組んだのはある制御理論モデルで、一定の収穫逓増を組み入れると、成長に行き着く道が開けることをはじめて認識した。つぎに覚えているのは、鉛筆とイエローパッドを使う作業にまつわるエピソードだ。この作業では、成功と失敗を繰り返しながら、プロセスが進行する。ようやく成長にたどり着いたと思うときもあれば、行き詰まったとしか思えないときもある。ある晩には、何らかの成功を達成した時点で就寝することにした。何もかもばらばらの状態に感じられたら、とても安心して眠れない。何かに挑戦し、何らかの成果が得られたら、いったん休む。せっかくの成果に余計な手を加えたら、混乱を招くだろう。そうすれば最終的に何らかの形で完成したモデルが手に入る。物事が順調に進行しているときや、小さな成果が得られたときには、干渉してはいけない。そういえば、誰かが詩人の生涯について語った話を思い出した。その話によれば、詩人でいられるのは詩の最後の一行を完成させた瞬間だけだ。その前は詩人として失格だし、そのあとは元詩人にすぎない。わたしはそれと同じで、モデルを完成させた瞬間、自分は経済学者なんだと実感した。

ローマーはシカゴの大学院に願書を提出し、入学を許可された。妻ラングミュアは、シカゴ大学の病院に主任研究員として採用される。

反時代的成長論

振り返ってみると、ローマーのプロジェクトで特筆すべきは、それが構想された時代の精神とはまったく相容れなかった点だ。一九七〇年代の世間一般の悲観主義は、大恐慌の時代ほど大きくはなく、ましてナポレオン戦争の時代ほど切迫したものでもなかったが、その一方で、あらゆる方面で破滅への憧れや愛着が見られた。通俗的なモデルが大衆の意識を支配して、ローマクラブの「成長の限界」報告書、人口爆発、資本主義の終焉など暗いシナリオがもてはやされた。悲観主義が経済学そのものにも深く浸透していった。

いつものことだが、ほかの意見も存在していた。ゴドウィンとコンドルセの伝統に従い、アダム・スミスに由来する昔ながらの見解の普及に熱心なグループ、なかでも経済学者の**ジュリアン・サイモン**と、サプライサイド陣営のジャーナリストであるジョージ・ギルダーの存在が目立った。しかし大学院の経済学部や大物経済学者のあいだでは、一九七〇年代末の時点で成長理論への興味はほとんど皆無だった。

まさにこのようなとき、ローマーは別の角度から議論に参加した。人間の生活状況は少なくとも過去数世紀のあいだに劇的に改善されたと、彼は推論した。この傾向が継続すると期待してもよいのではないか。彼のモデルでは、成長は何十年も、いや何世紀も未来まで継続する。

「運命論者に喧嘩を売ろうとか、政府に何をすべきか指図するつもりはなかった」と、ずっとあとに研究が完成してからローマーは語った。「理解したかっただけだ。大学院で学んだ経済学はおおむね正しく、実際のところ、主に収穫逓減に左右された。でも、まったく逆方向としか思えない現象があった。この矛盾をどう折り合わせるか、それが問題だった」。

第16章 ハイドパーク

In Hyde Park

ルーカスとシャインクマン

ローマーは、MITで学んだ経済学からシカゴの経済学への転換に苦労しなかった。彼は一九八〇年六月、ハイドパークのキャンパスにある社会科学棟に到着した。普通なら学生はシカゴで二年間の課程を修了してから経済学部のコア試験を受けるもので、ロバート・ルーカスは一年目の一月に受けていた。しかしローマーはシカゴに到着すると早速試験を受けて、すぐ合格した。これはほかの大学院生のなかで存在感をアピールするために何よりも効果的な方法だった。彼は家に戻った気分だった。

実際、ローマーのプロジェクトにとってシカゴは完璧な場所だった。学問と基礎研究へのあふれんばかりの情熱が、シカゴの遺伝子に組み込まれていた。六代目学長ローレンス・キンプトンは、この大学はつぎのような場所だと説明している。「学生や教師や同僚のあいだでは、原則として常にどんなに難解な質問を投げかけてもかまわない。その努力を賞賛されても、恨まれはしない」。アイデアについて真剣に考えることはシカゴ大学の何よりの長所だと、関係者は好んで語った。

もちろんローマーも、入学した途端に勝手気ままに行動したわけではない。論文執筆の準備のため、いくつかの上級講座を履修した。たとえば、論文の書き方に関するルーカスの講義を受講した。「ルーカスは教室を飛び回って、自分の研究成果をわれわれ学生に教えてくれた」とローマーは回想している。さらに彼は、ルーカスと並ぶシカゴの数理経済学の大物ともつながりを持った。**ホセ・シャインクマン**（一九四四〜）で、数学の講義のテーマは異時点間最適化——時間の経過が選択におよぼす影響——だった。シャインクマンはローマーの学位論文の指導教官になり、ほどなくルーカスも学位論文審査委員会のメンバーに加わった。

シカゴ大学経済学部

一九八〇年のシカゴ大学経済学部の分裂は深刻だった。コウルズ委員会が去ってから二五年が経過しており、その間、記述的な価格理論的アプローチの第二次シカゴ学派が優勢だった。しかしシカゴ内部からも、経済学の他の中心地からも、次第に大きな圧力がかかるようになった。そして一九八〇年代はじめには、シカゴの経済学部は、再び言語の異なる（文章と数学）の二派に分裂した。今回は、数学的アプローチがたちまち優位に立った。

旧い記述的経済学グループの解体が始まった。かつてミルトン・フリードマンは、ケインズとの戦いに目覚ましい勝利を収めた。彼は同僚の経済学者たちを差し置いて、定期的なペースで一般大衆に直接アピールした。『資本主義と自由』は大作ではないが習作で、一九六二年に刊行されてから何万部も売れた。この本によって、保守主義者はかならずしも愚か者ではないのだと大勢の若手研究者は思い知らされたが、若きローマーもそのひとりだった。ほかにもフリードマンは、ニューズウィーク誌のコラムでポール・サミュエルソンと対決したことでも有名だった。一九八〇年には、妻と一緒に出演した一〇回シリーズのテレビ番組が世界中で放送される。関連して出版された『選択の自由』はベストセラーになった。この年には友人のロナルド・レーガンが大統領に選ばれる。しかし一九七二年、フリードマンは心臓のバイパス手術を受け、一九七七年には妻ローズとのかねてからの約束を守り、カリフォルニアでの隠遁生活を始めた。一方、ジョージ・スティグラーはビジネススクールで教鞭をとり続けていた。しかし一九八二年にはノーベル賞受賞関連の出来事に心を奪われるようになり、自伝執筆の準備に取りかかった。経済学部の保守派のそれ以外の大物たち、**D・ゲイル・ジョンソン**（一九一六〜二〇〇三）、アーノルド・ハーバーガー、セオドア・シュルツは、途上国へのコンサルティングを始めた。

一方、シカゴの経済学部は数学的傾向をどんどん強め、一九七一年には最先端の数理経済学者がはじめて雇用される。カリフォルニア大学バークレー校で博士号を取得した**ウィリアム・「バズ」・ブロック**（一九四一〜）だ。ブロックはルーカスをスカウトし、同じ年にはホセ・シャインクマンも連れてきた。シカゴ大学経済学部の今日の隆盛に貢献した功労者のなかで、明るいブラジル系フランス人のシャインクマンは、おそらく最も知名度が低いだろう（ハイドパークに二五年間在籍した後、一九九九年にはプリンストン大学に移った）。彼らのあとからやって来たのが**トーマス・サージェント**（一九四三〜）と**ラース・ハンセン**（一九五二〜）で、サージェントは現在ニューヨーク大学で教鞭をとり、ハンセンはいまもシカゴに在籍している。この頃には、ルーカスやサージェントのグループとケインズ派との意見の対立が明白になり、彼らは淡水派マクロとして認識されるようになった。シカゴ、そしてミネソタ、ロチェスター、ピッツバーグ（カーネギーメロン）の各大学で、彼らは新しい古典派を結成する。このグループは見えざる手の存在を信じ、高度なハイテク化が特徴で、若い世代にアピールした。

もちろん、新しい数学的スタイルは、シカゴの新しい世代の全員に説得力を発揮したわけではない。ほぼ同時に経済学部には新しいグループが誕生する。理論家と計量経済学者から成る労働経済学者のグループで、彼らは経済全般の行動を一般化するよりも、特定の市場の仕組みについて学べる対象のほうに興味があった。**ゲイリー・ベッカー**（一九三〇〜二〇一四）、**シャーウィン・ローゼン**（一九三六〜二〇〇一）、**サム・ペルツマン**、**ジェイムズ・ヘックマン**（一九四四〜）を中心とする労働経済学者の活動範囲は、フリードマンが擁護したマーシャル学派の伝統に近く、（ケインズ派も加えて）ポール・サミュエルソンから新古典派に分類された。フリードマンが手法を常に更新したように、彼らも手法を常に更新し続けた。しかし研究がどんなに難解になり、モデルが表現手段となり、計量経済学が強調されても、相変わらず価格理論の応用が専門であることを自認していた。決して記述的経済学者ではないが、経済学現代化の特徴であるハイテクの信奉者でもなかったのだ。このような状況でブロックは一時、シカゴを破壊するためにやってきたスパイだとからかわれた。一九八〇年代はじめの経済学部は辛うじてまとまっている状態だった。最後は派閥抗争に疲れ果て、誰よりも愛すべき人物だったブロック――タップダンサーとしても優秀だった！――は、一九八一年にハイドパークを離れてウィスコンシン大学へと移った。対立は深まるばかりだった。

大学院生にとって学部内の政治抗争はそれほど重要ではなく、テクニックが大きな関心事だった。ローマーは論文のテーマの自然の成り行きで、凸解析の専門家である数学者のイーヴァル・エクランドと過ごす時間のほうが、経済学部の精神的支柱である（将来のノーベル賞受賞者である）ゲイリー・ベッカーと過ごす時間よりも多かった。ローマーの研究に最大の関心を抱いたのが、伝統的なシカゴ学派のシャーウィン・ローゼンだった。ローゼンは価格理論家として専門化の研究を手がけ、事実上ジョージ・スティグラーの後継者としてロチェスター大学から引き抜かれた（一九五一年にピン工場のパラドックスを確認したのはスティグラーだったことを思い出してほしい）。若き数理経済学者のローマーが、収穫逓増をテーマにした論文を執筆していることを知ったローゼンは、アリン・ヤングが一九二八年に執筆した論文について教えた。因果の累積についてヤングはさかんに強調したが、曖昧な印象しかなかったことを記憶しているとローマーは語っている。

もしもローマーに自分の研究の経済学的意味を文章で表現する習慣があったら、知識の特徴を明らかにして、それがほかの資本形態と同じ方法で蓄積されることを証明したいと説明していただろう。彼の理論の基本となる直観を思い出してほしい。新しい製品、新しいプロセス、起業家、大学、民間研究所、特許、科学研究——これらはいずれも直観的に、経済成長の中心に位置するものと見なされた。

しかし優れた科学者の例に漏れず、ローマーは職業人として謙虚に遠回しな表現を使うことを学んでいた。「『おれは知識を持ち込んだ』とエラそうに言いたくはない」と彼はのちに語っている。「そんなことを言ったら、ボコボコに叩かれる……収穫逓増や成長については、わたしの前にも大勢の人たちが考えてきた。わたしはただ、問題に導かれるままに進んできただけだ」。

ピン工場問題

問題に導かれるままに進んだ結果としてたどり着いたのは、ヒト、企業、政府の行動を説明するために一九五〇年代に登場した強力な一般均衡モデルだった。具体的には、一九六五年にほぼ同時発表された**デイヴィッド・キャス**（一九三七～二〇〇八）とチャリング・クープマンスのモデルだ。キャス＝クープマンスモデルがやっていることはソロー・モデルと同じだが、ルーカスがパイオニアとなった異時点間最適化が追加されている。ここでは、フランク・ラムゼイが描いた孤独な計画者は競争的産業に取って代わり、経済は自分探しをするユニークで賢明なスコットランド人だけで構成されるようになった。つまり、キャス＝クープマンスモデルのほうがずっと一般的だった。そのためローマーは研究を始めたとき、ソロー・モデルにはほとんど注意を払わなかった。一九八〇年の基準では、ソロー・モデルはフォルクスワーゲンというより、モデルTのような印象を受けたのである。まして彼は、かつて収穫逓増問題に取り組んだ多くの記述的経済学者を参考にしようとは考えなかった。「ある意味で、われわれはずいぶん遠くまでやって来た。以前には解決が難しかった物事が、いまでは数学で簡単に表現できるのだからね」と彼はのちに振り返っている（例の通り、これも伝聞である点を強調したい）。

ローマーは、成長が際限なく継続するモデルの構築を考えた。定常状態（steady state）が迫ってきてはならない。ソロー・モデルでは、経済は五〇年から一〇〇年で必然的に一種の青年期に達し、まったく成長をやめてしまう。成長それ自体はひとつの段階にすぎない。廊下の先の古典学教室では、教授があらゆる種類の循環論や段階論、ポリビウス、聖アウグスティヌス、ビコ、カント、コンドルセ、ヘーゲル、テイヤール・ド・シャルダンらの哲学史を教えていた。これに対して経済学者は、そのような問題に手を出しているとは思われていなかった。しかし実際には、人類の長期的な未来についての暗黙の見解がソロー・モデルのなかに隠されており、そこでは国家はまもなく定常状態に収束すると仮定されていた。

思い出してほしい。ローマーが扱っている厳密に経験的な問題は、成長は減速するどころか予想に反して、一世紀以上にわたって加速しているとしか思えない現実だった。そこで彼は、科学を内側から支える原動力、すなわちより多く学ぶほど、より速く新しいことを習得する仕組みがそれに関係しているはずだと推論した。知識が収穫逓増の源だとすれば、多くの知識を蓄積するほど成長が速くなるはずで、実際、過去二〇〇年間にはそのような成長が記録されていた。

ところが、ローマーが想像し理解しようとした世界にふさわしいメタファーは身近に存在しない。彼は、人類が一〇〇〇年後の未来でも新しい謎を発見し続けていることを表現したかった。そこで、自分はどんな目的で何を目指しているのか確認するため、人気TVシリーズ「スタートレック」で具体的に表現されていた成長観に注目するときもあった。これは遠い未来の物語で、国家は栄枯盛衰を繰り返すが、地球人は永遠とは言えなくても、かなり長期にわたってイノベーションと外部への拡大を続けていく。もちろん議論では、ドラマのような多彩な用語では言い表せない。ここでは知識の収穫逓増と、土地、労働、資本の収穫逓減の対立を表現しなければならない。そのための手段として記号表現を使えば、これ以上ないほど明確になるはずだ。

数学を使うと、ローマーはたちまちピン工場の問題にぶつかった。「ラムゼイと同じように、社会計画者のモデルに取り組んだ。ここでは知識の収穫逓増のために計画者が最大化を図ると考える。そうすれば、成長はどんどん加速していくから、望みどおりの結果が手に入る。一方、分権化モデルでは競争均衡を達成できそうになかった。自分に興味のある形［成長が加速する］で世界をかなりうまく把握しても、市場との一貫性があるとは思えなかった」。

問題なのは、一企業が知識の収穫逓増を利用して市場を独占し、完全競争という仮定を台無しにすることだった。それは毎回発生し、防ぐ方法はなかった。そんなモデルを作っても面白くない。普通はそのような形にならないからだ。「ルーカスに話したら、『外部での収穫逓増を使えばいい』と指摘された。だから最初はそれを数学的戦略として使って、大企業がひとつだけ存在する厄介な真実に対処しようとした」。

ローマーの最初のモデルで知識のスピルオーバーが果たす役割は、マーシャルの本に書かれている内容と同じだった。すなわち、新しい技術は民間から資金を提供されて普及するものではないと考える。マーシャルによれば、「知識はいつの間にか広がるもので、秘密にしておくことはできず」、この有益な外部性があれば、内部での収穫逓増は必要とされない。ローマーはまだマーシャルを読んでいなかった。アローが二〇年前、ラーニング・バイ・ドゥーイング（実行による学習）のなかで紹介したスピルオーバーについてさえ知らなかった。その代わり、ローマーは数学の最前線に飛び込み、モデルをゼロから構築する準備を始める。

スピルオーバーをモデルに組み込む

細かい問題点は数えきれず、そのほとんどは数学だった。たとえば、計画テクニックはどれを採用するか、決めなければならない。ポントリャーギン？　それともベルマン？　どちらも時間の経過の説明に関わっている。ローマーはラッセル・デヴィッドソンからポントリャーギンのスタイルの連続時間テクニックを学んでいて、すでにそれをシカゴで使っていた。ただしこの手法は、アロー＝ドブルーの無限次元スプレッドシートとは相性が悪い。当時はマクロ経済学において、ロバート・ルーカスが無限次元スプレッドシートの使用を普及させていた。しかし、無限次元スプレッドシートから得られる想定内の結果も想定外の結果も、成長の分析にとって大して重要には思えなかった。そのため、ローマーは慣れ親しんだテクニックであるポントリャーギンのほうを使うことにした。これなら時間を具体的に示さなくても、時間変数の経過をたどることができた。

つぎに複数均衡の問題があった。すなわち正のフィードバックでは常に、結果は複数の形で現れる可能性があった。そうなると、不可逆的な攪乱が生じ、「正常」に戻ることができない（もちろんこれは、前年にクルーグマンが貿易分野で解決した問題と同じだが、当時のローマーはそれを知らなかった）。そうなると、複数均衡について細かい計算が必要になる。計算結果をグラフにして、状態図を作成しなければならない。当時はパソコンが発明されたばかりで、計算に必要な数学ソフトが登場するのはずっと先のことだ。そのためローマーは自分の手で作業を行った。

最大の技術的問題は、モデルの安定性に関わっていた。これは「ナイフ・エッジ」問題であり、一五年前にはシェル、スティグリッツ、アローがこれに手を焼いた。ひとつのパラメーターが少し変化するだけで、個人の効用は制約を取り払われ、無限に大きくなる恐れがあった。そうなるとモデルは役立たなくなり、このような特性は横断性条件（transversality condition）として知られていた。ここでローマーは問題解決のために、ルーカスとプレスコットが一九七一年の論文「不確実性のもとでの投資」で紹介したモデルに応用を加えた。さらに、数学者のエクランドにも助けてもらった。こうして得られた解決法にはローマー本人も指導教官たちも満足し、無限次元最適化の問題発生に関する短い論文が『エコノメトリカ』に発表される。ついに彼は、きちんと機能するモデルを生み出したのである。

当時のローマーはそのような言葉を使わなかっただろうが、スピルオーバーをモデルに組み込むと、創造される世界はマーシャルのシステムとよく似たものになった。ここでは完全競争が維持される。さらに、限界生産力説やオイラーの定理などで要求される条件である生産物の完全分配も維持される。そうなると、わざわざお金を払って技術を獲得すべき対象はなくなる。それでも経済は全体として収穫逓増を示す。ミルと同様、ソローはモデルの外から新しい知識を導入することで問題を解決した。ローマーはマーシャルと同じで、ミルやソローとは発想が正反対だった。すなわち、新しい投資によって知識が蓄積され、つぎにスピルオーバーによってすべての関係者に知識は広がっていくものだと考える。スピルオーバーの発生は、ローマーのシステムの場合には成長が内部の力によって内生的に促されることを意味する。このスピルオーバーという外部経済が、ひとつの企業が世界を支配する可能性を防ぐ強力な手段であることは、少なくとも直観的には理解できた。この点も、マーシャル・モデルと同じだった。

ローマーは数学に熱中するあまり、自分の研究が具体的にどんな役に立つのか真剣に考えなかった。ところがある日、レーゲンシュタイン図書館で研究に夢中になっているあいだに、ふと論説文に目を通し、宇宙開発競争は経済成長にとって好ましいと書かれているのを読んだ。そして、自分が全身全霊を傾けている抽象概念がいつの日か実用化される可能性を知って、すごく驚いたと回想している。

状況を一変させた論文

一九八一年末、ローマーは学位論文を完成させた。とりあえず就職先を探すには十分なレベルに完成させた。「外部性を伴う動的競争均衡、収穫逓増、終わりのない成長」(Dynamic Competitive Equilibria with Externalities, Increasing Returns and Unbounded Growth) という論文は、執筆に一年以上を費やした。正式に提出したときには一四三ページにまとめられたが、そのほとんどにきわめて難解な数学が含まれていた。

ローマーの論文と同じ内容が、過去の文献でも取り上げられてきたことは指摘されている(「数学を使って細かく説明するわけではないが、このようなモデルの基本的前提となるアイデアはかなり以前から存在していた……精密さには欠けるが、何らかの収穫逓増によって成長が促されるという考えの歴史は古く、マルサスのアイデアが攻撃された時代にまで遡る」)。さらに、モデルの現実世界への妥当性を証明する自信満々の試みもあった。入手し得る最高のデータ（サイモン・クズネッツのもの）の表では、先進四カ国の一八四一年以来の成長率は、減速ではなく加速していた。

ではローマー・モデルでは、どんな種類の変化が真に外生的なものと見なされるのだろうか。おそらく地球軌道の摂動によって引き起こされた中世の気候温暖化傾向のあいだに、ヨーロッパで穀物栽培の北限が一〇〇マイル延びたことが、当時の人によって事実として確認されている、とローマーは指摘する。ローマーによれば、これは外生的変化である。人間の行動が変化を引き起こしたとは考えられない。しかし、野生の穀物の生産量が変化しないのに、同時期に農家が栽培する小麦の生産量が着実に増加したら、それは内生的な変化である。農家が良い品種を意図的に選び、悪い品種を放棄した結果だ。

学位論文の目玉はモデルそのものである。三〇ページにコンパクトにまとめられた形式的な表記によって、ローマーが思い描く世界の仕組みが詳しく説明されている。そこでは、「無形資本財、すなわち知識」のおかげで総生産に規模の収穫逓増が発生し、それは資本関連のスピルオーバーという形で具体化される。収穫逓増の適切な判断基準には、生産の想定費用に関する測定単位が使われた。さらにローマーは、発明品に積極的な投資を行うだけの十分な理由がないため、市場が失敗している場所を見つけ出して慎重に範囲を定めた。これらの場所では、せっかくの利益がスピルオーバーのメカニズムによってたちまち消滅してしまい、その結果、新しい知識への過少投資が組織的に発生する。以上の仕組みの証明には、原稿の半分ちかくが費やされた。これでは、数学がよほど

ってもまちがいない。

得意でないかぎり魅力を感じない。ローマーの指導教官以外には、ほとんど誰も読まなかったといっても間違いない。

しかし論文には、無駄な説明やソロー・モデルとの比較は含まれない。このモデルには定常状態がなく、実際のところ成長率が時間と共にいくぶん加速していることの重要性に注目を集めようとする努力も見られない。自分が考案したツールの説明にローマーは集中している。論文の最初の段落では、非効率的均衡を計算するために考案した数学について取り上げ、これが経済学のあらゆる方面に応用可能で、市場の深刻な失敗が発生したときは常に対応可能だと述べている。企業理論、資産価格、マクロ経済の変動など、スピルオーバーが最適ではない結果をもたらしかねない場所ならどこにでも応用できる。こうした仕掛けを使って完成された万能型モデルは、シカゴで高く評価されるものだった。

一方、成長モデルの政策的意味合いについては、ローマーは口が重い。内容があまりシカゴ学派らしくなかったことを考えれば、これは意外でもない。時として、政府の補助金は景気動向を改善させるように見える。しかし大切なのは、補助金が何を改善しているのか正確に確認することだとローマーは指摘する。生産への支援、たとえば貿易割当によって生産性を向上させるという発想は、彼にとって正しいとは思えなかった。むしろ、新しい工場の建設を新しい技術で支援する政策のほうが効果が期待できる。

ローマーが学位論文を正式に提出するまでには、さらに一八カ月をかけて完成度を上げる必要があった。モデルがジャーナル誌で公表されるまでには、さらに三年の年月がかかった。しかし経済学の最前線にいる研究者は、論文の完成度がどの段階であっても、その主張を最初に読んだだけで世界が変わったことを理解した。「形式的には、ケン・アローが一五年前に考案したモデルと同じだと言われる」と、ジョージ・アカロフは何年も後に語り、こう続けた。「でもそれは妥当な指摘ではない。ポールがあの論文を書き上げたとき、状況がすっかり変化したことをなぜか全員が理解した。ちょうど「ヘンリー・ジェイムズの小説の」一場面のようだ。夫と妻が視線を交わし合うのを見た途端、妻が浮気している事実に周囲の全員が気づいた瞬間と同じだ。突然、探究すべき事柄を山ほど抱えた新しい経済学の存在を誰もが認識した」。

再びロチェスターへ

シカゴを離れる準備を進めているあいだ、ローマーは当然ながら就職活動を行った。その場所は、一九八一年一二月に首都ワシントンで開催された連合総会である（長年にわたり、クリスマスから新年にかけて開催される習慣になっていた）。この年の目玉はレーガノミクスのセッションで、展示ホールでは保守系のアメリカン・エンタープライズ・インスティチュートの関係者が「われわれの活動がいち押しだ、とニューヨーク・タイムズ紙から評価された」と自慢した。しかし面接試験が行われるスイートルームや奥まった部屋では、イデオロギーへの賞賛など遠雷のようにしか聞こえない。ここで肝心なのは、短い会話のなかで相手に強い印象を与え、大学のキャンパスに招待されて学位論文について話す機会を与えてもらうことである。

ローマーは、ハーバードをはじめ複数の大学で論文を紹介する機会を与えられたが、そのなかにMITは含まれていなかった。しかしマサチューセッツ州ケンブリッジは狭い場所で、MIT助教授だった**ティム・キーホー**（一九五三〜）と**ローレンス・サマーズ**（一九五四〜）はハーバードでローマーの発表を聞き、強い印象を受けた。そこで早速、スタンレー・フィッシャーに斡旋してもらい、MITの教職をローマーのために準備した。MIT経済学部としては異例の行動である。ほかにはウィスコンシン、カーネギーメロン、ロチェスターの各大学からのオファーもあった。そのなかで、妻にとって最高の条件が提示されたのはロチェスターだった。そこで六月、ローマー夫妻は再び荷物をまとめ、五大湖地方をドライブして元の場所に帰った。いまでは幼い息子も一緒だった。

第17章 Uターン

The U-Turn

再度の寝返り

ロチェスター大学は一九三〇年代から一九六〇年代にかけて、ハーバード、イェール、プリンストンに入りそびれた優秀な学生をＭＩＴの教授が送り出す場所のひとつだった。この大学の現実的かつ平等主義的な校風は、当時は東部の研究大学のなかでも群を抜いていたが、それは特に意外ではない。一九世紀はじめにエリー運河が開通すると、宗教的な意味でも世俗的な意味でも猛烈なエネルギーがアップステート・ニューヨーク全体に放出され、ロチェスターはその中心だった。アップステート・ニューヨークではモルモン教が創設され、婦人参政権運動が始まった。アップステート・ニューヨーク出身のジョン・Ｄ・ロックフェラーの莫大な寄付によって、シカゴ大学が創設される。さらにイーストマン・コダック社がロチェスターで操業を始め、やがてほかにも米国の光学イメージング企業の多くがこの地を拠点として栄えた。要するにロチェスターは、経済成長に関心を抱く若い理論経済学者にふさわしい場所だった。

ローマーは一九八二年春、ロチェスターにやって来た。助教授としてキャリアを始め、複数のプロジェクトを同時進行させることになった。まず、学位論文はまだ完成したとは言えない段階であり、数学に関してはシカゴの指導教官ホセ・シャインクマンの高い基準を満たさなければならなかった。つぎに、学位論文の一部を一本の論文にまとめ、ジャーナル誌に発表する作業がある。はじめて教壇に立つので、貨幣と銀行取引に関する講座の準備も必要だ。おまけに、これから一緒に家庭を築いていくパートナーは女医で、ローマーと同様、彼女も自分の研究に真摯に打ち込んでいる。やがて一九八四年には、二人目の子どもとなる娘が誕生する。それでもロチェスター大学経済学部の自由な文化のおかげで、考える時間はたっぷりあった。少なくとも、目立たなければ生き残れないというプレッシャーに苦しむ心配はなかった。

ローマーは考えれば考えるほど、自分がこの二年間にわたってシカゴで取り組んできた形での問題へのアプローチでは、結局は行き詰まってしまうとの確信を強めた。知識のスピルオーバー（拡散）が重要なのは間違いないが、それだけでは十分ではない。状況の一面はスピルオーバーできちんと把握できるが、べつの面にはスポットライトが当たらない。

そこでシカゴを離れてから一年たたないうちに二七歳のローマーは、学位論文で懸命に取り組んだ完全競争モデルを放棄してしまう。その代わりに、独占的競争の集計モデルの実験を始める。これは五〇年前にマサチューセッツ州ケンブリッジで考案されたモデルで、シカゴではこれを見下す伝統があった。一八〇度の転換はどんな学者にとってもめずらしい出来事だが、キャリアを始めたばかりの若者にとってはなおさらだ。しかもこれは、単に方針を変えたという話ではない。博士号を手に入れたばかりの若者は、経済学の対立抗争で再び寝返ったのである。

イノベーションへの動機をモデルに組み込む

完全競争のストーリーと、代償を伴わない外部経済というその副次効果のアプローチの何が問題かと言えば、世の中の実体、特にロチェスターの中心部の実体を捉えていないことだった。具体的に表現するのは難しいが、「何か重要な気配」が確実に漂っていた。ロチェスターでは、いやどの都市でも、通りを歩く人がはっきり確認できるものが存在している。たとえばロチェスターでは、企業がかなりの金額を研究開発に投資していることはまぎれもない事実だ。

企業が費用のかかる決断を下した理由が、投資に対する見返りを得ることであるのは間違いない。そのため研究所を維持し、化学者を雇い、弁護士を採用する。秘密、特許、著作権、商標を利用して、技術の最前線にとどまろうとする決意は、ロチェスターという都市の繁栄の鍵になっていた。おりしもこの頃、ロチェスター大学が傘下のビジネススクールへの富士フイルム幹部の入学に難色を示し、それを巡る論争が地元紙に掲載された。コダックの企業秘密にあまり深く立ち入られては困るというのがその理由だった。ロチェスターでは、一部の重要な事柄については間違いなくスピルオーバーが発生していない。少なくとも、技術に関して有利な立場を確保している関係者は、スピルオーバーを必死で食い止めているようだった。

ローマーが学位論文で取り上げたように純粋な形でスピルオーバーが発生する世界では、このような意図的な行動はいかなる形でも発生する場所がない。コダックが新しい高速フイルムを生産すれば、翌日には富士フイルムに全部知られてしまうからだ。こうした状況では、個人的な知識を独り占めしようとする誘因は働かない。競争相手よりも有利になるわけではないからだ。しかし、コダックが少しでも情報を隠す可能性を学位論文に含めると、モデルには深刻な欠陥が生じる。コダックには収穫逓増が発生し、最終的に業界全体を乗っ取ることになるからだ。これでは、独占がめずらしくなかったピン工場の世界に戻ってしまう。

学位論文のなかでローマーは問題を巧妙に処理した。もしコダックが企業秘密に関する知識をある程度持っていたとしても、富士フイルムは多少の恩恵にあずかり、コダックが市場全体を独占するのを防ぐことができると考えた。ここでは生産関数のなかに、コダックは一定のレベル以上には成長できないという前提が隠されている。なぜなら、ある時点を超えると知識を獲得するためのコストが上昇するため、大企業の成長は止まってしまうからだ。このように処理すれば手っ取り早い。イノベーションへの動機をモデルに含めても、すべてを丸く収めるために、この前提は重要だった。

このコスト上昇の前提に関してローマーは、外部性の概念を使った学位論文と同じような処理を行わなかった。すなわち、現実の世界の事例での説明を省いた。「わたしは実際に世界を探検し、知識を探し、見つけたらテストして、利用するとコストが上昇するのか試したわけではない。論理的思考が行き詰まると、手っ取り早く近道をとることにして、数学に頼った。でも数学に立ち返るたびに、困難に直面した。苦労したけれども、数学で対処することしか考えられなかった」。

固定費と「非凸性」

ローマーは金銭的投資を行うに足る価値ある新しい知識とは正確にどんなものかを考え始めてまもなく、それは新製品のようなもので、うまく差別化できる製品でなければならないと結論を下した。たとえば、ほかの製品よりもずっと光感度に優れた高速タイプのフィルムなどだ。

結局、民間部門では新しい知識のほとんどが、試行錯誤、実験、積極的な研究開発といったプロセスを経て誕生する。新しい知識の開発を任された関係者は、自分たちが何をしているのか理解しており、利益を出すことを期待して投資を行う。たしかに新しい知識が他人に何らかの利益をもたらすケースは多いが、蓄積された知識に投資する関係者にとって、それは本来の目的ではない。彼らが捜しているのはスピルオーバーしていくものではなく、販売できる新製品である。「自分たちの製品を差別化し」、生産と販売の専門化を目指しているのだ。

しかし専門化を目指す人たちは、自分たちの発見や手順の秘密が守られる状況で利益を上げたいと望む。あるいは、新しい知識を特許や著作権で守りたいと望み、ほかにも製造、流通、販売の課程でコストに関して独特の有利な立場を確保したい。おまけに固定費を賄わなければならない。ひとつの製品を販売する前には、最初に事業に参入するためにかかった費用を回収する必要がある。それには、自分たちが価格設定者（price makers）でなければならない。したがって少なくともしばらくは、独占者としてふるまうことが求められる。

これは六〇年前にエドワード・チェンバレンが独占的競争に至ったのと同じ論理だが、ローマーはチェンバレンの著作を読んでいなかった。ローマーは数学を使って自分が考えた世界を説明する方法を採用した。このケースでは、民間企業の当事者が知識の生産に投資したがる理由について、数学を使って納得できる形での説明を試みた。経済学現代化の成果のひとつは、自分の考えを自然言語で表現することが研究者に不要になったことだ。はるかに正確な数学的定式化をいきなり使えばよかった。

固定費に関する数学には「非凸性」（nonconvexity）が関わっている。ローマーがシカゴの大学院で使い慣れてきた凸解析というツールは、ここでは不十分だった。固定費はひとまとまりとして存在している。すなわち固定費には不可分性（indivisibility）が備わっている。橋が半分完成しただけでは金は稼げないし、新しいフィルムは発明と開発が済むまで販売できないように。実際、不可分性の説明として非凸性は奇抜な方法で、不可分性の存在によって収穫逓増の可能性が示唆される。凸性は、コスト上昇と収穫逓減というなじみ深い事例の説明に役立つが、非凸性を使えばコスト低下と収穫逓増の組み合わせを説明できる。

通常の意味——球体の表面のように曲線を描く状態——のほかに、凸性という言葉は経済学にとって特別な意味を持っている。一九世紀には、完全競争の分析は微積分に基づいて行われたが、いまやすべての分析で凸集合の論理が土台として使われるようになった。世界の「平滑性」(smoothness)という非現実的な仮定の一部を省いた集合理論は、微積分に代わって重宝された。その結果、経済学では方程式の代わりに不等式が採用され、命題は直線ではなく、点集合の各点に注目するようになった。円錐形に似たジョージ・ダンツィヒの豆の支柱は、凸集合である。ほかにも高度な論理を土台とする抽象化はすべて凸集合で、経済学者は重宝している。たとえば、無限次元スプレッドシートは凸性に支えられている。分離超平面定理は凸解析の標準的なツールだ。競争均衡のようなスケールの大きなものを立証するために使えるし、市場価格と自然価格の違いは価格と量の調整を通じてすぐに解消されるという仮定の説明にも使える。凸性の範囲を定めるのは非常にやさしい。二点を結ぶ直線が含まれる集合は凸集合である。『ニューパルグレイヴ経済学辞典』を編集したピーター・ニューマンは、つぎのようにわかりやすく説明している。ピラミッドは凸集合だが、フリスビーは違う。ゴルフボールはほぼ凸集合である。ほぼ球形に近い表面はディンプルと呼ばれる非凸性の小さなくぼみに覆われている。

非凸性は数理経済学者にとって非常に厄介だ。見えざる手の研究者にとって、独占が厄介な問題を引き起こしたのと同じである。ただし、数理経済学者にとっては独占的競争について語るよりも、非凸性が一般均衡モデルに何を引き起こすのか明らかにするほうがやさしい。ローマーは後日、この問題を巡る論争について専門知識のない聴衆に説明するとき、全体をふたつの種類に大別した。すなわち、凸集合である円と、非凸性の押しつぶされてへこんだ円のふたつに区別したのである（フリスビーの横断面は押しつぶされた円によく似ていて、アルファベットのCのような形をしている）。

押しつぶされた円の形状は、ローマーを一〇年から一五年のあいだ悩ませ続けたという。これは経済学で何か非常に重要なものを象徴している。しかし聴衆がモノと知識の関連性についてまだ理解できず、円はモノを、押しつぶされた円は知識を象徴することがわからなければ、講堂に集まった聴衆に数学で説明しても聴衆は理解に苦しむだけだ。「［数学的に］分離されるプロセスをうまく教えられない。余分なものをそぎ落とし、複雑な世界を突き詰めて、ふたつの幾何学的形状にまとめるまでの経過をわかってもらえない」。最後まで話を聴いてくれた聴衆全員が、経済学の博士号をもらえるほどの知識を手に入れたらどんなによかったか。

徐々にローマーは、固定費を詳しく取り上げた文献の存在に気づく。この問題には、長年にわたって大勢の人が取り組んできた。先鞭をつけたのは一九世紀フランスのエンジニアで、道路、運河、鉄道建設の経済学的側面の研究に取り組んだ結果、アルフレッド・マーシャルよりも半世紀前にミクロ経済学をおおよそ発明していた。ジュール・デュピュイで、ローマーは彼の著書に目を通した。彼はパリの主任土木技師で、一九世紀半ばにあらゆる公共財の供給に関する専門家になった人物である。公共財は橋や高速道路に限定されない。運河、鉄道、公営水道、下水処理、治水プロジェクトなども含まれるが、アルフレッド・マーシャルが無視しただけだ。橋を建設する決断と、ピン工場を建設する決断は何が違うのだろうか。ほとんど違いはない。少し範囲を広げれば、知的財産も含まれる。「固定費を探し始めると、あちこちに見つけられる」とローマーは書いている。

ここで肝心なのは、ローマーが思考するうえで経済学の「文献」の役割は小さかったことだ。彼はチェンバレンやシュンペーターではなく、ロックフェラーの著書を読んだ。ロックフェラーと言っても、ジョン・D・ロックフェラーではない。数学者のR・T・ロックフェラーで、著書の『凸解析』は現在のこの分野の土台を築いた。当時、すでに知識労働者や知的財産について語りたがる人は多かった。しかし、無限次元空間での横断条件に取り組む意欲のある人は誰もいなかった。それでも最終的に表現の矛盾を明らかにしたのは数学だった。

知識の増加を当然視したミル

この頃、ローマーはかつてシャーウィン・ローゼンから勧められたことを思い出し、アリン・ヤングの「収穫逓増と経済発展」に関する講義を読み直した。すると今回は、ヤングの主張が以前よりも理に適っているように感じられた。

アリン・ヤングは一九二八年、聴衆に向かって大胆な発言をした。アダム・スミスは論点がずれていると指摘したのだ。ピン工場の壁の内側で進行する事柄にばかり専念するあまり、ピン業界と周囲との関係という肝心な問題を見落とした。複雑な作業の細分化や繰り返しは、分業のストーリーの一部にすぎず、しかもそれほど重要な部分ではない。新しい道具や機械の発明、さらには新しい材料やデザインにも分業は関わっている。そこに伴う変化は、しばしば「進歩」という言葉で簡単に表現される。

実際、ひとつの企業やひとつの業界だけを研究しても、進化のプロセスが次々に展開する核心部分をとらえるのは難しい、とヤングは語る。彼は、印刷業界の歴史をコンパクトにまとめて説明した。印刷機が新しく考案されたとき、その発明者は機械の設計と製造を自分で行わなければならなかった。特殊なインクを調合し、労働者を訓練する必要があった。印刷された本を購入してくれる顧客も探さなければならない。

しかし印刷産業が成長すると、印刷機の製造だけに取り組む企業が現れ、製造した機械を将来競争に参入する企業に販売する。時代が進むと、印刷業を構成する企業は今日のようなプリント専門店に限定されない。印刷機メーカー、木材パルプの供給業者、製紙メーカー、インクメーカー、タイプメーカー（そしてタイプのデザイナー）、石版工、印刷機の組み立て業者、さらには鉄鋼、化学薬品、電気、工作機械の供給業者など、印刷会社にとって必要な中間財を提供する企業が数えきれないほど関わってくる。

プロセスが反対に進行するときがあるのは事実だ。書籍出版社は着実な供給源を確保するため、製紙企業を買収するかもしれない。しかし、このような統合は成熟段階に達した結果として実現するものだ。成長途上の若い業界では専門化と分解が進行する。熟練した職人は世話になった会社を離れ、自分で商売を始め、複数の競合企業に部品を供給する。別会社の設立、離脱、新興企業の立ち上げはめずらしくない。

通常、このような新興企業の原動力は、新しい市場を探し求める起業家である。しかしそのために、起業家は予め新製品を確保しなければならない。十分な大きさの市場で企業が繁栄するためには、ある程度の規模で操業する必要がある。一本の釘を打つためにハンマーを製造しても意味はない。特注のジグ、計測器、旋盤、ドリル、プレス、コンベアを工場にそろえて、一〇〇台の車を製造しても意味はない。

しかしハンマーに複数の用途ができたら、あるいは車の販売台数を十分に確保できたら、単価は下がって専門化は利益を生み始める。つまり、分業――専門化の程度――は市場の規模に制約される。アダム・スミス自身、ポーターが生計を立てるためには都市が、パン屋が暮らしていくためには最低でも小さな町が必要だというところまでは述べている。孤立している農家は自分でパンを焼く。

ほかの多くの事柄についてスミスは明確に語っているから、この点についても、そうすればよかったのではないか。見解をあと一歩先に進め、収穫逓増と価格低下は機械と大きく関わっていることをなぜ指摘しなかったのだろう。たとえば、大八車や対流式オーブンについて語ってもよかった。

そもそも、こうした省略がなぜすぐに見つからなかったのだろう。リカードがコーンモデルで形式手法を導入したときに発生した空洞化は、簡単に理解できる。それなのに次世代の経済学者、特にジョン・スチュアート・ミル（もちろんカール・マルクスは除く）は、次々と押し寄せる新しい発明の決定因子についてなぜあれほど無関心だったのか。

一九世紀半ばには経済発展が長年にわたって順調に進んできた結果、重要視されなくなったのかもしれない、とアリン・ヤングは推測した。いずれにせよ、知識の順調な増加をミルも同僚の経済学者も当然の現象と見なした。「過去を振り返ってみれば、農業や産業で手法に重要な変化が起きない時代が何世紀も続いたことがわかったはずだ。しかし彼らが生きている時代には、誰もが新しい方向にばかり目を向けていた……そんなとき、改善についてわざわざ説明する必要はなかった。昼と夜の長さの変化と同様、改善は自然現象だった」とヤングは記した。

ローマーが説明しようと試みていたのは、まさに、「改善」の経済学だった。

スピルオーバー抜きの専門化

ローマーはマーシャルの著書に目を通した。すると、外部での収穫逓増という発想を考案したマーシャル本人が、改善のふたつの異なる発生源について簡潔に説明していることがわかった。まず、「取引に関する知識は秘密にできない」。つぎに「付随的な取引」の実現は、「高度に専門化された機械」が誕生するかどうかに左右されるという。実はマーシャルも、専門化について書いていたのだ。大事な点を省いたため、ほとんど注目されなかったのである。

パン屋やポーターが仕事を始めるためには、誰かの助けが必要になる。専門化にはかならず固定費が伴う。活動を開始するための費用は欠かせない。パン屋はまず、店を借りてオーブンを購入しなければならない。ポーターには荷物を運ぶカートが必要だ。固定費と変動費の関係について、マーシャルは多くを語っている。それによると費用の増減は、設備が使われる頻度に左右される。しかし新商品の導入に関して、マーシャルはほとんど何も語っていない。

その代わりに外部性の存在、すなわち「何か重要な気配の存在」が指摘されている。「マーシャルの理論の形式化を試みたときのことは覚えている」と、ローマーはつぎのように回想している。

文献を知らないと皆からさかんに言われた……でも実際、マーシャルはわたしと同じようにスピルオーバーを導入したと確信している。技術的問題に対処するため、あるいは数学が正しい結果を導き出すため、スピルオーバーを利用している。でもマーシャルは、本のなかでこんな形で対処している。「ここには自然発生的な問題が存在している。知識について何か重要なものがあって、これをモデルに収めるのは非常に難しい。しかし世界を観察するかぎり、どうも重要な特質のようだ。ならば、モデルに組み込んでみよう」。数学の問題を解いているとわざわざ説明しなくても、このような形でスピルオーバーについて語ることは可能だ。マーシャルが収穫逓増を望んだのは、時間と共に改善するものがほしかったからだ。しかし同時に、多くの企業のあいだでの競争を維持したいとも考えた。

自分が説明を試みている現象の適切な事例を探し求め、現実の世界に定期的に立ち返るのは「やさしく解説し直す」ためではないとローマーは語る。これはプロセスの重要な部分だった。「いったん数学の構造を組み立て、それがどのように機能するのか理解したら、現実の世界に切り替えて、物事の本質にまで切り込めるかどうか確認する必要がある。わたしはよく学生に、異なるレベルが描かれた図を見せるときがある。いちばん上は抽象化のレベルが最も高く、いちばん下は人間の感覚の世界に最も近い。理論経済学者はこの範囲のなかで軌道をたどっていく。ズームアップし、しばらく時間を過ごしたら、再びズームダウンする」。

問題を明確にするためにローマーは、スピルオーバー抜きで専門化のモデルを構築することにした。

学位論文からの飛躍

つぎにローマーが直面した問題は、商品の多様性増加の説明に関わっていた。これはある意味で、国際貿易における様々なハイテク商品間の競争のモデル化にポール・クルーグマンが取り組んだとき、直面したのと同じ問題であり、直ちに同じツールが使われた。独占的競争に関するディキシット＝スティグリッツモデルだ（ほかには大学院で教えられた関連モデルも使われた）。しかし、クルーグマンとは重大な違いがあった。

クルーグマンは、異なる商品が数多く存在する状態は不変だと見なしたが、ローマーにとっての問題は、新製品の起源について解説することだった。彼がほしかったのは、成長の動的モデルだったからだ。そこでディキシット＝スティグリッツモデルの消費関数を生産関数として解釈し直し、最終財の生産が多くの中間財に依存している世界の解説を試みた。これを書き出してみると、新製品のフィルムの市場モデルは、すでにスーパーマーケットの棚に陳列されている朝食用シリアルの市場モデルと、結局はほとんど変わらないことが判明した。違うのは動機だけだった（のちにローマーは、ペンシルバニア大学の**ウィルフレッド・イーシア**が、貿易モデルを対象にすでに同じことをしているのを発見した）。

比較的少ない方程式を使って、ローマーは、宝の箱から新製品が着実に生み出されるプロセスの概要を示した。そこでは、どの商品もほかの商品の唯一完全な代替品にはなり得ない。ピンだけでなく、ステープル、無頭釘、ペーパークリップ、ボタン、鋲、ヘアピンなど、設計や生産が可能なありとあらゆる種類の留め具がほかにも存在する余地が残されている。

市場参入を考えているどの企業にとっても、新しいタイプの留め具の設計に必要な初期固定費が発生する。たとえば、製造用の青写真を機械工場に送らなければならない。それが済めば、どの企業もちょっとした独占者となり、留め具の価格を固定費よりもはるかに高く設定する。そうすれば設計を依頼した業者に支払った費用や、市場への参入にかかった費用を回収したうえでお釣りがくるだけの十分な利益を確保することが期待できる。もちろん失敗する企業は多いが、成功した企業のあいだでは、完全競争が行われる産業の特質である利潤ゼロに各企業が陥り、その結果として均衡が発生する。何かできることがあれば、どの企業もやるはずだ。

これらがすべて凸性ならびに非凸性の観点から表現された。確かに、非凸解析は教育の観点から魅力的ではない。「[数学の]クランクを回すと」、論争の余地のない結果が流れ出てくるわけではないのだ。しかしその一方で、半導体メーカーが新しいチップをひとつ製造する前に、何億ドルも投資をする必要があるような世界について説明するためには役に立つ。

ほどなくローマーは、専門化、すなわち分業のプロセスの進行を一般的な方法で説明できるモデルを手に入れた。これなら打ち出の小槌のようなもので、新製品がいつまでもあふれ出てくる。文章と数学のどちらでモデルが設定されるにせよ、問題を最初に定式化してみると、経済学の教科書というより、電話帳のイエローページの中身を説明しているような印象を受ける。しかしある意味で、印刷業界についてヤングがコンパクトにまとめた歴史にとっても、それに基づいたローマー・モデルにとっても、イエローページのような印象は重要なポイントである。電話帳、新聞、低俗小説、教会のプログラムなど、様々な印刷物がイエローページをめくるように登場し、その完成には様々な機械や原材料が必要とされる。「専門化への取り組みからは複雑な結びつきが次々と生まれる」とヤングは語ったが、いまやそれが数学によって表現されるようになった。

これはのちにネオ・シュンペーター的モデルと呼ばれ、その機能は新製品の導入に左右された。この新しいモデルは完全とは程遠い。たくさんのものが創造されるが、破壊されるものはなく、古い商品は決して消滅しない。国家を測る尺度は人口で、中国のような国は小さくて閉鎖的な国よりもずっと成長のスピードが速くなるはずだった。しかし基本的な点は明確だ。専門化すなわち新商品とそれに伴う収穫逓増が、生産高の増加の鍵とされる。これによってローマーは、学位論文から大きく一歩飛躍した。

ここでもやはり、ローマーはシュンペーターを読んで専門化という主題にたどり着いたわけではない。たとえば駅馬車と鉄道車両の違い、運河のシステムと現代の自動車高速道路のシステムの違いに関してシュンペーターは暗示しているが、その影響は受けていない。実際、モデル構築の最終段階に入ってようやくローマーは、アルフレッド・マーシャル、エドワード・チェンバレン、ジョーン・ロビンソンと、二〇世紀のはじめから脈々と受け継がれてきた研究成果を、自分は数学で要約していることに気づいた。数学の簡潔な言葉を使うと、彼らの見解の違いはたちまち完全に解決される。問題の数学的論理、本人が言うにはキャス＝クープマンスモデルと「一枚の紙」を使うことによって、ローマーの思考は溢れ出た。

完全競争、淡水学派との別れ

独占的競争アプローチを採用する決断は、一九八〇年代はじめのシカゴのような影響力のある世界では決して小さな問題ではなかった（その意味では、ロチェスターは衛星のように小さな存在だった）。シカゴ学派の保守派は、この教義を以前と変わらず激しく非難した。一時は、完全競争と市場支配力――シカゴとケンブリッジ――のどちらの視点を選ぶべきか、偏見にとらわれず真剣に考えた、とローマーは回想している。そのうえで、シカゴで取り組んできた数学は事実に合わないという結論に達した。「自分に関心のある事柄について語るためには、凸性を完全に放棄しなければならないことを認識した」のである。そこで完全競争という習慣や、淡水学派経済学のほとんどに別れを告げる。

のちにローマーは、ロチェスター大学のライオネル・マッケンジーが指導者として存在していなければ、敢えて方針を覆さなかったかもしれないと回想している。マッケンジーはロチェスター大学経済学部を創設し、そのスタイルを確立した人物だった。高いレベルの数理経済学をていねいに解説する能力には定評があり、スタンフォードが一九六〇年代はじめに偉大なケネス・アローに代わる理論経済学者が必要になったとき、マッケンジーに白羽の矢が立った。しかし彼は誘いを断り、研究分野で一流の経済学者が修行の場としている経済学部の運営に専念するほうを好んだ。彼が監督・指導した学生は、やがて恩師と同様、経済学のリーダーとして活躍した。ホセ・シャインクマンはのちにシカゴとプリンストンに、**ジェリー・グリーン**はハーバードに在籍し、**ヒューゴ・ゾンネシャイン**（一九四〇〜）はのちにシカゴ大学の学長になった。マッケンジーの記憶のなかにあるローマーは、独学の傾向の強い学生だった。教師の役割は研究の進行に必要な後押しを提供することで、その集約が学問上のUターンだった。ローマーの以前の研究について、とやかく言うべきでないと、マッケンジーは同僚たちにくぎを刺した。「注釈でいちいち取り上げるべきではない」。

「ローマー'86」

ちょうどキャリアを始めた頃のローマーには、新しいモデルの欠陥を修正する以上に差し迫った問題があった。たとえば、学位論文から一、二本の論文を作成する作業があった。まず、「明らかに理に適った問題に解答が得られない」非常に厄介な状況について技術的に論じた部分をまとめ、「ケーキ理論、チャタリング、飛躍――変分問題の結果」（Cake-eating, Chattering and Jump : Results for Variational Problems）というタイトルで『エコノメトリカ』に発表した。この作業はスムーズに進んだ。つぎに、スピルオーバーによるアプローチをまとめた「収穫逓増と長期的成長」という論文を『ジャーナル・オブ・ポリティカル・エコノミー』（JPE）に提出するが、そこで問題にぶつかる。

ひとりのレフェリーは公表に賛成するが、もうひとりのレフェリーが反対したのだ。数年前にポール・クルーグマンが収穫逓増と国際貿易に関する論文を提出したときと、まったく同じことが起きた。「悪意があったわけではない」と、ホセ・シャインクマンが回想する。彼は同誌の編集者であり、決定には関与しなかったが、ジム・ヘックマンと同意見だった。「理解できなかっただけだ。当時、数理経済学は経済学と違う学問だと思われていた」のである。状況は複雑だった。（ハーバードが『クォータリー・ジャーナル・オブ・エコノミクス（QJE）』を所有するのと同じく）JPEを所有して編集を手がけるシカゴ大学経済学部は、依怙贔屓している印象を与えるのをいやがり、レフェリーの評価が分かれるときには論文を却下するのが通例だった。しかし、決定権を持つヘックマンは好意的な評価に味方して、「公表すべきだ」と主張した。そのおかげで、この論文は一九八六年一〇月のJPEに掲載される。スピルオーバーをテーマにしたこの論文は、「ローマー'86」として知られるようになった。

皮肉にも、もはやローマーは自分が出した結果を信じていなかった。彼にとって外部性は、知識の経済学を理解するための有望なアプローチに思えなくなった。そのため公表された論文には新たにメッセージを挿入し、少なくとも注意深い読者なら、考え方の変化を察知できるように工夫した。「厳密には、構造に生じるこれらの変化を技術的外部性とは見なせないことがいまや明らかになった」とローマーは書き加えた。「正式には、専門化の進展によって新しい市場が開かれ、新しい商品が導入される。ひとつの産業のすべての生産者はこのような「新しい」商品の導入から恩恵を受けるかもしれないが、これはあくまでも商品であり、外部性ではない」（商品の部分の強調は本書で付け加えた）。

この文章によって、ローマーは過去の成果のいっさいを手放してしまった。

第18章 キーボード、都市、世界

The Keyboard, the City, and the World

経済史家ポール・デイヴィッドのダラス講演

転換直前の経済学の思考状態については、知識人のスナップショットから垣間見ることができる。その撮影場所は当然ながらダラスで開催された連合総会で、一九八四年一二月のことだった。「経済史と現代経済学」(Economic History and the Modern Economics)というセッションから、一冊の薄い本がまとめられた。この集団的自画像には、経済学の最高の頭脳、「最も偉大な世代」がダラス・ヒルトンの大宴会場に集まり、経済理論と歴史の関係について話し合ったとき、キャリアが終わりに差しかかった彼らがどんな立場にいたかが記されている。

一九八四年冬には多くの歴史が作られつつあった。ピン工場やウェッジウッドの陶器や鉄道は、もはや興味深いニュースではなくなっていた。当時はアップルが「パソコン」を市場に送り出し、IBMによってパソコンが誰にでも馴染み深い存在になった。コンピュータの巨人IBMは、新しい「トップビュー」システムを導入する準備を進めていた。これはスクリーンを複数の「窓」(windows)に分割し、複数のプログラムを同時進行できる優れたアイデアだった。これに対し、IBMのベンダーのひとつ、マイクロソフトという小さな企業がトップビューの代替品の開発を急いでいた。一方、国防総省は海外とのトラフィック向けにARPANETコンピュータネットワークの運用を開始して、のちにこれはインターネットと呼ばれた。また、司法省の強い勧告によってベルの電話事業独占が解体されつつあった。資産の一部(コンピュータ用のオペレーティング・システムのUNIXなど)は放棄されたが、ほとんどは株主の手にわたって別会社が設立される。誕生したばかりのバイオテクノロジー分野では、ポリメラーゼ連鎖反応として知られる新しい化学的手法が発見されたというニュースが徐々に浸透していた。このテクニックを使うと、DNAの特定の部位が際限なく増幅していく。これにどんな用途があるのか、まだ誰にもわからなかった。

政治でも革命が進行していた。中国は急ピッチで「計画経済から脱却して成長」を続けており、広東省は近くの香港の例に倣ってグローバル経済に参加した。ロナルド・レーガンは大統領に再選される。冷戦はクライマックスに達し、各国政府の指導部は戦争への不安を膨らませた。ロンドンでは、血液バンクが提供するスポット価格から目を離さないよう、KGBの諜報員が政府高官から指示された。価格の急上昇は、西側が奇襲攻撃を準備している兆候の可能性があると考えたからだ。米国の中央銀行と世界的なインフレとのし烈な戦いは五年目に突入した。石油輸出国機構（ＯＰＥＣ）の石油価格に対する支配力はほとんど失われた。三度目の世界債務危機が悪化の一途をたどっていた。

ダラス会議に集まった著名な経済学者は、最新の出来事に興味がないわけではなかったが、話題には取り上げなかった。彼らにとっては、科学としての経済学の権威が大きな関心事だった。二世代にわたって成長と発展に取り組んできた優秀な研究者の多くが会場を訪れた。成長の経済学に現代的な視点から取り組む学者もいれば、彼らに圧倒された学者の姿もあった。会議の議長を務めるのは、ノーベル賞を受賞したプリンストン大学の**W・アーサー・ルイス**（一九一五〜一九九一）で、経済発展に関してきわめて影響力のあるモデルを考案した人物である。パネリストとして理論部門を代表して、やはりノーベル賞受賞者のケネス・アローと将来の受賞者であるロバート・ソローが出席した。歴史部門からは**ポール・デイヴィッド**（一九三五〜）と**ピーター・テミン**（一九三四〜）が出席する。ドナルド・マクロスキー（後のデアドラ）と**ガヴィン・ライト**（一九四三〜）は討論の参加者で、聴衆のなかには**W・W・ロストウ**（一九一六〜二〇〇三）とチャールズ・キンドルバーガーの姿があった。要するに、成長の経済学の有力者たちが勢ぞろいしていた。

会議を企画したイェール大学の**ウィリアム・パーカー**（一九一九〜二〇〇〇）が冒頭、数学的傾向を強める経済学を非難した。米国経済史の大家であるパーカーは、英国やドイツで栄えた歴史経済学が衰え、それと同時に主に米国で誕生した形式理論や計量経済学が支配的地位を獲得した現状を嘆いた。制度に関する知識、社会的概念、道徳的熱意など、かつて教えられたものの価値は失われたと指摘して、これでは経済学が取り残されるのは時間の問題だと警告した。「数学という冷たい水のまわりでカヌーを漕いでいるうちに」、「刺激的で混乱が激しく、新鮮で勢いのある」現実の世界は通り過ぎてしまうという。

これに対してケネス・アローは、理論経済学者の立場から反論し、経済史とは自然の世界の歴史を地質学の視点から解釈するようなものだと指摘した。地質の最も基本的な構造は、標準的な化学と物理学によって理解される。解明のほとんどは研究室で進められ、実験によってすぐに理解が得られる。そんな地質学が人気の高いテーマになっているのは、人々が詳細に興味を持つからだとアローは指摘した。これと同じ理由で、経済史は興味深い疑問を提供するが、それに答えられるものは正しく応用された経済理論しかない。たとえば、保健医療はなぜいまのような形になったのか。

ロバート・ソローは、対照的なふたりの中間の立場を取った。経済学には何かが欠落しているのだろうか。答えはイエスだ、とソローは答え、作家のデイモン・ラニアンが作品で紹介した法則を彷彿させるように、「人間のあいだでは三対一以上に見解が分かれない」と、最初にどちらにも加担しすぎないような慎重な態度を示した（ラニアンは数々の功績のなかでも、ミュージカル『野郎どもと女たち』の原作者として有名だ）。ハードサイエンスは複雑なシステムに対処する際には優れている、とソローは指摘してから、つぎのように理由を述べた。制御された状態で対象を隔離して、実験を行い、観察を繰り返すことができるので、研究対象がノイズに妨害されずに力を発揮できる。そんなハードサイエンスは、水素原子や視神経のようなテーマにはふさわしい。しかし経済学のテーマのほとんどは、これよりもはるかに複雑だ。社会制度と行動の相互作用はきわめて重要だが、公理に基づいた経済学ではこれだけの複雑さに対処できず、結局は失敗するとソローは語った。彼は公理を捨て去るだけの心の準備はできていないが、多くを期待しているわけでもなかった。

ポール・デイヴィッドが壇上に登場すると、会場に座っている聴衆は少し前に乗り出した。デイヴィッドは経済史家で、おそらく新世代のなかで最も輝ける期待の若手だった。新しい流行の形式化の習得に、ほかのどの歴史家よりも熱心に取り組んだが、形式化を巧妙に批判する立場は崩さなかった。彼は形式化の限界と、これから語るストーリーに備わっている破壊的な性質を理解していた。

彼がトピックに選んだのは、平凡なタイプライターだった。具体的には、一八七〇年代の数年間にミルウォーキー州各地の機械工場から誕生したとき、何が起きたのかを説明した。デイヴィッドが紹介するタイプライターは、複数の可動部を寄せ集めたハードウェアではない。複数の部位から成るハードウェアと、それを使うタイピストのスキルというソフトウェアが結びついた「複合体」である。

「タイプライター」がはじめて導入された当時は、事務員や筆耕業者は自分の手で文字を書いていた。しかしタイプライターをきっかけに、速記者や秘書は「タイピスト」になった。ただし、タイプライターが広く普及するためには、その前にタイピストが新しい機械の使い方を学ばなければならない。

しばらくは種類の異なるタイプライターのメーカーが数多く存在するだけでなく、キーボードのデザインも多くの種類が競合した。ほどなく、どのキーボードが成功するかを決定する際には、オペレーターのスキルが大事な要因になった。メーカーのあいだでは、最も好まれる特徴を提供するために激しい競争が繰り広げられた。ビジネスカレッジや手引書の出版社は、最新式の最も生産的なタッチタイピングのテクニックをタイピストに教えるために競い合った。スピードタイピング・コンテストなどのマーケティング戦略では、様々なセールスポイントが強調された。しかし徐々に、ある特定のキーボードのデザインの人気がほかを引き離し始める。いまではお馴染みの縦四列の配置で、それを叩くと長いレバーが持ち上がって文字がタイプされた。

ここで興味深いのは、QWERTYという配列である。これらの文字は、なぜこの順番でキーボードに並べられたのか。ほかのメーカーはほかの配列を考案し、自分たちのほうが優れている、文字が使われる頻度を考慮して論理的に配置したからだと主張した。このほうがキーボード上の指の動きが速くなるとしばしば強調され(時には実演も行われ)たが、職場に参入するタイピストはQWERTYのシステムを学ぶほうを好んだ。実際にこの配列を使っている機械のほうがずっと多かったからだ。苦労して学んだタッチタイピングのスキルを活かせる場所がたくさんあった。そのため徐々に、QWERTYのキーボードが「ユニバーサル」として知られるようになった。様々なメーカーによって採用されると、好循環が生み出されていく。ほかのデザインは次第に使われなくなり、姿を消した。

もちろんこれは、ピン工場に象徴される独占的競争と収穫逓増をやや複雑にしたストーリーだ。QWERTYというデザインは「オープン」標準と呼ばれ、ウィンドウズのパソコン用オペレーティング・システム（OS）のような一社占有ソフトとは対照的だ。誰も所有権を持たない。誰でも自由に個人的に利用できる。しかし採用される機会が増えれば、一社占有ソフトと同じ効果がもたらされ、標準化の傾向が強化される。

デイヴィッドは以上のような内容を、聴衆がまるではじめて聞くかのように話して聞かせた。ある意味で、それは事実である。これよりわずか一〇年前にベル研究所のジェフ・ローフスが、通信ネットワークの重要な属性である「ネットワーク外部性」（network externality）の概念を定めた。そのうえで、他人が同じ製品やサービスを使う結果として消費者にもたらされる累積効果を、「バンドワゴン効果」（bandwagon effect）という言葉で説明し、大きな失敗例としてAT&Tの「テレビ電話」プロジェクトを紹介した。

これに対してデイヴィッドは一九八四年、「ロックイン」（lock-in）について語った。すなわち、「システムに関する規模の経済」（たとえば、秘書に文字をタイプさせるコストが低下した）が働き、さらには、ソフト——すべての秘書が馴染んだタッチタイピングのテクニック——とハードであるキーボードの「技術的相互関係」（technical interrelatedness、のちに戦略的補完性〈strategic complementarity〉と名付けられる）が確立されると、事実上の標準が確立される。しかも、このような結果には「経路依存性」（path-dependent）があるので、容易には反転できない。たとえほかのすべてのキーボードシステムのほうが優れていることがわかっても、決して乗り換えないので、QWERTYの独り勝ちとなる。

実際、より優れたシステムの存在が証明されたとデイヴィッドは説明した。機械に関する問題を解決したうえで設計された「理想的な」キーボードは、ホームキー配列で「DHIATENSOR」という文字配列だった。こちらのほうが「賢明な」配置で、タイピストは英語の単語を構成する文字の七〇パーセントをこの一列のなかで見つけられる。タイプのスピードアップは間違いなさそうだった。ところが、この配列が一八九三年に導入されたときには、QWERTYのキーボードがすでにユニバーサルとして定着していた。一九四〇年代になると、少し改良されたバージョンをオーガスト・ドヴォラックという大学教授が考案し、新しいキーボードの使い方をタイピストに二週間訓練すれば能率がアップするといって売り込んだが、努力は報われなかった。デイヴィッドによれば、QWERTYという標準は「市場の失敗」の事例で、二流のシステムによる乗っ取りを防ぐことができなかった。

市場が「機能しない」事例や、逆に機能しすぎる事例を、デイヴィッドがほかに知らなかったわけではない。スタンフォードの教授であるデイヴィッドは、アリン・ヤングならびに彼の論文「収穫逓増と経済発展」について記憶にとどめている一握りの学者のひとりだった。正のフィードバックの隠れた歴史については何もかも知っているし、同じ会場のパネリストは経済学現代化の権威で、複数均衡についてこれ以上新しいストーリーを紹介しても感銘を受けないことがわかっていた。複数均衡においては、発生する可能性のある結果がひとつではないので、必然的に収穫逓増が「準最適な」結果を伴う。実際、デイヴィッドは独占的競争という手段が五〇年前に考案されたのは、まさにこのような状況に対処するためだったと理解していた。もしかしたら彼は、マーシャルの『原理』のなかの——場所は脚注だが——複数均衡に関する重要な一節を記憶していたかもしれない。ここでマーシャルは、収穫逓増の状況に均衡の概念を適用する難しさを解決するためのヒントは提供されると記している。では当初は主に富裕層にアピールする商品の場合はどうか。庶民がこうしたアイテムをほしがるためには、彼らの価格帯で提供する必要があると誰かが思いつけば、新しい手法が考案される。すると、ほかのメーカーもその先例に倣うだろう。ほどなく、「毎月何シリングという価格設定で数百個売れていた商品が、数字は同じでも単位がペンスに変わって何万個も売れるようになる」。少なくとも理論上は、ひとつの安定均衡から別の安定均衡へと価格が移る可能性があると、著名な経済学者マーシャルは書いている。具体例のひとつが、フォードのモデルTだ。

しかしデイヴィッドは、外の世界で進行している変化の特徴について具体的に語るために、スタンフォードの同僚**ブライアン・アーサー**（一九四六〜）と先を争っていた。「ニュー」エコノミーが話題になり始めるのはまだ一〇年先のことだが、すでに大きな期待で学者の世界は盛り上がっていた。したがって話を進めていくデイヴィッドに、帽子からウサギを取り出す魔術師の雰囲気が漂っていたのも不思議ではない。彼はつぎのように語った。「現代経済学的分析の小さな宇宙の片隅には、

ＱＷＥＲＴＹの世界と同じものが過去にもたくさん存在していたと確信しています。まだ十分に認識や理解はされていませんが、その影響力は暗黒星さながらに大きく、今日の経済情勢の軌道を明確に形作っています」。ポール・デイヴィッドにとって収穫逓増に込められた意味は、五〇年前にアルフレッド・マーシャルの後継者となったピグーや、ついでに言えば国際貿易理論に収穫逓増を持ち込んだポール・クルーグマンと同じだ。収穫逓増は政府による介入を引き起こす誘因である。キーボードのケースでは、強力な先行者が悪いデザインのキーボードを押しつけてくれば、主権を持っているはずの消費者もそこから抜け出せない。そうなると、キーボードに限らずどんなものに関しても、見えざる手が自動的に働いて最善の結果がひとつだけ生み出されることは期待できない。デイヴィッドは確実にコンピュータ・ソフトについて考えていた。良からぬ結果を何とか改善するため、政府が介入する可能性が生まれる。この教訓はほどなく、クルーグマンによって「クワティ（ＱＷＥＲＴＹ）ノミクス」と呼ばれるようになった。

収穫逓増の解説をめぐる競争では、ブライアン・アーサーがポール・デイヴィッドにとって唯一のライバルではなかった。**ウォード・ハンソン**という若き大学院生はスタンフォードのキャンパスで、収穫逓増の犠牲者を技術的進歩がもたらした「孤児」、受益者を「便乗者」と呼んで講義のなかで紹介し始めていた。あるいは西海岸では、二組の若きミクロ経済学者が、ほどなくネットワーク外部性として知られる形式モデルを発表する準備を進めていた。ちなみにネットワーク外部性は、同様もしくは互換性のある製品を他人が使うことによって、利益がもたらされるところに存在する。**マ**

イケル・カッツと**カール・シャピロ**（一九五五〜）のグループ（共にプリンストン）と、**ジョセフ・ファレル**（カルフォルニア大学バークレー校）と**ガース・サロナー**（スタンフォード）のグループが、それぞれ独占的競争の新しいモデルを使い、デイヴィッドが強調する正のフィードバック効果がタイプライター以外の多くの市場の結果を支配する可能性を示した。「ネットワーク産業」には最終的に、（たとえば）テレコミュニケーション、コンピュータ、銀行業務、放送、航空会社、情報市場などが含まれる。これこそ、デイヴィッドが強く主張する最大の理由だった。彼はダラスで「収穫逓増」という言葉を一度しか使わなかったが、これが経済学現代化の流行語になるのは時間の問題だった。

振り返ってみると、ダラスの連合総会での議論には昔なつかしい雰囲気が漂い、記録保管所から話題を選び出してきたような印象を受ける。言葉の表現はぎこちなく、知識についても、新しい商品が従来の分析にもたらす問題についても語られていない。話し合いの内容は堅苦しく、最後のあがきのようにも感じられた。この日のダラスの話し合いでは、新しい世代の経済学者への言及がいっさいなかった点が特に目に付く。二〇代後半から三〇代前半にかけての若者は、連合総会からははるか遠い場所で革命を引き起こしていた。これは特に意外でもない。ポール・クルーグマン、エルハナン・ヘルプマン、ポール・ローマーらは、自分たちの研究に夢中で取り組んでいた。フランスの国立土木学校では、**ジャン・ティロール**（一九五三〜）が『産業組織論』の執筆を始めていた。この本をきっかけに、独占的競争はミクロ経済学の中心に位置づけられる。しかしこの日のダラスでは、理論や歴史についての話し合いが何らかの論争によって妨げられることはなかった。パネリストは例外なく旧世代のメンバーで、自分たちに都合の良い話題だけを取り上げていた。

ケンブリッジ大学のルーカス

つぎに場面を英国に移そう。ほぼ一年後、一九八五年一二月のことだ。ある著名人が、ケンブリッジ大学でマーシャル記念講演を行うために招待された。招待講演はどれもレベルが高く、専門分野の先導者が招かれて話をする。なかでも一九三二年に始まったマーシャル記念講演は特にレベルが高く、招待者をめぐってケンブリッジの経済学部では意見が分かれ、ドラマが繰り広げられる。このときは、ポール・デイヴィッドのダラスでの講演からようやく一年が経過したばかりで、まもなく新しい成長理論がはじめて発表されることになるが、ケンブリッジでは誰もそれを知らなかった。

四八歳にしてロバート・ルーカスは世界で最も影響力のある理論経済学者になっていた。シカゴ大学教授になってから一〇年が経過していた。警戒心があって前向きな人間の行動をモデル化することをルーカスは重視しており、その見解はまずシカゴの経済学部で、つぎに新世代のマクロ経済学者の大半に受け入れられた。ただし、経済学者は相変わらず淡水学派と塩水学派、すなわち新しい古典派とニュー・ケインジアンに分かれ、不毛で時として悲惨な対立を続けていた。モデル構築の代替戦略に関して、ルーカスはＭＩＴの経済学者、特にロバート・ソローと繰り返し激論を交わした。ルーカスは公理的アプローチの主唱者ではないものの、ツールは大いに使っていた。特に、動的計画法とアロー＝ドブルー無限次元スプレッドシートは頻繁に利用した。そのためルーカスは、ダラスでは正確にはその妥当性が疑われる類の理論経済学者であり、英国ケンブリッジでは、彼のモデル構築のスタイルは軽蔑されていた。

だから、ルーカスがやって来たケンブリッジは緊迫していた。多くの点から判断して、カム川沿いに立地した一〇〇〇年の歴史を誇る大学の経済学部は、第二次世界大戦前夜の一九三七年にヒックスがマンチェスターに移籍して以来、衰退の一途をたどっていた。まだスター教授は在籍しており、世界クラスの数理経済学者もわずかいた。しかしケンブリッジの経済学部では、古くからの記述的経済学の伝統を擁護する誇り高き集団が優勢だった。その中心的存在はジョーン・ロビンソンとニコラス・カルドアで、ふたりは数学を重んじる北米の学派への無駄な抵抗を長らく続けた。一九八五年には、経済学におけるケンブリッジの評判は停滞気味で、アダム・スミスが大学生として通ったときのオックスフォードと似たような存在になっていた。

意外にもルーカスは、彼の名声を高めた貨幣や景気循環の研究について語る予定ではなかった。ホストであり数理経済学者であるフランク・ハーンに予め送った手紙には、この物議を醸す研究については、別に二〇分ほど時間をとって話すつもりだと書かれていた。その代わり、必修科目の講義を数カ月間受けただけで試験を受ける若い真面目な学生さながら、友人から見るとまったく新しいテーマを選んだ。それは経済成長で、それまでに公の場ではひと言も触れたことがなかった。

「これから発展について何か聞かされることはわかっていたけれど、中身は見当がつかなかった」と、当時若き博士研究員としてケンブリッジを訪れていた**ティム・キーホー**（一九五三〜）は語る。一一時のシェリー酒での乾杯と共に、大変な一日は始まった。会場に居合わせたもうひとりの若手経済学者の**デイヴィッド・カニング**はつぎのように回想している。「わたしは、彼に最初に話しかけたひとりだったと思う。世間話をしたつもりだったのに、相手は攻撃されたと思い込んで逆上した。『デイヴィッドに悪意はありません』と、ティムが助け舟を出してくれた。あの段階ですでにピリピリしていた」。

一時間ほど社交的な会話を楽しんだあと、聴衆はレディ・ミッチェル・ホールの講堂に一斉に移動した。経済学部の校舎に隣接した講堂は、信じられないほど汚らしい建物だ。ここでルーカスは聴衆に紹介され、最初はかなり緊張していた。しかし、少なくともホールの聴衆の一部は、これから何か大変なことが進行するのだと期待を膨らませた。

諸国民の富

ルーカスは早速、本題に入った。今回の講演のタイトルは「経済発展のメカニズムについて」（On the Mechanics of Economic Development）。メカニズムの解明を好む理論経済学者が、通常は理論が疎まれる経済発展の分野を研究対象に選んだ点で、このタイトルは異例だった。具体的な言葉で語ったわけではないが、テーマが諸国民の富（the wealth of nations）であることをルーカスは直ちに明らかにした。

ルーカスは現実的な視点から、一九八〇年の世界に格差が存在していたことを暗示するいくつかの事例を紹介した。スイスやアイルランドなど市場経済工業国のあいだでは、一人当たり所得平均が一万ドル。一方、インドは二四〇ドル、ハイチは二七〇ドルなどとなっている。格差は四〇倍におよぶ。どんなに慎重に節約しても、二四〇ドルの収入では英国で一年間生活を維持できない。この比較は話半分に聞く必要があるが、それでもギャップはとてつもなく大きく、簡単には解消されない。

ルーカスは産業革命について語らなかったが、この「一連の事象」が何から構成されているにせよ、それを念頭に置いていたのは間違いない。一部の国は産業革命を経験し、十分な恩恵に浴しているが、そうではない国もある現実をつぎのように語った。「数世紀前、われわれの一部は持続的な経済成長の段階に移行しましたが、出遅れた国もありました。この十分に理解されていないプロセスから、今日のような不平等な世界が生まれたのです」。

しかしなぜ、この不平等は執拗に解消されないのか。近年のあらゆる経験を見るかぎり、少なくとも一定の状況下ではギャップを埋めることができる。日本、そしてアジアの「虎」を構成する四カ国——韓国、台湾、香港、シンガポール——の「奇跡」は、成長率は変化することを示す最善の事例だ。実際、成長率は場所によっても時代によっても異なる。世界の先進国は二〇年間、平均すると三・六パーセントの成長率を記録した。一方、日本の年成長率は七・一パーセント、エジプトは三・四パーセント、米国は二・三パーセント、インドは一・四パーセントだった。この割合で成長が続けば、日本は一〇年ごとに所得が倍増するが、インドは倍増までに五〇年を要する、とルーカスは指摘した。そのうえで、「このような数字は、何らかの可能性が象徴されていると誰もが思わずにいられないのではないでしょうか」と語った。「インドの経済成長をインドネシアやエジプトに近づけるために、インド政府は何か行動をとれないものでしょうか。できるとしたら、具体的にそれは何でしょうか。もし無理なら、『インドのどんな性質』がその原因なのでしょう。このような疑問は人間の福祉にとって重大な意味を持っています。いったん考え始めると、ほかのことについて考えにくくなります」。

「なぜ世界全体が発展しないのか?」

つぎは、こうした違いについて経済学者が考える際に利用する主なモデルに話題が移った。経済成長に関する絶対的なモデル、すなわち新古典派のソロー・モデルだ。これはケンブリッジの聴衆にとって馴染み深い領域である。マルクスの伝統的な解釈の価値を損なうソロー・モデルには、彼らの多くが憤っていた。というのも、ソロー・モデルの原動力はマルクス主義者のほとんどを夢中にさせる資本蓄積ではなく、新しい技術の着実な出現だったからだ(マルクス本人は「技術が登場することの重要性」について考えていたが、後のマルクス主義はそこから大きく離れてしまった！）。これは認めざるを得ないことなのだが、知識の絶え間ない成長をソローは既成事実としてとらえ、分析も解説も行っていない。しかし、資本や労働の追加的投入では説明できない成長の部分である残差（residual）は、非常に強力かつレトリカルな装置である。これによって階級闘争をめぐる論争はかなり静まったのも事実だ。一方、ルーカスとソローの二〇年にわたる激しい対立を聴衆は知っていた。したがって、何かが飛び出すはずだった。

ソロー・モデルの形式に関してルーカスは手放しで賞賛し、あらゆる優れたモデルにとって必要な特徴が備わっていると指摘した。コンパクトであり、しかも経済学で確認ずみのほかの要素との矛盾がない。米国をはじめとする先進国経済の歴史の概略にも調和している。さらに、一定の種類の理解を深め、ほかのモデルでは不可能な事柄が明らかにされる。たとえば、貯蓄を促すための減税は成長率に大きな効果を持続的にもたらすというアイデア、すなわちサプライサイダーの発想は、一九八〇年代の米国政治で大きな影響力を発揮した。「ソロー・モデルが主張する内容は理に適っているし、真実であるようにも見える」とルーカスは前置きしたうえで、「しかしこれをじっくり分析すれば、紛れもなく真実ではない」と指摘した。従来とは異なる仮定を理論家が提案する際には、自分は正しいと確信するためにあれこれ実験を試みるが、これはまさにその事例だと強調した。

ただし、税金のことはルーカスの頭のなかになかった。ここで彼は貧富の格差について取り上げて、「収束をめぐる議論」（convergence debate）を展開するつもりだった。収束が実現するためには、世界中の国が異なる割合で成長しなければならない。すなわち、貧困国は通常、富裕国よりも速く成長し、その結果、最後はどの国の所得も同じレベルに達するのだ。この収束についての仮説は、偉大な歴史家**アレクサンダー・ガーシェンクロン**（一九〇四～一九七八）が一九五二年に発表した「歴史的視点からとらえた経済の後進性」（Economic Backwardness in Historical Perspective）という有名な論文によって現代経済学に紹介された。そして少なくとも、南カリフォルニア大学の**リチャード・イースターリン**（一九二六～）が一九八一年、のちに有名になった経済史学会の会長講演で「なぜ世界全体が発展しないのか？」と問いかけて以来、技術経済学の関係者のなかでは収束や収束の欠如が話題として盛んに取り上げられた。

ここでルーカスは、ソロー・モデルは経済発展にふさわしいモデルだろうかと問いかけ、そうではないと断定した。実際、モデルとして失敗作である。なぜなら、一人当たり所得に関して貧困国は富裕国よりも成長が速く、最終的には富が地球上にあまねく平等に広がることが予測の中心になっているからだ。しかし冒頭で引用した簡単な比較からも明らかなように、現実はそうではない。ソロー・モデルは先進国のみに当てはまるようだ。おそらく富裕国のあいだだけで収束は進むのだろう。アジアの一部の国は飛躍したが、それ以外の世界の国は行き詰まっているとしか見えない。「このような状況を考えれば、『成長』と『発展』を異なる分野としてとらえるべきでしょう」とルーカスは語った。「成長理論では、既にある程度理解されている経済成長の側面を取り上げ、まだ理解されていない側面を発展によって取り上げる」のだ。

さらにルーカスは、ソロー・モデルを分解すれば、収束が発生しない理由が明らかになると指摘した。そこにはもうひとつの理論的な例外、すなわち人間の一方通行という習性が関わっている。国境を超えて労働は資本のもとへ移動するが、逆は滅多に発生しない。ルーカスの観察は非常に鋭い。国家のなかでは、因子が頻繁に変動する。たとえば米国では二〇世紀、自動車メーカーでの職を求めて労働力が南部から北部へと移動した。一九世紀には逆に、安い労働力を求めて繊維工場がニューイングランドから南部へと移動した。

しかし長期にわたった植民地主義の時代でさえ、軍事力を通じて世界を支配下に治めた宗主国は、資本を投じる場所に関して政治的リスクがほとんどなかったにもかかわらず、資本を低所得国に移動させなかった。富裕国だけがますます豊かになり、専門化を進めていった。貧しい人たちが裕福な地域へ移動することはあっても、逆は滅多になかった。

人的資本のスピルオーバー

ここまで来ると、聴衆はかなり混乱した。ルーカスは誰もが知っている事実について語っていた。時として市場が機能しないことを、少なくともレディ・ミッチェル・ホールの聴衆は理解していた。実際、一九八四年にポール・デイヴィッドがQWERTYというキーボードについて講演したときも、同じ点について述べている。今回、ケンブリッジの講演でシカゴの理論経済学者ルーカスは、競争の論理では説明が困難な「準最適な」結果を特定した。収束が発生せず、ギャップが縮まらない展開は、効率の悪いキーボードが勝利を収める可能性と同様、標準的な理論にとって屈辱だった。ここでは市場が予想通りの結果を生み出すように「機能」しているとは思えず、何らかのロックインが発生している。市場の失敗にデイヴィッドが夢中になるのは十分に予想できる。結局、彼はマサチューセッツ州ケンブリッジの伝統を代表する人物だった。だが、ルーカスの口から飛び出すのはまったく意外だった。

ほかのすべての点で、デイヴィッドとルーカスの手法は大きく異なる。歴史家のデイヴィッドは示唆に富む喩え話を使って英語で説明したが、理論家ルーカスはモデルを使った。デイヴィッドは特定市場を対象にしたが、ルーカスは明確にマクロ経済学のアプローチで臨んでいる。さらに、ルーカスは計量経済学者としてキャリアを始めた。モデルをコンピュータ上で動かし、弱い関連性を確認するためのデータを欲していた。ただし、この点に関してふたりの見解は一致しているようだ。問題となる現象がＱＷＥＲＴＹのキーボードであろうが、所得の世界的な配分であろうが、固定化のパターン――富裕者はますます裕福になり、貧困者は貧困状態にとどまる――は、標準的なモデルの予測に反する。現実の世界のふたつのシステムはどちらも、収穫逓増を示しているとしか思えない。その結果、均衡がひとつであるべきなのに複数均衡が発生している。

モデル構築者としてのソローをルーカスは賞賛したが、ソロー・モデルが事実を説明する能力は評価していないことは明らかだった。時間と共に進行する成長を説明する際、ソロー・モデルは技術に頼っている。それは少なくとも、先進国間の違いを説明するためにはかなりうまく機能するが、貧困国に関してはまったく機能しない。ルーカスはギャップを埋めるため、「経済成長の別のエンジン、あるいは少なくとも補完的なエンジン」を提供し、貧困国が追いつけない理由の説明を試みた。彼が注目したのは、困ったときにシカゴでは古くから頼りにしてきたもの、すなわち人的資本だった。ただし、普通に理解されているような形の一般技能だけでなく、人的資本のスピルオーバー（拡散）も考慮した。この点もケンブリッジの聴衆を驚かせた。というのも、一〇〇年前にケンブリッジではマーシャルによって外部性が確認され、経済のなかで中心的な役割を与えられていた。その外部性の重要性について講義するため、生意気なシカゴ大学教授がわざわざケンブリッジまでやって来たのである。

人的資本のスピルオーバーについて、ルーカスはやや弁解がましく語った。確かにその性質は、頭で考えるのも実験で証明するのも難しい。しかし、一般的な技能レベルを意味する人的資本も、最初に導入されるときは現実感の乏しい概念で、「少なくとも自分にとってはそうだった」とルーカスは語った。しかし人的資本というアイデアが長年かけて多くの人たちの頭や手で解明され洗練されていくと、個人が所有する貴重なスキルというアイデアから、きわめて役に立つアイデアへと変化を遂げ、（たとえば）仕事と余暇の選択、職場で獲得する所得のレベル、家族のなかでの責任の分担などを解明するために使われるようになる。「人的資本の理論の応用を二〇年にわたって研究してきた結果、様々な現象のなかにこれを『確認』できるようになりました。ちょうど気象学によって、入道雲のなかに温暖前線の存在を『確認』し、湿った空気を『感じ取れる』ようになったのと同じだった。

では、人的資本という外部性が本当に「経済生活で機能する、見えないけれども強力な存在だ」と仮定しよう（ルーカスの講演では表現方法も、物事が時として行き詰まる理由についてのポール・デイヴィッドの説明を連想させる。デイヴィッドは、今日の経済情勢の軌道を確実に形作る要素を暗黒星に喩えた）。近くで働く人からのスピルオーバーが、実際に「経済成長の代替エンジン」だと仮定しよう。正確には、それはどのように機能するのか。

外部効果を測定する

ここから、ルーカスはモデルの構築を始めた。「人々が知識を獲得するために下す決断について考えるには、形式にこだわる必要がある」と前置きして、つぎのように説明した。

全部でN人の労働者がいて、スキルの水準hは0から無限大までの範囲にあるものと仮定する。$N(h)$をスキルの水準がhの労働者の数とすると、$N=\int_0^\infty N(h)dh$である。スキルがhの労働者は、自分の余暇以外の時間のうち$u(h)$の割合を現時点の生産のために投入し、残りの$1-u(h)$の部分は人的資本の蓄積のために投入するものと仮定する。かくして、（2）式において

$N(t)$を定めたと同様に考えれば、生産における有効労働力の総和は、現時点の生産に対して、スキルの水準で重みをつけられた人・時である$N^e=\int_0^\infty u(h)N(h)hdh$となる。したがって、産出が総資本Kと有効労働力$N^e$の関数として$F(K, N^e)$と表されるならば、スキル水準がhの労働者の単位時間あたりの賃金は$F_N(K, N^e)h$となり、その労働者の総報酬は$F_N(K, N^e)hu(h)$となる。

これは、モデル構築の訓練では標準的な最初の作業だが、一体何を意味するのだろう。ケンブリッジの聴衆のほとんどは、まるでギリシャ語を聞かされているように困惑した。形式言語に精通していない人間には（しかもこの日の聴衆のほとんどがそこには含まれる）、$hu(h)$と言われても訳が分からない。そこでルーカスはスピルオーバーをわかりやすく説明するため、それがいかなるものであれ、平均的スキルレベルの相関的要素として存在することに注目を集めようとした。「われわれは日頃の経験から、つぎのことを学んでいます」と切り出して、つぎのように続けた。集団による相互作用は、時として個人の生産性の中核をなす。この集団には、近親者よりも大きいものから、人類全体より小さいものまで含まれる。人的資本の蓄積とは集団による社会的活動であり、「物的資本の蓄積でこれに対応するものは存在しない」。人的資本の少なくとも一部は、人間同士のふれあいから成り立つ。ではそれはどんな構造なのだろうか。内部効果と外部効果では何が違うのか。

実際、ルーカスがここで使っているのは、スピルオーバーから生まれる収穫逓増に関してローマーが考案したモデルに他ならない。ルーカスは弟子のローマーを高く評価していた。そのため、一九六〇年代半ばのケネス・アローや宇沢弘文を起源として始まった輝かしい伝統の延長線上に、若きローマーの研究を位置づけた。そのため、「収束」をめぐる議論の渦中にいきなり名前が登場し、大きな衝撃を与えた。これが一九八五年一二月の出来事であることを思い出してほしい。ローマーが大学院を卒業したのは三年前で、経済学の世界ではほとんど無名だった。最初の論文が一九八六年のJPEに掲載されるのも、まだ数カ月先にことだった。

　ルーカスはローマーの学位論文の数学をかなり簡素化した。ソローの親しみやすいスタイルを見倣って、きわめて複雑な問題を取り除き、もっと単純で安定した公式を採用した。不等式や位相平面の代わりに、代数を使った。

　ルーカスは、ひとつ重要な変更を加えた。「知識」の蓄積というローマーの概念は、「人的資本の外部性」へと名称変更された。そのうえ、数学的解説を行う三つの段落のなかで、外生的技術というソローの概念をまったく異なる概念に置き換えた。ソローの場合は、毎年自動的にかならず発達する外生的技術を$A(t)$として表現したが、これに代わってルーカスが採用した概念のH^{γ}は人的資本のスピルオーバーを表し、無償ではあるが、他人の生産性に大きな影響力をおよぼすものと見なした。しかも彼は、こうしたスピルオーバーが米国の生産にもたらす影響を数値で示し、〇・四と推測した。すなわち、スピルオーバーがなければ生産高は半分近くまで落ち込むことになる。企業、組合、大学などのチームに加わる結果、個人の生産性は四〇パーセント向上する。

少なくとも人間集団がもたらす価値とは無関係の産物として知識を考え、計算から除外したことについて、ルーカスは以下のようにわずかに謝罪している。スピルオーバーの程度については、ひとつだけ正しい答えが存在するわけではない。一部の知識は何十年も大切にしまわれるが、なかには発見された途端に共有財産になるものもある。一例として、新しい数学的発見はすぐに応用される。したがってルーカス・モデルでは、秘密が何世代にもわたって受け継がれる集団を典型的な主体と見なす一方、ソローに倣ってモデル化された技術は外生的な力と見なした。

これはピン工場と同じではないが、かなり近づいている。ルーカスは収穫逓増という主題に立ち返った。結局、外部性という概念は、そのために発明されたのだ。引き続き次の四〇分間、彼は講義を行い、二つ目のモデルを紹介した。このモデルでは、人的資本の外部性によって暗示される収穫逓増が、国際貿易におよぼす影響について考えるが、ひとつではなくふたつの商品、具体的にはコンピュータとポテトが関わってくる。ルーカスはこのような形でオリジナル・モデルを拡張し、国際貿易にもモデルを使う可能性を確保した。人的資本のスピルオーバーが諸国民の富の格差におよぼす影響について、ルーカスが興味を持っていたことを思い出してほしい。産業革命が世界各地へと広がるメカニズムとして、貿易は最も可能性が高くないだろうか。

ルーカスの二つ目のモデルでは、より多くのコンピュータをより低価格で生産することを学んだ国家で従来の好みに変化が生じ、計算を行う機会が増える反面、ポテトの消費量が減少する。これはお馴染みの学習曲線で、正のフィードバックが優勢になり、比較優位の原則の効果を弱める。しかし、この学習曲線のモデルからはルーカスの期待に反し、キャッチアップ（遅れを取り戻す）のメカニズムが提供されない。むしろ、逆が暗示されている。豊かな国はスピルオーバーの恩恵にあずかることができるが、貧しい国は最も優秀な人材を先進国に輸出し、自らは貧しい状態にとどまってしまう。「こうした力学のもとでは、人的資本も物的資本も低レベルから始まった経済は、いつまでたっても恵まれた状態に到達できない」。対策として、人的資本のスピルオーバーに注目した最初のモデルでは学校教育への補助金が提案されたが、二番目のモデルでは幼稚産業保護に注目した。ルーカスはつぎのように弁解している。モデルのなかで、政府の補助金提供が効果を発揮する対象を選ぶのは簡単だ。「現実もそうなればよいのだが！」

　つぎにルーカスは、前年にダラスで講演を行ったデイヴィッドと同じく、話をピグーにまで遡った。一九二〇年代と同様、一九八〇年代半ばには、積極的な貿易政策への関心が高まっていたのだ。マーシャルの「収穫に関する法則」についてピグーが詳述したおかげで、一九二〇年代には産業政策が政策立案者の議題で取り上げられるようになった。そんなピグーの研究について、ルーカスはピグーが教授として籍を置いたケンブリッジでわざわざ紹介したのである。しかし、人的資本がスピルオーバーという観察不可能な力を引き起こすせいで、予想に反して競争から収束が生み出されない状況についてのルーカスの話は数学があまりにも高度で、好意的な反応を引き出せなかった。話の最後にピグーを話題に持ち出さなければ、完全に無視されたかもしれない。

　ルーカスによれば、外部効果を測定する何らかの方法がなければ、それをどのように呼ぶかはほとんど重要ではない。外部効果が象徴する力は謎めいたままだ。「もしも行動に備わったこれらの特徴が、(測定はできないけれども)、人的資本というアイデアがもたらす観察可能な結果だとすれば、この力をどのように呼んでも大差はない。プロテスタントの倫理、歴史の精神、あるいは単に『ファクターX』と呼んでもよい」。マーシャルと同じくルーカスにとっても、スピルオーバーとは、言葉では表現できないけれども「何か重要な気配が漂う」ことを意味した。つぎにルーカスは、刑事コロンボさながら、このようなスピルオーバーを「確認する」方法はあるかもしれないと話を続けた。

たとえば、大都市の家賃はどうか。

ジェイコブスの都市論

現代の都市は経済学者の頭を悩ませる、とルーカスは語る。標準的な経済学モデルによれば、都市は存在するはずがない。都市は「原子核のようなものだ。通常のリストに掲載される経済学的要因の存在だけを仮定するなら、都市は分解してしまう……都市は生産要素、資本、ヒト、土地の集合体にすぎず、土地の価格は都市の内側よりも外側のほうがはるかに安い」。人々は、あらゆる場所にまんべんなく分散しない。高層ビルが林立し、道が狭い都市中心部に集まってくる。たしかに、人々は近くで買い物ができる場所に住みたがるし、店は顧客の近くに立地する必要がある。「しかし、このような点だけに注目しても、ショッピングセンターの説明にはなるが、都市の説明にはならない」。では、何が都市を結びつけているのか。なぜ人々はひしめき合って暮らしたがるのか。

ここでルーカスは専門家の助けを借りた。それは自分と同じ経済学者ではない。作家であり活動家でもあり、都市の現状を鋭い洞察力で解説した**ジェイン・ジェイコブズ**（一九一六〜二〇〇六）だ。一九六一年に刊行された『アメリカ大都市の死と生』は、「都市再開発」計画や大型プロジェクトを批判した著作として大成功を収めるが、経済学者からは高く評価されなかった。そこで一九六九年に刊行された『都市の原理』では、都市が機能する仕組みについて解説した。ルーカスによれば、この本は「人的資本の外部効果（本人はこの言葉を使っていないが）を主に取り上げ、説得力が感じられた」。

ジェイコブズは都市を自己成長する開拓地として定義している。都市に住む人は、従来の仕事に新しい仕事を加えながら進歩していく。新しい仕事が誕生する過程を説明する章には、ブラジャーの開発に関する面白いストーリーが紹介されている。イダ・ローゼンタールという婦人服の仕立て屋は、顧客の着こなしが不満だった。コルセットやシュミーズには様々な種類があってウエストを締め付けているが、何かが足りない。そこで実験的に改良を加え、あるときブラジャーを発明したのである。しばらくの間、ブラジャーは新しいドレスと一緒に無料で提供された。しかしほどなく、ローゼンタールは仕立て屋を廃業し、ブラジャーの製造流通事業に専念した。ジェイコブズによれば、新しい仕事の創造に都市が成功する秘訣は、ネイバーフッド（近隣）が多彩なおかげで異種交配が進みやすいことだ。イダ・ローゼンタールがブラジャーを発明したニューヨークのガーメント・ディストリクトにはデザイナーやメーカーがひしめき、デザインや問題解決のヒントを期待して互いに相手の様子を伺い、新しい仕事を創造していく。ほかには金融、ダイヤモンド、広告、出版に特化した地区も存在する。ジェイコブズが情熱的に語るネイバーフッドは、ある意味、都市に立地する大学——たとえばコロンビア大学、ニューヨーク大学——のような知的交流の中心地である。発想は場所ごとに異なるが、発展のプロセスはかなり似ている。「部外者からは、どこも同じように見えるが、似たような仕事をする人々が集団を構成し、各自が独創性とユニークさを発揮している」とルーカスは語った。これをジェイコブズは、「都市には才能が集まっているので、優秀な人材が引き寄せられる」と説明している。

ジェイコブズの解説にルーカスは拍子抜けするほどシンプルな観察結果を加えた。都市はほかの場所よりも費用がかかる。マンハッタンに暮らす特権を手に入れるため、人々は大金を支払う。ジェイコブズは、価格についてほんの少し触れる程度ですませたが、ルーカスにとって、価格は絶対的に重要だった。わざわざ高い料金を支払うのは、都市の中心部にいれば何らかの利点が得られると考えるからだ。

この点に注目して基準として使えば、経済学者は人的資本の外部性を「目に見える形で」特定できるかもしれない。スピルオーバーが原子核と同じような存在で、その力は見えないけれども都市を結びつけているとすれば、地代を通じてスピルオーバーの力を間接的に測定できるはずだ。内面化された社会的資本の生産性効果を測定する手段として、報酬の格差が役に立つのと同じだ。入道雲を観察すれば温暖前線の接近を確実に推測できるように、いつの日か地代勾配（rent gradient）を観察すれば、スピルオーバーを「具体的に確認」できるかもしれない。「みんなの近くにいたいというわけでなければ、どんな理由があって、高い地代を支払ってマンハッタンやシカゴの都心部に住みたがるのか」とルーカスは問いかけた。

そしてここで、彼の講演はおおよそ終了した。

正のフィードバックに伴う謎

聴衆はしんと静まり返った。左派は、自分たちの縄張りだと確信していた開発経済学が数学の攻撃を受けたことに憤慨した。ケインズ学派は、講演の中身をソローへの攻撃と見なして腹を立てた。ルーカスのアプローチは、ほとんどの聴衆がこれまで聞き慣れてきた講演の内容とまったく異なっていた。講堂では礼儀正しかった教授陣も、喫茶室では悪意をむき出しにした。ルーカスも、喫茶室にビールを飲みに行った。若き博士研究員ティム・キーホーとデイヴィッド・カニングなど講演内容に好意的な出席者もわずかながらいたが、このふたりでさえ確信は持てなかった。「ローマーの話を聞いたときは、すぐに理解した。ルーカスの場合、わかったとは言えないが、それでも良い印象は受けた。『これは重要だ』といってかなり標準的な事柄を取り上げたうえで、新たな角度から取り組んで新たな解釈にたどり着き、どの方向に進めば興味深い結果が得られるかを示してくれた」と、カニングは何年も後に回想している。

「経済発展の力学について」が印刷されて発表されるまでには、三年近くを要した。経済ジャーナル誌に掲載される論文としては、長すぎた。しかも、解説は一般的な形で行われていない。それでもルーカスのマーシャル記念講演をきっかけに、経済学のかなりの部分が徐々に変容を遂げた。この講演では従来と異なる事実が強調され、従来と異なる疑問が投げかけられた。ほどなく経済学の焦点は根本的に変化して、景気循環の代わりに成長が注目されるようになった。論文の冒頭部分の結論（「このような問題は人間の福祉にとって、圧倒的に重要な結果をもたらす。これについて考え出すと、他のことは考えられない」）は、頻繁に引用されるようになった。実際、ケインズが書いた「経済学者や政治哲学者のアイデアは……一般に理解されているよりも強力だ」という一文以来、引用される頻度が最も高い。さらに「力学」という言葉は、クルーグマンやローマーなど、次世代の経済学者を導く篝火《かがり》のような存在になった。ルーカスはこれを新しい世代に引き渡すわけではないが、少なくとも目の前に差し出して、できれば奪ってみろと若者を挑発している。そのためマクロ経済学者、少なくとも若手のマクロ経済学者のあいだでは、査読前のルーカスの原稿が次々と回し読みされた。

二〇年後に読んでみると、この講演の内容は驚くほど曖昧だ。ルーカスはロックインに関してポール・デイヴィッドとはまったく異なる形で説明している。しかし、富裕国と貧困国の違い、都市と田舎の違いなどを何が引き起こすのかについては明瞭ではない。それどころか、これらの力学とQWERTYのキーボードのストーリーにはどんな共通点があるのかもはっきりしない。それは正のフィードバックだろうか。それとも何らかの障壁が存在するのだろうか。理由はどうあれ、ロックインは存在し、物事は行き詰まってしまうというのだ。この論文は、全体がおそろしく複雑である。しかし、都市では高層ビル街の地代が高いことを具体例として紹介したおかげで、経済学者のあいだで抽象的な問題をめぐって口論が行われる代わりに、ロックインは一般的な経験となり、常識の領域内に収まったのである。

ポール・デイヴィッドがタイプライターのキーボードの例を挙げて、収穫逓増から発生するロックインの問題を持ち出したときには、遠雷が聞こえる程度の影響しかなかった。だが、現代的な数学的手法によって、ルーカスは正のフィードバックに伴う謎を当時の中心課題のひとつに押し出した。一部の国だけ急成長を遂げ、ほかの国は停滞するという謎である。

「経済発展の力学について」を注意深く読めば、あの日にレディ・ミッチェル・ホールで何かが変わったことを理解できる。以後、経済学そのものが正反対の方向へと進んだ。おそらく、この変容には収穫逓増が関係している。ただし、一九八五年末時点で明らかだったのは、ルーカスがソローに喧嘩を売ったことだけだ。ソローが偉大な学者であることに議論の余地はないが、なぜか未だにノーベル賞を受賞していなかった。では、ルーカスの挑発によって、ソローが功績を認められるチャンスが危うくなっただろうか。それ以外の可能性に、ある人物がはっきり気づいた。この時点ではポール・ローマーだけが、恩師ルーカスがソローだけでなく、自分にも喧嘩を売っていることを十分に理解したのである。

第19章 再結合

Recombinations

収穫逓増という未知なる大陸

「力学」(Mechanics)に関するルーカスの講演に経済学者は大きく動揺した。彼の議論に激怒する者もいれば、当惑する者もいた。成長という主題に関して、ルーカスが語ったのはこのときが初めてで、それは青天の霹靂だった。市場の失敗の可能性に関心を寄せる点はなぜか、五〇年間続いてきたケインズ派の伝統と同じだった。しかし、それが淡水学派経済学(Freshwater economics)の固有の言葉で表現されると、見慣れないものになってしまう。そのため講演は当初、大きな衝撃を引き起こし、ほとんどの方面で故意に無視された。しかし少数の若手研究者は刺激され、すぐに行動を起こした。

貿易と移動が経済成長と深く関わっているという概念は、決して新しいものではなかった。都市が経済発展の中核をなすという洞察も、新しくはない。おそらくルーカス講演が伝えた大ニュースは、ロックインを大いなる謎として特定したことだろう。ポール・デイヴィッドがタイプライターのキーボードを使って正のフィードバックを説明したのとはわけが違う。シカゴの大物経済学者がスピルオーバー（拡散）を持ち出して、見えざる手の確実な信頼性に疑念を投げかけたのだ（「パウロがキリスト教に改宗したような衝撃だ」とデイヴィッド・カニングは語った）。彼は、何かトリックをこっそり準備していたのだろうか。一方、ローマー・モデルの数学をわかりやすく表現し直した結果、保守的傾向の少ない読者には、正のフィードバックを含む広範囲な主題を研究するチャンスが与えられた。どれも一世紀にわたり、ほとんど研究されなかったものばかりだ。

そのため一九八六年の最初の数カ月間には、一連の再結合（recombination）が進んだ。一握りの研究者が新しい研究方針を採用し、古くからの境界にとらわれず新たな洞察の追求に励んだ。それはまるで、未知の大きな大陸——収穫逓増という大陸——のあちこちに地図作成部隊が散り散りに上陸し、作業を進めているかのようだった。まったく異なる分野の研究者がそれぞれ自分たちの向かう方角を確かめ、探検に出発していた。

クルーグマンの「移動帯」論文

ケンブリッジ講演の後も旅を続けたルーカスは、テルアビブを訪れて一連のセミナーを開催し、人的資本のスピルオーバーという新しいアイデアを紹介した。世界各国の差異に関して経済学の針路を方向転換させる途上にあったルーカスにとって、意外なことに海外はこのときが初体験だった。テルアビブでは友人のアサフ・ラジンから、収穫逓増と貿易に関するポール・クルーグマンの論文が評判になっていることを聞かされた。ルーカスはそれを一目見ただけで、多少視点は異なるが、クルーグマンがおおよそ同じ問題を自分よりも早くから研究していることを理解した。そのため、二部門モデル（「two -sector model」はクルーグマンが考案したものだと正当に評価して、「力学」論文に目立つように引用する。

一見すると、ふたつの論文はこれ以上ないほど異なっている。クルーグマンの論文からは、主流の経済研究への寄稿というより、政策概要のような印象を受ける。例によって論文には、「狭い移動帯、オランダ病、サッチャー婦人の競争的帰結――動的な規模の経済が存在するなかでの貿易に関する注釈」（The Narrow Moving Band, the Dutch Disease and the Competitive Consequences of Mrs. Thatcher: Notes on Trade in the Presence of Dynamic Scale Economies）という凝ったタイトルが付けられた。動的な規模の経済が、日本やオランダや英国の状況に適用可能であることが説明されている。

これに関連するモデルでは、すべての国は製造業の得意分野を土台にして進歩を始め、この進歩は通常、企業にしか組み込まれない。クルーグマンはこれを、アローに倣って「学習曲線」と呼んだ。ここからもたらされるスピルオーバーは、特定の近隣の歴史の影響を受ける。貿易に関するクルーグマンの研究の特徴とも言える、独占的競争に伴う収穫逓増とは無関係で、言い換えれば、マーシャル学派が主張するスピルオーバーが引き起こす結果である。これが広範囲にもたらす結果は、ルーカスのポテト＝コンピュータモデルと変わらない。世界は進歩し続ける国と、後れを取る国とに分かれ、収束は起きない。クルーグマン論文は一九八七年、『ジャーナル・オブ・デベロップメント・エコノミクス』に発表された。

ここで何よりも驚かされるのは、独占的競争という新説の唱道者とルーカスが提携していることだ。ただし念のため、彼が引用した「移動帯」論文は、収穫逓増を説明するために、そのほかの点では、完全競争下でのスピルオーバーを前提にしている。数年後、ルーカスはさらに徹底し、独占的競争に関するヘルプマンとクルーグマンの共同研究をまとめた『市場構造と外国貿易』を賞賛したうえで、理由をつぎのように説明している。

ルーカスによれば、デイヴィッド・リカードによって形式化された比較優位の原則は繰り返し手直しされ、一五〇年間にわたってうまく機能してきた。この資源依存型モデルは、未だに世界貿易の三分の二を説明可能だ。「ワインはいまでもポルトガルからイギリスへ輸出され、逆にはならない。しかし、フォルクスワーゲンがドイツからイタリアに輸出され、フィアットがイタリアからドイツに輸出されるのはなぜか」。

その答えを見つけるためには、専門化と収穫逓増と市場規模に関するアダム・スミスのアイデアにまで遡る必要がある、とルーカスは語る。しかし、収穫逓増が発生するなかでの複数均衡について実際に計算できるようになるまでは――ピン工場と見えざる手が共存できるようになるまでは――スミスのアイデアはチェンバレンの独占的競争の学説と同様、様々な「経験則」の根拠でしかない。貿易に対処するうえで実行可能な分析的枠組みにはなり得ない。

しかしいまや、多様性を好む典型的な消費者を含めたディキシット＝スティグリッツモデルが登場したおかげで、専門化による恩恵を具体的な形で把握することが可能になり、独占的競争が進行する産業を厳格な理論に基づいて研究できるようになった。これが「新しい国際経済学」である。新しい経済学においては、消費者にとっての自由貿易の有益性をほとんどの徴候が示唆しているが、なかには意外な結果が現れるときもある。すなわち、「競争の前提から外れてしまい、様々なゆがみが生じてバランスが崩れ、ベストではなくセカンドベストが繁栄するという厄介な現象」が観察されるのだ。このような状況をどう解釈すればよいか。ヘルプマンとクルーグマンは、どのような方法になぜ頼るべきかを説明し、単純に考えるには何が必要かを示した。そのため、ふたりのモデルは扱いやすかった。

若きクルーグマンが一九八六年はじめ、シカゴ学派の大物から研究結果の斬新さを認められて喜んだとしても、それは記録に残されていない。当時の彼は、一九八七年に開催されるエコノメトリック・ソサエティの第五回世界会議で新しい貿易理論に関する講演を行う予定で、その準備に追われていた。従来のモデルと異なり、新しい貿易理論は「きれいな形に整理する」ことができず、収穫逓増の影響から逃れられなかった。

一方、ルーカスは自らのモデルに不満だったが、それはまさに収束が起きないことが理由だった。何年も後、彼はつぎのように語った。「産業革命に参加するための鍵は貿易だと、誰もが考えるだろう。貿易との関わりを断ち切る国は乗り遅れてしまう。共産主義国、中南米諸国、インドのように輸入代替戦略を採用する国などだ」。実際、ほかの地域ではイノベーションが急速に進行したが、これらの国はチャンスを逃した。対照的に、先進国と積極的に貿易を行ったアジア諸国は、素晴らしい成果を上げた。では、それがどのような仕組みに支えられているのか説明できる何らかの貿易モデルの構築は可能だろうか。「[講演では]その部分をうまく説明できなかった。わたしのモデルでは収束とは反対の結果がもたらされ、格差が拡大していく。途上国が先進国に追いつくために貿易が役に立つ理由を解明するうえで、わたしのモデルは何も貢献できない」。

貿易と成長の関連性は探究されなかった。クルーグマンは成長を研究課題として取り上げず、少なくともすぐには、MITの経済学部のほかの誰も取り上げなかった。ルーカスのケンブリッジでの記念講演から二年ちかくが経過した一九八七年秋になってようやく——ロバート・ソローのノーベル賞受賞がようやく発表された頃——助教授の**フィリップ・アギオン**（一九五六〜）と**ピーター・ハウイット**（一九四六〜）が、貿易ではなく、成長そのものについての研究を始めた。ところがその間に、MITのある大学院生が新しい研究を始めた。ロシアからの移民の**アンドレ・シュライフ**

アー（一九六一～）で、一九八六年の論文にローマー・スタイルのスピルオーバー・モデルを取り入れ、企業が新製品発表のタイミングを景気循環に合わせて調節し、株価上昇を狙っていることを示した。しばらくの間、シュライファーはケンブリッジとシカゴを結びつける貴重な存在になった。科学の世界では最も地位が低いとしか思えない若者が重要な役割を担うケースがめずらしくないが、これもその際立った事例である。

シカゴの若手トリオと「ビッグプッシュ」論文

シカゴの教授陣や学生のあいだで、ＪＰＥのローマー論文出現は大きな話題になった。一九八六年秋にはゲイリー・ベッカーが経済学部、実際には経済学全体が、最もなじみ深い家族の問題から最も複雑な脱工業化経済に至るまでの経済活動の「全領域にわたって、専門化と貿易の利益の再検証」を思いがけず迫られていると述べた。なかでも最も刺激を受けたのが三人の優秀な若手経済学者で、彼らが発表する研究結果は関連性が強いので、トリオとして知られた。シュライファー、**ケヴィン・マーフィー**（一九五八～）、**ロバート・ビシュニー**（一九五九～）の三人である。

シュライファーは、三人のなかで最もユニークな人物である。一九六一年にソ連で生まれ、両親はエンジニアだった。ジャクソン＝バニク修正条項によって出国が緩和されると、家族は真っ先にヘブライ移民支援協会の助けを借りてビザを取得した。イタリアに五カ月滞在した後、米国に到着し、ニューヨーク州ロチェスターに落ち着いた（本人の話では、シュライファーはユダヤ人のエリート科学者の典型で、「頭で考えている内容を黒板に書き出して処理する」数学のような教科でとびきり秀でていた）。スラム地区の高校に通っているとき、ハーバード大学のリクルーターからスカウトされた。奨学金でケンブリッジに留学したが、そのときの英語力はテレビ番組『チャーリーズ・エンジェル』で学んだ程度だったという。

二年生になったあるとき、シュライファーは当時ＭＩＴ助教授だったラリー・サマーズを訪れ、自分が数学でどんな問題を抱えているか紹介した。サマーズはシュライファーに一目惚れする。「欠点を含む研究内容について聞かされても、普通ならラリーは心を動かされない。でもこのときは強烈な印象を受けて、アンドレイを研究助手に採用した」とオリヴィエ・ブランチャードは語る。以来、サマーズとシュライファーは親友になった。大学を卒業すると、ＭＩＴの大学院に進学するが、あるときシカゴに数カ月滞在する。ここで、収穫逓増という新しい数学について十分に学び、学位論文のために準備していた景気循環モデルのなかに「implementation cycles（実行サイクル）」を組み込んだのである。その後、プリンストンで一年間教鞭をとってから、一九八七年にシカゴ大学に採用された。

シュライファーに負けず劣らず、ケヴィン・Ｍ・マーフィーも興味深い人物だ。彼は一九八二年、シュライファーが去って間もないシカゴ大学経済学部に入学した。大学を卒業してから一時期、食料品店店長として働いたが、スーパーマーケットの人生よりは経済学のほうが面白そうだと判断し、

UCLAで経済学を学んだ。ある逸話によれば、マーフィーは大学院生を対象とする価格理論の講義に出席した。この講義はソクラテス・メソッドによって学生を繰り返し侮辱することが特徴で、講義を受け持つ**アルメン・アルキアン**（一九一四〜二〇一三）はUCLAでミルトン・フリードマンにほぼ匹敵する人物だった。マーフィーは教授から質問されると、淀みなく受け答えをした。放っておくわけにはいかず、「きみは以前に講義に出席していたはずだ」とアルキアンが攻めるが、そんな事はないとマーフィーは否定した。「二度目だな！」と詰問され、「違います！」と反論した。マーフィーは一九八六年に博士号を取得すると、直ちにシカゴのビジネススクールで教え始めた。

トリオの三人目のロバート・ビシュニーは、あらゆる点で最も型通りの人物だが、ひとつだけ例外があった。実は、とびきり優秀な投資家で、共同創設者（ほかにはシュライファーと、イリノイ大学の**ジョセフ・ラコニショフ**）となった資産運用管理会社は何年も着実に成長を続けていた。ビシュニーはMITを卒業した一九八五年、シュライファーより一年早くハイドパークにやって来た。一九八七年にはシュライファーがプリンストンからシカゴに戻ってきて、シュライファー、ビシュニー、マーフィーの三人は研究で仲良く協力し合う間柄になった。三人の共作として有名になった最初の論文では、かねてより論争の的になってきた問題の解決にとって収穫逓増という新しい手法が役立つことがわかりやすく説明されていた。

「産業化とビッグプッシュ」（Industrialization and the Big Push）という論文のなかで三人の若手経済学者は、経済成長を助長する手段として政府がスピルオーバーを当てにする可能性を紹介した。実は、「ビッグプッシュ」というアイデアの歴史は古い。その一例が、一九二八年からスタートしたスターリンの一連の五カ年計画だ。これは、電力や鉄鋼など基幹産業に大型投資を行えば、ソビエト・ロシアは自力で農業国という過去と決別できるという確信に基づいていた。

この戦略に名まえを付けたのは、一九四三年に戦時下のロンドンで研究を続けていたハンガリー人経済学者**ポール・ローゼンシュタイン゠ロダン**である（アリン・ヤングの著作を読んだことも動機のひとつになった）。彼が名付け親になったビッグプッシュが成功すれば、どんな途上国にも効果が発揮されるという。一部の人は農場から都市へ、学校へ押し出されていく。しかしそのためには都市のインフラを予め整備する必要があり、このような移行には費用がかかる。ただし、雇用者が教育費を負担することは期待できない。投資への見返りが得られないからだ（占有可能性という古くからの問題が発生する）。さらに、雇用者にはインフラの改善も期待できない。個人の利益に対してフリーライダーが群がってくるからだ。巨額の固定費を負担できるだけの財源を持ち、他人を素直に従わせるだけの力を備えている存在は政府だけだ。政府が動けば、残りは正のフィードバックがやってくれる。

しかし経済学の主流派のなかで、このハンガリー人の論文は無視された。覚えているだろうか。一九四三年の経済学では、形式化へのビッグプッシュが進行していた。一五年前に発表されたアリン・ヤングの論文「収穫逓増と経済発展」と同様、ビッグプッシュに関するローゼンシュタイン゠ロダンの論文は確かに注目された。実際、これをきっかけに、先進国の研究に取り組む新古典派の経済学者と、途上国問題に取り組むほかの経済学者が明確に分断された。途上国問題に取り組むグループのなかでは、事態を改善するための投資をめぐる様々な協調戦略についての議論が、ビッグプッシュ・モデルよって促された。しかし、完全競争や収益一定に関して数学的訓練を受けてきた新古典派の経済学者は、「低開発の罠」(underdevelopment trap)のような複数均衡が存在する可能性を理解できなかった。その代わり、主流派経済学者の関心は「投資の格差」(investment gap)やすでに確認済みの余剰労働力に集中し、教育やインフラについては顧みなかった。手持ちのツールを使ってモデルを構築したのである。

しかし一九八七年になると、スターリンが思い描いたような正のフィードバックを支えるメカニズムが、必要最低限のものだけを装備して新たに登場したローマー・モデルによって扱いやすくなった。そのためいきなり、収穫逓増に再びスポットライトが当てられた。シュライファーがソ連からの移民だったことは役に立ったかもしれない。いずれにせよ、シカゴ大学の三人の若手教授は、スターリンのビッグ・プッシュのようなプログラムが少なくとも理論上は機能すること、いかにして国家が比較的短期間で家内工業から産業システムに転換するかを示すため、一連のモデルを組み立てた。スピルオーバーは投資に対して何倍もの見返りをもたらしてくれるから、政府の介入は正当化される。許されるどころか、必要とされる(もちろん、ビッグプッシュを創造できるのは政府だけだとは、どこにも書かれていない。論文の分析は、ヘンリー・フォードの有名な戦略の核心を支えるメカニズムを解明するためにも役立つ。一九一二年、フォードは従業員に日当五ドル、年収にしておよそ一二〇〇ドル支払うことを決定した。自動車産業の労働者に十分な報酬を支払えば、ほかの職種の労働者――靴職人、パン屋、ろうそくメーカー――が製造する商品を購入できるようになり、そのおかげでほどなく自動車産業以外の労働者も五ドルの日当を確保できる可能性が生じる。やがて誰もが車を購入するのに十分な所得を得られるようになる。たくさんの車が広い市場で販売されるようになれば、最終的に価格が一台三〇〇ドル程度にまで低下するからだ。これは好循環の典型例で、かつては分析によって特定することは不可能だった)。

これは俄然注目された。収穫逓増は長いあいだ、記述的経済学者の研究領域だった。しかしいまや、新しい数学ツールが登場したおかげで、形式主義を重んじる若手研究者がこの話題に大きな関心を寄せるようになった。「ビッグプッシュ」論文は一九八九年、『ジャーナル・オブ・ポイティカル・エコノミー』に発表され、この分野では初めて大成功を収めた（この頃にはローマー本人は、この論文の土台となった一九八六年の論文よりもずっと先の研究を進めていた）。ここでなお一層興味深いのは、クルーグマンをはじめとする新しい貿易理論の提唱者がＭＩＴで主張している政府の介入と同じ内容を、保守的なシカゴの経済学者が論証している事実だ（ローマー自身が発見したように、論理と証拠には、時にはそれを使う人の願望を凌ぐほどの力が備わっている）。この点は見逃されなかった。ますます多くの優秀な若手が、収穫逓増という新しい経済学に関心を抱き始めた。*

ローマーvsルーカス

ローマーにとっては、新しい問題が持ち上がった。自分の見解を著名な恩師の見解と区別する必要が生じたのだ。ルーカスがマーシャル記念講演を行う前には、自分は完全に無視されるのではないかと心配した時期もあった。一九八五年にはルーカス論文の草稿が配布されていたが、収穫逓増に関するローマーの論文は未だにJPEから受け入れられていなかったのだ。しかし、心配する必要はなかった。ルーカスは寛大にもローマーの論文を正式な形で引用し、非公式なコメントを寄せてくれた（「ポールは大事な教え子だ。教え子の成果の横取りなど、絶対にあってはならない」）。ヘックマンは、ローマーの論文は公表されるべきだと主張した。

それでも、ローマーの「知識」（knowledge）という変数をルーカスが借りて人的資本（human capital）という新しい呼び名をつけたのは紛れもない事実で、そのためローマーが論証を試みている点がかなり曖昧になった。しかもローマーは、論証のための最善の手法に関する見解を改め、完全競争という前提を捨て去り、独占的競争という新しいモデルを採用した。したがって「ローマー'86」はメールボックスに収められていたが、そこに挿入された修正点（「これらは財（goods）であって、技術的外部性（technological externalities）ではない」）だけでは十分ではなかった。実際、ローマーは塩水学派の手法に頼った途端に、シカゴの淡水学派の流れを汲んでいると解釈されてしまった。変節の理由を他人にどう説明すればよいのか。まずはルーカス本人に説明しなければならない。

当時、ローマーはロチェスターで教えていたが、シカゴをたびたび訪問していた。ここでは収穫逓増は大きな話題として取り上げられており、ある時点で、収穫逓増は都市ではなく、大学の学部で進行している現象として会話で取り上げられるようになった。この枠組みはルーカス本人が講演のなかで紹介したものだ。彼はつぎのように語った。「われわれが知っている事柄のほとんどは他人から学んだものです。学習の見返りとして、一部の教師に対し、直接的・間接的に授業料を支払う。教師と付き合うためにささやかな報酬を支払うわけです。でもほとんどの場合、無料で知識を獲得します。学生と教師はしばしば持ちつ持たれつの関係で、厳密な区別はありません」。

これに対してローマーは事実上、「あなた（ルーカス）はただで手に入る知識のことしか考えていない」と応じた。学部のなかで、「人間関係」という形で知識が非公式にやり取りされる場面——ランチ、執務室での会話、協力、推薦など——についてはかなり正確に説明していると指摘した。確かに、ワークショップや教室での話し合いや、ランチのテーブルで頻繁に交わされる会話から、本物のスピルオーバーがたくさん生み出されるのは間違いない。廊下に目を向ければ、誰が誰と一緒にランチを食べるのか確認できる。少なくともこうした情報はただで手に入る。しかし、ランチで

＊ローゼンシュタイン＝ロダンモデルの不備な点を説明するため、クルーグマンはアフリカの地図の一時的な空洞化という喩え話を使ったが、トリオの成功とは対照的である。

のプライベートな会話に参加することで、それ以上の何が獲得できるだろうか。

学部内で（世界中のほぼすべての場所で）実際に進行しているのは、互いに選択しながら取引を行うシステムだ、とローマーは論じた。このシステムは匿名の摩擦のない交流というより、独占的競争と見なすのがふさわしい。どの教師も学生も、労働市場で「自分の製品を差別化しようと」努める。「何か特別なものが余分に備わっている」ことを主張して、他人と有利な条件で取引できることを目指す（家賃を回収する）。みんなより少し賢い、少しだけ博識だ、少しだけ厳しい、少しだけ協力的だ。このような要素を持っていれば、アイデンティティが強化されて有利になる。これは善意に支えられた複雑な仕組みではない。見返りとしてお金が提供されるかもしれないし、未来の利益を際限なく期待できるかもしれない。小説『虚栄の篝火』のなかでトム・ウルフは、「好意の銀行」（favor bank）について語っている。これは長年にわたって継続する非公式な取引や会計のシステムのことで、好意的な書評や結婚式のプレゼントなど、ごく狭い範囲の具体的な形で提供されるときもあれば、単なる善意のように広いものが提供されるときもある（「あなたのお父さんを知っている」）。「好意の銀行の預金は対価ではない。困ったときのための貯えだ」とウルフは書いている。

このような見解はルーカスにとって、人間のあいだで進行する出来事をあまりにも金銭づくで考えているように感じられたかもしれない。彼はかつてつぎのように語っている。「わたしの家では、『限界的（marginal）』などという言葉は毎日使わない。それにわたしは、経済学の原則を家では使わない。家族の忠誠学の言語が役に立つとは思わない。個人的な決断の問題について考える際、経済

心や、交流のシステムを利用しようとする。助けてもらったら、こちらも助けるといった具合に」。家族にいえることは、学部にも当てはまる。「何かを学びたいと思う同僚から得られる利益は実体を伴う。そのためわれわれは、かなりの時間を費やして議論を戦わせるときもあれば、同僚になりたいけれども、簡単にはなれない人のところにわざわざ出向いて話をするときもある」とルーカスは書いている。このような効果――ルーカスによれば取引の外部にあるもの――は、あらゆる芸術や科学に共通のもので、特に「創造的な職業」では影響力が大きいという。ルーカスにとって、知識とは本質的にただで蓄積されるもので、博識な人たちの周囲にいるだけで手に入るものなのだ。

要するにルーカスは、好意の銀行から金銭のやり取りを排除した穏やかな家族バージョンを考案した。実際、これはあちこちに偏在しており、まさにその点が注目されたのだが、ローマーは納得できなかった。のちにルーカスは、再び重要な講演を行っている。一九八七年春にノースウェスタン大学で行われたもので、このときは自らの立場を守るために主張を強化している徴候が見られた。何が進行しているか説明するためには、人的資本のスピルオーバーさえあれば十分だと考えているようだった。

専門化と差別化

一九八六年の夏のあいだ、ローマーは「一つの研究が終われば、それが新たな研究につながった」

と四〇年後にジェイン・ジェイコブスが表現した一九二八年のアリン・ヤングさながら、専門化と差別化のモデルの研究に没頭した。人々を都市に引き寄せるものはスピルオーバーなのだろうか。あるいは専門化のチャンスだろうか。それともその両方なのか。ローマーは自分とルーカスを区別して問題を解決するために、経済成長を左右するのは新しい商品の登場だけであり、それが全体的な成長を後押しするという仕組みを説明するモデルを考案した。そうすれば、問題は解決せざるを得ないと期待した。

ローマーはじっくり腰を据えて、自分と方針が類似している研究を探し求めた。独力で考案した生産関数に関しては、ウィルフレッド・イーシアの研究を引用した。**ケネス・ジャッド**がシカゴで行っている特許に関する研究も引用した。研究が大きく妨げられる出来事もあった。ローマーの父親がコロラド州知事に立候補したのだ。選挙戦に協力するため、彼は研究への欲望と戦った。

一九八六年一二月、ローマーは新しいモデルをふたつのバージョンで広めた。まず、ロチェスター大学経済学部のワーキング・ペーパーではアリン・ヤングとの関連性を指摘して、収穫逓増の歴史について詳しく解説した。その内容は分割され、のちに発表される複数の論文に組み込まれた。

二番目のバージョンでは、モデルそのものが電報のように簡潔にされた。ローマーはこれを一二月末にニューオーリンズで開催された連合総会で、ロバート・ルーカスとエドワード・プレスコットが一緒に参加するプログラムで発表した。このセッションでは、組織構造が成長におよぼす影響について取り上げられたが、都合の良いことに、論文が会報（Proceedings）に掲載される利点があった。そのためローマーはレフェリーの複雑な審査を受けなくても、独占的競争の陣営に直ちに正式に加わることができた。

「専門化が引き起こす収穫逓増に基づいた成長」(Growth Based on Increasing Return Due to Specialization)は五カ月後の一九八七年五月にAERに掲載されたが、ほとんど注目されなかった。あまりにも短すぎたのだ。セッションで紹介される論文はどれも短縮することが義務付けられていたので、数学的な解説はほとんど含まれなかった。論文を過去の研究と関連付ける試みもほとんど見られない。「論文には大して影響力がなかったと思う」とローマーは回想している。しかし、その冬にはほかの場所で大きな興奮が沸き起こっていた。

「自分を有名にしてくれる問題」

ニューオーリンズで連合総会が開催されていたのと同じ頃、**ジーン・グロスマン**(一九五五〜)というプリンストンの若き教授が、エルハナン・ヘルプマンと会うためにテルアビブを訪れた。グロスマンは一九八二年に訪問するつもりだったが、当時はレバノン危機の最中で、ヘルプマンが軍隊に召集されていたのだ。グロスマンは一九八六年一二月に到着したが、これは実に良いタイミングだった。

貿易を専門とする同世代の経済学者の例に漏れずグロスマンはある意味、何かと目立つポール・

クルーグマンの陰に隠れて活動を続けた。グロスマンがイェールに入学したとき、クルーグマンはMITの大学四年生で、まもなくMITを離れた。グロスマンはクルーグマンに続いて国際経済学を専攻し、戦略的貿易に関する論文を書いて高く評価される。競争の激しさで有名なブロンクス科学高校の出身で、穏やかな性格ながら自信にあふれていた。グロスマンは卒業してわずか五年後、プリンストンから二九歳で終身在職権を与えられた。結婚相手はMITの経済学者ジーン・ボルドウィンを選んだが、彼女の父親と兄弟も経済学者だった。

グロスマンがテルアビブを訪問した頃、ヘルプマンのクルーグマンとのパートナーシップは終わりを迎えていた。二人の二冊目の共著『貿易政策と市場構造』は、一冊目ほど大きな評判にはならなかった。理由はどうあれ、クルーグマンはヘルプマンとは距離を置き始めた。テルアビブでグロスマンは、これからリカード・モデルに技術を組み込むつもりだとヘルプマンに語った。すると老ヘルプマンはニヤリと笑い、メモの束を引き出しから取り出した。一九八七年はじめにプリンストンに戻ったとき、グロスマンは非常に興奮していた。「グロスマンが自分を有名にしてくれる問題をついに見つけたことがわかったよ」とアビナッシュ・ディキシットは回想する。

第20章 クレイジーな説明

Crazy Explanations

収束が起きない理由

スピルオーバー（拡散）を通じた成長に関する「ローマー’86」が本人によって発表されていたら、数学的手法を好む一握りの研究者以外からはほとんど無視されていたかもしれない。スピルオーバーが専門化を促すというこれまでの主張を否定して、心変わりを表明した一九八七年の短い論文のほうは、さらに一層世に知られなかった。ロチェスターの頭脳明晰な若き科学者がモデリングの表現方法について発想を改めたところで、誰が気にかけるだろうか。しかしルーカスの記念講演のおかげで、ローマーは幅広い分野の経済学者から注目されるようになった。新たに有名になった結果、全米経済研究所（NBER）が一九八七年にマサチューセッツ州ケンブリッジで二日間にわたって開催するマクロ経済学に関する会議に招かれ、論文を紹介することになった。

産業民主主義国家における政策重視型の経済学の研究にとって、NBERは中心的な活動の場であり、とびきり優秀な若手研究者が全米ばかりか世界中から集まってくる。毎年開催される会議では、その年の最も有望な研究が紹介された。父親がコロラド州知事に選出されたこともあり、ローマーはこの会議に関わりたいと思った。

当時の新聞では大きな問題がいくつか取り上げられた。これらは主にレーガン革命の実際的な後遺症に関わるもので、失業、為替レートの変動、財政赤字の経済学的意味、南北問題などが含まれる。しかし一九八七年の最大の謎は相変わらず、米国における生産性の低下だった。そうであるなら、それについて何か発言を試みるべきではないか。結局、ローマーは技術変化はまさに経済学的現象だという点を基本的前提にしていた。ソロー・モデルから発展した成長会計の伝統のなかで自分のモデルがうまく機能することを説明すれば、技術変化の重要性を理解してもらう最善の方法になるのではないか。

会議の聴衆が自分のテーマに関心を持てるように、ローマーは見えざる手とピン工場に象徴される明快な理論の世界を離れた。代わりに計量経済学を使い、自分のアイデアの枠組みを新しいデータの一部に応用し、ソローとの違いを強調した。論文には「生産性の低下に関するクレイジーな説明」(Crazy Explanations for Productivity Slowdown)というタイトルを付けた。これをきっかけにローマーは、各国間に成長率の違いが発生して収束が起きない理由をめぐる議論に一気に巻き込まれていく。そして不幸にもその結果、若い世代の経済学者をある意味では無駄な追跡に向かわせてしまうことになる。

一七〇〇年にわたる蹄鉄改良の歴史

ローマーはタイトルによって自分のアプローチの斬新さを伝えるつもりだった(それにひょっとすると、アプローチの冷静さを伝えたい気持ちも多少あったかもしれない。覚えているだろうか、彼はもう少しで物理学者になるところだった)。従来、生産性の低下については賢明なアイデアが提案され試されてきたが、物足りないものばかりだった、とローマーは指摘し、通常の枠組みの外で考えることを提案した。たとえばヴォルフガング・パウリは有名な講演のなかで、素粒子物理学の未解決問題のすべてをひとつの方程式で解明しようと試みた。パウリが話を終えると、デンマークの偉大な物理学者ニールス・ボーアが彼の提案の間違いをやんわり指摘してこう言った。「教授、あなたの理論がクレイジーであることは全員が認める。しかし、十分にクレイジーで正しいかといえば、それは怪しい……」。

一九八七年の経済学において、ここまでクレイジーな理論であるなら正しい、と思わせるためには何が必要だろうか。ローマーは、ソロー・モデルから生まれた成長会計という枠組みはまさに、最も興味深い可能性を排除している点を示したいと考えた。すなわち、生産性で後れを取る背景には、戦後のベビーブームが影響している可能性である。ひょっとすると労働者が供給過剰になったため、資本への投資や技術変化のペースが落ちたのではないか。逆に、職場に確保できる労働者が比較的少なければ、企業は新しい機械の発明を迫られ、結果として生産設備への投資が促される。

新しい発明が行われる割合と人口とのあいだに関連性が存在する可能性が指摘されたのは、初めてではない。一九世紀の英国と米国の格差は、労働力不足によって説明するのが標準的だったとローマーは書いている。米国には土地がたっぷりあったため、英国に比べて労働者の賃金が高くなり、高賃金が労働節約型の発明への需要を増やしたと考えられる。デンマークの経済学者で国連のために研究を行っている**エステル・ボズラップ**は、一九六五年と一九八一年に出版された本でマルサス説を覆し、人口圧力は技術進歩をもたらす原動力だと論じた。ローマーは、人口に限らず、公共部門と民間部門で行われるあらゆる種類の選択――教育政策や貿易体制から知的所有権のシステムにいたるあらゆるものの選択――もまた、国の成長率に重大な影響をもたらす可能性があることを示したいと考えた。

しかし外生的成長モデルの枠組みでは、余剰労働力が技術変化にもたらす影響に取り組めない。人口の増加率や資本の蓄積率がどのように変化しようとも、(夜を徹して研究を続けたところで)知識の成長率は影響されない。これは外生的な要素であり、モデル外の力によって決定されるからだ。実際、知識はラジオ放送のように毎年全国の大学から発信され続ける。そして生産性は何よりも新しい知識に左右されるのだから、資本がどんどん蓄積されたところで、産出高は大して増加しないのである。

いつもと同様、ローマーは喩え話を使って自分の論点を説明することにして、このときは蹄鉄に関するストーリーを選んだ。少なくともこれなら、従来の市場に登場する新しいアイデアに関するデータがかなり簡単に手に入る。まず彼は、経済学者の**ヤコブ・シュムークラー**（一九一八～一九六七）が特許に関する研究のなかで、この古代からの器具の改良は一九〇〇年にピークに達し、自動車が道路を支配する一九二〇年まで継続したことを証明したと説明した。二〇世紀に特許の取得が跳ね上がった理由は何かと言えば、おそらく市場の規模が影響したのではないか。たくさんの馬のために少しでも洗練された蹄鉄を提供しようと、大勢の発明家が努力を重ねたからだろう。いきなり創意工夫が盛んになったのは、突発的な要素や外生的な要素とは無関係だとしか思えない。そもそも蹄鉄は紀元二世紀、ローマ人によって発明された。「もし一七〇〇年の歴史を持つこれほど単純な技術の改善が底堅い需要によって促されることを考えるなら、今日、蒸気発電や化学処理などの分野で技術改良の機会が使い果たされたとは信じがたい」とローマーは書いている。

ただし、蹄鉄のストーリーがＮＢＥＲの聴衆に説得力を持つとは思えない。ローマーにはモデルが必要で、実際、モデルは手元にあった。そのうちのふたつは自ら考案したもので（スピルオーバーに基づいた一九八六年モデルと、専門化に注目した一九八七年の新しいモデル）、もうひとつは、ルーソローと同じ内容のモデル（技術を外生的要素と見なす）である。ただし当時の標準に従い、ルーカスが「力学」の論文で確立した前例を踏襲するためには、データも必要とされる。しかし、シュムークラーや**フリッツ・マハループ**（一九〇二〜一九八三、プリンストンの経済学者。フォード財団の歴史に関する膨大な研究に取り組んだ）など、知識の増加を測定する基準としてのデータの有効性を理論の面から指摘している少数の門外漢を除けば、データを実際に集めている研究者は誰もいなかった。

そこでローマーは、昔ながらのトリックを使った。新しい知識は一部の地域でほかよりも成長を加速させることを示すため、知識の成長を資本投資の割合と同一視した。結局、新しい機械のほとんどは古い機械よりかなり進歩している。おそらく技術の進歩は新しい資本投資に「ビルトイン」されたもので、資本に「製造年」を割り当てられれば確認することが可能だ。これは「エンボディメント」（具体化）仮説で、ソロー自身が一九五九年に発表した「投資と技術進歩」という論文で紹介して以来、かなり詳しく議論されてきた。その結果、資本には継続的に焦点が当てられてきた。四半世紀以上が経過してから、ローマーはつぎのように述べている。「一部の地域での知識の増加や知識の流入について、一連のデータを公表している国際機関は存在しない。でも回帰分析を行うためには、物的資本への投資を変数として使うことができる。だからそうした」。当時、ローマーは三二歳で、新しい事柄の追求に意欲満々だったため、それまでほとんど顧みられなかった新しいデータセットに注目し、まだほとんど知られていない自分の新しいモデルを試した。

理解されなかった「クレージーな」説明

当時、ペン・ワールド・テーブル（Penn World Table）はまだ非常に新しく、価格を国際比較するうえでの重要性はほとんど理解されていなかった。サイモン・クズネッツが一九三〇年代、ペンシルベニア大学で教鞭をとっているあいだに、のちに国民勘定として知られる国際簿記システムの開発を始めたことは広く認識されていた。彼はこれらの功績を認められてノーベル賞を受賞する。はじめての国民勘定の準備を監督した**リチャード・ストーン**（一九一三～一九九一）も、一九八四年にノーベル賞を受賞した。この国民勘定の何が問題かと言えば、ひとつの国の景気動向を経時的に比較するために役立つデータだったが、各国間の比較ができないことだった。国ごとに異なる物価水準を修正するための措置が取られなかったからだ。かつては世界中の物価を系統的に集めることなど、現実離れした試みでしかなかった。

各国間の富や生産性を比較するには通常、為替レートに依存した。経済学者は米国で生産されるあらゆるもののドル価値を評価し、日本で生産されるあらゆるものの価値を円で評価する。どちらの数字も人口で割り算し、その値を現行の為替レートに応じて調整したうえで比較する。ここで厄介なのは、為替レートが不安定なことだ。少なくとも株式市場と同じくらい不安定なので、この急場しのぎの計算は、相対価格の基礎をなす現実をかならずしも反映していない。

これよりも優れた代替策としては、ある国である価格で買える商品がほかの国ではいくらで買えるか、すなわち財バスケットに対する各国通貨の購買力を毎年比較する方法がある。ただし、購買力平価（ＰＰＰ）をこのようにして確認するのは時間もお金もかかる。エコノミスト誌は通常この比較を簡素化し、ビッグマックのハンバーガー価格だけをサンプルとして集め、生活費が国ごとにどのように異なるかを明らかにしている。しかし、もっと適切な比較をするためには、もっと手の込んだ財バスケットが必要とされる。

国際価格を系統的に比較する最初の試みは、一九九〇年代に国連によって行われた。このときはフォード財団の支援を受け、ペンシルバニア大学の**アーヴィング・クラヴィス**（一九一七〜一九九二）が企画を手がけ、世界銀行が最終的にこの作業を引き受けてくれることを望んだが、世界銀行はこれを拒んだ。そこで**アラン・ヘストン**（一九三四〜）や**ロバート・サマーズ**（一九二二〜二〇一二）など、ペンシルバニア大学の数人の教授が、乏しい予算で価格収集の作業を続けた。彼らもまた、データの有効性が証明されれば、世界銀行がプロジェクトを引き継いでくれるだろうと期待した。ロバート・サマーズがポール・サミュエルソンの兄弟で、ラリー・サマーズの父親だったため、この取り組みには周囲を惹きつけるオーラがあった。この頃、息子ラリーはハーバードで教鞭を執っていた。やがて一九八六年、最初のペン・ワールド・テーブルが完成する。ここでは、一一五カ国の国民所得勘定から集めたマクロ変数が、国際価格に変換されていた。『クォータリー・ジャーナル・オブ・エコノミクス』の表紙裏にはフロッピーディスクが綴じ込まれていた。このような形での初めてのデータ共有は、経験を重視する新しい時代の経済学を大きく飛躍させた。ローマーが長期的な成長率を比較するために利用したこのデータは、かつて入手可能だった最良のデータよりも著しく改善されていた。

つぎにローマーは、異なる三つの成長モデルを準備する。ふたつは自ら考案した収穫逓増に関するモデル――スピルオーバーならびに専門化を取り上げたもの――で、もうひとつはソローの収穫逓減モデルだ。彼は生産関数の難解な言語を使って、これらのモデルとデータ比較を行った。するとソロー・モデルの予測とは対照的に、所得や資本投資の少ない国はいつまでも取り残されたままで、ルーカスが一五カ月前に論じた通りの結果になった。しかしこの頃には、収束が起きないことはソロー・モデルにとってそれほど深刻なダメージとは見なされなくなっていた。講演のあとは直ちに成長会計の詳細をめぐって白熱した議論が展開される。NBERで紹介されたローマー論文に関して、ブルッキングス研究所の**マーティン・ニール・ベイリー**(一九四九〜)はつぎのように語った。「この論文による正統派理論への異議にどれだけ説得力があるのか、わたしにはわからない。もし一九五六年にボブ・ソローに対し、あなたの理論は米国、ヨーロッパ、日本には機能するが、スワジランドには機能しない、ときみが語っていたら、面白がったかもしれない」。

事実は明らかだった。ソロー・モデルのあらゆるバージョンで政策が成長率に影響をおよぼす余地も、従来型の資本・労働の投入モデルが成長率を説明する余地も、ほとんど存在しないのだ。技術の進歩は経済成長のエンジンだったが、それはモデルの外から影響力をおよぼした。

かつては正統なモデルがひとつだけ存在していたところに、新しいバージョンの成長モデルがいきなりふたつも現れた結果、混乱が起きた。その年の秋には、ようやくソローがノーベル賞を受賞したこともあり、混乱はなおさらだった。関係者を大いに困惑させたのが、ローマーが研究から引き出した言外の意味だった。高賃金がイノベーションや発明を促す誘因となり、それが知識のスピルオーバーにつながるのであれば、おそらくヨーロッパの発想は正しい。労働時間を短縮し、賃金を増やし、高い失業率を容認し、あとに投資やイノベーションが続くことを期待するのは間違っていない。おそらく米国が海外から借金するのも正しい。そこからもたらされた収益が投資に費やされ、消費ではなく知識のスピルオーバーを生み出すかぎりは間違っていない。「われわれはできるかぎり長期間、大量の財政赤字を発生させるべきだ」とローマーは書く。

不幸にも、ローマーの策略にはほとんど誰もついていけなかった。彼はこの数年間、知識の重要性を強調していたではないか。それがいきなり、新しいアイデアに代わって、投資が重要だと言い始めた。大事な前提——肝心なのは投資そのものではなく、新しい知識である——が呆気なく無視されている。資本が速く蓄積されるほど、成長のスピードは速まるだって？　でも投資を促すための減税など、新しくも何でもない。企業のロビイストたちは、何年も前からこれを提唱してきたではないか。

三二歳の若手ローマーの発言から、経済学の大物はこれほど範囲の広い話を期待していなかった。ローマーが考えを一通りまとめて発表したとき、聴衆のほとんどが当惑したのも無理はない。そもそも、すごい話を持ち出しても、最初は驚くほど反応が鈍いものだ。聴衆はいずれも米国のトップ大学に所属する研究者だったが、ほとんどがおそらくルーカスの講演について聞いたことも、ましてや読んだこともなかった（製本されるのは、さらに一年後だ）。それ以上に聴衆はローマーの変節について気づかなかった。彼がひとつではなく、ふたつの成長モデルを所有している事実など知る由もない。ひとつはスピルオーバーについて、もうひとつの新しいモデルは専門化をテーマにしたもので、こちらについては一二月の連合総会での講演で紹介していたが、まだ紙に印刷されていなかった。何より、ローマーがようやく世間で認められるようになった理論構築のスタイルをいきなり放棄して、経験もないのに、何でもありの計量経済学に関心を寄せるなど考えてもいなかった。

結果として、技術変化を引き起こす誘因の重要性を訴えたローマーのメッセージは正しく解釈されなかった。「クレージーな説明」というタイトルの論文から部外者は（多くの内部関係者さえ）、彼が過去六年間取り組んできたすべてを放棄したような印象を受けた。まるで彼はレースを途中棄権したように受け取られた。そして、非常に興味深いテーマは収束であるとローマー本人も認めているように思われたので、この論文のもうひとつの斬新さにたちまち注目が移った。それはデータである。

バローとの共同研究

ほかの誰よりも、ペン・ワールド・テーブルの登場に込められた可能性を理解した人物がいた。当時四三歳のロバート・バロー（一九四四〜）は、経済学を担う新しい世代のなかでもとびきり優秀な研究者のひとりだが、お騒がせな人物でもあった。大学時代には、カリフォルニア工科大学で物理学を専攻した。一九六九年にハーバードで経済学の博士号を取得してからしばらくは、技術的傾向が非常に強い点はユニークだが、時代遅れのケインズ主義を信奉した。

しかしバローはブラウン大学の若き助教授になると、マクロ経済学という淡水学派の新しいスタイルに乗り換えた。物理学を学んでいた影響かもしれないが、数学や合理的期待という仮定をほとんどの研究者よりもすんなり受け入れた。やがてシカゴ大学に移ると、一九七四年に発表して評判を呼んだ論文「国債は正味資産になるか」(Are Government Bonds Net Wealth ?) のなかで、赤字には大した経済的効果がないと主張した。先見の明のある人物なら、将来の税負担を見越して現行消費を減らすからだ。これは国債と税金に関する「リカードの等価定理」(Ricardian equivalence) と呼ばれるもので、きわめて論理的な人間はこのような行動することを最初に指摘したデイヴィッド・リカードにちなんで名づけられた。こうしたユニークな行動を前提とするアプローチは、ケインズ派の経済学者にとって特に不愉快だった。彼らにとっては、消費者の認識がある程度まで曖昧なことが大事な前提だったからだ。一九八二年、バローはそれまでの成果を認められてシカゴ大学の正教授になった。多くの関係者から、自由市場経済学の主導者としてミルトン・フリードマンの後継者にふさわしい人物と見なされるようになる。

ところが二年後、思いがけない展開になった。シカゴ大学では二年に一度、目覚ましい成果を挙げた四〇歳以下の経済学者にクラークメダルが授与されるが、その年には計量経済学者のジム・ヘックマンが長年の功績を認められた。バローはその決定を不服としてシカゴでの地位を捨てて、以前勤務していたロチェスター大学に戻ってしまう。ちなみに彼はシカゴへ移る以前に短期間ながらローマーと交流があった。ロチェスターに戻るとふたりの交流は再開され、一九八六年にバローがハーバードに滞在し、翌年に同大学経済学部に赴任するまで二年間に及んだ。

バローとローマーは一〇歳以上の年齢差があったが、ふたりはウマが合った。バローはほかの誰よりも早く、成長に関する新しい研究の重要性を理解した。「クレイジーな説明」が発表された後、バローは研究助手の**ザビエル・サラ゠イ゠マーティン**（一九六二〜）と一緒に収束に関する新しい仮説を考案し、それを「条件的収束」(conditional convergence) と呼んだ。これによって、途上国が先進国に追いつくグループと後れを取るグループに分かれる理由の説明に取り組んだ。もし貧困国が財産権を維持し、市場が機能することを許容し、一定量の人的資本を蓄積すれば、先進国と同じ傾向が生まれる（格好の例が、アジアの新興経済国だ）。これに対し、基本的制度を確立できない国は後れを取る傾向が目立つ。わずか数個の変数を使うだけで、ペン・ワールド・テーブルで取り上げた一一五カ国の成長率の違いが説明できそうだった。

ここで厄介なのは、条件的収束を促す政策を正当化する手の込んだ統計分析、有名な「クロスカントリー回帰」(cross-country regressions) では、成長を押し上げるという理由でほかにも政府介入が奨励されることだった。幼稚産業の保護、強力な労働組合、住宅助成金、平等を促すための巨額の無償給付などで、これらの政策が成長にもたらすプラスの効果はモデル化され、数年間にわたってヘストン＝サマーズのデータとの突き合せが行われてきた。

「『クレイジーな説明』のアプローチはモジュール（全体が交換可能な部品の集まり）なので、ほかのモデルを色々と追加できる」とローマーは何年も後に回想している。「だから深く考える必要はない。『では、政府が所得格差の政策で失敗したらどうなるか』を知りたければ、シンプルなシステムを準備するだけで、『そうか、成長率にはこんな意味が込められているのか』と納得できる。同じような数学的処理は、ソロー・モデルでは不可能だった。ソロー・モデルでは成長率を変化させるものが何もない……でも、このモジュールなら色々なものを追加して、その効果を試すことができる」。

バローとローマーは、NBER（全米経済研究所）のために成長に関するワークショップを開催することに同意した。一九八七年秋にコロラド州ベイルのスキーリゾートで会議を開く計画を立てて、予備セッション用の寄稿を募集した。ベイルは物価が高く、ほとんどの参加者はすぐ、今後はここを開催地に選ぶべきでないという結論に達した。それでも参加者の気分は高揚し、会議への思い入れも強かった。ふたりの研究成果についてはバローが発表することになった。というのも、会議が始まるまでに、ローマーは「クレイジーな説明」で取り上げた成長会計のアプローチの大半を放棄した。ノースウェスタン大学の**ラリー・クリスティアーノ**（一九五二〜）との議論を通じ、因果関係の方向性を計量経済学的に確立することの難しさに気づかされたからだと回想している。そのため、以前の方針に立ち返り、会議では知識の経済学的役割について解説した。何年も後に、ローマーはこう書いている。「[シンプルな]証拠の重要性に関して、最初の立場を崩さなければよかった」。

マンキュー＝ローマー＝ワイルモデル

誰かがソロー・モデルを擁護するために声を上げ、ローマーの新しい主張の重要性を否定して重要なことは語り尽くされた、と指摘する展開は避けられなかった。声が上がった場所は、意外ではない。塩水学派は当然ながら、独自の成長理論を提供した。微調整すれば、ソロー・モデルは機能するはずだと考えられた。

N・グレゴリー・マンキュー（一九五八〜）は、一九六〇年代、一九七〇年代、一九八〇年代にMITの経済学部で学んだ多くの学生——ひょっとしたら、ほとんどの学生——の典型的なタイプである。当時のMITの学生は、経済政策に大きな関心を抱いた。彼らは塩水学派に属すため、淡水学派の特徴である自由放任主義というあやしげな主張には関心がなく、その意味ではシカゴ学派の特徴だった経済秩序を生み出す源泉への大きな好奇心とも無縁だった。ケンブリッジを拠点とする彼らにとっては、不完全な世界の改善に役立つツールの習得が目標で、ニュー・ケインジアンを自称した。

ニュー・ケインジアンの理論は多くの点で、リベラルな教義である。シカゴをはじめとする淡水学派、すなわち新しい古典派経済学からの挑戦に対抗するために進化したものだ。ニュー・ケインジアンから見れば、見えざる手の効率性はこれまで誇張されており、市場では不完全な状態が普通だった。さらに、市場の失敗は経済がある程度管理すべきもので、ときには急を要すると考えた。MITの経済学者のなかには自称ニュー・ケインジアンが多い。その顔ぶれは豪華で、スタンレー・フィッシャー、オリヴィエ・ブランシャール、**アラン・ビンダー**、ジョージ・アカロフ、ジョセフ・スティグリッツ、**ジャネット・イエレン**（一九四六〜）、マイケル・ウッドフォード、ラリー・サマーズ、**ベン・バーナンキ**（一九五三〜）などが含まれる。「おそらく見えざる手は、通常は経済を導いてくれるが、停滞した状況の影響を受けやすい」とマンキューは、（**デイヴィッド・ローマー**〈一九五八〜〉──ポール・ローマーとは関係ない──と一緒に）編集した『ニュー・ケインジアン経済学』の序文に書いている。

しかし、塩水学派マクロ経済学にも保守的な側面が含まれる。一九八〇年代はじめに絶大な影響力をふるった、ハーバードの経済学者マーティン・フェルドスタインだ。彼は、ハーバードで最も著名な経済学者となり、ラリー・サマーズ、**ジェフリー・サックス**（一九五四〜）をはじめ、新しい世代のとびきり優秀な人材を数多く育てる一方、全米経済研究所に新風を吹き込んだ。ちなみに同研究所は当時、ハーバードとMITの中間に位置するケンブリッジに拠点を移していた。ただし、フェルドスタインはニュー・ケインジアンを名乗らないどころか、「ケインズからの方向転換」を発表している。保守本流として君臨し、若手はそんな彼に挑戦しながらアイデアに磨きをかけていった。一九八二年には、フェルドスタインはロナルド・レーガン大統領の首席経済顧問となり、行き過ぎたサプライサイド革命からの戦術的撤退を監督することになった。このとき彼が採用したスタッフのなかには、サマーズ、クルーグマン、グレグ・マンキューの名前もあった。

ロナルド・レーガンが大統領に選出された一九八〇年秋、マンキューはＭＩＴにやって来た。その前にはプリンストン大学を卒業し、全米科学財団の特別研究員の資格を獲得していた。プリンストンの大学時代には、ヨットの選手権で優勝したこともある。ニュージャージー州の上流階級向けの高校ピングリースクールに通ったが、特権に恵まれたわけではなかった（母親は働いて学費を稼いだ）。祖父母は第二次世界大戦の直前にウクライナからやって来た移民だ。ノルマンディーの海岸で彼の叔父が戦死すると、一家は侵攻の準備が不十分だったとしてフランクリン・Ｄ・ルーズベルトを非難して、熱心な共和党員になった。政治に関するマンキューの最も古い記憶は、一九七二年に父親に連れていかれたリチャード・ニクソン再選のための集会だった。

フェルドスタインやマンキューのような保守派が、淡水学派のシカゴ大学経済学部の厳しい伝統よりもケインズに惹きつけられたのはなぜか。なぜミルトン・フリードマンと信条を共有しなかったのか。この疑問には、少なくともふたつの答えが考えられる。まず、この時期までにはケインズ派の伝統のなかに、政府が経済で果たす適切な役割に関して合理的な人間が異論を唱えられるだけの余地が生まれていた。そして財政学の分野が勢いづいていた。高速コンピュータが登場し、一般均衡理論に関する新しいツールが考案されたおかげで、それまでは対処できなかった問題に取り組めるようになったのである。税制の予期せぬ効果、政府の歳出計画の多くに影響をおよぼす利益集団の政治圧力、インフレと税制の相互作用、貯蓄と投資決定の相互作用などだ。さらに微調整（fine-tuning）に関しても、従来とは別の見解が生まれた。たとえば政府借入金の代わりに、減税を通じた微調整が提案される。一方、ふたつ目の答えは、ケインズ学派としての経済学者の名声が過去三〇年間にわたる苦労の末に確立されたことだ。せっかく手に入れた影響力を手放したくない傾向が確実に存在した。

一九八七年までにMITで博士号を取得した経済学者のなかで初めて、マンキューはハーバードに採用され、二九歳で正教授になった。彼は様々なトピックに関して精力的に執筆したが、時には災難もあった。一九八九年には、（友人の**デイヴィッド・ワイル**と共に）住宅価格の長期的な暴落を予測するが、予測は外れた。しかしそれ以外は、解説者としてもまとめ役としても手腕を発揮する。一九九二年には中級マクロ経済学の教科書を執筆し、同世代のなかで最前線に躍り出た。この教科書は入門書の執筆を準備する研究者が最初に読むべき参考図書としての評価が定着した。このなかに、マンキューは驚くような工夫を凝らした。テーマを取り上げる順序を従来とは変え、ケインズの安定化装置については後ろの部分で紹介し、冒頭では国家の富の決定因子について論じたのだ。新しい教科書では、経済成長に関する塩水学派／ニュー・ケインジアン・モデルが最も重視された。

何年も準備に費やした後、ローマーの成長モデルに対する塩水学派の反論は、一九九二年五月、『クォータリー・ジャーナル・オブ・エコノミクス』に掲載された。「本論文は、ロバート・ソローを重視している」と、マンキュー、デイヴィッド・ローマー（カリフォルニア大学バークレー校）、デイヴィッド・ワイル（ブラウン大学）の共著による論文の冒頭には書かれている。冒頭の文章でシカゴの断固とした物言いを真似たのは意図的だが、具体的に何を「重視」しているのかはっきりしない。わかるのは、マーシャル記念講演でロバート・ルーカスが行った批判に敢然と挑んでいることだけだ。「本論文は、ソロー・モデルの予測が第一次近似では証拠と矛盾がないことを主張する」と著者らは述べている。さらに、人的資本を追加すると――少なくとも、クロスカントリー回帰が標準的な「適合度」に基づいて評価されれば――国家間で観察される成長率の違いのすべてがソロー・モデルで説明可能だという。ソロー・モデルが機能しないという報告は、かなり誇張されている可能性を著者らは示唆した。

ここでは、すべての国は同じ知識の源泉にアクセスできることが重要な前提になっている。長いあいだ、個人の知識にとどまるものは何もない。結局、最貧国にも図書館は存在している。製造したいものを何でも購入し、リバース・エンジニアリングできるのではないか。豊富な知識を利用するために、物的・人的資本に投資する方法が異なるだけだ。

マンキュー＝ローマー＝ワイルモデルは直ちに、拡張ソロー・モデルとして知られるようになった。このモデルでは新古典派成長論が修正され、スキルのレベル、あるいは人的・物的資本の教育の蓄積に関して現実に存在する各国間の格差が、おそらく適切な形で反映されている。それが事実なら、このモデルのほうが好ましい。しかも、ケインズ派のシステム全体が損なわれる恐れもない。

新しいモデルと旧いモデルの主な違いは、収束が進行するスピードに関わっている。新しいモデルでは定常状態の半ばに達するまでに、一七年ではなく三五年必要とされる。

ローマーをはじめ内生的成長を唱える陣営は、マンキュー＝ローマー＝ワイルモデルの登場に驚いた。その公表から一年以内にジーン・グロスマンとエルハナン・ヘルプマンは、二五年にわたって九八カ国すべての技術進歩の割合が同じだという仮説を「まったく弁護の余地なし」と切り捨てた。たとえば日本が新しい技術を取得する割合は、中央アフリカ共和国をはるかに上回っていたではないか。それはグローバル経済にとって新しい技術にも、日本だけにとって新しい技術にも当てはまる。そしてポール・ローマーは、別の点に関してつぎのように書いている。「モデルが示唆する解答は満足できるレベルではない。真剣に取り合う価値はない」。何か説明できない理由によって、一部の国はほかの国よりも貯蓄や教育への投資が大きく、こうした変動が成長率に関するあらゆる違いを説明できるというのか。これでは、政府の政策や産業組織は成長とまったく無関係になってしまう。有利なスタート、開発の罠、知識の移転、特許法、海外直接投資、幼稚産業の保護などについて、ここではいっさい触れていない。いかなる政策も長期にわたって成長率に大した変化を引き起こさないという昔ながらの主張が繰り返されている。「肝心なのは、新古典派モデルが本当に正しいかどうかではない。モデルが国際的な経験の理解に役立つかどうかだ」と、マンキューは一九九五年の会議で語った。

収穫逓増や独占的競争に関心を持つシカゴ学派の研究者に対して、ケンブリッジのグループが完全競争や収穫一定という前提の擁護を試みるとは、かなり皮肉な展開だ。さらに皮肉なのは、わずか数年前の論争でマンキューとソローがリアル・ビジネス・サイクル（実物景気循環）理論の提唱者を攻撃した理由が、まったく同じようなグローバルな前提を立てた点だったことだ。しかし、ソロー・モデルが教えやすいという事実に変わりはない。新古典派総合のほかの要素にうまく適合するし、学生は容易に処理することができる。したがってこれは、学生が取り組むべき最初のモデルだった。ニュー・ケインジアン／塩水学派の経済学者は、多少の嘲笑を覚悟のうえで、一歩も退こうとしなかった。マンキュー＝ローマー＝ワイルモデルは、ペン・ワールド・テーブルのデータには適合する。しかし、簡単に観察できるほかの多くの事実に適合しなければ、どうなるのだろうか。

弁護士のあいだで標準的な先例拘束性の原則を経済学者は自分たちの教義に応用し、できるだけ変化を引き起こさないようになった。こうした保守的傾向は経済学に限定されない。著名な投資家チャールズ・マンガー（ウォーレン・バフェットのパートナー）によれば、ＵＣＬＡで眼科を開業しているある医者は、白内障手術の方法がとっくに時代遅れになっても継続していた。理由を尋ねると、「チャーリー、これは教材として役に立つ手術なんだ」という答えが返ってきた。患者が離れることで意思表示するようになってようやく、手術は中止された。

不幸な時期

こうして、「クレイジーな説明」というローマー論文は一九八七年冬のＮＢＥＲで、議論を明確にするために役立つどころか、混乱を招いてしまった。ここで使われたヘストン＝サマーズのデータは一時的なブームを引き起こし、以後一〇年間の論争で盛んに取り上げられるようになった。その結果、多くの国の経験が機械的に統計比較され、帽子からウサギを取り出すように説明を導き出すことが流行した。しかし結局、収束やその欠如はあまりにも大きな問題で、確信を持って答えることができなかった。そのため、なぜ一部の国は豊かで一部の国は貧しいのかという角度からのアプローチは冷笑され、やがて「クロスカントリー成長回帰」という言葉を発するだけで（ある実践者によれば）、かなりの軽蔑や嫌悪が引き起こされるようになった。それでも当面は、非常に刺激的な印象を与えた。

ローマーにとって、一九八七年の最初の数カ月は非常に不幸な時期だった。不満を感じる理由はひとつではなかった。大学院を卒業してからロチェスターに五年間所属したが、履歴に掲載できる論文は二本しか発表していなかった。専門化を通じた成長モデルに関する短くて簡潔な三本目の論文は、『アメリカン・エコノミック・レビュー』の会報にまだ登場しておらず、しかもその内容は難解だった。さらに、まもなく発表される予定の四本目の論文「クレイジーな説明」には、批判され攻撃されてもおかしくない内容が含まれていた。

彼の当面の主なプロジェクトは、スキーリフトの料金に関する観察記録をバローと協力して書き留めることで、呆れるほど狭い範囲を対象にした専門的な取り組みだった。ところがバローは、ロチェスターからハーバードに召集される。コロラドでは、ローマーの父親が州知事として活躍していた。実際、三〇歳になったばかりの若き助教授は経済学の世界を去って政治コンサルティング業を始め、父親のもとで働くことを真剣に考えた。

第21章 スキーリフトの経済学

At the Ski Lift

ランチの席での「ユーレカ！」

すごいアイデアは様々な場所でいきなり閃くものと、われわれは考えたがる。浴槽で「ユーレカ！」と叫ぶときもあれば、木から落ちてきたリンゴが頭にぶつかったときに閃くときもある。経済成長の謎を明らかにするパズルの最後のピースは、ローマーがバローら同僚とロチェスター大学経済学部でランチを食べながら会話を交わしているときに閃いた。

しかも、重要な特徴はいきなり降って湧いたわけではない。一見すると無関係な問題が分析され、書き留められて公表され、批判され反論した末、重要な特徴がようやく姿を見せた。その結果、ある面で役に立つものが、別の面でも重要であることが明らかになった。閃きの瞬間を経験した日、ローマーらが話し合っていた話題はディズニーランドの行列だった。そして、最終的に知識経済学を明確にする特徴は、スキーリフトの経済学を慎重に研究した結果として導き出された。

スキー場の長い行列

バロー一家は休暇でカリフォルニアに出かけ、父親としてのバローは、つぎのような経済学上の問題を持ち帰ってきた。パーク内ではアトラクションに乗るためになぜ長い行列ができるのか。経済学者、それも特にバローのような経済学者にとって長い行列は一見して市場の失敗の証拠だ。料金を上げれば、行列は短くなって待ち時間は短縮される。ところが、ディズニーは入園料を請求するだけで、あとはすべて「無料で」乗り放題だ。その結果、長い行列があちこちにできる。スキー場のリフト券とリフトの搭乗も状況は変わらない。運営会社はなぜ価格を利用して長い行列の緩和に努めないのだろうか。そのほうが利益も増えるのではないか。

このような類の価格理論の謎は、若い経済学者、少なくともシカゴ学派の経済学者が、経済学における比較優位を示す目的で解明に取り組みたがる。これは一九八六年秋のことで、バローは四二歳。彼はシカゴを飛び出してロチェスターに戻ったあと頭を冷やし、ハイドパーク以外のどこに居場所を見つけようかと考えるようになった。このとき一〇歳年下のローマーは「クレイジーな説明」論文に取り組んでいた。ふたりは食堂でしばらく話し合ったあと、一括価格体系に関して共同で論文を執筆することを決めた。どちらもスキー愛好家だったため、スキーリフトのケースにテーマを絞った。もしかしたら、この研究から役に立つ洞察が得られるかもしれない。

ふたりはしばらく、スキーリフトの謎には混雑が関わっているはずだと考えた。問題なのは希少な資源を無料で使えることで、いわゆる「共有地（コモンズ）の悲劇」（tragedy of the commons）である。そこでまず、経済学ではよく使われる喩えに注目する。きれいに整備された狭い道路（利用者が多すぎる）と、整備の行き届かない道幅の広い高速道路（利用者が少なすぎる）が並行して走っているケースで、ここでは狭い道路を有料にすることが解決策になる。おそらくスキーリフトも同様に所有権が答えになるのではないか。運営会社が搭乗を有料化して、需要がピークに達したらかならず料金を上げるようにすれば、問題は簡単に解決する。しかしバローとローマーは、スキー場のオーナーは需要が大きいときにかならず、実際に価格を上げていることを徐々に学んだ。実は、それが長い列の問題点だった。

ふたりは少し考えたあと、間違った価格に注目していたとの結論に達した。考えなければいけないのは一日のリフト券の料金ではなく、一回ごとの搭乗料金だった。これは、特定の日にスキー場を訪れるスキーヤーの人数に左右される。リフト券が一〇ドルで、列が長いために五回しか搭乗できなければ、一回の搭乗料金は二ドル。寒かったり雪が湿ったりしていて一枚のリフト券で二〇回リフトが利用できれば、一回の搭乗料金は五〇セント。

実際、スキー場オーナーは市場が許す限度内で高い料金を請求しているのだろう。しかも、あまり欲張りに見られないような形で。そもそも混雑状況に応じて搭乗券の価格をいちいち設定するために監視するのは費用がかかる。一方、スキーヤーにとって列に並ぶコストは、山まで出かけるための固定費に比べれば小さく感じられる。そのため、何人のスキーヤーがやって来るか確信できなくても、おとなしく列に並んでしまう。そして人数に変動があっても、リフト券の料金は年間を通じて一律に据え置かれる。欲張りに見られたくないスキー場オーナーは料金を上げず、その結果として列が長くなる。価格体系を柔軟に変化させる代わりに、列を長くするのだ。スキーヤーが支払う実質価格は、このような形で自動的に調整される。このストーリーから、スキー場のオーナーは経済学者の知らないことを理解していることがわかる。実質価格の自動調整を通じて、彼らは儲かるようにできているのだ。

「スキーリフト料金の価格付け——労働市場などへの応用」(Ski-Lift Pricing, with Applications to Labor and Other Market)は、一九八七年一二月、『アメリカン・エコノミック・レビュー』に掲載された。分析全体が一般均衡の数学できちんと定義され、様々な現象に応用できることが示唆されている。パリの地下鉄の二重価格制から、投資銀行の様々な利潤分配制度まで応用範囲が広い(リフト搭乗者の人数と同様、年末ボーナスの金額は在籍者の人数に左右される)。方程式が含まれているものの、論文は上手に書かれていたため、エコノミスト誌で記事に取り上げられた(「関数電卓を携帯しているスキーヤーに、読者は用心するべきだ。彼らはバロー=ローマーモデルを試そうとして潜伏している経済学者かもしれない」)。この頃にはバローはハーバード大学に採用され、思いきってシカゴをやめた賭けは吉と出た。一方、まだロチェスターに残っているローマーは、「クレイジーな説明」をめぐる論争で立ち往生していた。

そんなとき、スキーリフトの論文は、まったく思いがけない反応を引き起こした。

クラブ理論と競合財・非競合財

一九八八年四月、『アメリカン・エコノミック・レビュー』のオフィスに最初の投書が届いた。二通目は五月、三通目は九月に送られてきた。価格伸縮性や労働市場での「一括契約」に関する分析は大変素晴らしいと、**タイラー・コーエン**（一九六二〜）と**アミハイ・グレイザー**の手紙には書かれていた。スキーリフトの価格設定に関する論文は、間違いなく経済理論に貢献している、と評価したうえで、カリフォルニア大学アーバイン校の同僚であるふたりの若手経済学者は、「しかし」と断って、つぎのように続けた。この「しかし」が重要だった。「論文や参考文献のどこにも、基本モデルがクラブ理論（theory of clubs）の再発見であることが指摘されていなかった」。ほかの投書はもっと遠慮がなく、どれも基本的には同じ点を非難していた。バローとローマーはわざわざ一から論文を書き上げたのだが、先行するオリジナル論文を引用していなかった。

専門家でない人間が慣れない分野に参入し、関連する先行研究を見落とすと、かなり厄介なことになる。先行研究の適切な引用は、科学が機能する上で求められる承認の基本通貨のようなものだ。

主な成果が公表済みの経済学文献で実際に取り上げられ、広く知られていたとすれば、バローとローマーは論文の修正、さらには撤回も迫られる。ただ、成長率の国際比較に興味が向き始めていたバローは、こうしたやり取りに興味がなかった。しかしローマーにとって、「スキーリフトの価格設定」に関する洞察をクラブ理論の言語で表現し直す作業は、「クレイジーな説明」をめぐる厄介な論争から解放されるチャンスであり、彼はそれをありがたく歓迎した。

そこでまず、ローマーは「クラブの経済理論」(An Economic Theory of Clubs) を読んでみた。これは一九六五年にジェイムズ・ブキャナンが『エコノミカ』に発表した論文で、彼はクラブ理論の名付け親である。ローマーとバローは論文を書いているとき、クラブ理論の標準的な成果が自分たちの成果と矛盾しており、リフトの使用料金の効率的配分を心がけるべきだと主張していることしか知らなかった。少なくとも、これが予備知識として広まっていたのは事実だ。しかし、第二次世界大戦後に発表された経済学の文献は範囲が広く、内容も掘り下げているので、この分野の典型的な研究成果にきちんと目を通せるのは、財政学の専門家ぐらいだとしか思えなかった。

偶然にもブキャナンは一九八七年に一時的に有名人になった。「スキーリフト料金の価格設定」論文が発表される前年、政治的意思決定に関する長年の研究成果を認められ、ノーベル経済学賞を受賞したのだ。実際、彼のキャリアは興味深い。一九四八年冬、コウルズ委員会を巡る騒動が最高潮に達したとき、シカゴの大学院生だったブキャナンは仲間と共にハイドパークをあとにした。経済学は古典派の土台から徐々に離れ、いまや「研究の中身よりも研究の手段となる技術が重視される」

時代になったと結論したのである。

さらにブキャナンは、スウェーデンの偉大な経済学者クヌート・ヴィクセルの著作を読み、経済学と政治学の区別に興味をそそられた。「経済学者はあたかも情け深い独裁者に雇われているかのように、政策に関する助言を行うべきでない。その代わり、政治的決断を下す方法に政治家の注意を向けるべきだ」と論じた。仲間の経済学者に対しては、「国家や政治に関する何らかのモデルを前提としたうえで、代替となる政策措置の効果を分析する」ように勧めた。このような調子で書かれた一連のエッセイでは、「政治の失敗」が「市場の失敗」と同等に扱われ、経済学者が当然のごとく関心を持つ問題として位置づけられた。実際、彼は共著者の**ゴードン・タロック**（一九二二〜二〇〇四）やシカゴの大学院仲間だった**G・ウォレン・ナッター**（一九二三〜一九七九）と共に、政治経済学の「バージニア学派」を立ち上げた、その見解はシカゴとやや異なるものの、おおよそ似通っていた。それでもブキャナンは、数学的正確さを好む傾向を失ったわけではなかった。そのため、「クラブの経済理論」は範囲が広いと同時に奥の深い論文に仕上がったのである。

ローマーはブキャナンの論文を読んだ結果、クラブ理論のお膳立てをしたのはポール・サミュエルソンだったことを知った。財政学は非常に古い分野で教科書でも紹介されているが、少しずつ変更が加えられ、特徴が曖昧だった。一九五四年、新しい形式言語に何ができるかを証明しようと意欲に燃えたサミュエルソンは、友人の**リチャード・マスグレイブ**（一九一〇〜二〇〇七）が執筆した重要だがほとんど無名だった論文「財政の自発的交換理論」(The Voluntary Exchange Theory of Public

Finance）を数学で表現し直し、「公共支出の純粋理論」（The Pure Theory of Public Expenditure）という論文を完成させる。サミュエルソンは、官と民では正反対の結果になることを具体的な事例で紹介した。たとえばパンのような従来品は、全体が各個人に少しずつ分け与えられ、ひとりの人物の取り分が減れば、別の人物の取り分が増える。これに対し、花火大会や国防といった公共消費財がある。これらは個人の好みに応じて提供されるが、「それによって他人の消費が犠牲にされることはない」。こうした解説に続く三ページは、数学を理解できる研究者から見れば、ひとつの分野を大きく変容させる内容だった。四〇年後、ジム・ヘックマンはつぎのように回想している。「わたしは学生時代にマスグレイブの論文を読んだが、正直なところ、まったく明快ではなかった。しかしサミュエルソンが三ページにわたって表現し直してくれたおかげで、何もかもが明らかになった。いまでも証明を暗記できる」。サミュエルソンはのちに「自分が形式化したせいで、最終的に友人がノーベル賞を受賞するチャンスを逃したことを後悔している」と語っている。

この文献にブキャナンは一九六五年、「クラブ財」（club goods）という概念を加えた。純粋な公共財と純粋な民間財のあいだには、どちらにも属さない商品が広範囲にわたって存在しており、それを彼はクラブ財という包括的な言葉で表現した。以前には、これらに「不純な」（impure）公共財という、誤解を招きかねない言葉が使われていた。* クラブとは、価値はあるけれども利用できる対象が会員に限定される何かを共有する集団である。プール、ゴルフ場、スキー場、有料道路、業界団体などが共有される。クラブ財が機能するためには、排除可能性（excludability）が重要な働きをする。排除の役割を果たすのが、守衛、ゲート、チケット売り場、入り口でスタッフが持っているチェックリストなどで、それによって会員は入場を許され、それ以外は締め出される。クラブ理論は不純な公共財を確認し、不純な公共財にかかるコストとこれらを消費する集団との関係を明らかにする方法として役に立った。

クラブ理論は、主に混雑を取り上げる。良い例がプールだ。ブキャナンの発想に従えば、少なくともある時点まで、プールは不純な公共財である。大勢の人たちがスイミングクラブに所属できる。スイマーは、飛び込み板を交代で利用できる。ひとつのレーンを数人で共有して何往復も泳ぐことも可能だ。前後のスペースがどのスイマーも同じで、泳ぐスピードがほぼ同じなら問題はない。しかしほどなくプールが混雑すると、問題が発生する。この時点で、おそらく誰かが別のプールを作ろうとする。

数学的傾向の強いクラブ理論の研究者が最も誇れる成果のひとつは、クラブの数に比べて市場の規模が大きいかぎり、市場は十分な数のプールを提供し、会員価格が競争によって設定されることの証明である。高尚な一般均衡モデルに当てはめて説明すると、スイミングクラブの会員資格は中間財であり、純粋な競合財と同じようにふるまい、最後は完全競争が成り立つことが分析結果として得られる。すなわち、クラブ理論は数学でも難解な非凸性が必要とされない。そのためクラブ理論はすぐにどんな問題にも使える標準的な処理法になった。学校、高速道路、情報ネットワーク、通信システム、国立公園、水路、電磁スペクトルなど範囲は広い。

しかしほどなく財政学の研究者にとって、クラブが会員に提供する財の基本的な特徴を説明するためには、「公」(public)よりもふさわしい言葉が必要なことが明らかになった。国防や街灯などの公共財を「純粋」(pure)なものと表現するのはかまわない。しかし「不純」(impure)とか「混合財」(mixed goods)という言葉では、灯台、地下鉄への乗車、カントリークラブでゴルフのラウンドを楽しむ機会などに関わる財の特徴がうまく表現できない。「クラブ」財は、ブキャナンが「サミュエルソンの大きなギャップ」と呼んだもの──純粋な民間消費と、何であれ誰もが享受できる純粋な公共財のあいだの領域──の一部を形成しているにすぎない。かと言って、「集合」(collective)財という言葉もふさわしくない。数年後、その頃には財政学の第一人者になっていたハーバード大学のリチャード・マスグレイブは、有名な教科書『マスグレイブ財政学』のなかに、新たに「社会財」(social goods)として特定したものに関する章を付け加えた。

クラブ財の大きな特徴は、少なくとも一個人が消費しても「使い尽くされない」ことだとブキャナンは指摘した。多くの人たちが同時に恩恵に浴する。しかしもちろん、最終的には恩恵も枯渇し

＊同じ時期には、ほかの研究者も似たようなアイデアを思いついた。チャールズ・ティボーは、消費者が特定の郊外を特に好むように仕向ける要因──たとえば公立学校──について取り上げた一九五六年の有名な論文のなかで、自分のアイデアが何らかの形で応用される可能性に期待を寄せた。数年後にマンサー・オルソンは『集団行為論──公共財と集団理論』(依田博ほか訳、ミネルヴァ書房)のなかで、政治利益団体の一般的な行動に焦点を絞った。

マスグレイブの表

	排除	
	実現可能	実現不可能
競合	1	2
非競合	3	4

ていく。プールは混雑する。そこでマスグレイブは、専門用語の使い方を変化させて、競合財（rival）と非競合財（nonrival）という区別を追加した。非競合財は、すべての人にとって入手可能で、相互干渉が発生しない。競合財は、購入してはじめて恩恵に浴する。食べ物、衣服、住宅、自動車などだ。ここにマスグレイブは、排除のメカニズムを加えた。たとえば、「Aが食べたハンバーガーをBは食べられない」。しかし、有料か否かを問わず、橋はどうだろう。あるいは、妨害を受けやすい放送はどうか。そこでマスグレイブは、上のような簡単な表を作成した。

マスグレイブによれば、市場供給はケース1でのみうまく機能する。ほかの三つのケースでは市場は失敗する。特に興味深いのはケース3で、橋、放送、午後のマンハッタンの交通渋滞などが該当する。原則として、橋は有料にできるし、それと同様、四二番街を歩く権利を競売にかけたり売却したりすることは可能だ、とマスグレイブは言う。しかしそれは実際には実行できない（もしかしたら、いつの日か可能になるかもしれないと指摘する）。このようなケースの市場の失敗は、「社会財」と呼ぶのがふさわしい。

（一九五五年、ブキャナンは、厳密に言えば靴でさえ真の意味で競合財とは言えないと指摘している。靴は貸すことができるし、ボーリング場ではレンタルもできる。ブキャナンは「協同組合会員資格」という所有物に興味を持ったが、残念ながらそれをほかの方向にまで拡大しなかった。靴よりも広く共有される商品については触れていない。「ずいぶん近づいていたのに！」と何年も後、エルハナン・ヘルプマンは残念がった）。

ローマーは、競合財と非競合財という区別を教科書（**リチャード・コーンズとトッド・サンドラー**の共著『外部性理論、公共財、クラブ財』）のなかで見つけ、すぐに役に立つことがわかった。しかしリフト問題について考えてみると、クラブ理論の発想では焦点がずれてしまうことに気づいた。スキーのリフトとプールは同じではない。リフトは乗れるか乗れないかのどちらかだ。純粋な競合財であり、いったん特定のリフトに乗ってしまえば、それは自分のものになる。誰も共有できない。混雑の要素は存在するが、少なくとも運営会社の視点からは、その意味ではスキーヤーの視点からも、重要な事柄ではない。すなわちリフト券ではなく、リフトへの搭乗を基本財として解釈するなら、運営会社が価格設定する際の行為は完全に理に適っている。最大利益を確保するために工夫するのであって、行列が長くなろうがかまわない。ローマーは投書への反論を書いて、『アメリカン・エコノミック・レビュー』に掲載してもらおうとした。

ところが反論を書き終わらないうちに、ローマーの関心はいきなり経済成長へと戻ってしまった。ローマーは知識の蓄積について説明するつもりだったが、知識が様々な非競合財の集合体でないとすれば、知識とは一体何だろう。

非競合財の経済学

もしかすると、財政学の屋根裏に最も基本的な成長の経済学を理解できる概念が隠されているのではないか。たぶん、これは使える。そこで彼は非競合財に注目する。非競合財はいくら消費しても「使い切ることが」ないアイテムであり、生産工程への投入として利用できる。写真の新しい高速フィルムの設計は、非競合財の一例だ。

ローマーは財政学の教科書に目を通し、言葉がどのように使われているのかを確認した。すると、競合財と非競合財を隔てる特徴が、かつてはクラブとして定義されていた商品にかろうじて当てはまる程度であることがわかった。たとえば、今回の研究のきっかけとなった投書の送り主であるタイラー・コーエンは、公共財と外部性に関する入門書をローマーとほぼ同時期に執筆していた（彼はジョージ・メイソン大学に移っていた）。そこでは非競合性の概念が、映画館を喩えに使って以下のように説明されている。

映画館は、非競合財の消費の一例である。満席になるまでは、新しい観客がどれだけ入ってきても、すでに座っている観客の消費が侵害されるわけではない。一個人が映画を消費しても

（たとえばバナナや眼鏡のケースとは異なり）、別の個人による同じ財の消費は妨げられない。したがって、これは非競合的である。

しかし、この事例で最も興味深い非競合財は、映画館に数多く設置されている座席ではなく、映画そのものである。映画館が満席になり、入れない人たちが外に列を作ろうとも、映画は全国で、いや世界中で上映される。飛行機やテレビで上映され、ディスクの形で消費者に販売される。続編が制作される可能性もある。しかも、映画は所有者の財産ではあるが、ほかの人たち――俳優、音楽の作曲者――も権利を持っている。こうした数多くの種類の興行権のほとんどは、弁護士が作成した様々な契約書のおかげで排他性が非常に強い。弁護士は知的財産の専門家である。しかし、これらはいずれもクラブ理論とは無関係である。

さらにクラブ理論においては、非競合性という概念が非分割性と区別なく使われていることをローマーは発見し、この点にも興味をそそられた。コーンズとサンドラーの教科書の索引項目解説には、「利益の非競合性に関しては、非分割性を参照」と記されている。財に最小限のサイズがあって、それより小さいと手に入らないとき、財には非分割性があることはすでに紹介した。箱に入っている量の半分のシリアルは食べられるが、川の半分までしか橋が架けられていなければ利用できない。非分割性、あるいは数学的表現を使うなら非凸性は、固定費が存在するときには常に発生する可能性がある。たとえば、映画制作の固定費はどうか。

そこでローマーは、一九六〇年代はじめにアローが知識経済学に関して執筆した二本の論文を読み直し、話がずれていることに気づいた。アローは、知識をほかのものと区別する三つの特徴を確認している。まず、知識の創造が成功したかどうかは、本質的に不確実（uncertain）。つぎに、いったん生み出されてしまうと、新しい知識は往々にして占有不能（inappropriable）。知識を世の中に送り出した人物でも、知識を不完全な形で所有するのが精いっぱいで、十分に利用することはできない。三番目に、知識は分割不能（indivisible）。使い続けるうちに、平均コストは低下していく（あるいは別の言い方をすれば、収穫逓増が発生する）。灯台の警告灯のように、一定の行動で求められる知識の量は規模と無関係である。

アローが占有可能性（appropriable）と呼んだものは、クラブ理論の排他性（excludability）の概念ときれいに対応する。ミラーイメージと言ってもよい。特許によって発見者に占有可能性が生まれることも、他人にとって排他性が生まれることも、意味に変わりはない。

しかし知識のユニークな点は、非分割性よりはむしろ非競合性だ。実際、灯台、録音、ソフトのプログラムには、分割できない要素が存在している。建築され、制作され、スイッチが入れられるまでは存在せず、そのためには固定費が避けられない。しかし創造されてしまうと非競合財はほとんど費用をかけずに際限なくコピーできるし、何度使用しても「使い切る」心配はない。多くの人たちがこれを所有するのは、非競合性のおかげだ。非分割性も備わっているが、これは重要な事柄ではない。

研究は何に促されるか?

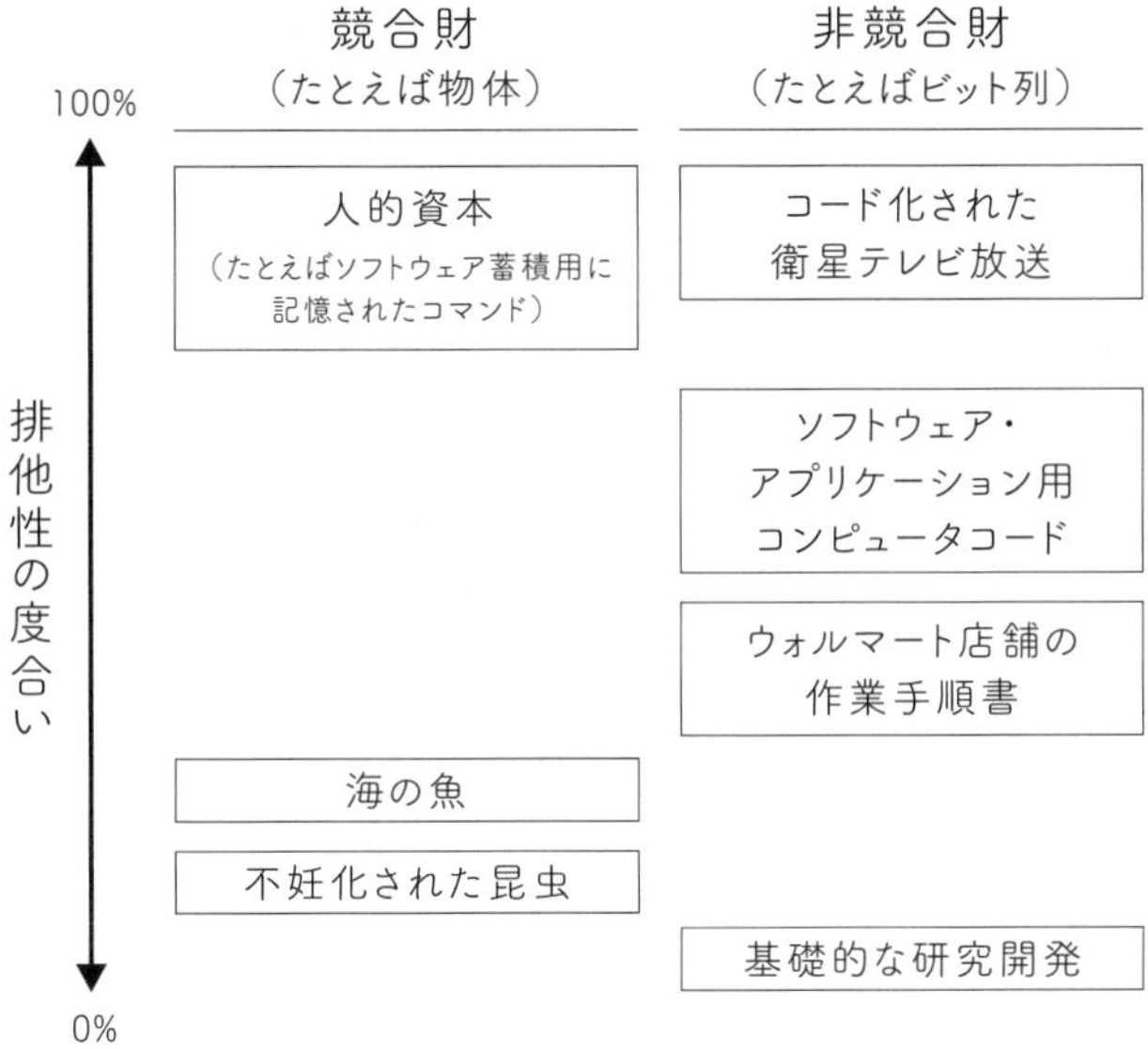

中身をコピーできるものは、ほとんどすべて非競合財である。交響曲と、特定のオーケストラによる交響曲の演奏、絵画とマグカップに再現されたコピー、化学式とそれを具体化した医薬品などだ。ここに排他性が加わると、俄然面白い展開になる。非競合財の排他性は様々で、状況によって変化する。たとえばコンサート会場の収容人数は座席で限定されるが、聴衆がテープレコーダーを持ち込んでいたらどうか。プッチーニの全盛期には、彼のオペラのリハーサルはアリア抜きで行われた。新聞記者がメロディーを暗記して、音符に書き取り、熱心なファンに教えるのを防ぐためだ。商業的価値のある非競合財を守るため、秘密はひとつの手段として役に立つ。ほかには特許、

商標、隠し味、アクセスコード、独自規格、継続的イノベーションなどが考えられる。

ローマーの頭のなかでは、前ページのような新しい表が徐々に形を整えていった。新しい類型論は多くの問題を解決した。すでに様々な出来事に関する論評のなかで、財政学が専門の経済学者タイラー・コーエンやハル・ヴァリアンらは、「公共財の民間市場」について語り始めていた。しかし、このような言葉の使い方では問題が曖昧になる。たとえば、マイクロソフトのウィンドウズのオペレーティング・システムは、たちまち業界標準になったとはいえ、そのどこに公共性があるのか。英語は誰もが個人的に言語として所有するが、そのどこがプライベートなのだろう。非競合財の市場について語るほうが、簡単ではないだろうか。

似たような数多くの概念が長年かけて蓄積されてきたが、これらの謎を解き明かす手段がようやく手に入った。公共財、外部性、非分割性、非凸性、市場の喪失、曖昧な所有権といった概念は、市場の機能不全に取り組んでいる点が共通しているが*、いずれも謎をすっきりと解明してくれない。それよりは、非競合財という言葉のほうがふさわしい。灯台などの非競合財は、スピルオーバーと無縁である。原則として、非補償型の副次的効果が発生するかもしれないが、実際には、必要とされる灯台を建造して維持するコストは、公的機関が負担するよりも民間で共有される可能性のほうが高く、民間が引き受けなければ要求は満たされない。ポール・サミュエルソンの教科書が一五回も版を重ねながら、灯台を公共財として説明し、国家によってのみ提供されると主張したのは、非競合財という適切な用語がなかったからだ。すでに一九七四年にはロナルド・コースが注目の論文で、灯台はしばしば、いや通常は民間によって提供されることを指摘していたのだが。灯台は非競合性を備えており、部分的に排他的な財である。同じことは科学ジャーナルの記事、産業研究所の私報、ウェッジウッドの陶器など消費財の製造に関する設計や技術にも言える。外部性は現実に存在するが、非競合性のほうがもっと奥深くて興味深い。非競合財の経済学は、ヒトやモノの経済学とは大きく異なる。

シカゴ大学正教授のオファー

しかし、一九八七年春にバローとローマーが「スキーリフト料金の価格設定」の最後の仕上げに取り組み始めて、すぐに大きな動きがあったわけではなかった。クラブ理論をめぐる論争が始まるまでには、まだ一年以上あった。表が作成されるのは一九九二年のことだ。それでも発表からほんの数週間のうちに、スキーリフト論文は未来への最初の扉を開けた。

価格は固定しているように見えるときでも、柔軟な可能性があるという見解――「スキーリフト料金の価格設定」の重要なメッセージ――は、シカゴの経済学者に高く評価される類の洞察だった。

＊このフレーズは、アンドレアス・パパンドレウの『外部性と制度』（*Externality and Institutions*）からの引用だ。

ローマーはこの分析について語るため、シカゴ大学のワークショップに招かれた。「クレイジーな説明」論文で失望を味わってから、数週間後のことだ。厳格な価格理論と高度な数学を組み合わせた論文は、シカゴ大学経済学部のふたつの陣営のどちらにもアピールした。価格理論の応用を研究するグループと、経済学現代化の流れを汲むグループのいずれからも評価されたのである。

実際、シカゴ訪問は予想を上回る形で報われた。セミナーの数週間後、恩師のホセ・シャインクマンから連絡があり、大学院卒業から六年目に母校での正教授の職をオファーされた。これは簡単な決断ではなかった。ローマーの妻はカリフォルニアで医学研究に従事するチャンスを、もっと良い条件でオファーされていた。しかし、ここで上昇気流に乗る必要があるのは、彼のキャリアのほうだった。

ローマーはオファーを受け入れ、一九八八年一月に正式決定された。NBERで「クレイジーな説明」が引き起こした騒動から受けた傷は、ようやく癒された。一九八七年に慌ただしく簡単な形で発表した「専門化による成長モデル」の研究に立ち返り、問題を整理して、スピルオーバーをどこに当てはめるべきか考えることにした。経済学をあきらめる代わりに、彼は母校に戻る決心をした。ようやく、ゴールが目に入ってきた。

第22章 内生的技術変化

"Endogenous Technological Change"

歴史的な論文「ローマー'90」

北のエリー湖から流れ、ナイアガラ瀑布に注ぐ川のほとりは、トーナメント会場として素晴らしい場所である。ただしそこには、木漏れ日の差す草地はない。会場となるヒルトンホテルでは、蛍光灯に照らされた奥まった部屋に参加者のリストが準備されていた。ホテルは、川沿いに走る二本の高速道路のあいだに建てられている。当時のバッファローは、まるで戦争が終わった直後のような雰囲気だった。一九八〇年代はじめはドルが強く、多くの仕事が海外に移転されていた。

一九八八年、戦没将兵追悼記念日の週末に開催された会議では、経済成長に関して相反する様々な理論が勢ぞろいした。五年前にローマーが収穫逓増に関する論文を提出して以来、いくつもの「新しい」成長理論が紹介されてきたが、その潜在的可能性を評価することが今回の目的だった。経済学者はこの数年間、対立する見解について話し合い、意見を戦わせてきたが、このへんで一堂に会し、各自が見解を披露する口実を探してきたのである。会場では意見を異にする当事者同士が、馬上槍試合のように激しくやり合った。シカゴ大学教授に任じられたばかりのポール・ローマーは、論文を準備した。ほかにはMITのポール・クルーグマン、ハーバードのロバート・バロー、シカゴのゲイリー・ベッカー（そして共著者である若きケヴィン・マーフィー）、ハーバードの計量経済学者デール・ジョルゲンソンが論文を準備していた。討論の参加者には、次世代の期待の星が何人も含まれていた。ラリー・サマーズ、ジーン・グロスマン、アンドレ・シュライファー、ロバート・ビシュニーらだ。年配の著名人も多く、シカゴのルーカス、MITのスタンレー・フィッシャー、スタンフォードの**ロバート・ホール**（一九四三〜）、ミネソタ大学のエドワード・プレスコット、テキサスA&M大学の**フィニス・ウェルチ**らが出席していた。最高評価を受けた論文は、シカゴ大学の権威あるジャーナル誌『ジャーナル・オブ・ポリティカル・エコノミー』に掲載されることが知られており、会議になお一層の重要性が加わった。シカゴ大学の後ろ盾は貴重だ。

会議が開催されたタイミングは、一九八八年の大統領選挙と微妙に関連があった。自由企業制度研究機関主催の第一回国際会議と名付けられた会議は、バッファローが地元の下院議員ジャック・ケンプが資金を提供した。サプライサイダーであり（かつてはプロフットボールのバッファロー・ビルズQBだった）ケンプはその年の夏、ジョージ・ブッシュが共和党大統領候補になるのを阻止したいと思っていた。彼にとってジュード・ワニスキーは、最も重要な顧問だった。やはり今回の会議のスポンサーであるスミス・リチャードソン財団は、少人数の新聞記者や傍聴者を招いていた。このように会議のスポンサーには政治色があったかもしれないが、バッファローに集まった経済学者は超然として落ち着いていた。会議に参加できれば、資金提供者など誰でもよかったのである。

その日にバッファローで提出された論文の一つが、ローマーの「累積的技術変化のミクロ的基礎」(Micro Foundations for Aggregate Technological Change)だった。それ以外の論文、人口転換の完全競争モデルを紹介したベッカーとマーフィーの共著論文、貿易と成長の関連付けを試みたクルーグマン論文、あるいはフォン・ノイマンの精神を尊重したAKモデルのひとつで、租税政策が成長にもたらす効果を取り上げたジョルゲンソンの研究などは、どれもすぐに忘れられた。しかし、「ミクロ的基礎」はやがて「内生的技術変化」(Endogenous Technological Change)というタイトルに変更され、「ローマー'90」として知られるようになる。というのも、この思いがけない設定のなかで、知的財産という概念が正確には「発見された」とは言えなくても、成長理論の観点から初めて正式に特徴づけられたのである。生産の投入・産出の双方として知識を記述することで、知識は累積的レベルの経済モデルに組み込まれ、その結果、経済学者は知識の重要性を考慮できるようになった。その功績は傑出している。

成長の鍵はイノベーション

ローマーの新しい論文は冒頭で、真に重要な結果をもたらすのは物理的要因の蓄積ではなく、知識の蓄積だと主張した。効用を生み出すために使われる基礎原料は時間が経過しても中身がほとんど変わらないが、原材料の使い方は以前よりもずっと高度になり、近年は特にその傾向が強いとローマーは指摘して、以下のように続けた。

一〇〇年前、酸化鉄から視覚刺激を得るためには、これを原料として顔料を作り、カンバスに織り込まれた繊維の上に広げる方法しかなかった（カンバスそのものは、洞窟の壁よりも大幅に改善された）。しかしいまでは、酸化鉄をプラスチックリールに塗布することも、銅、シリコン、石油、鉄などの各種原料と一緒に混ぜ合わせて使い、テレビやビデオテープレコーダーを作ることも可能になった。

バッファローでは、ローマーはまだ「非競合」知識という言葉を使っていない。その代わり、「具現化された知識（embodied knowledge）」（個人が死ねば消滅する人的資本）と「具現化されない知識（disembodied knowledge）」（死んでも消滅しない人的資本）という区別を使った。この方法は、「ロスト・パトロール」（the Lost Patrol）（この説明は本章四八一ページ参照）にまで遡る。非競合的かつ部分的に排除可能という用語に至るクラブ理論家との激しい議論は、まだ始まったばかりだった。最初の投書を受け取ったのは、会議のわずか一週間前だ。新しい言葉はごくゆっくりと固まっていった。ローマーはこのあと数年間かけて、言葉遣いに関して試行錯誤を重ね、時には「レシピ（recipe）」「青写真」（blueprint）「アイデア（idea）」などを「知識・取扱説明書・手順」（instruction）の同義語として使ってみた。「知的資本」（intellectual capital）という変に誤解されやすい表現や、ハードウェアとソフトウェアと「ウェットウェア」（wetware、頭脳や人的資本の意味）といった俗語による区別は一貫して敬遠した。

概念を正しく理解するための言葉遣いが関係者によって色々と試されるうちに、専門用語は少しずつ進化していった。競合財と非競合財という区別は、具体的対象と無形のアイデアという区別と同一だと見なされるようになり、やがてもっと短く、アトムとビットという比喩的表現が使われる。この区別は、政治論における官／民の二項対立に代わる存在ではない。むしろそれを拡張し、強化することを目指した。ローマーは競合財について考えるうちに、成長論で取り組んでいる非競合財についての理解を深め、何が知識をユニークな存在にしているのかわかるようになった。一九六二年にケネス・アローが新しいアイデアの不可分性を根拠にして、これ以上小さくできない「まとまり」（lumpiness）について論じた結果、道を踏み外した経緯を初めて正確に把握した。新しいアイデアは実際にまとまりを備えているが、それは固定費が含まれるからだ。半分だけ購入することはできない。デュプイの橋と同じで、完成されるまでは何の役にも立たず、完成までにかかる費用も馬鹿にならない。結局、この世界の多くの事柄にはまとまりが備わっている。その意味で、新しいアイデアは橋と似通っているが、それでも異なる点がある。新しいアイデアは、同時に大勢の人たちが利用することが可能で、しかも有益性が損なわれず、通常は大して（場合によってはまったく）補償が必要とされない。

「分業は市場の範囲によって制約される」というアダム・スミスの公式見解の根拠となるメカニズムを説明できる点は、最初から非競合性の大きな魅力だった。アリン・ヤングは、「原材料の生産者と最終製品の消費者のあいだには専門的な事業の集合体が関わっており、その関係は複雑に入り組んでいる」と解説するにとどまった。しかしローマーは、専門化と市場規模を関連付けているメカニズムの謎を解明した。ここで重要なのは、新しい使い道をいくつも見つけて固定費を回収することだ。ハンマーを作るのは一本の釘を打つためではないし、最新式の罠を制作するのは一匹のネズミを捕まえるためではない。市場が大きいほど、新しい設計のコピーはたくさん売れる。固定費は、設計が使われる回数の影響を受けない。そのため、使われる回数が増えるほど平均コストは減少し、収穫逓増が発生する。ハンマーを一〇〇本売れば収支が釣り合う程度だが、一〇〇万本売れば金持ちになれる。本当に大きな市場は、数えきれないほど大勢の専門家を支えることが可能であり、彼らの投入が最終製品に貢献している。

洞窟壁画は自分でする手作業だった。一〇〇年前でさえ、顔料やカンバス用繊維を集め、絵画を販売するまでのプロセスに介在する個人や企業の数は少なく、つながり方もシンプルだった。しかし今日、ホームビデオの消費者は、世界各地に存在する何万、いやおそらく何十万もの専門知識を有する労働者や企業の恩恵を受けている。

分業――専門家や彼らの発明品のための市場――は、主に市場の規模によって制約される。専門化を通じた成長に関してローマーが一九八七年に発表した簡潔なモデルからは、人口が鍵を握る要素のような印象を受ける。すなわち、最大の国内市場を有する国が最も速く成長するようだ。しかしその通りなら、中国はとっくに英国を追い越しているはずだ。そこで今回、ローマーは特殊な訓練を受けた人的資本ストックと知識の増加との関連性をバッファローモデルに組み込む際、慎重な姿勢で臨んだ。結局、研究開発を手がけるのは未熟練労働者ではない。エンジニアや科学者など、高度なスキルを有する労働者である。バッファローモデルは、規模を測定する尺度として人口が不適切である理由を明快に説明している。さらに重要なのは、新しい知識に市場を開放すると、通商政策が（従来論じられてきたように）厚生に影響するだけでなく、成長率そのものにも影響することをこのモデルが示したことだ。アイデア創造の経済学は、モノづくりの経済学とは大きく異なる。なぜなら、知的財産から基礎研究に至るまでのアイデアは、実質的に費用をかけずコピーして、何人もの人たちが同時に利用できるからだ。

したがって成長の鍵となるのはイノベーション――新たに発生する様々な「知識・取扱説明書・手順の集合」（sets of instructions）とそれを使う起業家――ということになる。古い材料を新しい方法で組み立てる際にはかならず、(訓練の増加という形で)人的資本を追加することはむろん、物的資本を増やす必要があることは事実だ。しかし本当に注目すべきは、数々の新しい知識を見つけるための費用のほうだ。人々は金を儲けることを期待して新しい知識を考案し、その一部を秘密にして特許で守る。あるいは新たに発見した知識の利点を生かして研究を進め、さらなる新しい知識を創造する。

豊かさに関わる知識の経済学

この論文の斬新な主張のふたつ目は、ひとつ目の主張に由来しており、独占的競争の遍在性に関わっている。ローマーにとって、知的財産、あるいはもっと重要な企業秘密や一般的ノウハウに関わる権利の存在が何を意味するかは明白だった。すなわちそれは、経済全体で独占的競争が進行し、価格形成が行われていることを意味する。教科書だけではなく、コーンフレーク、粉砕器、カキなど、あらゆるものがブランド名を付けられ、あるいは上手に差別化される。ここでは、固定費(fixed cost)という観念が大きな鍵を握る。

この日にバッファローで発表されたほかの成長モデルは、価格受容行動、すなわち完全競争に相変わらずこだわっていた。一方、ルーカスは今回の会議でモデルを披露しなかったが、その前年には、ローマーが分析の中心に据えた特徴について異なる見解を示していた。ルーカスにとっては、バッティングのスキルも教科書の知識も、どちらも「人的資本」の形態だった。どちらも固定費を伴う。メジャーリーガーのジョージ・ブレットは野球をプレーしなければならないし、教科書の著者は本を書く必要がある。どちらにとっても、働くのは収益の流れを絶やさないためだ。ならば、わざわざ両者を区別する必要があるだろうか。どちらのケースも凸性というエレガントな数学を使い、完全競争の標準モデルで表現できる。これに対し、ローマーはつぎのように反論した。凸性の前提は、「具象化されず、内生的に進化する知識を考慮に入れる場合は、確実に放棄する必要がある」。

新しい知識が苦労の末に獲得され、どのような独占権が確立されようとも、やがては消えてゆくのが現実だ、とローマーは認めた。そこにスピルオーバー（拡散）が生まれる。貿易に関するマーシャルの知識も、いつまでも秘密にしていることはできない。ローマーはつぎのように指摘する。「ビデオテープ録画の経験から明らかなように（この技術は米国企業によって開発され、日本の複数企業によって洗練され、韓国の複数企業によってコピーされた）、技術革新は開発者の同意がなくてもコピーして利用できる」。特許や企業秘密によって無許可での使用はある程度制限されるかもしれないが、知識、特に知的財産と呼ばれる知識が人的資本と大きく異なるという事実に変わりはない。こちらのほうは模倣しやすい。

したがって、この新しいモデルはふたつの重要な点でシカゴ・モデルともソロー・モデルとも異なる。まず、ここには研究開発部門が含まれる。貴重な資源を使って新しい知識をどんどん生み出していく研究開発部門が、無限次元スプレッドシートと呼ばれる分散型一般均衡の枠組みに慎重に組み込まれている。その結果、技術革新は「内生的」なものになっている。

第二に、ローマー・モデルでは独占的競争が当然視される。ピン工場は成長の原動力、ひょっとしたらシュンペーターが論じたように、成長の原動力そのものである。もはや技術的優位に備わった利点は、「市場の失敗」のケースとしては解釈されず、ゲームのルールの一部だと仮定される。それによれば、製造やマーケティングに関する利点はしばらくは企業秘密にされ、特許や商標で保護される。その結果、製造業者は少なくとも一時、販売価格を限界費用よりも高く設定できるので、新しいノウハウへの投資費用を回収できる。収穫逓増はほとんどの状況とは言わないまでも、多くの状況で標準になる。

さらに、「コピー可能」という知識の特異な性質——同じ人間が何度でも使えるし、大勢の人たちが同時に利用できる——は、財産権を割り当てることによって存在しないものだと仮定するほど不都合な事実ではない。シカゴのほとんどの経済学者にとって、財産権は大抵の問題にとって標準的な解決策である。実際、知的財産はそれに対処すべく何世紀もかけて発達してきた習慣や法律と同様、遍在性や多様性を備えている。

しかし、何が知的財産にふさわしく、何がふさわしくないか、誰が確信を持って言えるだろうか。ニュートンとライプニッツのどちらか一方に微積分の特許を与えると、誰が決められるのだろう。$E=mc^2$の公式に関するアインシュタインの著作権、ＡＩＤＳの併用薬物療法に関してデイヴィッド・ホーに支払われる使用料、あるいはトウモロコシから朝食用シリアルを製造する権利をウィリアム・ケロッグだけに認める商標はどうか。このような保護措置の範囲はどの程度で、国の認可を受けた独占はどのくらい長続きすべきなのか。どんな代替機関が活動を始め、労働者を教育し、新しい知識が生み出されて拡散される可能性があるのだろう。これらは、新しい知識経済学の重要な政策問題だが、型通りの答えは存在しない。ここでは社会的選択が求められる。中央銀行には金融政策が、安定化には財政政策が必要とされるように、ここでも政策が必要とされる。

ローマー・モデルでは、蓄積される知識は情報の概念とはまったく異なる。情報の概念は一五年前、非対称な情報、「中古車」(lemon)、シグナリング、スクリーニングに関する優れた論文によって紹介されたものだ。情報は、全面的には信頼できない事実によって構成され、収集されるときもあれば、収集されないときもある。複数形、すなわちデータの形であっても、情報には本質的に厳密ではない部分があって、最終的には、取引に関与する特定のライバルの財に吸収されてしまう。メカニズム・デザインという新しい理論の大部分は、売り手と買い手の双方に対し、独占している関連情報を公表させることに関わっている。

これに対して知識は、事実だけでなく、事実から推測されるアイデアの理解にも関連している。知識で最も重要な要素は構造であり、ここでも、競合性と非競合性の区別ならびに排除可能性が役に立つ。有益な知識を創造するプロセスは、ある人物や物事に特有の情報を集めて一般化し、それを広い範囲に応用する作業を伴う。それによって個人的な情報は、大勢の人が利用可能な知識に変化するのだ。

ひとつ、簡単な事例を紹介しよう。バスコ・ダ・ガマが一四九七年にリスボンを出航し、喜望峰を回ってインドに向かったとき、壊血病という謎の病気が流行った。生命にかかわる事例もめずらしくなく、伝染病だと考えられた。最終的にダ・ガマは、一六〇人の部下のうち一〇〇人を失う。ところが現在のモザンビークの近くに入港してしばらく滞在中、一部の船員がオレンジを食べると、病気が快復した。この時点でダ・ガマは何らかの情報を手に入れた。ただしこれは彼にとっても、ましてや広い世界にとっても何の価値もなかった。「神は慈悲深い。きれいな空気のおかげで部下たちは快方に向かった」としか考えなかった。やがて一六一七年にジョン・ウッダルは、特定の人たちに関する特定の情報から発想を飛躍させ、誰にも役に立つ知識を創造する。ひょっとしたら船員の病気が快復したのはフルーツを食べたからで、ひょっとしたら同じアプローチは誰の役にも立つのではないかと考えたのだ。彼はこの病気について「外科医の友」で取り上げ、レモン汁が予防に効くと推薦した。この忠告を根拠にして、東インド会社は船員にレモン汁を配給し始める。八〇年後、当局はさらに現実的になって、カディスのオレンジやレモンを食べると二週間後には、壊血病の重篤な症状が消滅すると、医学の小冊子で主張した。「これはひとりやふたりの症例ではない。一般的な見解であり、誰もが真実だと認めている」。

やがて英国の海軍医ジェイムズ・リンドが一七四七年、近代的な臨床実験を発明すると、肝心な点がようやくクローズアップされた。この実験では、長い航海中に壊血病にかかった一二人の船員を六つのグループに分けた。どのグループも同じ食事を提供されるが、そこに毎日補助的に追加される食品が異なった。リンゴジュース、エリクシール・ビトリオール（硫酸を希釈したもの）、酢、ハーブと香辛料のミックス、海水、オレンジとレモンの六種類だ。最後のグループだけがすぐ完全快復すると、リンドは実験をやめて全員にオレンジを与えた。この時点で、壊血病に対する柑橘類の効果は、議論の余地のない知識になったのである。しかしそれでも、英国海軍を説得し、標準的な配給に柑橘類のジュースを加えるようになる（そのため英国の船員はライミー（limeys）と呼ばれるようになった）までには五〇年を要した。二〇世紀に入って初めて、栄養のなかでビタミンが果す役割がはっきり確認され、ビタミンCが識別・合成され、ビタミン剤が発明されて市場に出回った。この歴史では知識と情報のどちらに関しても、競合財だけでなく、非競合性を備えて一部が排他的な財も色々と紹介されている。そして情報交換ではなく、知識の増加に関するストーリーである。

これは「内生的技術変化」という論文に実際に書かれている内容ではないが、知識に関する分析の部分では、知識は投入と産出のどちらにもなることが暗示されている。知識は価値が証明されたあとは情報になり、少なくとも潜在的に非競合的だ。場合によっては、排除可能性を備えている。もちろん、知識の役割に関する経済学の著述の歴史は、このストーリーの繰り返しである。マーシャルはおおよそ同じ内容について語っている。ハイエクは一九四五年、「社会における知識の活用」(the use of knowledge in society）について書いている。一九六〇年代には経済学者のサイモン・クズネッツが、非常に素晴らしい見解を述べた。一九八〇年代と一九九〇年代には知識とナレッジ・マネジメントに関して、ピーター・ドラッカーをはじめ大勢のコンサルタントが本を執筆する。博学な研究者は簡潔な表現を紹介したが、たとえばアトムとビットという区別もそのひとつだ。「情報は自由をほしがり、非常に高価になりたがっている」というステュアート・ブランドの見解には、情報は生み出すためにも費用がかかるという見解だけが欠けている。しかし、われわれにとって大切なのは、途中経過ではなく最終的な結論である。すなわち、最も広く共有されるアイデア——哲学者のノーマン・キャンベルによれば「どんな普遍的合意が得られるかに関する判断」——の積み重ねが、科学、この場合には経済学を形づくっていく。

ローマーは事実上、シカゴ学派の同僚に勝負を挑んだようなものだ。相手は専門化と知的財産の存在について何か別の方法で説明するか、彼の論文を公表して結果を受け入れなければならない。ローマーが勝てば、独占的競争というツールはようやく、シカゴ大学の権威ある『ジャーナル・オブ・ポリティカル・エコノミー』で認められることになる。そして、シカゴとケンブリッジが四〇年にわたって繰り広げてきた厄介な対立は、ようやく終わりを迎える。* その後は、妥協のプロセスが始まる展開になるはずだった。

ローマーが大学院生時代に枠組みを設定した問題の答えが、ようやく見つかった。あとはそれをいかに理解すべきかだけが課題として残った。経済学が成長に取り組む姿勢は基本的に大きく間違っているが、それをどうすれば正せるのだろう。ここで注目すべきは、基本的な経済原理が見失われていることだった。収穫逓増の根本的な源泉としての知識に備わった非競合性を説明できる原理が見失われていたのだ。希少性が経済学の基本原理であることに間違いないが、唯一の基本原理というわけではない。知識の経済学は豊かさに関わっている。少なくとも過去数世紀のあいだは、豊かさが希少性を常に打ち負かしていた。

所有権化された知識――独占レントを要求できる知的財産――は、バッファローにおいて、主流派経済学を構成する集計分析のなかに初めて登場した。しかしそれは、じっくり目を凝らさなければわからない。結局、誰も「知的財産」について語らないまま、ヒルトンの会議場を去っていった。バッファローで開催された会議は、経済学の外の世界ではほとんど反響がなかった。何年も経過してから振り返ってみると、ほどなく多くの出席者が異なるキャリアに移行したことがわかる。バローはクロスカントリー回帰を研究の専門分野にした。クルーグマンは注意の対象を地理に移した。スタン・フィッシャーは世界銀行のチーフエコノミストになる準備が整い、やがては国際通貨基金

＊ローマーの論文発表とほぼ同時に出版された自伝で、ジョージ・スティグラーは、独占的競争に対するシカゴの勝利は完全だった、と誇らしげに書いている。チェンバレンの伝統の「痕跡」は、経済学者の研究にはほとんど残されていないと、一九八八年に出版した『規制を受けない経済学者の回想録』(*Memoirs of an Unregulated Economist*)のなかで書いている。しかし実際には、チェンバレンのアイデアは消え去っていない。それは同じ年に出版されたジャン・ティロールの『産業組織論』を読めばわかる。いまやクルーグマンが国際貿易論の分野で、ローマーが成長論の分野で、独占的競争を新たなレベルまで引き上げ、単独の産業だけでなく、経済全般を理解するうえで不可欠なことを示した。スティグラーとミルトン・フリードマンがバッファローに近寄らなかったのも無理はない!

の筆頭副専務理事になる。ラリー・サマーズはデュカキスの選挙陣営での活動に戻った。ソロー・モデルの擁護は次世代に受け継がれる。グレゴリー・マンキュー、デイヴィッド・ローマー、デイヴィッド・ワイルの三人の協力からは、最終的に「拡張」ソロー・モデルが生まれ、マンキュー＝ローマー＝ワイルモデルとして知られた。このモデルでは、世界中の誰もが大量の知識を共有しており、同じ知識にアクセスできることが前提とされるが、当時はまだようやく形を整え始めたところだった。正式に発表されるのは四年後のことだ。

ではどのような意味で、バッファローの会議はトーナメントだったのか。たとえば、現代経済学の歴史で最も有名なディナーパーティと比べれば、大したものではなかった。かつて**アーロン・ディレクター**の自宅でのディナーに招かれたロナルド・コースは、シカゴ大学の懐疑的な経済学者を相手に、取引コストに関する見解を擁護した。彼はそれ以前に提出した論文のなかで、所有権を割り当てたうえで市場プロセスに展開を委ねるほうが、費用をかけて政府が規制するよりも通常は良い解決策になるものだと主張していた。しかしレフェリーは、この主張は何かが間違っていると確信していた。そこで、ディナーの機会に両者は対決することになった。ジョージ・スティグラーは、のちにこう回想している。「議論が二時間かけて進行するうちに、最初はコースへの反対が二〇票、賛成が一票だったのが、最後は二一人全員がコースへの賛成票を投じた」。途中でミルトン・フリードマンが攻撃を仕かけ、誰もがたじろいだが、コースだけは例外だった。「わくわくしたよ！」とスティグラーは書いている。知の営みに関する歴史が作られたとゲストたちが確信して、パーティはお開きになった。

これに対してバッファローでは、このようなクライマックスの瞬間もなければ、全員の目から鱗が落ちたわけでもない。知識の累積的な経済学が初めて明快に説明されたわけでも、マクロ経済学の文献に共通の認識が新たに加わった場面を参加者が目撃したわけでもなかった(ここではヨーゼフ・シュンペーターの亡霊の出番もなかった。経済学者は具体的な結果が不足しているとき、概してシュンペーターを引き合いに出す)。刺激的な会議だったのは間違いないが、参加者の認識は曖昧だった。この日を境に世界が決定的に変化したという確信を大勢の人が共有するようになるまでには、まだしばらく時間がかかった。

成長と市場構造

バッファロー以前から、成長に関する文献を市場構造の問題と結びつける競争は繰り広げられてきた。当時は新商品が次々と登場していたが、累積的成長プロセスに関するローマー・モデルでは、多くの仕事が創造される一方、いっさいの仕事は失われないことが前提にされた。まもなく三つの異なる研究者チームが、シュンペーターが一九四二年に「創造的破壊」(creative construction)という挑発的な言葉で表現した問題の研究に取り組むようになった。

資本主義社会において、経済の進歩は混乱を意味する。この混乱のなかで競争が進行するが、それはどんなに完全な競争であろうと、定常状態での競争とはまったく異なる。新しいものを作り出すか、従来のものを低価格で作り出すことによって利益を獲得する可能性が常に存在し、新しい投資が要求される。

この状態は、ジーン・グロスマンとエルハナン・ヘルプマン、あるいはフィリップ・アギオンなどモデル考案者次第で「品質のはしご」（quality ladders）とか「創造的破壊」と呼ばれる（**ポール・シーガーストロム**、**T・C・A・アナント**、**エリアス・ディノポウロス**もレースの初期に参加していた）。いずれにしても、発展の最中、あるいは発展と発展のあいだに産業組織で何が進行しているか記述するために、技術的進化のプロセスを分解することを目指した。シュンペーターが紹介した様々なメカニズムを扱うモデルに取り組む経済学者のあいだでは熾烈な競争が繰り広げられるときもあった。結局、勝者になれば大きな名誉を獲得できるのだ。やがて一九九六年、ジーン・グロスマンが大勢の競争者のなかから勝者に選ばれ、二巻本の『経済成長――理論と証拠』を執筆し、それまで学んできた事柄を紹介した。

一九七〇年以降、経済学者は経済成長への興味を失ったと、グロスマンは書いている。一九七〇年と言えば、ロバート・ソローがラドクリフ記念講演で画期的なモデルを発表して絶賛された年である。当時はまだ、たくさんの興味深い問題が残っていたのに、新古典派モデルは「そのすべてに解答を提供できたわけではなかった」とグロスマンは明言している。理論の裏付けのない実証研究は曖昧でしかなく、成長会計の研究は次第に衰退していった。

ところが、グロスマンによればふたつの出来事をきっかけにいきなり関心が復活し、「一九八〇年代半ばにはすべてが変化した」。「まず、ポール・ローマーがシカゴ大学で学位論文を完成させた……つぎにロバート・サマーズとアラン・ヘストンが、国内総生産とその構成要素に関して国際比較可能なデータを一〇〇カ国以上から集め、簡単に利用できる状態で準備した……」。このあとグロスマンは、新しい文献のなかで特に重要だと考えられる三七本の論文を慎重に選び、カテゴリーごとにまとめて紹介している。収束、クロスカントリー相関、ＡＫモデル、外部性に基づいたモデル、イノベーションに基づいたモデルなどだ。これはかなり精力的な研究だった。

ソローの弟子たちのシカゴ学派への苛立ち

バッファローからの余波がまだ広がっていた一九八九年春、ロバート・ソローの元教え子がケンドール・スクエアの最新ホテルに集まった。彼らは恩師の六五歳の誕生日を記念して記念論文集を編纂し、それを恩師に捧げるために集まった。ソローが経済学部に加わってからの四〇年間で、ＭＩＴはイーストケンブリッジを一変させた。かつてはミュージックホールや石鹼工場しかなかった場所に、いまではマリオットホテルの建物がそそり立っていた。

そのわずか一八カ月前、ソローはノーベル財団から名誉を与えられた。しかし彼はずいぶん長く待たされたため、何となく後味が悪かった。というのもスウェーデンの財団は、経済学会の異端児ジェイムズ・ブキャナンを先に経済学賞受賞者に選んでいたのだ。しかしこの栄えある夜には、それは重大な問題ではなかった。この日、ソローの教え子や友人が勢ぞろいして、大勢のスター級の寄稿者が会場に花を添えた。アビナッシュ・ディキシット、フランク・ハーン、エイタン・シェシンスキー、ジョセフ・スティグリッツ、ロバート・ホール、ラリー・サマーズ、**マーティン・ベイリー**、ビル・ノードハウス、オリヴィエ・ブランシャール、**ピーター・ダイアモンド**（一九四〇〜）、ジョージ・アカロフ、**ロバート・ゴードン**（一九四〇〜）、そしてもちろん、ポール・サミュエルソンの姿もあった。ＭＩＴにとっては誇らしい一日だった。

マサチューセッツ州ケンブリッジの観点からすれば、一九八〇年代末に内生的成長に関する文献が発表されたことは、ほぼ完全に淡水学派の現象だった。リアル・ビジネス・サイクル理論と同じようなトリックを使って、シカゴ大学の新しい古典派が東海岸の良識ある研究者を再び侮辱してきたとしか思えなかった。大きく発展を遂げた場所が五大湖沿岸のハミルトン、オンタリオ、シカゴ、ロチェスター、バッファローだったという事実そのものが、そもそも怪しげだった。そしてディキシット＝スティグリッツモデルを借用していることに、一部の関係者は特に腹を立てていた。

これに対し、サミュエルソンやソローが開拓したアプローチをシカゴ学派が最終的に採用し、小さなモデルを使って特定の問題に専念した成果は、まったく評価されなかった。シカゴ学派への苛立ちが会場には蔓延し、特にジョー・スティグリッツは神経質になっていた。スティグリッツは出席者に向かって、すべては以前から試されていたものばかりで、なかでも一九六五年の夏にシカゴを訪れたグループのメンバーの研究が大きく取り上げられていると指摘した。そして「われわれは『機能する』モデルを構築する方法を知っていたのに」、モデルに必要とされる「特別な前提を立てることをためらってしまった」と嘆いた。もたもたしているうちに「図々しいやつら」に先を越されてしまい、同僚の研究も自分の研究も「なぜか無視されてしまった」のである。

（わたしは一九九〇年代はじめに、「ロスト・パトロール」という表現を最初に使い始めた。これは一九六五年夏のシカゴでケネス・アローの門下生である宇沢弘文とシェルの周辺で研究に取り組んだグループを指す言葉で、スティグリッツ、シェシンスキー、アカロフ、ノードハウスらがメンバーだった。彼らは知識の成長を正式なモデルに組み込む作業に取り組んだが、その努力が経済学のリーダーたちに無視されたことが、ロスト・パトロールという言葉で表現されている。メンバーが従来とは異なる見解を発表すると、シカゴでは緊張が走った。それは残念な結果だが、意外でもない。大きな学派は、どうしても不寛容になりがちなのだ。いつでも答えに手が届きそうな問題の一般的見解に関して、科学者が「ドグマ」という大袈裟な言葉を使うのも理由がないわけではない。それはともかく、ここで重要なのは実際にはシカゴでは誰も敗者にはならず、「ロスト・パトロール」は経済学で成功を収め、友情が続いたことだ。二〇〇四年には、古代ローマの温泉町キウージの近郊にあるウンビリアの農家で、ジョー・スティグリッツがかつての仲間との再会を企画した。およそ四〇年前に、知識経済学をひとつの分野として確立するために情熱を燃やしたが大した成果を上げられなかった仲間たち、カール・シェル、ジョージ・アカロフ、**ネッド・フェルプス**らが招待された）。
新しい成長理論によって提起された問題に関してソローがいかに鋭い洞察力を持っていたか、ケンブリッジの聴衆に思い出させる役目はアカロフに委ねられた。そこで彼は、ソローが一九八〇年に行った会長講演の一部を引用した。

〔市場の失敗の重要性が生み出す〕このような緊張にわれわれ各人が対応する方法のなかで、ロールシャッハ・テストの要素は大きな部分を占めています……わたしのように強い個性もなく、成功の見込みのない折衷主義者にとって、これは大変な経験です。この組織の会長として見事な働きをされたふたりの前任者の名前を思い出すだけで、自分はいかに小さな存在かと考えずにはいられません。ミルトン・フリードマンの話に少し耳を傾けるだけで、規模の収穫逓増、寡占的相互依存、消費者の無知、環境汚染といった考えが頭に詰め込まれ、そうなると手の施しようがありません。ではジョン・ケネス・ガルブレイスの話を聞いてみれば、今度は競争の規律、あらゆる商品にとっての多数の代用品、規制の愚かさ、ワルラス的均衡のパレート最適、知識が存在する場所での脱中央集権的意思決定の重要性などについて考えさせられます。わたしが明らかな間違いを犯さないのは、単に性格の弱さゆえなのでしょう。

これはまさに、ソローの自虐的なウィットの真髄である。彼は抜け目がなく、頭が切れ、だからこそＭＩＴの学生に何世代にもわたって愛された。一方、折衷主義者を自称する部分に、ソローを批判するシカゴ学派はまさに腹を立てていた。すべては曖昧なロールシャッハ・テストのようなものだという恩師の見解をアカロフは紹介したが、きわめて優秀な経済学者が独占的競争という問題に集中的に取り組んでいるではないか。しかし五〇〇人の賞賛者が集まった会場でその夜のソローは、光り輝く鎧を身にまとった君主のように崇められた。忠実で優雅で思いやりがあり、節度があって意思の固い性格がクローズアップされた。おそらく当時の経済学で、これほど影響力のある教師はいなかった。愛情深いけれども現実的で、数学の得意なチップス先生のような存在だった。

ローマーの突然の決断

ローマーのバッファローでの論文の修正版は、一九九〇年一〇月にようやく投稿された。今回は『ジャーナル・オブ・ポリティカル・エコノミー』のレフェリーとのあいだに問題はなかった。彼は用語を変え、数学にも変化を加えた。学位論文のなかで考案した選択理論最適化という大きな枠組みを放棄した。その代わり、ヘルプマンとグロスマンの強い勧めに従い、もっと一般的で簡潔なテクニックを採用する。ずっとあとに当時を振り返り、ローマーはつぎのように語っている。

自分の学位論文について振り返り、どのように説明したか思い出してみると、当時は一般均衡への野心があった。みんながこれに注目してくれればよいと望んだが、そうはならなかった。一方、ソローのタイプ、すなわちＭＩＴのタイプから見ると、論文は抽象的傾向がやや強すぎた。方程式があれば十分で、論理や仮定について悩む必要はないと言った。でもわたしは、どちらも納得できない。外部性が何を意味するのか明らかにするうえで、非競合財が持つ意味との比較は重要ではないだろうか。そうなると、ここでは一般均衡に関する数学の厳密さと論理が実際に役に立つ。

しかし一九九〇年、この論文は世界の重要な出来事のせいで影が薄くなってしまった。前年にはベルリンの壁が崩壊した。ソ連は解体しつつあった。共産主義はゆっくりと破滅への道を進み続け、見えざる手の力が最終的に勝利を収めるかのように見えた。現実の出来事と経済学の最前線での展開のあいだには、非常に大きなギャップが存在した。

一九八九年春、みんなを驚かせる出来事によって、経済学の状況はさらに混乱を深めた。ローマーがわずか一年在職しただけでシカゴ大学をいきなり退職し、どこの大学からも招聘されていない状況で、カリフォルニアに行ってしまった。特別研究員だった妻が、研究戦略を巡って研究室の所長と意見が食い違い、不愉快な立場に立たされたのだ。しかも彼女はシカゴの長い冬を好まなかった。子どもたちは学校に通う年齢に近づいていた。ローマーにとって、ここは選択のときだった。しかもこの問題は、第一回のＮＢＥＲ（全米経済研究所）会議とソローの記念論文集刊行の時期に山場を迎えた。

当時シカゴ大学経済学部長だったシャーウィン・ローゼンは、必死に説得した。つぎの仕事のあてもないのにシカゴを離れれば、ローマーの学者としてのキャリアが台無しになる、二〇年前にシカゴを去ってウォータールーに移ったマンデルと同じ運命になると。ローマーは、サンフランシスコ・ベイエリアでどこかの大学、おそらくバークレーかスタンフォードが自分を拾ってくれるだろうと計算した。それがだめなら、いつでも政治の世界に入れるし、ソフトウェア開発を始めてもいい。彼はいつも企業を立ち上げてみたいと考えていた。カリフォルニアの大学から正式なオファーがないまま、シカゴ大学を辞める決断は、一〇年前に学位論文をＭＩＴではなくシカゴに提出した決断より尋常ではなかった。

一九八九年秋、ローマーは行動科学高等研究センターに一年契約の特別研究員として迎えられた。このセンターは、スタンフォードのキャンパスを見下ろす丘に建てられている。近くの木立のなかにあるＮＢＥＲの事務所も、さらにはフーバー研究所も、オフィスを提供してくれることになった。彼は家族と一緒にスタンフォード郊外に引っ越した。翌年春には、カリフォルニア大学バークレー校の経済学部から終身在職権付きの教授職をオファーされる。一九九〇年九月、ローマーは一週間に数日、バークレーまでおよそ四八キロメートルの距離を通勤し、講義するようになる。

彼が去ったシカゴでは混乱と怒りが渦巻いていた。

第23章 推測と反論

Conjectures and Refutations

収穫逓増革命の進行

『科学革命の構造』でトーマス・クーンは、つぎのように簡潔に問いかけている。何人かのよく訓練された若者が規律正しく研究を続け、夜中に大きなアイデアが浮かんだ。そこで、それまでは解決不可能だった問題に新しい解釈を提案することにした。「関連分野の専門家全員を説得し……自分たちの科学観や世界観を受け入れさせるためには、どのような方法が可能で、何をしなければならないだろうか」。

一九八九年には収穫逓増革命が熱心なリーダーの手で進められるようになっていた。最終的に目指す場所がどこであれ、彼らはいずれも一般均衡モデルに関する正のフィードバックの論理に深く傾倒しており、クルーグマン、ローマー、ヘルプマン、グロスマンらが中心的な役割を果たした（一方、専門化や収穫逓増への代わりのアプローチが、オーストラリアのモナシュ大学でヤン・シャオカイ〈楊小凱〉の指導によって進行していた。ヤンは中国を国外追放されてオーストラリアにやって来た。一〇年にわたって獄中生活を過ごし、最終的にプリンストン大学で博士号を取得した人物である）。好機の到来を感じ取り、経済学以外の分野の科学者や個人的に関心を持つ人物も問題の探究に参加した。なかには世間で認められている研究者も数人含まれていたが、ほとんどは一九八〇年代末から一九九〇年代はじめにかけて経済学の分野に参入したばかりの大学院生だった。

経済学でこれほどの論争が引き起こされたのは二〇年ぶりのことだった。合理的期待をめぐって革命が始まったとき以来の出来事である。新しい発見をすれば、名声が獲得される。新しいアイデアの追究は若者を大いに元気づけた。

知識の増加（growth of knowledge）に関する新しいモデルをめぐる組織的活動は、島伝いに攻略していく軍事行動に似ている。どこかで適用可能性の旗を立てたら、別の場所で関連性を証明し、中間準備地域を創造し、説得力のあるデモンストレーションを行う段階へと近づいていく。新しい研究を好む理由は従来と変わらない。新しい研究なら、旧い成長モデルでは扱うことができず、解決不能だった問題に取り組める。旧い成長モデルが認識できなかった問題を予想することもできる。かつては曖昧だった事柄が明瞭になる。やがて、マクロ経済学のとびきり優秀な若手全員が参加して、規模と専門化の関係の研究を始めるようになった。

グレイザーの三つのストーリー

新しい理論はまず、都市の成長に拡張された。何が都市を機能させているのか。何が都市を発達させているのか。そもそもなぜ最初の場所に出現したのだろう。これらは明快な疑問だが、答えは決して明快ではない。ロバート・ルーカスがマーシャル記念講演で指摘したように、「通常のリストに掲載される経済学的要因だけを前提にするなら、都市は分解してしまう」。

シカゴ大学で**エドワード・グレイザー**（一九六七〜）という若い大学院生がホセ・シャインクマンのもとを訪れて、ある相談をした。グレイザーはプリンストン大学を卒業したばかりで、大学ではアンドレ・シュライファーから収穫逓増の経済学について学んだ。その結果、彼は都市や収穫逓増に関するルーカスの提案を実際に試してみようという気持ちになった。自分やローマーやルーカスが考えるように知識のスピルオーバー（拡散）が重要だとすれば、それを何らかの方法で証明できるはずで、たとえば大都市の成長率を比較すればよいのではないか。そこでグレイザーは恩師のシャインクマンとシュライファーの助けを借りて、当時広まっていた成長に関する三つの理論を特定した。

最初のストーリーは集中に焦点を当てている。イーストマン・コダックのような企業は一カ所にとどまって大きく成長した。従来のやり方を改善するだけでなく、新しいことに真っ先に取り組む方法を習得するために資金を積極的につぎ込み、繁栄を謳歌してきた。ここからは、成長にとって独占は良いものだと考えられる。なぜなら大企業は研究開発に潤沢な資金をつぎ込み、アイデアの流出を制限できる影響力を持ち、さらには十分なマーケティング力を備えていることから、研究開発への投資からたくさんの果実を獲得することができる。この見解はシュンペーターにまで遡る。

二番目のストーリーは、業界内での競争を強調している。これをグレイザーは、著名なビジネス戦略論者マイケル・ポーターにちなんでマイケル・ポーターのストーリーと呼んだ。ポーターは『国の競争優位』で、成長を育むのは独占ではないと指摘している。それよりはむしろ、同じ業界に所属する企業が技術を共有する結果として地域の競争が激化して、それが成長を促すのだと論じ、これを「クラスター」と呼んだ。デトロイトやピッツバーグなどの企業城下町は成長が止まってしまうだろう。これに対してシリコンバレーのような地域は、スパイ活動や模倣や転職が日常茶飯事で、何百ものライバル企業が競い合っているため、持続的な優位性が育まれる可能性が大きい。

三番目のストーリーは専門化というよりも産業の多様化を鍵と見る。最も重要な知識は、基盤産業の外から移転されてくるように思えるからだ。ただし、多様性のストーリーを擁護する経済学者は誰もいない(ある程度はアルフレッド・マーシャルの著作のなかで、集中のストーリーと一緒に紹介されている)。この見解は、著名な批評家で都市活動家ジェイン・ジェイコブズに由来する。

一九六九年に出版された『都市の経済』では数ページにわたり、バーミンガムとマンチェスターの英国二都市の歴史が並行して紹介され、ジェイコブズの主張が印象深い文章で綴られている。それによれば、一九世紀半ば、人口が密集しているマンチェスターは世界の羨望の的で、ベンジャミン・ディズレーリやカール・マルクスなど多彩な観察者から未来の都市と評価された。そこは巨大な紡績工場が見渡す限り遠くまで連なっていた。都市の生みの親たちは、ランチクラブから企業を運営した。分裂と競争が激しいシリコンバレーよりはデトロイトのような場所だった。

一方、バーミンガムはシリコンバレーにもデトロイトにも似ていない。小さな組織が集まった都市で、各自が小さな商売を営んでいた。既存の企業を離れた労働者が自分たちで事業を始め、鉄鋼、革、金物類、銃、宝石、小間物、ペン先、おもちゃなどを商った。「バーミンガムが何を生業にしていたのか語るのは少々難しい。マンチェスターは専門の業種が明確で、経済が理解しやすく印象も強いが、そのようなものはなかった」とジェイコブズの本には書かれている。

ところが二〇世紀末には、イギリスで活気をとどめている都市はふたつだけになった。バーミンガムと、さらに多様性に富んだロンドンである。企業城下町だったマンチェスターは時代遅れになっていった。一方バーミンガムは、一貫して発展の中心にとどまった。「都市とは、古い仕事に新しい仕事が加わるプロセスが勢いよく進行する場所だ」と、ジェイコブズは書いている。なぜならバイタリティの秘訣は、様々な社会的地位の人たちのあいだでの交流である。環境が複雑で多様なほど、幸運に恵まれる。思いがけない組み合わせが重要な展開を引き起こす。

では、成長を生み出す可能性が大きいのはどの属性だろうか。集中？　競争？　多様性？　グレイザーは、標準産業分類（ＳＩＣ）からデータを集めた。これは産業を階層別に分類した体系で、リンネ式分類体系とやや似ている（リンネ式分類体系では、生物が界、門、綱、目、科、属、種と順番に分類される)。SICは変化し続ける米国経済を追跡する目的で国勢調査局によって創造されたもので、このデータセットは通常、技術経済学で扱うことはほとんどなかった。グレイザーは、一九五六年から一九八七年までの期間に絞って、米国の六八都市のデータに目を通した。

その結果、グレイザーは成長の速さではなく、大企業が大きな比率を占める都市ほど、ほかの都市より成長のペースがやや遅いことを発見した。その証拠には、ポーターが主張した特定産業の地域内での激しい競争の要素が多少含まれ、多様性の重要性を指摘したジェイコブズの見解と一致している。これは特に意外ではない。世間ではかねてから、ニューヨークやシカゴなど多様性に富む都市はデトロイトやピッツバーグなど専門化の進んだ製造業の中心地よりもやがては大きく発展していくものだと信じられてきた。マーシャル本人も同じようなことを言っている。

この論文自体は、何も解決しなかった。一九九二年に論文としてようやく発表されたが、ローマーはその頃には一九八六年の純粋なスピルオーバーによるアプローチから大きな飛躍を遂げ、ジェイコブズとよく似た独占的競争モデルをもっと正確な形で考案していた。ところが、グレイザーの論文は経済学者を驚かせた。というのも以前は当然視されていた様々な現象を探求する新しい道筋が明らかにされたからだ。ここで使われている新しいデータソースは、最終的にペン・ワールド・テーブルの数字よりはるかに役に立つものだった。まだ完全には理解できなかったが、表には知識と専門化に関する数字が掲載されている。その後もグレイザーは、都市、地域、近隣、国家について多くの啓発的な論文を書き続けた。

クレマーの「人口増加と技術変化」論文

新しい成長モデルのもうひとつの刺激的な応用は、人口と関わっている。モデルを導入したのは、**マイケル・クレマー**（一九六四〜）という異色の人物だ。一九八五年にハーバード大学を卒業すると、ケニアの高校に一年間教師として在職し、その後の三年間、彼をケニアに派遣したプログラムの事務局長を務めた。経済発展について考えるきっかけとして、アフリカで暮らす経験に勝るものはない。収穫逓増をめぐる興奮が頂点に達した一九八九年、クレマーは大学院生としてハーバードに戻った。ほどなくして、人口と技術変化の関係について研究することを決断する。

人口が増加すれば技術変化のスピードが速くなるという発想は、収穫逓増という隠れた主張の一部としてかなり前から存在してきた。結局、収穫逓減や「飽和密度」への関心は近年の出来事で、遡ってもマルサスやリカードぐらいまでだ。それ以前は人間の歴史の大半で人口増加は良いことだと思われてきた。何よりも、人類の改善を目的とするイノベーションが促されるからだ。[*] 最近では、人口圧力が技術変化を促進するという解釈が一般的になった。クレマーは人口と技術の関係を明らかにするために名案を思いついた。原因と結果がかなり長期間にわたって際立っている証拠を、人類の誕生にまで遡って研究したのである。

まずクレマーはモデルを構築した。内生的技術変化が高度に定型化されたこのバージョンでは、人口とは無関係に誰もが必要最低限の生活水準を獲得し、何かを発見するチャンスが誰にも等しく与えられる。研究に費やされる資源の割合は常に変わらない。ここでは知識の非競合性のおかげで、技術の知識は人口の増加と共に増え、人口は技術に促されて増加していく。なぜなら「新しい技術の発明にかかる費用は、技術を利用する人の数に左右されない」からだ。

つぎにクレマーは、人口の長期間におよぶ歴史をまとめた。人類学者や考古学者による様々な評価は、特に意外ではないが興味深いストーリーを語っている。一〇〇万年前、地球で暮らす人類は全部でおよそ一二万五〇〇〇人だった。何千年にもわたり、人口の増加率はきわめて低かった。およそ一万二〇〇〇年前に文字を書く技術が誕生した頃には、人口はおよそ四〇〇〇万人となり、キリストが誕生した頃には一億七〇〇〇万人に達した。蒸気動力が登場した頃はおよそ一〇億人、さらに一代雑種トウモロコシが導入された一九二〇年代には二〇億人に倍増した。その五〇年後にはおよそ四〇億人の人類が地球上に暮らし、二〇〇六年には人口は六五億人にまで膨れ上がった。

「人口増加と技術変化――紀元前一〇〇万年から一九九〇年まで」(Population Growth and Technological Change :One Million B,C. to 1990) のなかでクレマーは、自分の発見について論じている。

＊ほかならぬ政治経済学の創設者ウィリアム・ペティ卿は、つぎのように書いている。「好奇心が旺盛で発明の才に富んだひとりの人物が四〇〇人のなかから見出されるよりも、四〇〇万人のなかから見出される可能性のほうが大きい」。アダム・スミスもこの可能性をほぼ同様に理解していた。人口が多く市場規模が大きいほど専門化が促され、発明家として知られる専門家が登場する、と考えた。

実際に人類に起きたことは、おおよそローマー・モデルの予測通りだった。話題に取り上げられている技術は、きわめて基本的な発見を土台としている。火の使用、狩猟、漁業、農業、車輪、都市、機械工業、細菌論、公衆衛生などだ。これらの技術はいったん発明されると、世界中にかなり急速に拡散していくものなので、少なくとも一〇〇万年のスパンで見ると、それに関連して地球全体で人口が増加していく。技術の進歩は、生活水準の向上ではなく人口の増加に結びつくと言ってもよい。技術の進歩をきっかけに、人類は地球全体に広がっていくのだ。手に入るあらゆる証拠から判断するかぎり、一八〇〇年時点で多くの人類の生活水準は、一万二〇〇〇年前よりも大きく向上したわけではない。必要最低限のレベルをわずかに上回る程度にとどまっていた。

やがてある時点で、いわゆる人口の転換が始まる。着実に増加していた人口が、横ばいで推移するようになった。広い市場を創造する人たちが増え、広い市場によって専門化が促され、専門化は多くの富を生み出し、富が増えると多くの人たちを支えられるようになり、富の増加は最終的に人口増加のペースを鈍らせた。少なくとも、これは産業革命を経験した国家に当てはまる。このメカニズムからは、テッド・バクスターの提案を思い出す（あまり希望は持てないとクレマーは指摘しているが）。テレビ番組「メアリー・タイラー・ムーア・ショー」のアンカーマンであり、過激な発言で知られるバクスターは、人口問題が解決されることを期待して六人の子どもを持つ計画を立てた。

人口がおよそ二五億人に達した一九五〇年頃から、世界人口の増加率は落ち着いたが、人口そのものは毎年およそ二パーセントずつ増加した。そうなると人類の歴史の大半を通じ、マルサスの主張は正しかったことになる。技術の進歩は生活水準の向上ではなく、人口増につながっていた。ところが、紛れもない傾向が確認された。クレマーのモデルでは、グラフでスパイク（尖った山形）が描かれたのだ。それ以前に電気工学系の研究者は、人口増加と共に人口の増加率が大きくなる形の方程式を作成し、それがデータと一致することを確認したうえで、グラフを作成した。するとグラフは、世界人口は二〇二八年一一月一三日――当然ながら金曜日――に無限状態になることを示した。これに対し、クレマーのモデルでは、人口増加率は最終的には減少することを研究用の生産関数が示唆している。それは大量飢餓や環境破壊のせいではなく、収穫逓増の結果として世界中で出生率が低下するからだ。実際、過去一五〇年間には、まずは最富裕国から出生率が減少している。

スミスの見解にふたつの傾向があることの証拠を、クレマーは大雑把ながら説得力のある形で示した。分業は市場の規模、この場合には人口によって制約される。しかし知識の増加に伴う専門化は、人間社会の規模を制約してきた障害を最終的に取り除いてしまう。あるいは、これとは逆の現象も発生する。一万年前に極地の氷冠が解けたとき、世界は旧世界と新世界に分割された結果、技術的に異なるふたつの地域を対象にした自然実験（natural experiment）が進行した。ユーラシアと北米のあいだ、あるいはオーストラリアとタスマニアとフリンダース島のあいだの陸橋が消滅し、ふたつの世界の交流が途絶えた。クレマーによれば、氷冠が解ける以前、人類は大陸から大陸へとゆっくり移動していた。おそらく広い地域のすべての住民が、同じ技術――火、石、金属工具、狩猟、戦いのテクニック――にアクセスできた。人口密度や面積とは無関係に技術は着実に増加すると考えるソロー・モデルによれば、コロンブスの航海によって地域同士の技術交流が再開されるプロセスが始まったとき、海で隔てられたすべての地域は同じレベルだったことになる。

しかしもちろん、人口密度が最も大きく、技術が最高レベルに達したのは、いちばん面積の広い旧世界だった。二番目は都市や粗放農業が発達し、複雑な暦を導入した米大陸で、かなり離れて三番目が住民が狩猟採集を営むオーストラリア大陸だった。タスマニアには、オーストラリアの住民が所有している基礎的な技術すら不足しており、火を起こすことも槍を投げることも道具を作ることもできなかった。さらに、タスマニアから八七〇〇年前に分離されたフリンダース島には、技術後退の証拠が残されている。この小さな島の最後の住民は、大きなコミュニティから切り離されたおよそ四〇〇〇年後に死に絶えたが、彼らは骨で道具を作る能力を失っていた。人口が少なければ専門化は促されない。

不思議なのは人口転換だ。収入がある程度のレベルに達した国では、何が出生率の低下を引き起こすのだろう。

一九九三年、新しい成長論分野の数本の独創的な論文と一緒に、クレマーの論文が『クォータリー・ジャーナル・オブ・エコノミクス』に掲載された。これが直ちに古典として認められたのは、知識の非競合性の経済学的含意が広範囲におよぶことが十分に納得できたからだ。その後もクレマーは、興味深い論文を次々と発表し続ける。たとえば、ワクチンの購入契約――実際のところ、信頼性の高いマリン・クロノメーター（航海用の高精度時計）に匹敵する価値を持つ――がイノベーションを促すだけでなく、貧困層を助けることに関して画期的な提案を行っている。一部の非競合財が人間の幸福にとって重要なら、それを生み出す作業を新しい組織が担う可能性を想像してもよいのではないかと、クレマーは提案した。やがてクレマーはハーバードに戻り、ゲイツ財団のコンサルタントになった。二〇〇二年には、発展のミクロ経済学を研究するため、開発経済分析研究所（BREAD）を設立した。

広大な新しい大陸

ほかにもたくさんの応用があった。一九九一年には、ポール・デイヴィッドが再び、「コンピュータと発電機」（The Computer and the Dynamo）という論文でかなりの注目を集めた。この論文では、一八八〇年から一九三〇年にかけて電気の投入から発生した生産性上昇の歴史を、コンピュータの出現と比較することが狙いだった。デイヴィッドは電気の時代は一度にいきなり到来したのではなく、技術に関して想像力が二度にわたって大きく発揮された結果、訪れたことを示した。まず一九世紀の最後の二五年間に従来の傾向が様変わりして、「発電機」が蒸気機関に代わって馬力を提供するようになった。つぎの第二段階では、おおよそ一九二五年から一九五〇年のあいだに、広い範囲での応用が実現した。電気モーターを小型化する方法をエンジニアが発見し、冷蔵庫からラジオまで、従来は実現不可能だった様々な用途が生み出された。デイヴィッドによれば、同じことはコンピュータからも期待できる。いまや自動車からクレジットカードまであらゆるものにスマートチップが組み込まれている。おそらく一九八〇年代に大きなニュースとなった生産性の問題は、「技術に関して老眼の症状が進行したこと」が原因だったとデイヴィッドは指摘する。「遠い未来はよく見通せるのに、移行への道の足元はぼんやりとしか見えなかった」のである。

ほどなく**ティモシー・ブレスナハン**と**マニュエル・トラジュデンベルク**（一九五〇〜）が「汎用技術」（general purpose technology, GPT）の概念を提案することで、このような比較を一般化した。GPTは画期的なイノベーションであり、有益な応用という類似の経路をたどって採用された。コンピュータや電気モーターだけでなく、水車、蒸気機関、内燃機関、鉄道、運河などがそれだ。ブレスナハンは、銀行など金融機関のコンピュータ化に関してパイオニア的な研究を行い、トラジュデンベルクはCATスキャナーの利点について優れた論文を著していた。今回ふたりが考案したモデルならば、目立たないイノベーション、たとえばタイプライター、銀行のコンピュータ、カメラ、コンピュータ支援イメージング技術導入の軌跡についても理解できそうだった。一例が、一八四五年以降のタレット旋盤の応用の歴史だ（スタンフォードの経済史家**ネイサン・ローゼンバーグ**〈一九二七〜二〇一五〉が、技術の相互依存に関する優れたストーリーで紹介している）。タレット旋盤は、取り換え可能なあらゆる種類の部品を製造するための鍵となった。GPTは注目を集め、成長に関する専門用語として直ちに定着した。

一方、UCLA教授で経済史家の**ケネス・ソコロフ**（一九五二〜二〇〇七）も優れた成果を上げた。彼はかつて一九八八年に新しいモデルを使い、発明活動は交通の要所で発生し、交通網に沿って拡大していくこと（あるいは分業は市場の規模によって制約されること）を示していた。今回、米国では低料金と単純な手続きのおかげで一九世紀に特許制度が発達し、階級意識の強いヨーロッパの制度よりもはるかに広い範囲で、創造的な人物に特許が提供されたことを発見した。経済学は、カール・マルクスが夢見た「技術の発展の歴史」に近づいていた。

ほかの場所では、ネットワークに関する新しい研究がミクロ経済学の分野で成果を生み始めていた。もちろん、産業ネットワークそのものは新しくない。鉄道、ガス、電気、電信、電話、タイプライターのシステムは一世紀前、あるいはもっと以前から存在してきた。この成功がしばしばバンドワゴン効果に依存していることは、少なくともソースタイン・ヴェブレンの著書『帝政ドイツと産業革命』以降、一般に認識されてきた（英国は鉄道事業で主導権を握っていたが、改良されて幅が広くなった線路が欧州大陸で次々に導入されると、英国製の線路は狭すぎて、ドイツに主導権を奪われてしまった）。しかし、これらの産業は収穫逓増を生み出す傾向があるため、自然独占と見なされてきた。そのため市場の失敗に分類され、経済での「正常な」競争とは区別され、これらに内在する類似点（高い固定費、低い限界費用）は詳しく分析されなかった。ポール・デイヴィッドがＱＷＥＲＴＹに関する論文を発表したのと同じ年の一九八四年、ダラスで『ニューパルグレイブ経済辞典』が出版されたが、「ネットワーク」と「標準」のどちらも用語として収録されていない。

しかしいまや、独占的競争に関するディキシット＝スティグリッツモデルで経験を積んだ新しい世代の若手経済学者が研究に乗り出し、「ネットワーク外部性」という概念に没頭した。新しい言葉が経済用語として次々に登場する。競合する標準のあいだでの相互運用性（interoperability）、すなわち互換性が重要な問題となった。システムの様々な構成要素に備わった総合的な相補性（complementarity）も注目される。様々な部品がまがりなりにも稼働するためには、全体としてスムーズに稼働しなければならない点がここでは重視された。切り替え費用（switching cost）が考慮されたのは、新しいオペレーティング・システムを学ぶまでには多大な時間が必要とされるからだ。そして、ロックインの可能性も考慮される。これらの問題についての検討は、経済学者にとって刺激的な新しい経験だったが、起業家にとっては何十年、いや何世紀も前から馴染み深いものだった。一連の注目すべき独禁法訴訟のなかに詳細が含まれている。やがてミクロ経済学には、カッツとシャピロが「ハードウェア／ソフトウェア／ウェットウェアのパラダイム」と呼んだ概念が導入される。これは一〇年前にポール・デイヴィッドが、タイプライターとキーボードとタイピストの喩えを使って興味深く解説した内容と同じで、ローマーの発見の正しさを説得力のある形で実証した。

広大な新しい大陸が開かれた。政治制度と成長のあいだの様々な結びつきは、従来のソロー・モデルでは立ち入れなかったが、それを自由に探究する道がいきなり若手経済学者に開かれたのである。一九九〇年代はじめには、ほかにもたくさんの先駆的な論文が発表される。「シュンペーターは正しかったかもしれない」（Schumpeter Might Be Right）という**ロバート・キング**と**ロス・レヴィン**の論文は、成長にとっての財政の重要性に関する研究の成果だ。「巨人の肩はどのくらい高いのか」(How High Are the Giant's Shoulders) という論文では、**リカルド・コバレロ** (一九五九〜) と**アダム・ジャッフェ** (一九五五〜) が、知識のスピルオーバーの測定について取り上げている。**トルステン・パーソン** (一九五四〜) と**グイド・タベッリーニ**は「不平等は成長にとって有害か」(Is Inequality harmful for Growth?) と思わせぶりに問いかけた。ほどなく**アルベルト・アレシナ** (一九五七〜) と**ダニ・ロドリック** (一九五七〜) は、つぎのような結論を認めた。すなわち、人的資本に厳しい税率が課されると不平等な分配が発生し、成長の速度を鈍らせる。やがて**ダロン・アセモグル** (一九六七〜) と**ジェイムズ・ロビンソン**は、植民地制度の遺産について長年かけて研究し、その集大成として『独裁制と民主主義の経済的起源』という画期的な本を出版した。やがて興奮は、ネットワークが関わっていると思われるような、もっと観念的な分野にまで広がっていった。お金そのもの、言語、宗教が取り上げられ、その規範やスキルは反射的に社会資本に分類される。多くの多彩な「好意の銀行」は、外部性の存在が大きな役割を果たすネットワークと見なされた。ほどなくマクロ経済学者とミクロ経済学者は同じ本を読み始める。以前は読んだことがなかった歴史や制度の変化をテーマにした本を、誰もが手にするようになった。*

マクロ経済学者は、安定化、貿易政策、限界税率などの枠を超えて研究を進めた。ミクロ経済学者は、産業組織論の枠を超えて活動した。特に開発経済学は大きく変容を遂げる。従来の成長理論は五〇年間にわたり、投資、教育、人口抑制と貯蓄とのあいだのギャップを、海外からの支援によって埋めるべきだと強調してきた。しかし、**ウィリアム・イースタリー**は『エコノミスト　南の貧困と闘う』のなかでつぎのように書いている。「これらの万能薬は期待ほどの効果を発揮しない。なぜなら、経済成長の創造に参加するすべての人たちが、正しい動機を持っているわけではないからだ」。新しい成長理論では、これまでまったくスポットライトの当たらなかった問題に注目している。制度、特に法律の重要性、知識の伝達者としての多国籍企業の役割、途上国に海外からの直接投資を引き寄せる手段としての輸出の飛び地の有用性（そして、海外からの直接投資を拒絶しかねない政治的腐敗の意味）、少額融資に内在する可能性、地理の重要性、気候、病気などを基本的な決定要因として特定した。ほどなく、文字通り何十人もの経済学者があらゆる角度から研究に取り組み始めた。

クルーグマンの巻き返し

一九八九年の喧噪のなかで、ポール・サミュエルソンやボブ・ソローとオフィスを共有していた人物ほど、ドラマから完全に締め出された役者はいなかった。MITの次世代のスターと噂されていたポール・クルーグマンだ。ローマーは成長論でクルーグマンを打ち負かしていた。クルーグマンとの関係を解消したヘルプマンは、グロスマンを新しいパートナーに選んだ。バッファロー論文によってクルーグマンは研究の最前線に躍り出るはずだったが、論文は最終的に発表されなかった。

しばらくの間、クルーグマンは将来の方針を模索した。たとえば国際競争における「リープフロッギング」(蛙飛び)に関して(**エリゼ・ブレジス**と**ダニエル・ツィドン**と一緒に)論文を執筆した。この論文は、コールドウェルの法則として知られる経験的規則性の解明に挑戦している。この法則は技術史家**ドナルド・コールドウェル**によれば、過去数百年間には、経済と技術の分野で指導的立場を長期間にわたって維持した国家はひとつも存在していない事実に注目している。ただし、「国家の技術におけるリーダーシップの循環理論」というタイトルのこの論文は、一九九三年まで発表されなかった。その頃には、日本が米国を追い越すかもしれないという見解は時代遅れになっていた。ほどなくクルーグマンは、別の中心的な役割を見つけた。収穫逓増の論理を長期にわたる経済全体の成長には適用できないとしても、おそらく景観の変化は扱えると考えたのだ。彼は経済地理学

*経済学者のあいだでは、以下のよう本の人気が突然高くなった。ダグラス・ノース『制度・制度変化・経済成果』(竹下公視訳、晃洋書房)、リチャード・ネルソン、シドニー・ウィンター『経済変化の進化論』(*An Evolutionary Theory of Economic Change*)、ネイサン・ローゼンバーグ、L・E・バーゼル・ジュニア『西側はいかにして豊かになったか――工業世界の経済的変容』(*How the West Grew Rich: The Economic Transformation of the Industrial World*)、ジョエル・モキイア『富の梃子――技術の独創性と経済の進歩』(*The Lever of Riches: Technological Creativity and Economic Progress*)、デイヴィッド・ランデス『「強国」論――富と覇権の世界史』(竹中平蔵訳、三笠書房)エリック・ジョーンズ『ヨーロッパの奇跡――環境・経済・治政の比較史』(安元稔、脇村孝平訳、名古屋大学出版会)、ポール・バイロック『都市と経済発展――歴史の曙から現在まで』(*Cities and Economic Development: From the Dawn of History to the Present*)、ジャレド・ダイアモンド『銃・病原菌・鉄――1万3000年にわたる人類史の謎』(倉骨彰訳、草思社)、アレクサンダー・ガーシェンクロン『経済的後進性の史的展望』(池田美智子訳、日本経済評論社)

(economic geography)に注目する。

一九八五年当時の経済地理学は活気がなく、停滞していた。それは、この分野の指導的立場の経済学者が無能だったからではない。新しい貿易経済学や新しい成長経済学を生み出す原動力になった一般均衡モデルのツールが欠けていたからだ。しかし、むしろこのような行き詰まりのおかげで、独自のスタイルの発達を遂げた。経済地理学の周辺では、都市に関わるほかの学問分野が発達し、経済学が注目していなかった正のフィードバックのプロセスの研究に取り組んでいた。地域科学、開発経済学、システム・ダイナミクス、都市計画などだ。ルイス・マンフォードやジェイン・ジェイコブズなどの著述家は、興味深いニッチを開拓していた。

ちょうどこの頃、シカゴの自然研究に関する影響力のある本が、ウィリアム・クロノンによって出版された。『自然の大都市――シカゴと大西部』は、景観のなかで開拓地の分布が決定される際、偶然の巡り合わせと歴史が果す役割を解明している。シカゴのケースでは、集中化という自己強化型の必然性は当初、五大湖からミシシッピ川の分水嶺に至る水路が最短距離となる地点に都市が形成されたという事実に由来していた(ミシガン湖からシカゴ川までのあいだは、船は砂丘を越えて陸上輸送される)。このような状況を、クロノンは第一の特質と呼んだ。それに続く第二の特質によって、シカゴにはさらに強力な利点が与えられた。水上輸送のハブだったシカゴは鉄道のハブになり、のちには空の移動のハブになった。ほかのものはすべて、木材、小麦、食肉、農機具、石油、鉄鋼、製造業、保険、金融市場などはあとからついてきた。

これは収穫逓増のストーリーに他ならない。アルフレッド・マーシャルは「都市は自らの立地場所を選ぶと、そこに長くとどまる可能性が高い」と謎めいた記述を残していた。ただし、これは謎ではなく、収穫逓増を説明するためのノウハウを構想中だっただけだ。いまやクルーグマンは、貿易のために創造したものと同じ形式の道具立てをこの分野に持ち込んだ。一九七四年以降に優勢だったモデルは、主に不動産開発業者によって管理される都市のシステムに関するもので、多くが明らかにされたものの、満足できるレベルの普遍性が不足していた。一九九一年、「収穫逓増と経済地理学」(Increasing Returns and Economic Geography) という論文を『ジャーナル・オブ・ポリティカル・エコノミー』に発表したのを皮切りに、クルーグマンは形式モデルを次々に考案し、マーシャルが意図した事柄をうまく表現し直した。するとこれらのモデルに刺激されて、集中化に対抗する分散化に関する研究がにわかに勢いづいた。経済学での従来の論争は、技術的に高度なモデルによって活性化されたのである。しかし、クルーグマンが経済地理学での研究の一部について経済学に素人の友人に興奮気味に話すと、こんな反応が返ってきたという。「そんなもの、すべてわかりきっているよ」。それでも彼は新しい経済地理学について一連の講演で説明を続け、最終的にアフリカの地図作製の喩えを考案する。「現代の経済学において適切にモデル化されたアイデアからは、一八世紀の地図作成者が詳しく探検した成果に匹敵する教訓が得られる」とクルーグマンは語った。

一連の記事や本のなかで、クルーグマンは新しい経済地理学の重要性と成功に関する主張をエスカレートしていった。国際貿易と同じように重要な分野になるのは時間の問題だと希望を膨らませ、

「素晴らしい領域のストーリーだ」とコメントした。ある講演では、大学院生が「空間、最後のフロンティア」(Space, the final frontier) というスローガンがプリントされたTシャツを配布した。同僚たちは、サーカスのような雰囲気を温かく見守った。クルーグマンは時として少々行き過ぎる傾向があり、このときもそうだった。しかし彼は都市の景観を支えるミクロ的基礎づけをじっくり研究することによって、ほとんどの人が問いかけようとさえ考えなかった問題の答えを準備したのである。クルーグマンは再び大きな成果を達成した。

新古典派成長論の復活

一九九〇年代はじめになると、ソロー・モデルで成長について学んだ研究者のあいだから、知識の蓄積に関する新しいモデルへの反動が始まった。これは特に意外ではない。広範囲におよぶ収穫逓増が知識を基盤とする新しい枠組みに当てはめられると、最終的にかなりの知的財産が——あるものは数学的に、あるものは論理的に——存在し得なくなる恐れが生じるのだ。キャリアが半ばに差しかかった経済学者の多くは、新しい展開の重要性を軽視する。そんなものはとっくに知られていたという主張もあった。

成長会計の豊かな伝統は、ソロー・モデルの周辺で育まれた。一九九二年には、マンキュー＝ローマー＝ワイルモデルが正式に発表され、ほぼ直ちに拡張ソロー・モデルと名付けられた。このモデルでは、人的資本を追加するだけで、国家間に観察される富の格差がすべて説明できることが暗示された。新しい知識が生み出される割合の違いは、おそらくほとんど関係していない。なぜなら、同じ知識が最終的には誰の手にも入るからだ。最後には、定常状態への収束が訪れる。**アルウィン・ヤング**という若手経済学者は、このような反応を「新古典派の復活」と呼んだ。一九九四年半ば、新古典派の復活は勢いづいた。

この問題に関して、ヤングはきわめて影響力のある人物だった(名前はよく似ているが、アリン・ヤングとは無関係)。一九九二年に発表した「ふたつの都市の物語」(Tale of Two Cities)いう論文は、香港とシンガポールの戦後の成長の経験に関する事例研究である。どちらも小さな都市国家であり元英国植民地で、制度的にはかなり似通っているが、いくつかの重要な点で大きく異なる。

ふたつの島国の類似性はわかりやすいとヤングは指摘する。どちらも天然港を確保している以外は、天然資源に大して恵まれていない。どちらも住民は、中国南部からの移民の割合が大きい。同じ産業が発展し、やがて衰退している。繊維から衣類、プラスチック、エレクトロニクスと続き、一九八〇年代には製造業一般から銀行業などの金融サービスに移行した。一九六〇年にはGDP(国内総生産)はほぼ同じだった。

しかし違いも存在する。香港住民はシンガポール住民よりも教育程度が高いと考えられた。共産党革命後に上海から逃げてきた中産階級の起業家が多いからだ。香港政府は土地以外のほぼすべてに関して自由放任の政策を維持した(需要がある程度に達するまで、良い条件の土地の大部分を市場に流通させなかった)。一方、シンガポールは統制経済を積極的に進めた。新しい産業のなかから「勝者を選び出し」、強制貯蓄の政策を推し進め、海外からの直接投資を求めた。その結果、香港の投資率は一九六〇年以来、GDPのおよそ二〇パーセントでほぼ推移してきたが、シンガポールは一九七〇年代以来、投資率が毎年伸び続け、GDPの一三パーセントから四〇パーセントにまで跳ね上がった。このような違いのおかげで、ふたつの都市の物語は競合する理論の提唱者にとって非常に役に立つと、ヤングは書いている。

このストーリーからは、主につぎのような結果が導き出された。シンガポールはほぼ二五年間、香港の二倍ちかくの投資を続けてきたが、急速な成長は達成されなかった。その理由としては、指導者が新しい流行――マイクロ・エレクトロニクス、コンピュータ、金融サービス、バイオテクノロジー――を毎回熱心に追いかけすぎたことが考えられる。進歩に夢中で取り組んだにもかかわらず、多様性に富む香港の市民に比べ、シンガポール市民の暮らし向きは悪かった(ここでもマンチェスターとバーミンガムのストーリーが繰り返されている!)。基礎データの分析が得意なヤングは、データの数字とその意味について慎重に考えた。そのうえで、確固たる結論を導き出すことをためらったものの、これだけは間違いないといって、以下の見解を記した。新しい成長モデルは決定的とは程遠いレベルだが、「新古典派成長モデルの知的束縛から経済学を解き放った」。これまで新古典派成長モデルは「技術革新や長期的成長を説明不可能な領域としてほとんど無視してきた」のである。

やがて二年後、「数の横暴」（The Tyranny of Numbers）という論文のなかで、ヤングは少し後退した。「これはかなり退屈な技術論文であり、それを意図している」という書き出しで、東アジアの成長の経験について新しい解釈を紹介するわけではなく、驚くような理論的結果を引き出すわけでもなかった。さらに、東アジア諸国の政府による巧妙な介入から新しい意味を引き出し、政策関係者を活気づかせるわけでもなかった。彼は数字を正確に理解したかっただけだ。ところが実際にそれに取り組み、香港、シンガポール、台湾、韓国の経験について慎重に研究してみると、ソロー・モデルの予測と驚くほど似通った結果が導き出された。急速なキャッチアップのあとには収束がやって来て、何らかの定常状態に落ち着く。ヤングによれば、東アジアが「成長の奇跡」を経験して生活水準が向上したのは、十分に理解されている要因が一度だけ大きく改善したことの影響が大きい。労働力率の増加、投資シェアの増加、農業から製造業への移行、教育の普及などが、一度だけ実現したおかげだ。つまり同じ技術が世界中どこでも同じように手に入るならば、急成長に至る特別な近道など明らかに存在しない。ヤングはつぎのような結論を導き出した。「明確に設定された枠組みのなかで収入の水準の変動を強調する新古典派成長モデルは、新興工業国をはじめ、戦後に発展を遂げた国々の実績の違いのすべてとは言わないまでも、ほとんどを説明することが可能だ」。

ヤングの後退は大きな影響をおよぼした。ポール・クルーグマンは日本について似たような内容を主張して、第二次世界大戦後の日本の経験をロシアの経験と比較した。実際に日本でも、急成長のあとには長い停滞期が続いた。ほどなくデール・ジョルゲンソンは、つぎの世紀に米国の成長率はゼロパーセント近くまで落ち込むと予測する。国際成長会計の新しい課題が(ロバート・ホールと**チャールズ・ジョーンズ**、そして**ピーター・クレノー**と**アンドレ・ロドリゲス゠クレア**によって)提案され、成長を育むうえで教育と知識が果たす役割に注目した。このような計量経済学の視点からの緻密な研究の結果、議論の主な課題は成長そのものの性質ではなく、はるかに複雑な国際的な収束の問題へと移行した。一九九〇年代半ばには、新古典派の復活が大きく目立った。ひょっとしたら、外生的技術変化を伴う生産要素の蓄積に注目したソロー・モデルは、十分に優れたモデルだったのかもしれない。

アイデアの生産関数

「ローマー'90」にとってのひとつの課題は、ほかのどれよりも際立っていた。そもそも成長率は加速すると予想するローマーの前提は、ソロー・モデルの前提——明日の機会は昨日や今日の機会とほとんど変わらない——とはきわめて対照的だった。では、重要な発見のほとんどが、すでに実現しているとしたらどうか。知識の成長への投資も収穫逓減を伴うとしたらどうか。

挑戦者はチャールズ・I・ジョーンズ、友人からは「チャド」と呼ばれる人物で、ちょうど良い時期に誕生する幸運に恵まれた。彼は一九八九年にハーバード大学を卒業すると、MITで四年間を過ごした。そして一九九五年に発表した数本の論文のなかで、つぎの点を指摘した。米国では二〇世紀の大半、研究開発への投資は増加し、教育の範囲は広く深く浸透し、国内外で貿易への開放性は増加したが、平均成長率は加速するどころか、一世紀のあいだほぼ変わらなかった。このような展開は、成長率の増加につながるはずだった。では、実際のところ何が進行していたのか。

ジョーンズは、ローマー・モデルのなかの「技術生産関数」(technology production function) に注目する。研究者が新しいアイデアをひとつずつ生み出すプロセスを表現した抽象的な方程式にじっくり目を通し、そこにはどんな意味が込められているか正確に理解しようと努めた。すると研究者は、知識に関する前提の一部に依存していることがわかった。「ローマー'90」においては、アイデアの生産関数は気前の良い前提に支えられている。新しい知識のスピルオーバー(拡散)が最後は全体的に広がり、多くの事柄を知るほど、たくさんの新しいアイデアを発見できる。したがってモデルで使われる新しいツールが登場すれば、誰もがその恩恵に浴する。実際、微積分の発見、レーザーの発明、集積回路の開発は、その後の研究者の生産性を間違いなく向上させた。これは「巨人の肩の上に立つ」効果と呼ばれるものだ。

一方、おそらく研究者同士の足の引っ張り合いは増えていく。ちょうど、高速道路でドライバーが人気のある目的地に殺到する現象と似ている。しかしアイデアに備わった非競合性を考えれば、六人が定期的に同じアイデアの発明に一斉に取り組むのは無駄が多い(研究者のあいだでは「特許競争」として馴染み深い現象だ)。このような研究の密集状態を、ジョーンズは「つま先を踏みつける」という言葉で表現した。その影響は、「巨人の肩の上に立つ」効果よりも大きいのだろうか、それとも小さいのだろうか。

そして、世界に謎は残されるだろうか。人類がすでに成し遂げた発見はきわめて重要なものばかりで、本当に重要なつぎの成果を見つけるのが次第に難しくなっていくとしたらどうか。ひょっとしたら「取り尽くし」のプロセスが進行するかもしれない。その場合には、進歩のスピードは過去数世紀と比べて減速し、気心の知れた科学者が結成する大きなチーム同士が競い合っても、新しいアイデアはほとんど発見されない。

こうなると、ジョーンズは新しいアイデアに関してさらに厳格な説明をしなければならない。すでに紹介したが、米国は研究開発に費やす資源を増やしているにもかかわらず、過去一世紀の成長率がほぼ変わらないことを彼は指摘した。それにはどんな意味が込められているのだろう。着実に増加する人口は、どのような貢献をしているのか。研究開発が多すぎるか少なすぎるか、どうすればわかるだろうか。二〇〇〇年にシカゴで開催されたAEAの連合総会で、ローマーはこうした問題について自由に討論するために三つのセッションを企画するだけでなく、「技術進歩は加速するのか、減速するのか」という問題の様々な側面を扱っている一一本の論文を集めた。満足できる答えはなかったが、興味深い問題はたっぷりあった。

一方、ジョーンズはスタンフォードからバークレーに移籍して研究の幅を広げた。ロバート・ホールと共に新しい成長会計の枠組みを創造し、スタンフォードのピーター・クレノーと一緒に、成長と変動に関するNBERのプログラムを引き継いだ。さらに入門書を執筆し、研究成果をまとめ

（「産業革命は避けられなかったか？」）、知識経済学に関するサーベイ論文（「成長とアイデア」）を成長理論の新しいハンドブックに寄稿し、クレノーならびにブラウン大学のデイヴィッド・ワイルと共に、成長理論の新世代を印象付けた。

批判への回答

この間一貫して、ローマーは研究を続けた。それが可能だったのは、カナダ高等研究所（ＣＩＡＲ）と新たに提携したおかげだ。Ｊ・フレイザー・マスタードという風変わりな名前の活動的な疫学者が着想したＣＩＡＲは、一九八〇年代はじめにゼロから（民間企業からの多額の資金提供によって）生まれた。複数の分野の最新動向にカナダ人研究者を関わらせることが目的である。ほとんどすべての分野で、カナダは蚊帳の外に置かれていた。

ＣＩＡＲの活動は、宇宙論、進化生物学、ニューラル・量子コンピューティング、それに新しい経済成長理論などの分野を専攻し、海外で研究を続ける十数人の才能ある人材に資金援助を行うことが目的で、その見返りに研究者たちに、時々カナダを研究目的で訪れてもらうことを狙った。その結果、様々な学問分野に所属する大勢の優秀な研究者が、長年にわたってカナダの都市を定期的に訪問するようになった。そしてもうひとつ、ローマーにはプロジェクトの完成に多くのエネルギーを費やす余裕が生まれた。彼は新たに数本の論文を執筆してやりかけの仕事を仕上げると、そのテーマについては忘れた。十数年を費やした末、この分野の研究は完成したと考え、ほかの仕事を考え始めた。そして一九九六年にはスタンフォード・ビジネススクールからのオファーを受け入れ、多少残念ではあったが、バークレーへの通勤に終止符を打った。六年が経過して、古巣に戻ったのである。

カナダを離れる前に、ローマーは批判に対する一種の回答を準備した。「新商品、旧い理論、貿易制限の厚生費用」(New Goods, Old Theory, and the Welfare Cost of Trade Restrictions) というタイトルの論文は、最高の出来ではない。あまりにも多くの事柄を取り上げすぎている。しかし、きわめて挑発的であり、非常に厄介な問題に敢えて取り組んでいる。無限次元スプレッドシートの典型的なモデルでは、経済のなかで商品一式は中身が変わらないことが暗黙の前提になっている、とローマーは指摘した。だが、もちろん、商品一式は絶えず変化している。この事実の重要性は、少なくとも一五〇〇年前から認識されてきた。当時フランスの土木技術者ジュール・デュピュイは、新しい橋を建造するか否かの決定に伴う不確実性について詳しく説明した。新しい商品を数学でモデル化するのは確かに難しいが、それはおそらく問題全体の一部でしかない。新しい事柄について明確に語るための語彙が、経済学で長年にわたって考案されなかったのはどうしてだろう。何が原因で、新しい事柄について哲学的に深く想像することが嫌悪されたのか。

ローマーはこうした質問に答えるため、アーサー・O・ラヴジョイが著した『存在の大いなる連鎖――アイデアの歴史の研究』を参考にした。一九三六年に出版されたこの有名な本のなかで、ラヴジョイは西洋の知の営みの歴史には一定の思考習慣が存在することを確認している。すなわち、創造される可能性のあるものはすべてすでに創造されているという確信が、時には明白に、時には暗黙のうちに、人々の心に定着している。ラヴジョイは「概念的可能性が現実化する不思議で意味深長な『充満』（fullness）の原理」の歴史についてプラトンにまで遡って跡付けた。この原理は宗教、哲学、芸術、文学、政治、科学など様々な形で具現化されており、一見すると関連性も類似性もなさそうな分野のエピソードが、実はお互いに結びついている。もちろん、こうした結びつきを確認することは、この本の格別な面白さのひとつだ。

そもそも、当然ながら抱く疑問への答えは充満だ、とラヴジョイは言う。なぜなら創造主、善という観念、あるいは神は、世界をそのような形に造り上げたからだ。創造主は本質的に充満の可能性が実現していない存在を容認できない。というのも、プラトンによれば「不完全なものは美しくない」。神はいい加減な仕事をすることができず、これ以上の成果を出せないところまで努力する。そのため、世界はプレナム・フォルマラム、あらゆる階層の存在で充満している。

ラヴジョイはこの見解に込められた意味を教えるため、読者を不思議な旅に誘《いざな》う。存在の大いなる連鎖については、「上位の属の最下層の成員は常に……下位の属の最上層の成員と隣接している」という、トマス・アクィナスの説明を引用している。あるいは、ティコ・ブラーエとコペルニクスの新しい宇宙構造論にも触れている。古代には、この世界は一定の範囲内に限定されるものだと信じられてきたが、彗星──文字通り、太陽の下の新しいもの──の発見をきっかけに発想が変わり、宇宙は無限に分散を続け、しかも無数の星々が存在していることが前提とされるようになった。あるいは、微積分の共同発明者であるライプニッツが、「連続の法則」についてつぎのように説明していることも紹介している。「宇宙とは、あらゆる階層の存在の集合体であり、これらの階層に厳密な区別があることを神はご存じだ。一本の曲線は数多くの点の集合であり、その結びつきは強い。ふたつの点のあいだに別の点を挿入するのは不可能である。それでは秩序が乱れ、曲線が不完全になってしまう」。

ところが、それから一世紀ほど経過すると、絶滅種の骨や化石が発見され、不穏な気配が漂い始めた。「ミッシング・リンク」の探求が流行し、存在の連鎖は妥協を迫られた。この世界に存在すべきものはすべて創造され尽くしたという発想は通用しなくなった。その代わりに、世界は一定のプログラムのもとで徐々に進化し続け、不十分で不完全な状態から、十分で完全な状態へと近づいていくと考えざるを得なくなった。最後にチャールズ・ダーウィンが、充満という前提にダメ押しの一撃を与えた。著書に『すべての種の起源』(the Origin of Species)ではなく、『種に共通する起源』(Origin of the Species)という表題を付けたため、試行錯誤と偶然の出来事を通じて創造される世界というイメージが出来上がった。完璧な世界が無限に続くどころか、世界には外から何かが入り込んでくる可能性があったのである。

ローマーは、マーシャルからそれほど時間が経過していない時期の自然は飛躍せず(natura non facit saltum)という学説に注目した。この学説では、ギャップやミッシング・リンクは存在せず、すべては完全に割り切れると見なされる。ローマーによれば、経済において貿易財の中身が常に変化していることを経済学者は認識している。しかし、充満という発想を経済に当てはめると、このような混乱は付帯現象と見なされ、根本的な関心事ではなくなる。新しい商品の創造には根本的な重要性が備わっていると、シュンペーターやヤンをはじめとする経済学者は主張したが、彼らの声は無視されてしまった。「第二次世界大戦後には、『市場の奇跡』を数学で本質まで突き詰める研究が流行したため、経済学者は新しい商品の重要性を次第に顧みなくなった。たしかに、市場の分散化ですべてをきちんと証明できるようにも見えるが、そこでは、経済問題の半分が……すでに解決されていることが前提されている」。アロー＝ドブルーの無限次元スプレッドシートでは、日時や条件がふさわしい商品がひととおり選択される。残された作業は、既存の用途にこれらを当てはめることだけだ。充満の原理が正しければ、経済学者は「ゆえにわれわれは、常に良い状態の空間のなかにいられると仮定してもよい」と考えられる。ここには凸集合が存在する。新商品を誕生させるために欠かせない独占権が引き起こす歪みは、そもそも存在しないものと仮定して無視される。

ローマーは、人間が充満を前提として想像したくなるのは、世界を理解したいという願望が心に深く根差しているからだと考えた。「変化は起こり得る、すなわち、まだ存在していないけれども、これから存在し得る多くの物事があることを認めてしまうと、世界の成り立ちに関する最も一般的な説明が土台から壊れてしまう。変化などあり得ない。それ以外の発想は通用しない」。しかし、生物進化という観点からは、充満は間違っているだけでなく、大きな誤解を招く、とローマーは指摘する。恐竜を絶滅させた小惑星が地球に衝突していなければ、今日の地球はずいぶん様相が異なっているはずで、具体的にどんな姿なのかは想像できない。同様に経済学も、新しい物事がこれから起こり得るし、過去のいかなる時点でも起きていておかしくなかったのだが、それを認めたくない傾向があった。従来の説に納得できない経済学者が、いわゆる不均衡行動と呼ぶものの重要性を強調するときには、ローマーが言うには、現実の経済で一貫して存在し得るのはごく一部の商品だけで、まったく新しい商品が常に追加される可能性があることが暗示されている。「一般の人は想像力の欠如が原因で、あらゆるものはすでに発明されたと信じ込むが、それと同じような想像力の欠如のせいで、適切な制度はすべて設計され、政策として使える手段はすべて発見され尽くしたと信じるようになってしまった」のである。

アイデアの歴史へのローマーの脱線は、すぐに終わった。「新しい商品、旧い理論、貿易制限の厚生費用」は、すぐに話題を変え、公共経済学、固定費、ハロルド・ホテリング、ジュール・デュピュイについて論じている。新しいアイデアからの孤立に伴う不利益は、おそらく普通に考えられている以上に大きいのだろう。しかし彼は言いたいことを十分に語った。そして、充満という発想の土台を哲学的に探求するための扉を開いた。この探求が完成するまでには、何年もの歳月が必要とされるだろう。この頃になると、ローマーは新しい成長理論は決して新しくないと言われることに慣れてしまった。たしかに新しくないかもしれない。しかし新しい成長理論とは、新しいものについて取り上げる理論なのだ。

第24章 光熱費の歴史

A Short History of the Cost of Lighting

経済学で実験？

経済に関する議論のほとんどは解決されていない。どのモデルを好むかという問題は、容易に答えが見つからない。物理学では、$E=mc^2$の意味に関して科学者や素人が抱くいかなる疑問も、核融合爆弾の爆発によって一気に解決された。経済学においては、このような強力な確証は存在しないが、それでもまったく存在しないというわけではない。

基本的にどの経済成長モデルが好まれるのか。この問題をほぼ解決できる研究についてのニュースが一九九三年一二月に報じられると、知識経済学をめぐる議論は中断された。たしかに回帰分析は役に立つ。しかし、実験で良い結果を導き出せば、新しいアイデアの正しさを圧倒的な説得力で主張できる。

経済学では実験は不可能だというのが世間一般の通念になっている。しかし、ここに人類の歴史を実験材料した事例がある。しかも、これは「思考実験」(thought experiment) ではなく本物の実験であり、確かなデータのなかに最終的な結論が見出せる。購買力平価による調整も、各国比較も必要とされない。

技術的変化が経済成長の大きな源であることは間違いない。それに関しては、ソロー・モデルもローマー・モデルも同意する。しかし、知識の増加は基本的に経済プロセスなのだろうか。あるいは、知識の増加は未だに謎めいて解決困難な源泉なので、経済学者にとって立ち入り禁止の領域なのだろうか。知識の成長は外生的なものなのか、それとも内生的なものなのか。ブラックボックスなのか、それともブラックボックスではないのか。こうした問題は本質的に政策の可能性に関わっている。成長は主権国家の経済政策にとっての問題なのだろうか。それとも、成長に関してできることなど大して存在しないのだろうか。

ここで紹介されるデータの形状は、きのこ雲のように風変わりなものだった。

ノードハウスの照明コスト指数

実験を手がけたのはウィリアム・ノードハウス。MITの大学院生だった一九六七年、独占的競争を使ってソローの成長モデルに研究開発を組み込もうとしたのと同一人物だ。ただし、この部分は彼の学位論文からも、論文を土台にした著書『発明、成長、厚生——技術変化の理論的処理』からも削除されてしまった。最終的に一九六九年、AERの議事録に短い論文が掲載される。若い時代に失望を味わったかもしれないが、ノードハウスは決してそれを表に出さなかった。彼はイェール大学に戻って教鞭をとり(大学時代にはスキー部のキャプテンを務めた)、環境、鉱物の枯渇、そしてもちろんエネルギー不足の分野で様々なテーマの研究に打ち込んだ。

それから三五年のあいだにノードハウスは独創的な思索家としても有益な市民としても立派に成長した異色の存在になった。一九七〇年代はじめには、国民経済計算を拡大して環境を含めるための研究を始め、それは着実に成果を上げて、地球温暖化と非市場経済計算の第一人者になった。一九七七年から一九七九年にかけてはジミー・カーター大統領の経済諮問委員会(CEA)委員、やがてイェール大学の学長になり、一時期は副学長として大学の財務と運営に関わった。一九八五年にはポール・サミュエルソンの有名な教科書の共著者となり、その第一八版は二〇〇四年秋に出版された。

実験者が何らかの大胆な仮説を立てて、その正しさを実験によって証明したとき、実験は最高の結果を残すというのが世間一般の通念である。たとえば血液の循環に関するウィリアム・ハーヴィの素晴らしい実験は、人体は一定の方法で機能するという仮説を証明するために行われた。では、ノードハウスが実験を考案したときに、そのような意図があったのだろうか。少なくとも意識的には意図はなかったという。一九七〇年代に実験を始めたときには、石油価格について理解を深めたいとしか考えていなかった。

一九七四年、ノードハウスはイェール大学教授として終身在職権を与えられたばかりで、コウルズ財団にも所属していた。この年にはOPECの政策のせいで石油価格が四倍に跳ね上がり、ほかのほぼすべての経済学者と同様、ノードハウスもエネルギー問題について考えるようになった。しかも学位論文の内容のおかげで、石油価格上昇への対応策のひとつが技術革新であることを十分に理解していた。

それまで石油を購入してきた関係者が購入を控え、天然ガスなど代替資源を探すようになるのは事実だ。山師が新しい備蓄を探し求めるのも事実だ。需要と供給は均衡を追求する。これに対して発明家は、手に入る石油を最大限利用するために、少しでも効率の良い方法を見つけようと努める。あらゆる種類の発明家が企業の内外、研究室だけでなく購買部門にも存在する。石油の将来価格や入手に影響をおよぼす要因のなかで、おそらく技術革新が最も強力ではないかとノードハウスは推測した。この問題をどのように解明すればよいのか。

ノードハウスは、原油のコストを測定したかったのではない。暖房、照明、移動、仕事など、様々な用途のために精製された石油製品のコストを知りたかった。しかも、石油の精製品だけに注目したわけではない。同じ用途のために石油が発見される以前に使われていたほかの様々な燃料、さらに電気、ガス、太陽光、原子力など、あとから登場した石油の代替品にも注目した。ノードハウスが測定する対象は燃料の産出、すなわち完成品の燃料が生み出す仕事の成果だった。投入、すなわち石油精製に必要な燃料や、石油を製品として活用するために追加される設備――溶鉱炉、ランプ、車――の価格ではない。こうした燃料の産出は、理論家から真の生活費指数と呼ばれる。経験則としての生産関数とは異なり、完成品の形で必要とされる財やサービスのコストを具体的に測定する。そこから原料の価格と量に基づいて、どれだけの利益を確保できるかを計算する。

ただし、産出の測定の難しさは有名で、変遷の激しい技術が関わってくると、さらに難しくなる。たとえば、車による輸送と、電車や馬による輸送をどのように比較すればよいか。誰かの見解を伝えるために雇われた代書人の能力がおよぶ範囲と、印刷機やコピー機の能力がおよぶ範囲をどのように比較すべきか。あるいは、ビールとパンだけの単調な食事を、寿司やムーンパイを含む食事と比較する方法はどうか。石油に象徴されるエネルギーの産出を測定するのはとりわけ難しい。現代では、エネルギーは実に様々な形で利用されている。そこで経済学者は、サービスの特性というアイデアを思いついた。すなわち、購入した財から顧客が求める潜在的な効用に注目したのである。

そこで問題をやさしく考えるために、ノードハウスは過去何十万年にわたって性質があまり変化していない消費財に焦点を絞った。それは、夜中に部屋で使われる照明のコストだ。照明は長いあいだ希少な贅沢品で徐々に普及していったが、最も根本的な性質は変わらない。真っ暗な洞窟で起こされる火、ポンペイの別荘で使われるオイルランプ、一八世紀の客間を照らす蠟燭、二〇世紀末のキッチンを温かみのある光で照らし出す電球のいずれも、根本的な性質は同じだ。そのため、照

照明の歴史の画期的出来事

紀元前	1429万年	アウストラロピテクスが火を使う。
紀元前	50万年	北京原人が火を使う。
紀元前	3万8000年～9000年	石をくり抜き、獣脂をしみ込ませたランプが南欧で使われる。
紀元前	3000年	蝋燭の燭台がエジプトとクレタの遺跡から回収される。
紀元前	2000年	バビロニアで照明用燃料（ごま油）の市場が発達する。
1292年		パリ納税者名簿に72人の蝋燭製造販売人が掲載される。
中世		獣脂蝋燭が西欧で広く普及する。
1784年		アルガン・オイルのランプが発見される。
1792年		ウィリアム・マードックがコーンウォールの自宅で石炭ガス照明を使う。
1794年		ウィリアム・マードックがバーミンガムのオフィスで石炭ガス照明を使う。
1800年代		ステアリン酸、鯨蝋、パラフィン蝋の使用によって、蝋燭の技術が向上する。
1820年		ロンドンのパル・マル街にガス灯が設置される。
1855年		ベンジャミン・シルマン・ジュニアが「石油」の実験を行う。
1860年		ロンドン王立協会が放電ランプのデモンストレーションを行う。
1860年代		石油ランプが発達する。
1876年		アメリカ合衆国独立100周年を記念したフィラデルフィア万国博覧会で、蝋燭を使った500のアーク灯がウィリアム・ウォレスによって設置される。
1879年		スワンとエジソンが白熱電球を発明する。
1880年代		ウェルスバッハ・ガスマントルが普及する。
1882年		パール・ストリート・ステーション（ニューヨーク）が最初の配電を開始する。
1920年代		高圧水銀放電ランプとナトリウム放電ランプが普及する。
1930年代		水銀蒸気を使用する蛍光灯が普及する。
1931年		ナトリウム灯が発達する。
1980年代		コンパクトな蛍光灯が市場に出回る。

出典：Timothy Bresnahan and Robert J. Gordon,
The Economics of New Goods（University of Chicago Press,1997）

明のコストは測定しやすいことが大きな長所になっている。もちろん、明るい光を生み出すための投入は大きく異なるし、周囲を明るく照らし出すためにエネルギーを変換する際の効率も様々に異なる。しかし、産出の性質は変わらない。照明はどれも、暗い場所を明るくするためのものだ。

そのため、ノードハウスは照明の歴史を研究した。彼は照明に関する古い歴史書や、一九世紀の実験ノートに丹念に目を通した。さらに人類学者の研究も念入りにチェックして、炉火の最古の灰が残されていたとされる北京の洞窟の発見者にまで遡った。その結果、照明技術の歴史を右の表にまとめた。

照明の簡単な歴史を完成させると、つぎは照明を生み出す各器具の効率性を評価する段階に入った。ここでは、ノードハウスにはさらに厳密な作業が求められた。そもそも、照明とは正確に何を意味するのか。そこで彼は、周囲を明るくするために必要な光の流れである、というシンプルな定義を考え出した。この光の流れは、一〇〇〇BTU(BTU=British Thermal Uni、英国熱量単位)ごとのルーメン時によって測定される。つぎに、照明の多くの側面——色、信頼性、便利さ、安全性——が今日のわれわれにとって重要なのは、制御しやすいからだと指摘したうえで、これらの側面を計算からすべて除外した。変動が大きすぎて測定が難しいからだ。どの側面も改善すれば、生活水準全般の向上につながるのは事実だ。しかし、いちいち考慮していると、肝心な点からそれてしまう。燃料を見つけることと、それを照明に役立てることに関して、効率がどの程度改善されてきたかという点に、ノードハウスは最大の関心を持っていた。

彼は実験を楽しんだ。様々な技術が照明を生み出す効率の違いに関して他人が丁寧に集めたデータを、研究の過程で発見するときもあった。ある研究者は、ペンシルバニアで石油が大量に発見された時期と重なる一八五五年に、「石油」の照明としての可能性を調べていた。べつの研究者は一九三八年、蠟燭、都市ガス、灯油、電気に関するデータを丁寧に比較していた（その過程で、「ペンシルバニアで石油が発見されて灯油が世の中に登場したおかげで、鯨油が消え、わずかに生き残っていた鯨の寿命が永らえた」と述べている）。

時には、ノードハウス本人が測定する必要があった。ある日、彼は自宅の暖炉で二一ポンド（一〇キログラムちかく）の薪を燃やし、三時間半で平均すると二・一フートキャンドルの照明が生み出されることを計算で割り出した。これは、一ポンドにつきおよそ一七ルーメンに相当する。べつのときには、古代ローマ時代の小さなテラコッタ製ランプを購入した。現代の蠟燭の芯をそれに取り付け、フンザというヒマラヤの小さな公国から取り寄せたごま油で燃やした。四分の一カップの油を一七時間燃やした結果、二八ルーメンの照明が生み出され、薪よりもかなり効率が改善されることがわかった。彼は自分のデータと一九世紀の技術データを慎重に比較した。その結果、一ルーメン時に生み出される照明の価格をセントで表現する指数が出来上がった。

しかしそれでも、ノードハウスの実験はまだ完成しなかった。名目価格だけでは、生活水準の向上に関する全体像がゆがんだ形で伝えられてしまう。良い例を紹介しよう。現代の一〇〇ワットの電球を夜に三時間使い続けると、一年では一五〇万ルーメン時の照明が生み出される。一九世紀はじめに同量の照明を生み出すためには、一万七〇〇〇本の蠟燭を燃やす必要があった。これだけ大量の蠟燭を購入するためには、平均的な労働者は一〇〇〇時間、すなわち半年ちかく働かなければならない。当然、そこまでして照明が必要だとは誰も考えない。そうなると必要なのは、照明の労働価格を計算することだ。平均賃金に関しては一八〇〇年以降の優れたデータが手に入った。しかし、それ以前の三つの重要な局面に関しては、ノードハウス自らが推測した。職人がランプを製造し、ごま油を購入するための金を稼ぐこと、獣脂の原料となるガチョウをつかまえること、火を燃やすための薪を集めることの三つに要する時間である。

五〇万年前の北京原人は洞窟を明るく照らすため、一週間に一六時間働いたとノードハウスは推測した。新石器時代になると、人類は獣脂を燃やして照明を生み出すため、一週間に一六時間よりもわずかに少ない時間を費やしてガチョウを追いかけた。一方、バビロニア人は同量の照明をランプオイルで生み出すための時間が一週間にたった一〇時間で、しかも照明の品質も扱いやすさも大きく改善した。やがて、およそ四〇〇〇年後の一九世紀はじめ、蠟燭の技術のおかげで照明はさらに改善するが、具体的には一〇倍程度だった。最終的にノードハウスは、一ルーメン時ごとの照明コストの真の価格に関する歴史をまとめ、人類が道具を使い始めた時期にまで遡り、労働賃金の形で表現した。

こうして石油危機の際にはじめて着想を得てからおよそ一五年後にノードハウスは自分のプロジェクトがもっと大きな問題に何らかの関わりがある可能性を認識した。石油危機は一九八〇年代に鎮静化したが、成長の源泉をめぐる経済学者の議論はエスカレートしていた。自ら考案した照明コスト指数が、ソロー、ルーカス、ローマーのあいだで戦わされている議論に直接関係しているという事実から、ノードハウスは逃れることができなかった。

そこでノードハウスはデータを整理して、賃金と価格についてのデータがそろっている四〇〇〇年間だけに的を絞った。紀元前二〇〇〇年と、紀元後二〇〇〇年である。これを最初は一九九三年一二月のNBERに提出し、続いて翌年四月、バージニア州ウィリアムズバーグで開催された所得と富に関する研究会議に提出する。彼は警戒心を持たれないように、「実質所得と実質賃金の測定は現実を把握しているか？　照明の歴史はそうではないことを示唆する」(Do Real Income and Real Wage Measures Capture Reality？ The History of Lighting Suggests Not) というタイトルを付けた。

通説は生活水準の向上を過小評価している！

経済学全体を見回しても、「照明の労働価格――紀元前一七五〇年から現在まで」というタイトルのノードハウスのグラフほど、視覚に訴えるものはまずない。ここには、夜中に部屋を明るく照らすためのおおよその費用の四〇〇〇年にわたる変遷が描かれている。ほぼ四〇世紀のあいだ、認識できる動きはほとんど見られない。しかし突然、一八〇〇年頃から照明コストが急激に減少し、グラフでは線がほぼ直角に曲がった。経済学で直角を見る機会はそう多くない。

照明の労働価格——紀元前1750年から現在まで

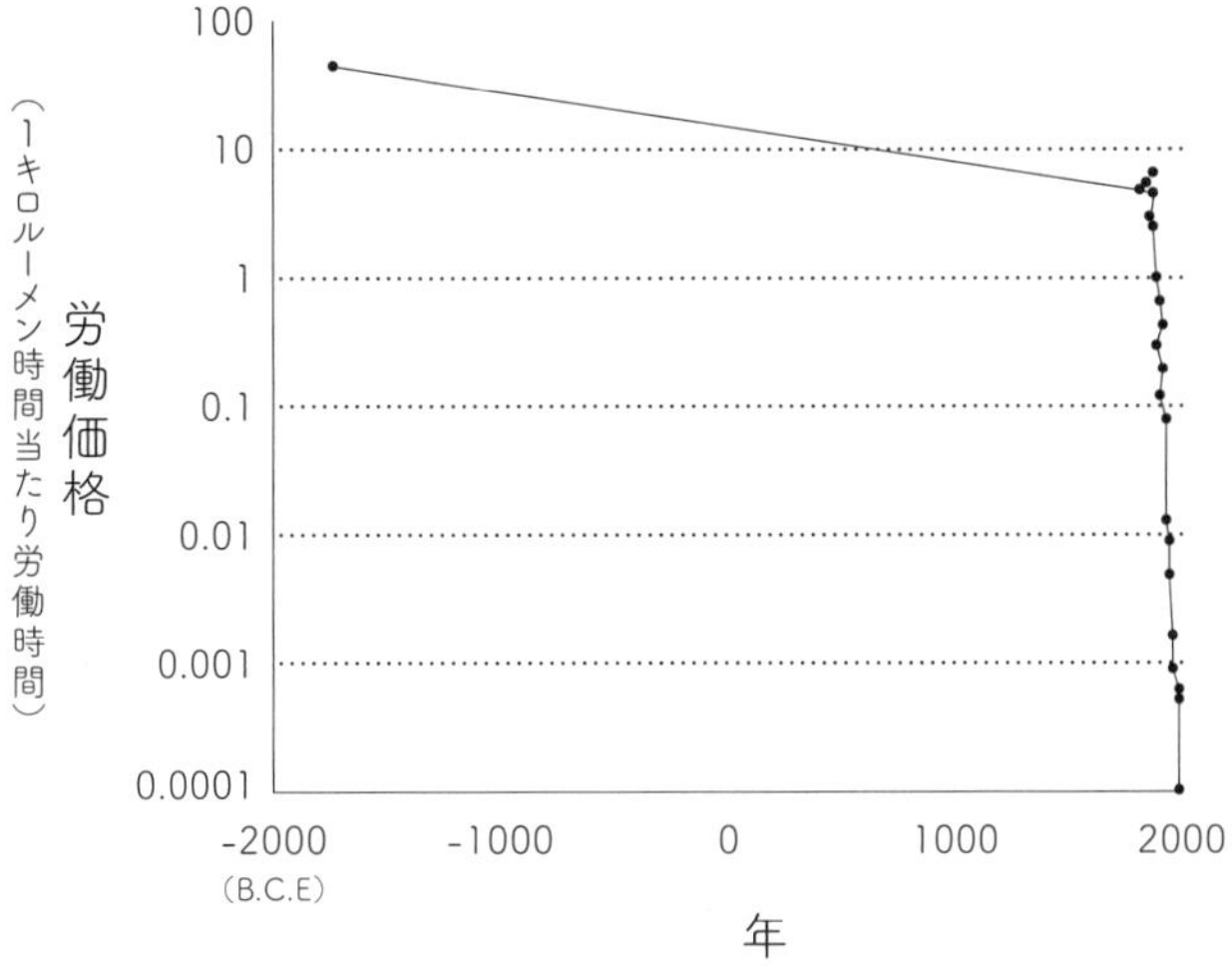

出典：Bresnahan and Gordon, *The Economics of New Goods*(University of Chicago Press) ©1997　by the Nasional Bureau of Economic Research

グラフでは、人類の歴史がふたつの部分に明確に分類される。歴史の大半を通じて人類は獲得できるわずかな照明を手に入れるために、一生懸命働いた。暗くなれば、就寝する習慣が定着していた。洞窟で最初に火が起こされてから、蠟燭がベルサイユ宮殿全体を煌々と照らすようになるまでのほぼ五〇万年間、照明の労働価格に大きな変化が生じた証拠は見られない。コストはたしかに低下しているが、何千年もかけて照明技術は徐々にゆっくりと改善されたため、ほとんどの世代はそれに気づかなかった。

一八世紀はじめになると、照明を好む傾向が広く普及したため、当局は窓（富の象徴と見なされた）と蠟燭に課税するようになる。一七一一年から一七五〇年にかけて、英国で蠟燭の実質価格がおよそ三〇パーセント上昇すると、全土で買い控えが広がり、英国の照明の歴史を研究するロジャー・フォウケットとピーター・J・G・ピアソンによれば、従来とは異なる意味で「暗黒時代」が到来した。なかでもアダム・スミスは蠟燭税を痛烈に批判して、貧困層に不公平な政策だと指摘した。ジョン・スチュアート・ミルは、窓に課税した結果、「建物は不格好に変形した」と述べている。

やがて一八〇〇年頃から突然、夜中に部屋を明るく照らすためのコストが毎年低下する。燃料不足が繰り返されたが、コスト低下の傾向が変わることはなかった。ガス灯のコストは蠟燭の一〇分の一、灯油のコストはガスの一〇分の一だった。一八〇〇年代から始まった電気には実に驚嘆させられる。導入からおよそ一〇年以内には、利用者に危険をおよぼす心配がなくなった。二〇世紀に入ると、照明はほぼ常に改善されることが当然視された。

言い換えれば、普通の人が豊かになったのである。少なくとも照明コストに関して測定される実質賃金は、爆発的に増加した。照明は消費者バスケットのなかの主要な項目だったが、全体に占める割合が小さくなり、一九四〇年代に入るとまもなく無料化も予想された。

これは経済成長の経験の本質に迫っている。重要な概念そのものは、一九世紀に経済学の論文で「国民分配分」(national dividend、国民所得と同義)という観念が紹介されてから、少しずつ明らかになってきた。「生活水準」とほぼ同一視される期間が長かったが、ロバート・ソローの成長モデルが発表されてようやく、経済学者は定義に慎重な態度で臨むようになった。そして今回、ノードハウスは成長に関する公式の推定値が少なくとも概念上はまったく間違っていると警告したのである。新商品を指数に結び付ける方法に問題があったからだ。物価指数が正確でないかぎり、実質所得の推定値は正しいとは言えない。ところが物価指数はまさにその性質ゆえ、最も重要な技術革命を無視しているようだった。

ノードハウスが一八〇〇年以降の消費者物価指数で照明が占める割合を自分の指数と比較してみると、ふたつのストーリーは大きく食い違うことがわかった。従来の指数によれば、貨幣価格は二〇〇年間で三倍から五倍に上昇しており、消費者物価指数全体が上昇するスピードの半分程度だった。ところが、彼自身の「真の」物価指数では、貨幣価格は毎年着実に低下しており、二〇〇〇年の時点では、トーマス・ジェファーソンが大統領だった時代のわずか〇・一パーセントにまで落ち込んでいた。さらにノードハウスはこの二〇〇年間の労働者賃金の購買力を比較した結果、次頁のようなグラフを表した。このグラフによれば、従来のストーリーは三桁も、すなわち一〇〇〇倍も間違っていた！

供給の仕方が大きく変化したのは、照明だけではない。馬に代わって自動車が、映画に代わってテレビが、電車に代わって飛行機が、蛇の油に代わって薬品が使われるようになった。表面的に従来と変わらない唯一の製品は食糧だけだ。あらゆる「構造的転換」（シュンペーターの発想と似ている）が発生した影響をノードハウスはまとめた。家電、医療、公共サービス、電気通信、輸送、エレクトロニクスなどは、物価指数が示すような月並みな改善どころではなく、「猛烈に活発な」部門

照明の労働価格に関する真実のストーリーと伝統的なストーリー

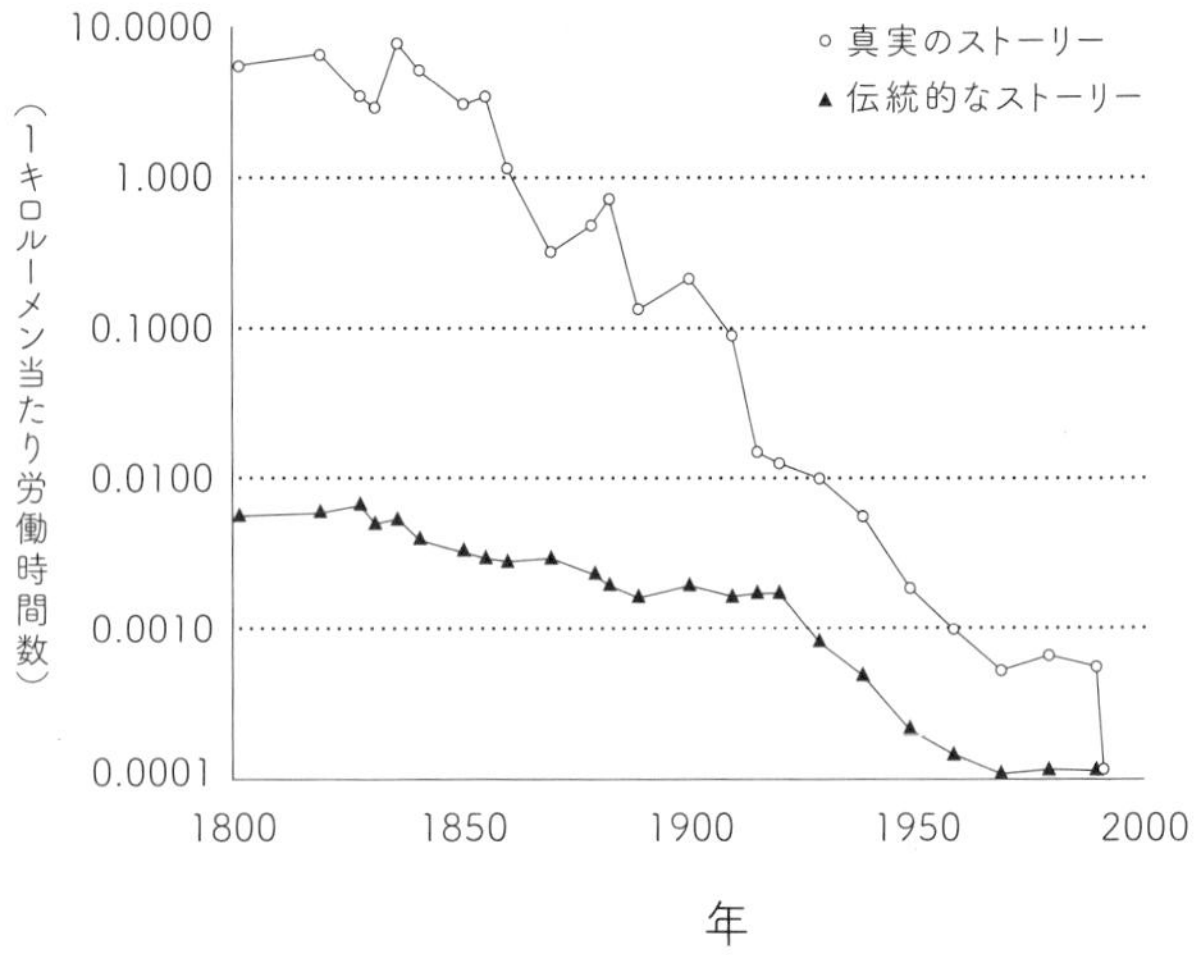

出典：Bresnahan and Gordon, *The Economics of New Goods* (University of Chicago Press) ©1997　by the Nasional Bureau of Economic Research

では大きな変化が進行していた〈長屋の代わりに、分譲住宅や高層アパートが出現する〉。ノードハウスは、実質生産量や実質賃金を測定する従来の手段が、生活水準の向上を大きく過小評価していると結論づけた。「便器は家具に分類されるが、便器が提供するサービスは中世の王子を喜ばせる」と彼は書く。

〈このような逸話の考案を競い続けていると、消耗戦に発展する可能性があるとノードハウスは警告している。「なぜなら、関わる製品の数は、関心を持っている有能な経済学者や統計学者の人数よりもはるかに多いからだ」〉。そこで彼は、つぎのように提案する。CPI〈消費者物価指数〉から層化抽出法によってサンプルを選び出す。そのうえで、経済学者のあいだで一〇程度のチームを編成し、それぞれが数年間にわたってサンプルを研究する。具体的には、ノードハウスが照明コストで行った実験の精神に倣い、各アイテムによって提供されるサービスの「真の」価格を評価する。テレビ、薬品、コンピュータについては、すでに慎重な研究が行われているが、バナナ、散髪、教会の説教にはまだ手が付けられていないという。ノードハウスにとっては、これ以上刺激的で価値のあるテーマを応用経済学で見つけるのは難しい)

ノードハウスの実験の真価は、通常のストーリー展開を覆したことにある。(照明コストの測定では)生活水準が一万倍向上しているが、それでもプロレタリアート革命は回避できなかっただろうか。照明技術の改善は、なぜあの時期にかぎって始まり、いったん始まると、何がそれを継続させたのか。どれだけ続く可能性があるのか(ノードハウスが論文を発表してからまもなくエネルギー省は、傘下の研究室に勤務する科学者によって蛍光灯の効率がさらに一〇倍は確実に改善される技術が考案されたと発表した)。一八〇〇年頃に何が起きたことがきっかけとなり、その前後で状況が大きく変わったのか。「グラフに目を通すなら、産業革命について考えなければならない」とノードハウスは語る。

産業革命をめぐって

「産業革命」という言葉は今日では一般に普及しているので、日常言語の一部ではなかった時代を想像するのは難しい。この言葉は一八二〇年代にはフランス人によって使われ、カール・マルクスが漠然とした形で経済学に導入した。しかしアーノルド・トインビーが一八八八年に有名な講演で紹介してようやく産業革命は日常語になった。それよりもわずか五〇年前には、リカードとマルサスが産業革命の可能性を頑なに否定していたことを思い出してほしい。

一八九〇年代までには、ふたりは間違っていたことが明らかになった。「経済学者と人類の激しい論争は、経済学者の改宗によって終わった」とトインビーは書いている。ただし、論争が終わったという結論は少々早まった。というのも、一九世紀にはふたつの広範な流れが成長した。まず、トインビーが「人類」と呼んだ経済以外の分野の学者が、変化が技術だけではなく、社会、知性、宗教、文化、政治にも起きている点に注目した。知識研究に関わるひと通りの部門、あらゆる種類の歴史、あらゆる種類の理論が生まれた。

一般的な分野への理論的なアプローチは、カール・マルクスが得意とした。しかし、アレクシス・ド・トクヴィル（一八〇五〜一八五九）とエドマンド・バークが政治に関して新たな視点から取り組んだ。**マックス・ウェーバー**（一八六四〜一九二〇）はマルクスのアイデアを覆し、プロテスタントの倫理という形をとった信仰が資本主義を生み出したのであり、逆ではないと明言し、社会学がひとつの学問として確立される流れを作った。エミール・デュルケイム（一八五八〜一九一七）は分業を異なる角度からとらえ、人類学が緩やかに構造化された学問として確立される準備を整えた。ほかにも、過去数百年間の大きな変化の分析があれこれ試みられたが、どれもあまり長続きしなかった。

一方、アダム・スミスからマックス・ウェーバー、アルフレッド・チャンドラー、トーマス・クーンと受け継がれ、今日ではビジネスや科学の歴史を伴う系譜の主流は、専門化の原因と結果、すなわちピン工場に内在する意味の解明に気を取られてきたと言える。

しかしいまや、経済学者は成長理論を提供するようになった。では、照明の真のコストの歴史について成長理論は何を語れるだろうか。

経済成長のエンジンは？

ノードハウスの素晴らしい実験にほとんど驚かなかった人物のひとりが、恩師ロバート・ソローである。結局、彼は同じ答えを最初の段階で準備していた。資本蓄積は支配的な力を持たない。では、近代の豊かさは、蠟燭を何百万本も追加することによって実現したのだろうか。それはあり得ない。では、炭鉱夫や農民が増えたからだろうか。おそらく違う。残差に関するソローの初期計算を思い出してほしい。産出の増加の八分の七は、資本や労働のストックの追加で説明できなかった。照明コストに関するノードハウスのデータに同じ手法を当てはめると、残差は実に九九パーセントに達する可能性がある。そうなると、ほとんどすべての活動には技術変化が関わっていることになる。

一方、ソローは国民所得のどの部分を研究開発に当てるべきか、照明の実験からは何も明らかにはならない、と述べている。どの国民所得には、研究開発が不要かもわからない。ソローから見れば、新しいモデルは示唆に富んでいるものの、まだ十分に形を整えていなかった。

あるいは、貧困層の境遇を改善する政策の特定に熱心に取り組むロバート・ルーカスにとって、人口転換が鍵となる存在だった。所得の持続的な伸びに関わる問題として定義するかぎり、産業革命は全体として、あるいはそもそも最初から技術が関連する出来事ではなかった。「金も暇もある貴族の小さなグループがギリシャ哲学やポルトガルの航海術を生み出したところで、産業革命が始まるわけではない」とルーカスは書いている。むしろ産業革命では人口の大多数が、新しい生活を思い描いて従来の限界に変化を引き起こした。大勢の人の生活水準がいきなり上昇したため、自分もその恩恵にあずかろうとして、親に逆らって村を離れ、人間関係の希薄な都市で働き始め、子どもとの絆を断ち切った。経済が発展するには、過去の伝統に逆らう「何百万もの反乱分子」が必要とされるとルーカスは指摘し、小説家V・S・ナイポールの作品の一節を引用している。彼の名作『ビスワス氏の家』には、トリニダードの田舎のサトウキビ畑で始まりオックスフォード大学にまで至る、ある一族の三世代の歴史が描かれている。

ルーカスは、成長に関する方程式で知識が占める場所について論争したいわけでないとして、以下の補足を述べた。「役に立つ知識のストックがいくら充実しても、人的資本への投資の見返りが大半の家族で増加しないかぎり、生活水準の持続的な向上は実現しない」。重要なのは、豊かになるための条件がモデルに組み込まれることだ。青写真だけでは十分ではない。

ではローマーは？　もしも技術変化がそれほど重要なら、その秘密の律動の解明をいつまでも放置したままでよいのだろうかと、彼は問いかけた。一九六五年に知識の創造と拡散を促すシステムの研究を始めた「ロスト・パトロール」が、「宇宙の秘密」を発見したと考えた気持ちも理解できる。技術変化のストーリーは、経済学が影響をおよぼすことも解明することもできないもので、経済モデルの外部で進行していると見なすのは、かつてシュンペーターが指摘したように、王子抜きで『ハムレット』を上演するに等しい。

ローマー・モデルでは、発明意欲を駆り立てる存在としての制度の重要性が強調されている。一八世紀末に定着したほかの展開について考えてほしい。英国の植民地だった北米では独立宣言が、フランスでは人権宣言がなされた。財産法や特許法の変化は、技術変化が進行する速度に影響を与えた。税制、銀行業、財政、あるいは科学や教育において並行的な開発が進行した。ローマー・モデルからは、商業にとって有利な制度が直接導かれる。ただし、これは何年も前から**ダグラス・ノース**（一九二〇〜二〇一五）、リチャード・ネルソン、**シドニー・ウィンター**、ネイサン・ローゼンバーグ、ポール・デイヴィッドによって擁護されてきた。こんなことはとっくに知っていたと、ベテランは不満を漏らし、自分たちの研究成果の枠組みが数学で置き換えられたのを見て嘆く。特に、自分たちにとって非常に重要な詳細が、数学的アプローチではすっかり取り除かれているような印象に腹を立てた。

これに対する反論として、ローマーはクルーグマンのアフリカ地図の喩えを見倣い、砂時計の喩えを使った。まず彼は、経済学は長い歴史の大半を通じて分散的に進化を遂げ、様々な応用分野では、関心の高い問題にふさわしい言葉や概念ツールが発達してきた、と指摘した。ちょうど庶民の言葉の多くの方言のようなもので、労働経済学、産業組織論、銀行論とファイナンス、国際貿易論、財政学、開発経済学など様々な分野が生まれた。しかし数学が導入されると、これらの分野はまるで砂時計のようなプロセスを次々に辿った。この砂時計モデルでは、垂直方向は関心のある問題の範囲と緊急性を、水平方向は時間の経過を表す。若い世代がツールとしての数学に注目するようになると、砂が落ちていくように、絞り込みが徐々に進行していく。しばらくの間、研究者は新たに手に入れた抽象化という手法に馴染めず、世界について語る内容は大きく制約される。しかし新しい語彙や新しいツールを使いこなせるようになると、専門家の関心の範囲は徐々に広がり、再びあらゆる問題について語るようになる。しかも今回は、以前よりも正確に新たな視点から問題を理解できる。*

では、人類に照明が安くかつ大量に供給される時代を可能にした化石燃料が、まもなく枯渇すると警告していたアナリストはどうか。マルサスやリカード以来、二世紀にわたって予言者たちは、すぐにでも燃料が不足すると予測してきた。ただし、人類は臨機応変に対応する能力が優れているため、重大な転機が訪れるたびに介入し、従来よりも安く、環境にやさしい代替品を考案してきた（鯨は例外だ！）。しかし、過去に警告を発してきた人たちが間違っていたからと言って、これからも常に間違うとはかぎらない。人類の創意工夫の才はたしかに素晴らしいが、ノードハウス自身が警告しているように、「時には本物のオオカミがやって来る」こともある。

競合する三つの成長理論に関して、一九九〇年代末にチャールズ・ジョーンズほど慎重に考えた経済学者はいない。バークレーの研究者だったジョーンズは、ローマー・モデルに込められたスタートレック的な意味について最初に疑問を投げかけた。ある時期、彼は全米科学財団から提供された助成金で教材の執筆に取り組み、一九九八年に『経済成長理論入門』を出版した。その際、三つのモデルを慎重に分析した後、どの経済学者もやや異なる問題に関心を持っているという結論に達した。われわれのように豊かな国もあれば、貧しい国もあるのはなぜか。ソローの解答によれば、豊かな国は設備や教育に積極的に投資したうえで、これらの資源を生産的に活用しているが、貧しい国はそうしないからだという。これに対してルーカスは、日本、ドイツ、韓国における経済の「奇跡」として知られる急激な変容を、どのように解釈すべきかと問いかけ、変容の力学について慎重に研究する必要があると明言した。ローマーは、経済成長のエンジンは何かと問いかけた。エンジンは発明で、エンジンを動かすのは起業家であることを彼のモデルは明確に示している。起業家は

＊ダイダロス誌の一九九七年冬号に掲載された「経済学――現代版」で。デイヴィッド・クレプスがローマーの砂時計の喩えについて詳しく解説している。

様々な理由で新しいアイデアを次々に創造し、その流れがひとつにまとまると、いわゆる技術の進歩が実現する。

われわれの生活の将来の見通しに関して、経済学そのものは何を語ってくれるだろう。この最も基本的な問題に対して従来、経済学は欠乏と収穫逓減という側面から回答を準備してきたが、もはやこれは適切とは思えない。たとえば照明はさらに改善され、最も新しいソリッドステートの白色発光ダイオード（WLED）は、現在使われている最も安価な蛍光照明よりも基本的に効率が高く（したがって環境にやさしい）光源である。WLEDは、西側諸国の石油輸入依存に変化を引き起こす。しかし新しい技術は、世界で最も貧しい地域で暮らすおよそ一六億にとって、特に興味深い。彼らには未だに十分な電気が供給されていない。今後、WLEDが提供されれば、現在これらの地域で普及している石油ランプに匹敵する照明が、一〇分の一、あるいは一〇〇分の一のコストで手に入る。しかもこの照明なら、高価な送電網を準備する必要もない。WLEDに使われる単三電池は、ペーパーバックほどの大きさのソーラーパネルで充電可能だ。この分野は、携帯電話に匹敵するほど目覚ましい進歩を遂げている。

そうなると、結局、経済学とは何だろう。土地、労働、資本に関する学問で、技術の力は切り離して考えるべきなのか。あるいは、ヒト、アイデア、モノに関する学問で、知識の創造と分配は中心的な問題と見なされるべきなのか。欠乏は？　あるいは欠乏の対抗勢力である豊かさはどうか。ここで紹介した照明の真のコストに関するストーリーは、ほとんどの人にとって説得力を持っている。

結局、経済成長のエンジンは、知識の増加なのだ。詩人のブレイクはつぎのように語っている。「理解されても信じてもらえなければ、真実を語る意味はない」。

第25章 究極のピン工場

The Ultimate Pin Factory

野外劇「創造的破壊」

現代世界の意味を理解するうえでアトムとビットの経済学が優れた能力を発揮するもうひとつの事例は、一九九〇年代半ばに明らかになってきた。これについては新聞で大々的に報じられた。すなわちマイクロソフトの台頭によって、ピン工場の現代版に開かれた可能性が実証された。ウィンドウズのオペレーティング・システム（OS）をパソコンの「ユニバーサル」として確立したおかげで、マイクロソフトは組織内外で規模の収穫逓増を享受した。これはQWERTYのキーボード・ストーリーと似ているが、この事例ではマイクロソフトがデザインを所有し、市場が真にグローバルである点が異なる。

では、見えざる手はどうだろう。専門化の力は、競争を挑む対抗勢力に勝利を収められるだろうか。一企業が世界市場を支配できるだろうか。技術開発を一手に引き受け、競争相手が現れたら押しつぶせるだろうか。アダム・スミスの二面性はどうか。

一九九〇年代には、これらは公共政策にとって差し迫った問題だった。というのも、実際にパソコンは、一九七〇年代に登場したふたつの偉大な情報処理技術のひとつにすぎない。当時、同じタスクを違った方向からアプローチする——たとえば鉄道から自家用車のように——第二の産業が姿を現していた。ふたつ目の情報処理システムはもちろん、情報ハイウェイ、すなわちインターネットだ。これは予想できないほどの潜在力を秘めており、ビル・ゲイツ本人も驚かせた。

やがて、インターネットを支える基本的装置の支配をめぐる戦いが勃発し、「ブラウザ戦争」として知られるようになった。それはまるでライバルであるふたつの技術を主役に抜擢して、かつてアルフレッド・マーシャル、アリン・ヤング、ジョセフ・シュンペーターによって構想された野外劇「創造的破壊」を演じさせたかのようだった。

パソコン業界とインターネットの衝突は、内生的技術変化の原則を見事に例証している。ローマーがこのストーリーに深く関わったことを知っても、まったく意外ではない。

大学の寮を作業場にした若者が立ち上げたマイクロソフトが、わずか二〇年のうちに世界で最も評価の高い企業にまで上り詰めたことは、いまではよく知られている。ゲイツと高校時代の友人ポール・アレンは一九七四年、愛好家のための個人用コンピュータ「アルタイル８８００」の登場を趣味雑誌で知った。記事には「画期的なプロジェクト！　商用モデルに匹敵する、世界初のミニコンピュータ・キットの素晴らしい性能」とあった。やがてふたりは、この「アルタイル８８００」のマイクロチップ用インタプリタを、ひとつ五〇セントで製造元の企業に販売する話を持ちかけた。インタプリタはベーシック・プログラミング言語で書かれ、穿孔紙テープ、カセット、またはフロッピーディスクに蓄積され、優秀なプログラマーなら誰でもこの小さなコンピュータを操作できた。潜在的利用者にとって便利な命令セットを含めて、メーカーがこれを七五ドルから一〇〇ドルのあいだの価格で販売すれば、良い商売になると彼らは説得した。メーカーが説得に応じると、ふたりは二カ月間昼夜を徹して働き続け、約束したプログラムを書く作業に没頭した（このとき、ハーバード大学はゲイツを理事会に呼び出し、儲け本位の姿勢に厳しい警告を発した。彼がスタッフと一緒に、大学のコンピュータを使ってコードを書いているのをある助教授が発見したのだ）。ゲイツらが完成させたソフトウェア――この言葉は、狭いサークルの外ではまだほとんど理解されていなかった――は、たちまち成功を収めた。

一九七六年二月、ゲイツは有名な「愛好家への公開書簡」をしたためた。当時の彼は、友人と一緒にアルタイル用に書いたインタプリタの成功で自信に満ちていたが、不満もあった。プログラムを書くために六〇日間にわたり、ふたりの同僚と一緒にほぼ二四時間働き続け、その後はほぼ一年間、デバッグや付随文書の作成に追われ、製品の売上は何千個にも達したのに、その時点で使用料として受け取る金額は一時間につき二ドルに満たなかった。なぜかと言えば、彼のソフトは盗まれていたのだ。違法コピーが製造され、出回っていた。

それまでソフトの大部分は、愛好家のあいだではみんなが協力し合う友好的な事業、企業のあいだでは紳士的なビジネスと見なされてきた。あるいは、企業の専門委員会によって処理され、大手法律事務所がクライアントに請求するときのように「ソフトウェア、五〇万ドル」などと書かれた請求書が作成された。これに対してゲイツは、まったく異なるモデルを提案する。本の出版によく似たモデルだ。「プロが仕事をただで引き受けるような余裕などあるだろうか」と彼は問いかけた。「一〇人のプログラマーを雇い入れ、趣味の市場を優れたソフトで満たすようになりたい。これに勝る喜びはない」。

しかしそのためには、作家やレコーディング・アーチストと同様、プログラムがひとつ販売されるたびに使用料を集めなければならない。その場合、ソフトを「シュリンク包装」することになる。すなわち、ライセンス供与のメカニズムを創造し、購入した製品に買い手がやたらに手を加えられないような制約を設け、そのための技術的な手段を考案する。そうすれば、製品の料金を支払わなければ所有権は抹殺される（ほどなくコードはプログラムそのものに組み込まれるようになり、ソフトを複数の機械で一度に動作させることは不可能になった）。著作権保護をこの新しい形態の財産にまで延長する可能性については、趣味のサークルや大学のコンピュータ研究室で長年激しい議論が戦わされたが、ゲイツの理屈は市場ですぐ受け入れられた。ほどなくマイクロソフトは、ベーシック・インタプリタの特注バージョン（この頃、「コンパイラ」と呼ばれた）を、シリコンバレーの豊かな環境から次々に誕生する企業――ラジオシャック、アップル、コモドールなど――の新しいマシンのほぼすべてに提供するようになった。

（ゲイツは、自分の構想がどのように発展するのか正確に把握していたかもしれない。翌年秋、彼は難解さで知られるマイクロ・スペンスのミクロ経済学上級講座を受講した。当時はちょうど、「バンドワゴン効果」、独占的競争、ネットワーク経済学が熱狂を引き起こした時期と重なる。この講座には、スティーブ・バルマーも履修届を出していた。彼とゲイツはカード仲間で、友人だった。ふたりはこの講座でそれぞれ一番と二番の成績を収めたが、ゲイツは成績表をもらうまで待たなかった。あと一学期在籍すれば卒業できたのだが、ハーバードを中退し、ニューメキシコ州で事業に本格的に取り組んだ。バルマーはビジネススクールを卒業してプロクター＆ギャンブルに一時在籍した後、マイクロソフトに加わった）。

パソコン業界は一九七〇年代に入って軌道に乗り始めた。標準産業分類（ＳＩＣ）コードという、産業関連の統計調査のなかの小さな目立たない項目からＧＮＰのかなりの部分を占めるようになり、二五年間で大きく飛躍した。マイクロチップは性能が向上して複雑さを増し、マイクロチップを活かすためのソフト需要はそれを上回る速さで伸びていた。（ほかの人たちはともかく）ゲイツは、自分がいまのような戦略的投資を続ければ、まだ目立たない自分の小さな市場への参入に障壁が設けられ、状況が適切ならどこからも攻撃されない可能性を十分理解していた。

そもそもソフトウェアは究極の非競合財である。結局、コンピュータ・プログラムは数字の長い連なりにすぎない。0と1のふたつの数字だけが、ビット列に並べられている。最初、ソフトには中身を伝えるための媒体が必要とされた。パンチカード、穿孔テープ、磁気テープカセット、フロッピーディスク、ＣＤなどだ。いまではインターネットを介してもっと簡単に、ほぼ一瞬で伝えられる。しかしほとんどの点でソフト・プログラムに含まれる情報は、本、地図、録音と同じだ。興味深い部分は中身であって、物理的なパッケージではない。いったん書かれたソフトは際限なくコピーされ、しかもその有益性はまったく減少しない。ネットワーク効果が強力なら、価値は大きく増加する可能性さえある。シュリンク包装、新しいプログラムを蓄積する市場の創造、ライセンスによる継続使用の制限によって、ソフト業界は分業の最新の驚異へと変化を遂げた。

一九八〇年秋、ゲイツに幸運が訪れた。新しく開発されたパソコンにＯＳを提供してほしいとＩＢＭから依頼があったのだ。これは十分な資金を投じたマシンで、最終的にはパソコン市場の確立につながった。当時、コンピュータは複雑さが増すばかりで、従来のようにひとりで複数のタスクを次々にこなすのは不可能になっていた。ソフト制作者はモジュラー・アプリ、スプレッドシート、文書処理プログラムなどに取り組んだ。すべての根底にあるマイクロプロセッサのパワーをインタプリタだけで十分に制御するのはもはや不可能で、以前よりもはるかに複雑なＯＳが必要とされた。ＩＢＭがマイクロソフトに注目したのは、ＯＳを書くことにかけてはどの企業よりも経験豊富と考えたからだ。ゲイツは、新しく市場に参入するすべてのパソコンを対象に、サポート用プログラムを書くことになった。ゲイツの母親メアリーがＩＢＭの最高経営責任者ジョン・オペルと顔見知りだったことも追い風になった。ふたりとも慈善福祉団体ユナイテッド・ウェイの全米役員会メンバーだった。

ではなぜＩＢＭはゲイツの会社を買収しなかったのだろう（その意味では、なぜＱＤＯＳ社を買収しなかったのか。実はマイクロソフトにはＯＳがなかったので、ゲイツは任務を引き受けてからこの会社を買収した）。あるいは、数百人のプログラマーに自社の専用ＯＳを書かせて、競争相手の生意気な若者を廃業に追い込んでもよかったのではないか。一九八〇年にゲイツがチャンスに恵まれた理由としてひとつ考えられるのは、リンドン・Ｂ・ジョンソンが大統領任期満了を間近に控えた一九六九年、ＩＢＭを独占禁止法違反で訴えたことだろう。こうした不測の事態を避けるため、ＩＢＭはソフトウェアを別個に販売することにして、自社マシンのために他社がプログラムを書くことを暗に認めたのである。かくしてソフト専門の販売事業がいきなり誕生する（ひょっとしたら、コンピュータがあまりにも複雑になったため、結局法律問題がなくても、ＩＢＭはソフト部門を売却したかもしれない。その場合、四〇年前にエディンバラでアリン・ヤングが指摘した垂直分解のプロセスが進行したことになる）。いずれにせよ、一九八〇年時点のＩＢＭは、暗中模索の状態だった。そのためゲイツが固定料金ではなく、製品がひとつ売れるたびに使用料を受け取る方式を提案すると、ＩＢＭは黙認した。しかもゲイツはほかのコンピュータメーカーにも、同じソフトを自由に販売することができた。排他的なライセンスではなかったのである。ＩＢＭにとって、それはどうでもよかった。何しろメインフレーム・コンピュータ事業で三〇年にわたって比類なき成功を収めたあと、ＩＢＭは名刺作成に一ドル四セント払っていた。

その後、マイクロソフトは爆発的に成長した。ゲイツは最初から一貫して、取扱品目を拡大するために利益をつぎ込んだ。そしてアップルのマッキントッシュに注目する。マッキントッシュにはマウス、カーソル、アイコンの機能があり、ＯＳは同時に複数のプログラムを動作させることが可能で、画面をいくつかに分割して見ることができた。ゲイツはこれらの特徴を自社ＯＳに組み込み、アップルのマックやＩＢＭのトップビューのシステムと競う準備を整え、これをウィンドウズと呼んだ。ウィンドウズの第一弾は、一九八五年に出荷される。この新しいＯＳを自社マシンに使ったＩＢＭには、ほとんど料金を請求しなかった。その代わり、増える一方のＩＢＭのクローンから、使用料を集めて金を稼いだ。ほどなくゲイツは、自社ＯＳ構築を目指していたＩＢＭの計画を断念させた。パソコン・ユーザーは、ゲイツの製品以外に目が向かなくなったのだ。つぎに必要なのは、汎用コンピュータにもパソコンにも対応できるウィンドウズのバージョンだった。一九八八年、ゲイツはデジタル・イクイップメント（ＤＥＣ）からトップクラスのソフト設計者を引き抜き、開発を任せた。当時のマイクロソフトは一ドル販売するごとに二五セントの利益を確保しており、紙幣を印刷しているのも同然だった。そのため、思いつくかぎり様々な方法で業界最高のプログラマーだけでなく、デザイナーやマーケターも雇い入れる金銭的余裕があった。

かつてのQWERTYのキーボードと同様、マイクロソフトのOSとそれを支えるインテルのマイクロプロセッサが「ユニバーサル」になったことを、ユーザーは直ちに理解した。かつてのタイピストが最も有力なシステムを理解することは何よりも生活の改善につながると結論したように、様々な雇用主とスムーズに結びつくためには、ウィンドウズは欠かせない存在だと認識されるようになった。

このような形でウィンドウズが使われると、かつてのキーボードよりもはるかに複雑な製品の著作権をゲイツは手に入れたも同然だった。マシン本体、たとえばIBMのパソコンやDEC自慢の「ミニ」コンピュータなどは「コモディティ化」され、マシンを制御するソフトほど重要ではなくなった。自分たちは影響力を失ったとIBMが気づいたときは、すでに手遅れだった。適切な標準になったのは、コンピュータではなく、OSだったのである。いまや市場を牽引するのは補完材だった。

マイクロソフトはピン工場、しかも究極のピン工場になりつつあった。なぜなら、文字通り世界全体がマイクロソフトの市場だった。プロセスそのものは、一〇〇年前にアルフレッド・マーシャルが解説した内部経済の収穫逓増とほとんど変わらない。有能な人物、幸運、重労働、絶大な信用、優秀な部下、システマティックな改善、市場の拡大、価格低下、専門化の徹底、ほかにもいくつか、マーシャルが指摘しなかった戦術がそろっていた。ただし、マイクロソフト自体は、最高の製品をほとんど創造しなかった。その代わり、他人のイノベーションを阻止することに熟達し、代替製品を開発して時間を稼いだ。前進を続けて勢力範囲を広げなければ、ＩＢＭにかぎらず強力なライバルに買収されてしまう現実をゲイツは理解していた。まもなくマイクロソフトは、株式時価総額で巨人ＩＢＭを凌ぐまでになった。わずか二五年でゲイツは世界一の大富豪になったのである。

ニュー・ニュー・シング

インターネットの歴史は、マイクロソフトの歴史ほどには知られていない。その基盤となる技術はマサチューセッツ州ケンブリッジでかなり以前に始まり、まったく異なる複数の経路を辿った。* このストーリーは第二次世界大戦中、「汎用型練習機」の製造をＭＩＴが海軍から割り当てられたところから始まる。これはコックピットのようなプラットフォームで、種類を問わず、あらゆる航空機

＊インターネットの歴史に関しては、一般読者を対象にした非常に読みやすい本がある。コンピュータ・ネットワーキングに貢献したジョニー・アップルシードの伝記で、『ドリーム・マシン――Ｊ・Ｃ・Ｒ・リックライダーとパソコン革命』（*The Dream Machine: J.C.R. Licklider and the Revolution That Made Computing Personal*）。著者はミッチェル・ワールドロップ。

の操作手順をシミュレーションすることができた。それは、練習機に取り付けられたコンピュータに穿孔テープからプログラムが入力されるおかげだった。

いわゆるリアルタイム・コンピューティングは、ここから幕を開けた。これはジョン・フォン・ノイマンが主役として活躍し、プリンストンを発信源とするコンピュータの伝統とは大きく異なった。これまで考案されてきたコンピュータは、非常に強力な加算器としての役割が中心で、「バッチ処理」の原則を特徴としていた。初期のマシンは非常に高価だったため、休ませずに動かし続けることが重要だと考えられた。そのため、プログラムは技術者によって何回かに分けて連続入力された。実際の計算を行うのは「汎用コンピュータ」で、入力した技術者は関わらなかった。

これに対してMITが目指したのは、フィードバックの原則に基づくコンピュータだった。何らかの事象が発生したら「リアル」タイムで速やかに対応し、加速や減速をしながら、進行中の物事の常に先を行き、それは最後にスイッチを切るまで続けられる。プリンストンやフィラデルフィアでは、リアルタイムの演算は魔法使いの夢物語だと考えられてきた。しかしまもなくケンブリッジのメカ好きたちには、このようなコンピュータを開発するのが不可能ではないばかりか、リアルタイムで物事を制御するのも可能なことが明らかになった。これが実現すれば、たとえば防空担当者の仕事を肩代わりしてくれる。最適の妨害経路を計算したり、合板のマップテーブルの上で模型飛行機を飛ばしたりする作業から人間は解放される。一九五二年、半自動式防空管制組織（SAGE）として知られる極秘の早期警戒ミサイル防衛システムに一五年間でおよそ二〇億ドルの予算が計上された。これはマンハッタン・プロジェクトの費用とレーダー開発費用を合わせた金額に匹敵する。やがて、新しいリアルタイム・コンピュータは、レーダーよりもずっと平凡なツールの動きも制御できることが明らかになった。工作機械が、その一例である。

このような初期プロジェクトの計画や監督を務めたのはフリーの科学者で、大部分は防衛関連の政府プロジェクトを中心に研究を行っていた。SAGEプロジェクトの下でコンピュータ、レーダー、飛行機、船が結びつき、ナイキ・ミサイルが米国の複数の都市の中心部近くに配備された。元請け業者だったIBMはこれをきっかけにパンチカードの作成者から飛躍を遂げ、デジタル・コンピュータ業界で支配的地位を獲得するまでになった。一方、SAGEプロジェクトからは、IBMにとって長年の最も強力なライバルとなるDECも誕生し、それをきっかけに市場ではふたつの異なる方針の技術が発達していく（IBMはバッチ処理にこだわり、DECはミニ・コンピュータを科学者やエンジニアに提供した。これは高価だったが、初の本格的なパソコンだった）。しかし何よりも重要なのは、アプリケーション・ソフトの重要性がSAGEプロジェクトによって確立されたことだ。アプリによって提供される補助的・専門的プログラムのおかげで、それまでは考えられなかった様々なタスクをコンピュータが実行できるようになった。「機械の制御をオペレーター役の機械に任せる」傾向が定着した。

当時大きく注目されたのは、コンピュータのメモリだった。穿孔テープや真空管からフェライトコア、トランジスタ、シリコンチップ、マイクロプロセッサと、メモリが納められる場所は着実に進歩した。記憶容量、ひいてはプログラムの複雑さは、飛躍的に進化を遂げる。その結果、大陸間弾道ミサイルを配備するためのアトラス計画が進められた。宇宙開発競争が加速する。相互接続された発電所のように多くのユーザーに時間を振り分け、容量を共有する大きなマシンのネットワークには可能性が秘められていることを、多くの人が理解した。はやくも一九六一年、ネットワークに関して鋭い洞察力を持つジョン・マッカーシーが、つぎのように書いている。「いまにコンピューティングは、公益事業として組織化されるだろう。電話システムが公益事業として組織化されているのと同じだ」。しかし結局、これらのプロジェクトを考案した科学者の誰も、心理学者から技術者に転じたJ・C・R・リックライダーほど重要ではなかった。リックの愛称で呼ばれた彼は、複数のコンピュータが一体となって動くビジョンを思い描き、それを人間とコンピュータの共生と表現した。インターネットは一個人ではなくコミュニティによって創造されたが、開発に深く関わり、ビル・ゲイツに匹敵する功績を残した象徴的な人物をひとり挙げるとすれば、それはリックライダーである。

今日では、コンピュータ同士を接続するのは初歩的なタスクのように思えるが、一九六〇年代はじめには、コンピュータ同士を通信させる初歩的なプロトコルの創造は大変な課題だった。リックライダーはネットワークのビジョンを現実化するためにワシントンに赴き、国防総省傘下の高等研究計画局（ＡＲＰＡ）に加わった。ソ連がスプートニクの打ち上げに成功した後、米国の長期的な研究開発を監督するためにＡＲＰＡが新設されたところだった。タイム・シェアリングは、市場の失敗の典型例である。企業は新しい技術の開発に簡単に踏み切れないが、その理由についてケネス・アローは一九六〇年、知識の創造に関する研究のなかで考察している。それによれば、新しい技術は固定費（「不可分性」が備わっている）が非常に高いので、いかなる企業も固定費を回収して利益を獲得することは期待できない。リスクを負う余裕があるのは政府しかない。政府は表立って外部性の創造を目指すわけではないが、実際のところ、外部性を創造するために投資を行う。なぜなら、専門性の高い新商品を次々と生み出したいからだ。実際、原子爆弾、強力なコンピュータ、大陸間弾道ミサイル、月ロケット、タイム・シェアリング・ネットワークなどを創造してきた。

ＡＰＲＡにはもうひとつ、とらえどころのない技術を追求するプロジェクトがあった。これはパケット交換として知られる。政府はこのプロジェクトで、核攻撃を生き残れるコミュニケーション・ネットワークの構築を目標に掲げ、スイッチ系統の分散化を目指した。すなわち、あらゆるメッセージは細かく分割され、複数の規格化されたパケットに情報が小分けされたうえで、ネットワークのノード（スイッチ）を経由して送られる。目的地に到達したら複数のパケットは再びひとつにまとめられ、最後にメッセージ全体が再現される。今日では、これらのスイッチはルーターとして知られる。ほとんどの人はルーターについて、コンピュータと共通の特徴を持つ機械のひとつだと考えるが、実際には通信技術の基礎をなす非常に特殊な機械だ。自家用車やトラックが旅客列車や貨物列車と異なるのと同様、論理的にコンピュータとは大きく異なる。実際、発想そのものは乗り物のケースと似通っている。パケット交換は、長距離列車が複数の主要な分岐点を経由して幹線を進み、メッセージを運ぶような形とは異なる（分岐点で問題がなければ列車は先へ進むことを許され、問題があれば進めない）。その代わり、メッセージを運ぶ小さな乗り物が何百万台もあって、それぞれが最も抵抗の小さいルートを選びながら（光速で）ばらばらに移動を続け、旅の最後に再び合流する。これがパケット交換である。工学の分野は、ほかにもたくさんの素晴らしい勝利を収めた。

インターネットの基礎をなす技術は、最初の時点からゲイツがマイクロソフトを立ち上げたときとは大きく異なる動機に促された人によって開発された。コンピュータ専門の教授、政府関係の資金提供者、企業役員、軍事計画立案者らが参加した。システムを構築する科学者やエンジニアを訓練するため、ARPAは人的資本に積極的に投資した。一九六五年には全米で初めてバークレー、スタンフォード、MIT、カーネギーメロンでコンピュータ科学の博士課程が設立される。これらの大学のコンピュータ科学の分野で最初に選ばれた教授陣は、独特の産業文化と気風を生み出した。彼らは協力や共有を信条とし、自分さえよければかまわないという発想には軽蔑すら示した。結局、学校のコンピュータを私用で使ったビル・ゲイツを追い出そうとしたのは彼らだった。

ARPANET（アーパネット）は際限なく成長していった。一九八〇年代末に国防総省が民営化を決定すると（関連法案を提出したアル・ゴアは、自分がインターネットを「創造した」と発言したときから、それを考えていた）、インターネット技術特別調査委員会（IETF）が実権を握った。この組織は基本的に、ペンタゴンのためにインターネット構築を一貫して手がけてきたユーザーグループと同じである。委員会メンバーは控えめなエンジニアばかりで、まったく目立たず、名前もほとんど知られなかった。IETFのやり方は大体において、ゲイツの顧客本位のモデルとは正反対である。ボトムアップ型かつオープンアクセスで、メンバーは企業ではなく個人に限定された。少なくとも当初は、インターネットの開発を利用して金持ちになろうと考える関係者はほとんどいなかった。ただし、私利私欲に対して免疫があったわけではないし、起業家精神の持ち主がひとりもいなかったわけでもない。それでもほとんどは、ガレージで起業したふたりの若者とは大きく異なるタイプに属した。彼らは自律、特典、名声、安全といった形の埋め合わせで利益を獲得し、ストックオプションには無関心だった。寮の部屋でひとり機械いじりをする代わりに、チームワークを強調した。所有者が秘密を独り占めするのではなく、「オープン」標準を目指した。オープン標準の良い事例がQWERTYのキーボードだ。誰の手にも入るが、特定の人物が所有するわけではない。もっと最近の事例としては、一九六〇年代にN・V・フィリップスが開発した磁気テープカセットのデザインがある。これは直ちに無料でコピーされ、誰でも手に入るようになった。

このように、産業としてのインターネットはひっそりと進化を遂げ、その存在は進化が誰の目にも明らかなパソコン業界とは対照的だ。そもそも、少なくともエンドユーザーにとってインターネットは無料である。チャーリー・チャプリンの広告キャンペーンが、新登場を紹介したわけではない。一九九一年に政府がARPANETの民営化を決定したとき、主要業界誌がこの措置について取り上げたのは半年後だった。結果として一九九三年、ほとんどの人がインターネットの突然の登場に驚かされた。たとえば電話会社は、TCP／IPが導入されれば、電話回線を利用したインターネットへの接続が可能になり、自分たちの事業の存続が脅かされるにもかかわらず、これが導入されたときには手がかりさえつかめなかった。インターネットの設計者は、インターネットが常に「何かを足場にして構築される」ように心がけた。すなわち、既存の設定の機能性を損なうことなく、新しい特徴をそこに組み込む計略を立てた（マイクロソフトのエンジニアのやり方は正反対である。新しいものが登場するたび、システムは完全に置き換えられ、投資から得られる利益の拡大に努めた）。

したがって、インターネットが実際に登場したときには、オタクにとってというより、オタクだけにとって天国のような存在だったのも無理はない。驚異的な技術の成果だったにもかかわらず、理解するのも利用するのも難しかった。電子掲示板やディスカッショングループが急激に増加したが、自分が正確には何を探しているのかすでに理解していなければ、それを、あるいはほかのどんなものも見つける方法はないのも同然だった。そのため、スイスにある欧州原子核研究機構（CERN）の物理学研究センターに勤務するティム・バーナーズ＝リーというコンピュータ科学者が、一九八九年に一連のプロトコルを提案したのは自然の成り行きだった。彼が設計したプロトコルを使うと、インターネット全体を検索しやすくなり、まるでどのアクティビティも膨大なインデックスへ立ち入る権利を持っていて、どのユーザーも自分の検索目的のために設計されたソフト・プログラムを所有しているような気分になった。バーナーズ＝リーは、このプロトコルを「ブラウザ」と呼んだ。

ＩＥＴＦは、技術仕様の策定に関して「ラフ・コンセンサスとランニング・コード」を採用したため、活動が効率的で、一九九〇年までにはワールド・ワイド・ウェブの初期バージョンがテストされていた。数年後、米国立スーパーコンピュータ応用研究所のプロトタイプ「モザイク」ブラウザが、研究所から研究所へと広がっていった。

一九九三年、ブレークスルーが訪れる。イリノイ大学の大学院生だったマーク・アンドリーセンと数人の学友が、自分たち独自のブラウザ・プログラムを書いた。ここにはふたつの小さな変更が加えられた。まず、グラフィックスを追加したおかげで、テキストベースの指示の代わりに、マウスでの操作が可能になった。つぎに、新しく書かれたコードは、パソコンに搭載されたウィンドウズのＯＳでも、大学のユーザーのあいだでもっと普及しているＵＮＩＸのシステムでも、どちらでも動作できた。アンドリーセンらは会社を設立し、ネットスケープと名付けた。ネットスケープは最初にブラウザを公開したが、それは、ウェブへのゲートウェイとして一刻も早く優先的に使われることを期待したからだ。その結果、ソフトのコピーが大量に出回れば、かなりの利益が手に入る。人々は突然、「ニュー・ニュー・シング」（ネットスケープに出資した起業家ジム・クラークが主人公のマイケル・ルイスのノンフィクションの題名）について語るようになった。

ブラウザ戦争

何かがおかしいと、バルマーは認識した。一九九三年秋に母校ハーバード大学のたまり場を訪れてみると、二〇年前にはホビー向けコンピュータに夢中だった学生が、いまやインターネットしか話題に取り上げなくなっていた。彼はシアトルに戻ると、マイクロソフトの経営トップのあいだに「何を考えるべきか」という見出し付きのメモを回覧した。数日以内にマクロソフトは、少なくともインターネットの能力の一部を自社のOSに組み込むための準備を始める。ほどなく、イリノイの若者たちが何をしているのか正確に理解するようになった。

ネットスケープのブラウザは「ミドルウェア」だった。すなわち、クライアント／アーキテクチャの「／」の部分に該当する。しかし、バーナーズ＝リーがウェブを発明し、アンドリーセンがネットスケープを公開したとき、ミドルウェアという造語はなく、意味も十分に理解されていなかった。わかっているのは、本当に良い「／」は柔軟性に優れたソフトのレイヤから成り立っているので、どんなOSにも対応できることぐらいだった。ウィンドウズ、UNIX、あるいはつぎにどんなシステムが登場しても問題はない。マイクロソフトにとっては、ここが問題だった。プログラムがこれほど万能では、どのOSを使うかはもはや重要ではなくなるし、そもそもOSが不要になるかもしれない。おそらく近いうちに、ウィンドウズ搭載型パソコンよりもずっと廉価なデバイスを使って、ネットサーフィンすることも、eメールを送ることも可能になるだろう！

要するにネットスケープのミドルウェアは、コンピュータ・デスクトップの支配力を奪い取る潜在力を秘めていた。マイクロソフトがウィンドウズのOSを利用してマシン本体をコモディティ化した結果、IBMはパソコンに高級な価格を設定する能力を失ったが、それと同様、自社OSがコモディティ化される恐れがあった。ちょうど同じ頃、サン・マイクロシステムズは、ＪＡＶＡと呼ばれる新しいプログラミング言語のプロモーションを始めたが、これもブラウザと同じ可能性を持っていた。なぜなら、ＪＡＶＡで書かれた言語はいかなるＯＳとも、廉価なウィンドウズの模造品とさえも互換性があったからだ。ＪＡＶＡが汎用言語になれば、誰でもそれを使ってネットワーク基盤のアプリを書くことが可能になり、もはやＯＳは重要性を失う。ウィンドウズの独占状態は崩れ、インターネットがパソコンに勝利を収めるだろう。

この時点で旧い技術（まだ誕生から二〇年しか経過していない！）が新しい技術の乗っ取りに着手した。事実上、鉄道が新たな分野に進出して自動車を乗っ取るようなものだ。ＩＢＭを封じ込めたゲイツは、予想外のライバルから同じ目に遭わされるのは真っ平御免で、戦略を大きく見直した。

インターネット上のエンドユーザーの支配を巡ってマイクロソフトがネットスケープなどミドルウェア・ベンダーとのあいだで繰り広げた戦い、いわゆる「ブラウザ戦争」は、およそ二年間続いた。ゲイツはまず一九九五年一二月七日、真珠湾攻撃の記念日にアナリスト向けの有名な講演でネットスケープに対して宣戦布告し、ネットスケープに奇襲攻撃の汚名を着せた。このニュースが報じられると、ネットスケープの株価が一七パーセント下落した。つぎにマイクロソフトは、ネットスケープにとって都合の良い条件での市場分割を持ちかけた。これが思い通りの成果を上げないと、ソフトの巨人マイクロソフトはネットスケープの顧客を脅した。たとえば、コンパックには顧客にネットスケープを提供するかぎりウィンドウズは利用できないと通告した。そのうえで、マイクロソフトは自社ブラウザを開発する。この優れたプログラムは「インターネット・エクスプローラー」と呼ばれ、ウィンドウズOSと一括して無料で公開されることになった。

同時にマイクロソフトは、自分たちの特権を脅かしそうなあらゆるニッチに進出した。その一環として自社システムの相互運用性を徹底させ、ほかのシステムが入り込む余地をいっさい排除した結果、「ブロッキング」の技術に熟達した。たとえばJAVAにソフトの使用許可を与えたが、その直後にこのプログラム言語を「拡張する」意向を発表する。そのため、マイクロソフトのプラットフォーム上でJAVAが動作する方法が変化することになり、JAVAは実質的に異なる言語となり、圧倒的な支配力を持つマイクロソフトのソフト以外では機能しなくなった。マイクロソフトでは（アプリを）取り込み、（機能性を）拡張し、（ライバルを）消滅させることがスローガンとして定着する。* 米国のオンラインに関する著書のなかでカラ・スイッシャー** は、一五年前にIBMがゲイツに言いにくかった以下のような言葉を、ゲイツがAOLの最高経営責任者スティーブ・ケースに伝えたことを紹介している。「わたしはあなたたちの二〇パーセントを買収できるし、すべてを買収することもできる。あるいは、自分がこの事業に参入し、あなたたちを葬り去ることだってできる」。

マイクロソフトの攻撃は容赦なく、大きな成果を上げた。一時的に株式市場で急騰したネットスケープの株価はたちまち急落し、最後にはAOLに買収される。マイクロソフトのライバルたちは、不当に虐待されたことへの不満を募らせた。連邦取引委員会は一九九〇年に調査を開始するが、委員たちの調査は行き詰まり、司法省がこの案件を引き継いだ。（ケネス・アローの勧めで）チーフ・エキスパートに採用されたブライアン・アーサーは経済学者ではないが、サンタフェ研究所で収穫逓増に関して研究していた。*** 政府は一九九四年に訴訟を起こし、直ちに同意判決が締結されるが、その内容は完全にうわべを取り繕っただけのものだった。特にインターネットの脅威という観点からは、同意判決にマクロソフトの行動を改めさせるほどの力はなかった。

しかしながら、一九九六年までにはブラウザ戦争の勃発によって、司法省の関心が新たに呼び覚まされた。

*この戦略を受ける立場の人生については、チャールズ・ファーガソン著『一か八かの大きな賭け――強欲と栄光を巡るインターネット戦争の勝者の物語』（*High Stakes, No Prisoners: A Winner's Tale of Greed and Glory in the Internet Wars*）に優れた記述がある。

**『AOL・COM――ウェブ戦争でスティーブ・ケースはいかにしてビル・ゲイツを破り、インターネットに精通した人物たちを苛立たせ、巨万の富を手に入れたのか』（*AOL.COM: How Steve Case Beat Bill Gates, Nettled the Netheads, and Made Millions in the Way for the Web*）

***協議内容に関しては、M・ミッチェル・ワールドロップ著『複雑系――科学革命の震源地・サンタフェ研究所の天才たち』（田中三彦、遠山峻征訳、新潮社）を参照。

マイクロソフトがインターネット上でミドルウェアのプロバイダーと繰り広げた一九九〇年代の戦いに政府が介入したストーリーが語られるのは、何年も先のことだろう。残念な結論のせいで、このエピソードには悪夢のような雰囲気が漂ってしまった。冷戦が終結して一〇年間は、かなり過熱気味だった。しかしそれでも、ストーリーの一部の側面はすでに明らかである。

まず、政府は第一級のチームを編成した。当時はまだジャネット・レノが司法長官で、この案件を一貫して監督することになったが、公益専門の元弁護士として著名なジョエル・クラインが独禁法専門の副次官補になっていた。彼は政府側主任弁護士として、著名な法律家デイヴィッド・ボイスを採用する。ボイスは主任鑑定人をＭＩＴの経済学者**フランク・フィッシャー**に依頼して、彼の存在のおかげでチームに重量感が加わった。三〇年前、フィッシャーはＩＢＭを擁護する経済学者の中心的存在だったのである。独禁法部門の経済学者も大物ぞろいで、バークレーの**ダニエル・ブリンフェルド**や、スタンフォードのティム・ブレスナハンが次々に参加した。

もうひとつ注目すべき点として、政府は今回、マイクロソフトの犯行現場を押さえた。大量の書類には、ネットスケープだけでなく、サン・マイクロシステムズのＪＡＶＡのアーキテクチャをはじめ多数のライバルが違法行為の標的だったことを示す証拠が含まれていた。しかし何よりも注目すべきは、この訴訟が以前とはまったく異なる判事の担当になったことだ。連邦地方裁判所判事スタンレー・スポーキンが早期の同意判決に傾いたとき、ワシントン控訴裁判所はスポーキンを交代させ、その後釜にレーガンが指名した保守派のトーマス・ペンフィールド・ジャクソンを据えた。

マイクロソフトにとって、これは意外な展開だった。シアトルを本拠地とする同社は、ワシントンでほとんど存在感がなく、経験豊富なロビー機関と関係がなく、賢明な助言も受けられなかった。そのため、甘やかされた思春期の若者のようにふるまってしまった。なかでも特に見苦しかった行為のひとつが、議会に実際に働きかけ、司法省の予算削減を求めたことだ。経験ある企業なら絶対にやらない。ニューヨーク・タイムズ紙のコラムニストであるトーマス・L・フリードマンは、ゲイツとバルマーを「青臭くて世間知らず」と評し、「あなたの都市で最大の企業が、警察署の資金を削減するために影響力を行使しようとしたらどう思うだろう。しかも警察はこの企業を告発するつもりだとしたらどうか?」と問いかけた。やがてジャクソン判事は同社がシャーマン法に違反して不正な手段を使って独占状態を死守するつもりであることを突き止めた。裁判は是正措置の段階へと進んだ。

この時点で、政府はマイクロソフト分割を要求する。そして、どうやってこの措置が機能するかを説明するため、意外な専門家を連れてきた。経済学者以外にはほとんど無名だが、一貫して是正措置の専門家として知られていた。もちろん、ポール・ローマーである。政府説明によれば、彼を選んだ決め手は形式化されたばかりの理論だった。この理論は、市場でのインセンティブが技術変化の割合を決定することを説明していた。

裁判所での宣誓供述で、ローマーは自分の理論の長所をつぎのように説明した。理論を使えば、「社会制度全般、なかでも特に法的諸制度がインセンティブにおよぼす効果を追跡できるようになり、ひいては技術変化の割合を確認できる」。その効果は侮れない。成長率の僅かな違いが、いつの間にか生活水準に大きな影響をもたらす。そのため、法律、特にハイテク分野での独占禁止法に関する決断は、「社会が下す政策決定のなかでもきわめて重要性が高い」。

この理論は新しいかもしれないが、その原則はおよそ二〇年前にAT&T分割の決断の根拠となったものと同じだと、ローマーは説明した。当時、これは主に常識の問題だった。高尚な理論が存在したわけではない。規制が失敗したところでは、市場の競争がイノベーションを促すという強い直観があるだけで、実際にその通りになった。ウォールストリート・ジャーナルは一九八二年、AT&Tの決断を激しく非難した（マイクロソフトとは異なり、AT&Tは分割に同意した）。だが、数カ月以内に長距離電話会社のMCIが光ファイバーケーブルをコーニング社に大量発注すると、電気通信革命が幕を開ける。

同じ考えはマイクロソフトにも当てはまる、とローマーは説明した。歴史を振り返ってみると、業界で最も重要なイノベーションの発達と商業化に貢献するのは、べつの企業に所属する人材である。部外者のアイデアには、eメール、電子スプレッドシート、ワープロ、ウィンドウズをベースとするグラフィカル・ユーザーインターフェイス、インスタント・メッセージなどが含まれる。コンピュータにおける競争を制約したマイクロソフトは、ネットスケープやJAVAだけでなく、ほかにも数えきれないほどたくさんの潜在的開発者のインセンティブを減らしてしまった。ローマーはつぎのように書いている。「多くの現存する企業や潜在的な企業のあいだでは、製品を購入する最終ユーザーの獲得を巡る競争が促されるべきだ。しかし包括的な中央計画のシステムも、政府が統制するシステムも、さらには一企業の経営者が支配するシステムも、安定的で信頼感のあるメカニズムになることは期待できない」。

そこで政府は、マイクロソフトをOPとAPに二分割するよう裁判所に求めた。ウィンドウズOSをサポートする部門（OP）と、様々なアプリを生み出す部門（AP）で、APには莫大な利益を生み出すOfficeが含まれる。インターネット・エクスプローラーはAPに該当するが、ライセンス業務はOPに該当する。ふたつの部門は分割されたら直ちに、お互い同士だけでなく、ほかのすべてのライバルと競い合う。新しい組織はどちらも年間売上高がおよそ八〇億ドル、利益がおよそ三〇億ドルと見込まれる。APが誕生すると、デスクトップパソコン分野でのウィンドウズの圧倒的支配力は確実に消滅するだろう。ちょうど数年前のネットスケープやサン・マイクロシステムズのケースと同じだ。正確な規模はわからないが、期待される利益はコストを大きく上回る。分割は経済全体のイノベーションの進行を促すだろう。

政府の要求に対して、ゲイツはつぎのような反応を返した。「こんな発言をする人物は誰であれ、ソフト業界を理解していない」。マイクロソフトは自らの商慣習を徹底的に守るつもりだった。

二度目の窮地

マイクロソフトは裁判では一貫して自らの立場を守るため、ＭＩＴのミクロ経済学者**リチャード・シュマレンジー**を頼った。しかし今回は意外でもないが、マイクロソフトは淡水学派経済学に注目し、シカゴ大学のケヴィン・マーフィーに弁護を任せた。一九八七年に「ビッグプッシュ」論文で、三人の共著者のひとりとして収穫逓増について分析したマーフィーも、いまでは確固たる地位を確立していた。彼は分割に反対する証言のなかに、シカゴ学派の価格理論の要素を慎重に付け加え、ダブル・マージナリゼーション（double marginalization）として知られる問題に焦点を当てる。

潜在的な独占者のマイクロソフトは、市場が払うべきソフトウェア使用料を請求してこなかったかもしれないと、マーフィーは指摘した。しかしマイクロソフトが分割されれば、どちらの新会社も親会社のような抑制が効かず、限られた製品価格を高く設定するかもしれない。ＯＳとワープロが別々に販売されれば、抱き合わせ販売のときよりも消費者の負担は増える。ひとつではなく、ふたつの利幅が発生する。それなら、独占者にすべてを任せたほうがよい。価格が高く設定されすぎる可能性はなくなる。

これに対してローマーは、この主張が意味をなすのは、価格が高すぎて消費者がパソコンの購入を控えるときに限ると反論した。むしろマイクロソフトは、価格の差別化というテクニックを巧みに利用してきた。ＯＥＭメーカーや企業以外の買い手には安いバージョンのＯＳ（ウィンドウズＸＰ

家庭版）を、学生や教師にはOfficeのバージョンを法人向けより低価格で提供してきた。したがってマイクロソフトはダブル・マージナリゼーションの問題をすでに解決済みで、ＯＰとＡＰのあいだで価格調整をする必要はない。実際、このような形で市場に料金を目いっぱい負担させている。

しかも、重要な問題は消費者に提供される価格であることを誰も真剣に考えていない。ブラウザのような新しい技術を開発する人材のあいだで競争が進めば、その結果として彼らのあいだでインセンティブが働く点が無視されている。唯一の独占者（「わたしはきみたちから二〇パーセント購入することも、すべてを購入することもできる。あるいは、自分でこの事業に乗り出し、きみたちを葬り去ることもできる」）に代わり、ふたつの企業と取引できるようになれば、適切な利益を獲得するチャンスが増える。皮肉にも競争に新しいアイデアの発見をサポートする大きな力が秘められているという発想をシカゴは放棄してしまった、とローマーは指摘した。彼らは、たくさんのことを抱え込みすぎてしまった。そのため、適切な理論を欠いてしまい、新しいアイデアの発見や知識の増加について明確に考えられなくなってしまった。既存の商品価格だけで頭がいっぱいになっている。

もちろんマイクロソフトは防戦するうえで、シカゴだけを頼ったわけではない。ほかにも専門家を寄せ集め、彼らの意見を求めた。たとえば、将来の証人候補のリストにレスター・サローを加えた。経営幹部はローレンス・サマーズ財務長官と、大統領経済諮問委員会メンバーであるマーティン・ベイリーに弁護を要請する（「何かの生産を促す唯一のインセンティブは、独占力を一時的に所有することだ。なぜなら独占力なしでは、価格は限界費用まで低下して、高い初期固定費を回収できないからだ」と、サマーズはその後の講演で語った）。シカゴのゲイリー・ベッカーはシュンペーターの主張を引用し、独占状態のほうがイノベーションが自由に進められると論じた。競争相手に新製品を模倣される可能性を心配する必要がないからだ。会社を分割すればイノベーションが加速されるという主張には「説得力がない」とベッカーは言い切った。いまやニューヨーク・タイムズ紙の人気コラムニストになったポール・クルーグマンもダブル・マージナリゼーションについて取り上げ、司法省の対応に強硬に反対した。そもそもAT&Tの分割は、「携帯電話システムの断片化につながったではないか。その挙げ句、米国は携帯電話技術に関して欧州や日本に後れを取っている」（光ファイバーやインターネットの登場も、これ以上の発展は期待できない！）「腹立ちまぎれにマイクロソフトを貶める行動は、やめようではないか」。

ジャクソン判事は交渉による和解を強く望んだ。政府が分割への同意を得られなかったケースは、過去にはなかった。そこで、経済学と独占禁止法の優れた権威である巡回裁判所判事リチャード・ポズナーに、この件の調停を依頼した。二カ月にわたり、この著名な判事が所属するシカゴの第七巡回区控訴裁判所に弁護士が何度も足を運ぶが、最終的に交渉は決裂した。数年間におよぶ論争のすえ、ゲイツもバルマーも相変わらず自信たっぷりにインタビューを受け、判事の異議申し立てを却下して、何もやましいところはないと主張した。この裁判を通じて、ふたりが広報活動やロビー活動に関して十分に学ばなかったことは間違いない。ましてや市民の責任については何も学ばなかった。

二〇〇〇年五月二四日、ジャクソン判事は是正措置に関する審問を一日かぎりで行い、その二週間後には、マイクロソフト分割という判決を下した。急いだのは、判決が覆る場合、遅いよりも早いほうがよいからだと説明した。業界の事情に立ち入って技術に関する決断に細かい注文をつければ、一五年前のAT&T分割の際の連邦地方裁判所判事ハロルド・グリーンの二の舞になる恐れがあった。結局、ジャクソン判事は業界が一社によって支配されるよりも、競争が促されるほうを好んだ。そのため、注目を集めた裁判劇でOPとAPに組織を分割する解決策を命じ、それでこの件には決着をつけたいと考えた。

ところが、不運なことに、娘が新聞記者をしているジャクソン判事は、自分の論拠をあまりにも多く調子に乗って話しすぎた。すでに分割を命じる以前から、報道関係者の（解禁日指定の）インタビューに応じていた。裁判がまだ終わっていないうちにニューヨーカー誌のケン・オーレッタを執務室に招き、是正措置が認められたら、ナポレオン・ボナパルトの最新の伝記に関する「本の紹介」をゲイツに書かせるつもりだと言い、つぎのように話した。「ゲイツは自分についても会社についてもナポレオンと考え方が同じだ。つらい出来事も逆境も経験したことがなく、完全な成功を手に入れて強大な権力をほしいままにしている。傲慢さが目にあまる」。ジャクソン判事が調子に乗った気持ちは容易に理解できるが、これでは彼の決定を覆すのも容易になった。

二〇〇〇年は大統領選挙の年に当たり、この件は政治の狂乱に巻き込まれてしまう。生涯にわたって民主党員だったバルマーは、このときの選挙ではジョージ・W・ブッシュ候補を積極的に支援した。マイクロソフトは就任式に多大な寄付をした。二〇〇一年六月、首都ワシントンの控訴裁判所はジャクソン判事の決定を覆した。ジャクソン判事は最高裁判所への直接の上訴を義務付ける条項を行使して、首都の控訴裁判所を迂回するつもりだったが、その試みは失敗に終わった。結局、ジャクソン判事はこの件の担当から外され、新しい判事にはコリーン・コラー＝コテリーが任命される。

あとは知ってのとおりだ。シカゴ大学で学んだ弁護士のジョン・アシュクロフト司法長官が司法省は心変わりしたことを法廷で伝えた。一年前には反トラスト局が勝利を収めたにもかかわらず、結局、ブッシュ政権はマイクロソフトをOPとAPに分割するのを望まなかった。これでは法の統治などあったものではない！　レーガンが指名した判事のもとで弁護士がすでに勝利を手に入れていた裁判から、政府が圧力に屈して撤退するのは屈辱でしかなかった。まさにその翌週、アルカイダがニューヨークとワシントンを攻撃すると、マイクロソフトの一件は米国でほとんど忘れ去られてしまった。マイクロソフトに対する告訴の舞台は、いまやブリュッセルと欧州連合に移行した。

マイクロソフトは二度目も窮地を脱した。法に従って行動する方法や、不適切な印象を与えない方法について多くを学んだが、支配を拡大する意欲は失っていなかった。ジャクソン判事が分割を命じてからわずか一カ月後の二〇〇〇年半ばには、「ウィンドウズNET」の計画を発表する。このソフトウェア・クラウドを利用すれば、ウィンドウズのシステムはパソコンからサーバー、テレビ、ゲームボックス、携帯電話へと拡大される。マイクロソフトはサーバー・ソフト市場に進出することによって、インターネットそのもののソフトに関して支配権を手に入れる準備を始めた。

成り立たない「見えざる手の法則」

しかしその頃、マイクロソフトには新たな脅威が発生していた。今回の脅威は、判事が介入する必要がなかった。ゲイツが一九七六年にメモを送り付けた愛好家をはじめとするソフトの共有者は、ソフトウェア・パブリッシングにおけるゲイツのシュリンク・ラップ革命を甘んじて受けようとはしなかった。結局、インターネットもワールド・ワイド・ウェブも彼らが創造したものだ（「彼ら」とは、コンピュータに関する優れた洞察力の持ち主や熱心な愛好家が大勢集まって形成された多彩な集団を指す。彼らは世界中に拡散しているが、カリフォルニア州バークレー、マサチューセッツ州ケンブリッジ、フィンランドのヘルシンキを精神的な拠りどころとした）。

大学生だったゲイツが会社を立ち上げるために大学の所有物を使ったことを叱責した助教授にまで遡り、この集団（シークレット・シェアラー）は起業家的傾向への憤りを密かに共有していた。市場文化に対する熱烈な関心は、一九七〇年代はじめからあらゆる業界やあらゆる国を席巻していた（「金持ちになるのは名誉あることだ」と、一九七九年に中国を「資本主義への道」に導いた鄧小平《とうしょうへい》は語った）。一九九〇年代末になると、これらのシークレット・シェアラーたち――決して全員が反資本主義者ではないが、極端な形での私有財産の所有を全員が批判していた――は、ウィンドウズの支配に直接反撃する準備を整えていた。彼らの武器は「リナックス」と呼ばれるOSで、これは基本的に無料で公開され、オープンソースソフトウェア運動として知られる開放的で強力な伝統のなかから創造された。

ソースコードに関する厳重な企業秘密は、長年かけてマイクロソフトの「シュリンク・ラップ契約の中枢」として定着した。ウィンドウズOSの中心にはブラックボックス、すなわちプログラムの核心となる「カーネル」が存在していた。その結果、ウィンドウズは模倣されないことが保証された。模倣するなら、「何かほかのもの」になるまで修正を加える必要があり、こうして出来上がったオリジナルの改良バージョンなら、ほかのベンダーが自由に販売することも許された。かつて、マイクロソフトはアップルとの重要な戦いに勝利を収めた。このときマイクロソフトは、カーネルへのアクセスをアプリケーション・プログラミング・インターフェイス（API）によって制限したうえで、ウィンドウズで動作するプログラムを自由に書くことを誰にでも許した。これに対してアップルは、自社が開発したプログラムだけを提供する。これではアップルではなく、ウィンドウズ向けソフトを創造する開発者のほうがはるかに多かったのも意外ではない。ただし、ウィンドウズそのものはオープン・システムではない。ここではAPIが、厳重な鍵として実に効果的に機能している。

一九九一年、オープンソースという理想にとって頼もしい人材が登場する。リーナス・トーバルズという二一歳の若者はあらゆる点でゲイツと対照的で、オープンソースの理想に関する哲学を体現したような人物だった。この若きフィンランド人コンピュータ科学者は、占有モデルの効率の悪さに悩まされていた。絶えずクラッシュするし、修正を加えることができない。そこで、自分自身でシステムを構築しようと決断する。すなわち、自由な修正が可能で、時間の経過と共に強靭になるシステムを目指した。生活に必要な固定費は特別研究員の給付で賄えたので、コンピュータコードを書いては出来上がったものを無料で公開する余裕があった。科学研究を行ってジャーナルに成果を発表し、良い結果として認められれば同業者のあいだで引用される機会が期待できるのと大差なかった。

トーバルズの最も重要なイノベーションは、技術面ではなく社会面で達成された。ジャーナリストのエリック・レイモンドはつぎのように説明する。「リナックスが開発されるまで、OSのように複雑なソフトは何であれ、比較的少人数で結束の固い集団が、慎重な協同作業を通じて開発しなければならないと誰もが信じていた」*。しかしトーバルズは、まったく異なる方法で開発を進めた、とレイモンドは指摘する。「最初から、大人数のボランティアの作業をインターネットだけで調整し、

＊大がかりな新しいソフト製品を創造するための標準的なアプローチに関しては、以下の本の見事な解説を参照。G・ザカリー著『闘うプログラマー　ビル・ゲイツの野望を担った男たち』（山岡洋一訳、日経BP）

自由な形で巧妙に改善が加えられた」。トーバルズは厳密な基準を独裁者のように押しつけることによって、バグのないプログラムを達成したのではない。毎週情報を公開し、数日以内に何百人ものユーザーからフィードバックを受けて、言うなればダーウィンの淘汰が急速に進行する形で、開発者によって突然変異が導入された。要するにリナックスはインターネットそのものと同様、友好的であるばかりか、金銭にこだわりのない方針で開発された。このシステムは、ラフ・コンセンサスとランニング・コードを特徴とした。

コンピュータを使用する人は誰でも、このように異なるインセンティブ・システムが非常に異なる経験をユーザーに提供することを直接経験している。今日、パソコンそのものはクローズド・システムで、ほとんどの人がパソコンを使って行うタスク（eメールやウェブへのアクセス）と比べて法外に費用が高く、失敗しやすく、ハイブリッド化が難しく、使いづらく、修繕が容易ではない。これに対してインターネット、特にワールド・ワイド・ウェブは、使いやすく、安定性に優れ、イノベーションにやさしく、ユーザーへの価格設定に様々な配慮が見られる。このふたつの技術は非常に異なる価値を体現し、異なる社会規範を暗示している。

ここに、「内生的技術進歩」の要となる真に爆弾級の発見が存在している。すなわち、知識に非競合性が備わっているかぎり、経済学の宝物である「見えざる手の法則」(the Invisible Hand theorems)が成り立たないのだ。市場はこれらの商品の「正しい」価格を得ることができない。

経口水分補充療法のケース

経済学ではアダム・スミス以来、個人に好きなようにさせておけば、あたかも見えざる手に導かれるかのように「全体として最善の」結果に到達するという命題が最も重要なアイデアだとされてきた。経済学者は、スミスの直観を非常にきめ細かく洗練させた。一定の条件で分散化された競争市場の効率について、ケネス・アローとジェラール・ドブルーは一九五〇年代はじめに数学的に証明し、最終的にノーベル賞を受賞した。当時の経済学者は、見えざる手の定理は、実際に証明されたかのように命題としての正しさが確立されたと語った。

しかし実際には、どのような競争が繰り広げられようとも、このような理想的な条件から乖離することは現実の経済ではめずらしくない。独占や外部効果はゆがみを引き起こす。ただし、こうした「深刻な損失」に対抗する政策は明確だ。財産権を割り当て、独占状態を分割することによって、あらゆる場所で重荷の軽減に努めるのだ。邪魔な下生えを取り除いてやれば、市場の魔法はほかのいっさいの面倒を見てくれる。

これに対してローマーは、つぎのように応じた。財産権の割り当ては、資源が希少でライバルが存在するときには問題ではない。土地、電波スペクトルの一定の周波を使う権利、汚染排出物を大気中に放出する権利を割り当ててもかまわない。しかし新商品が新しいアイデアに関わるときには、これに対処する厳重なルールなど存在しないのが現実である。実際、厳重なルールは存在し得ない。

新商品には固定費が関わっているが、「非凸性」として象徴される固定費は、分散化された市場にとって避けられないジレンマを提供する。

その事例としてローマーが最も好んで紹介するのが、経口水分補充療法である。この治療法は、下痢で苦しむ子どもにゲータレードなど、水に少量の塩分やミネラルを混ぜた飲料を与えて症状を改善させる。脱水症状を放置すると致命的になるケースも多いので、これは命を救うために役立つ。しかも経口水分補充療法は世界のどこでも利用できる。飲料水を準備するのはタダ同然。アイデアには再利用できる特質が備わっているので、この治療はあらゆる場所であらゆる人の生活水準を向上させる。では、経口水分補充療法を開発するために「ふさわしい」価格はどの程度なのか。たしかに、このような類の発見の価格は非常に高く設定されるべきだ。治療によって何百万人もの命が救われるからだ。エイズやマラリアのワクチンの発見に大きなインセンティブが必要とされるのと同じだ。しかし商品が現れた途端、「適切な」価格はゼロに下がってしまう。新しい商品は無料で公開されるべきだ。

では、それほど劇的ではないイノベーションはどうか。ここでも同じ考え方が当てはまる。新しいアイデアをどの程度まで保護すべきかは、必然的に社会的選択である。どんなルールが採用されるにせよ、結局、それは研究を行っている一握りの人や、誰に研究を任せるか決断する人の価値ではなく、社会全員の価値に左右される。

結局、同じ科学者（あるいはよく似た代理人）は、たとえばベル研究所のような産業研究所で報酬をもらいながら研究しようと、カリフォルニアのベンチャーキャピタリストに費用を負担してもらって自分の研究所で研究を続けようと、同じものを発見できると考えるのが理に適っている。成功した研究所は新しい発明に対する独占利益を手に入れてもよいし（マイクロプロセッサ）、企業の競争相手にタダ同然でライセンス供与してもよい（トランジスタ）。財産保護は厳格な場合もあり、たとえばＡＳＣＡＰ（全米音楽著作権協会）には、歌が流れるたびに五セント支払われる。あるいは緩やかな場合もあり、たとえばグレイトフル・デッドは、アマチュアが自分たちの演奏を録音しても自由放任の態度を貫いている。厳格に使用料金を請求しなくても、コンサートチケットが大きな収入源になるからだ。

あるいは、現金報酬がまったく関与しないケースも考えられる。現金報酬以外にも、引用、ボーイスカウトに送られるメリットバッジ、チームプレイ、家族倫理、宗教的配慮など、正当に評価するためにはありとあらゆる方法が存在する。市場がすべてではないとローマーは語る。ほかにもたくさんの種類の制度が構築されている。

パソコンとインターネットを考えることはおそらく、スタイルが大きく異なる技術的発展の対立関係を理解する最も簡単な方法である。それぞれを代表する最高の起業家が置かれている環境の違いも鮮明だ。ビル・ゲイツは、ワシントン湖のほとりに九七〇〇万ドルかけて建造した有名な邸宅に住んでいる。六万六〇〇〇フィートの敷地には様々な施設が準備されている（家族の私邸としては一万一五〇〇平方フィートしか確保されていないが）。豪華な螺旋階段、劇場、図書室、フォーマルなダイニングルーム、会議室、トレーニングルーム、先端技術を装備したファミリールームなどが用意されている。一方、リックライダーはアーリントン郊外の家に長年暮らしている、スパイポンドとボストンを見晴らす丘の上に一九二〇年代に建てられた家は、寝室が四つ用意された質素な木造家屋である。

どちらのシステムも機能しており、おそらく一緒になれば最高の形で機能する。社会はいずれにしても利益を得られる。個人の起業家のあいだにナスダックが適切に資本配分することの素晴らしさがしきりに語られるが、企業や委員会にも驚異的な成果を生み出せることをインターネットの進化は教えてくれる。

マーシャルの森の木の喩え

圧倒的に有利なスタートを切ったおかげで、そのＯＳがほぼ全世界の市場で未だに「広く普及し《ユニバーサル》ている《ル》」マイクロソフトは、これからどうなるだろう。これからもずっと見えざる手を打ち負かすのだろうか。あるいは、ジョージ・スティグラー、ジョージ・Ｗ・ブッシュなど、自由放任主義を信じる人たちの正しさが証明されるのだろうか。彼らの助けがなくても、競争は最終的に勝利を収めるのだろうか。

あるいはローマーが正しいのだろうか。折に触れて介入すると、消費者だけでなく、この場合には米国にとっても、結果が劇的に改善されるのだろうか。非公式の場で、彼はつぎのように指摘している。ヨーロッパ、インド、中国など、いかなる外国政府であろうと（おそらく三つのすべての政府に言えるが）、リナックスに大がかりな投資を行えば、世界中でオープンソース・アプリケーションを書くことへの関心が高まり、意欲がかき立てられる可能性がある。その場合には、消費者は低価格マシンの登場から利益を得られるが、ソフトに関するリーダーシップは別の大陸に移行するだろう。一九六〇年代には似たような状況で、米国の鉄鋼会社が政府を陰で操り、新しい技術への投資を遅らせたため、気づいたときは手遅れになっていた。

さらに、新しいミドルウェア技術が登場し、デスクトップにおけるウィンドウズＯＳの支配はついに終焉するかもしれない。ネットスケープのブラウザはこのタスクにあと少しで成功する段階で、マイクロソフトに潰された。グーグルの検索エンジンは最も有力な候補だ。グーグルのミドルウェアはｅメールやウェブベースのストレージを提供できるので、ウェブベースのアプリとのプライマリー・インターフェースとなり、マイクロソフトのOfficeを迂回しやすくなる可能性がある。その場合にも、今後の発展を主導する支配的立場はほかの人物へと移行するだろう。

いずれにせよマイクロソフトのストーリーは、アルフレッド・マーシャルが紹介した森の木の喩えのような結末をほぼ間違いなく迎えるだろう。長期にわたって成功してきたが、最後はライバルに敗北する。どんな木も空までは伸びないと断言できるのは常識であり、経済理論ではない。はたして二〇〇五年九月、マイクロソフトは静かにＯＰとＡＰへの分割という政府の論理を受け入れた。

同社は三つの事業グループ（七つから減少した）に再編され、それぞれに別の社長が就任した。ウィンドウズOSは、プラットフォーム部門が管理する。Officeなど様々なアプリケーションは、事業部門の担当になる。家庭用ゲーム機のXボックスは、エンタテイメント・ユニットに割り当てられた。

ここでは企業内の煩雑な手続きを減らし、「少なくなった決断を迅速に下す」ことが表向きの目的とされた。グーグルやイーベイ、オープンソース・ソフトが仕掛ける競争は激しさを増すばかりで、対抗できる態勢を整えることが緊急に必要とされた。ほどなく、独立した各事業は自律的な企業に発展するのだろうか。その可能性はある。その時点で、マイクロソフトの各事業はお互いに競い合うだろう。それぞれがばらばらに活動することになる。結局、政府の独禁法専門家やジャクソン判事は、マイクロソフトよりも正確にソフト業界を理解していた。

すでにゲイツは、別の場所に注目し始め、財産の一部をつぎ込み始めた。世界的な健康問題、特に第三世界の様々な病気向けのワクチンを開発するための新しいアイデアや、開発されたワクチンを送り届ける新しい方法の創造に情熱を注いでいる。彼の後半生は前半生と同様に興味深いが、理由は異なる。皮肉にも、慈善活動に従事するゲイツ財団は、ローマーの主張の特色を定期的に取り入れ、さらに洗練させている。ゲイツ財団の助成金受領者は、自分たちの発明に対する特許を自由に取得して、富裕層に好きなだけ自由に販売してもかまわないが、ひとつ条件として、新しい技術を貧困国にタダ同然で提供しなければならない。こうした活動をしながら、ゲイツは世界一の大富豪の座にとどまり続けている。このシュンペーターの筋書き通りに進行したドラマの一部始終は、「内生的技術変化」で紹介されたモデルを使えば、わかりやすく計算可能になり、ある程度は制御できるようになる。しかし、ローマーは同じ場所にとどまっていなかった。ジャクソン判事による分割命令が覆される（自分がＯＰとＡＰへの分割に関する是正措置の専門家トップとしての役職から外される）以前からすでに、ほかの行動を始めていた。彼は自分で、小さなソフトウェア企業を立ち上げたのである。

第26章 見えざる革命

The Invisible Revolution

静かな革命

収穫逓増革命は、報道関係者にほとんど気づかれないまま進行した。その展開は一時的に複数の大きな出来事の発生で影が薄くなった。市場への転換、共産主義の崩壊、情報技術や分子生物学の進展、インターネット・バブルなど進行中の歴史と学者の意見対立が注目を競えるだろうか。そのうえ新しいアイデアは、数理経済学からじかに生まれた。日常的な認識や言語が一握りの方程式によって様変わりするなど、積極的に信じたがらない人は多かった。

技術経済学の内部でさえ、大きな変化が進行している手がかりを伝える合図はほとんどなかった。変化が認識される場所を探すなら、『ジャーナル・オブ・エコノミック・パースペクティブ』に目を向けるのはひとつの方法だ。同誌は一九八七年、一般読者に経済学を紹介するために創刊された。一九九四年末には新しい成長理論に関するシンポジウムが開かれ、ローマー、ヘルプマン、グロスマン、ソローが寄稿した。これは、ネットワークの外部性に関する同様のシンポジウムの直後に開催されたものだ。新しい成長理論に関するシンポジウムのあとには、送金メカニズムに関するシンポジウム、投票の経済学、犯罪の経済学、初等・中等教育の経済学に関するシンポジウムなどが開催され、招待論文が相次いで発表されたため、様々な展開を区別するのはほとんど不可能になった。

専門色の強いエコノメトリック・ソサエティでは五年おきに世界会議が開かれ、新しい展開が紹介されるが、やはり収穫逓増は注目されなかった。二〇〇〇年には「ミレニアムの経済学」に関して複数のジャーナル誌、『クォータリー・ジャーナル・オブ・エコノミクス』、『エコノミック・ジャーナル』、『ジャーナル・オブ・エコノミック・パースペクティブ』が特集号を発行したが、何かが大きく変わったことを示唆するような内容はほとんどなかった。

経済思想の近年の歴史についての最初の草稿は、どうやらノーベル経済学賞を選出するスウェーデン人に外部委託されたようだった。

一方、ビジネスコンサルタントや戦略的思考家のあいだではゴールドラッシュが続いた。先鞭をつけたのはピーター・ドラッカー（一九〇九～二〇〇五）で、一九八〇年代はじめに「知識経済」(knowledge economy）の重要性を強調した。一九九〇年にはハーバード・ビジネス・スクールのマイケル・ポーターが『国の競争優位』を出版し、産業クラスターに関するマーシャル学派のアイデアを改めて紹介した。ほどなく『ワーキング・ナレッジ』（トマス・ダベンポート著）、『インテレクチュアル・キャピタル』（トマス・スチュアート著）、『インビジブル・コンチネント』（大前研一著）、『ワーク・オブ・ネーションズ』（ロバート・ライシュ著）、『都市の富』（ジョン・ノルキスト他著）といった表題の本が出版社から続々と送り出され、コンサルティングや会計関連の企業はイノベーションの中心地として知識を実践している点を強調した。

一九九〇年代半ばまでには、「ニューエコノミー」が発見された。このドラマの中心人物は、連邦準備制度理事会のアラン・グリーンスパン議長だ。一九九六年一二月、ダウ・ジョーンズ工業株平均株価が五〇〇〇を僅かに超えると、彼は市場の「根拠なき熱狂」について警告した。しかし警告にもかかわらず、翌年にはダウ平均株価が七〇〇〇ちかくまで跳ね上がり、グリーンスパンは分析を最初からやり直した。七カ月後、ビジネスウィーク誌の特集記事は「ニューエコノミーの勝利」を宣言し、経済が新しい時代に入ったという結論をFRB議長が下したと報じる。ニューエコノミーという言葉は、爆発的に使われるようになった。

インターネットは、ビジネスを支配する「新しいルール」について説明するための比喩として効果的だった。グローバリゼーション、技術革新、冷戦の終焉、規制緩和、企業文化の台頭、低インフレ、景気循環の終わりなどは、新しいルールが生まれた理由として指摘された（アジア金融危機の発生を受けてグリーンスパンが、米資本市場に流動性を注入した点は、ほとんど注目されなかった）。経済ジャーナリストは、「距離の消滅」「摩擦なき経済」「無重力社会」「フラット化する世界」

を賞賛する。ローマーは関連書の一部に登場し、なかでもマイケル・ルイス『ニュー・ニュー・シング』とトーマス・フリードマン『フラット化する世界』では大きく取り上げられる。ついにはグリーンスパン自身が、「われわれの経済では奥深いシフトが未だに進行中で」、その結果、爆発的な技術革新が「大部分は外生的に」進んでいると述べるまでになった。

しかしそれでも当時、「現時点でわかっている事柄」について発言する際、発見を気の利いた言葉で表現し、経済学の権威に訴えようとする努力はほとんどなかった。ケインズ革命の特徴を描写した「闇と光の隔たり」に匹敵する表現は見られない。主流派の見解の典型例はカリフォルニア大学バークレー校のハル・ヴァリアン教授のもので、著名なミクロ経済学者の彼は、二〇〇二年はじめのニューヨーク・タイムズ紙で以下のように寄稿した。

ニューエコノミーに同調するような新しい経済学は存在しない。収穫逓増、ネットワーク効果、スイッチング・コストなどについて盛んに語られているのは事実だ。しかしいずれも、新しい概念とは言えない。何十年も前から経済学の文献の一部として存在してきた。しかも、これらは重要なアイデアではあっても、大きなアイデアではない。一定の現象についてはうまく説明しても、範囲が限られている。本当に大きなアイデアを探し求めるなら、過去の文献に遡る必要がある……ノーベル賞受賞者のロナルド・コースが一九三七年に発表して［取引コスト］（transaction cost）というアイデアについて述べた論文「企業の本質」（The Nature of the

Firm）に注目しなければならない。

このように、二一世紀のはじめには、何が起きたのか示唆するようなヒントは未だにほとんど存在しなかった。

革命の主役たち

『科学革命の構造』でクーンは科学革命の「不可視性」について一章を割いて説明している。科学者からも素人からも、科学の進歩について把握するための手段として頼りにされるソースがあるが、そこでは革命の存在や重要性が体系的に覆い隠されてしまう。このソースとは、教科書ならびに教科書に基づいた大衆化である。実のところ、教科書は最も新しい結末だけしか紹介しない。革命が発生するたび、過去に科学者が指摘した問題のなかから革命後も適切だと判断したものだけを残し、書き換えが行われる。ほとんど理解できない問題や、きちんと理解できない問題は排除されてしまう。優秀な科学が切り捨ててもかまわないと決定したものを尊重することなどできない。そのため教科書が描き出す科学は、累積的かつ直線的に進化していく。科学者はレンガを積み上げるように、理解できる事柄や新しい発見を一度にひとつずつ付け加えていく。その結果、科学の変化のなかでも最も重要なエピソード、すなわち従来の理解の仕方を瞬く間に全くの時代遅れにしてしまうエピソードは、ストーリーから取り除かれてしまう。

ニュースの供給源として経済学者をかならずしも当てにできず、米国の新聞はこの分野の報道を大幅にカットしているとしても、少なくともストックホルムが残っている。いまや経済学は、毎年一〇月を迎えるたびに進歩している。ノーベル賞を獲得できなかった研究は、少なくとも部外者にとっては実際に存在しなかったのも同然である。

一九九〇年代にスウェーデンでスポットライトを浴びた研究者は、一九六〇年代末から高度な論理に取り組んだ。彼らが注目されるようになったのは、ノーベル賞選考委員会の指導部で世代交代が進んだおかげだ。経済学賞が導入されてから議長を務めてきた**アサール・リンドベック**（一九三〇年生まれ）が退任し、**トルステン・パーソン**（一九五四年生まれ）が後を引き継いだのである。ロバート・ルーカスは一九九五年、期待に関する研究成果を認められてストックホルムで賞を授与された。ロバート・マートンとショールズは、オプション価格設定の方程式を考案して賞を分け合った。ジョージ・アカロフ、A・マイケル・スペンス、ジョー・スティグリッツの三人は二〇〇一年、情報の非対称性で賞を受賞する。特に興味深いのは一九九四年の受賞者で、ジョン・ナッシュ、ジョン・ハーサニ、ラインハルト・ゼルテンの三人がゲーム理論の正式な基盤を築いた功績をようやく認められた。このすごいブレークスルーが起きてから、四五年が経過していた。

一九九〇年代はじめには、ワシントンで政府の要職に就いた経済学者の活動も目立った。スタンレー・フィッシャー、ジョセフ・スティグリッツなどで、特にラリー・サマーズが注目される。ブッシュ（父）政権では、世界銀行のチーフエコノミストになった。その後、ビル・クリントンが大統領に選出されると、財務省で出世の階段を順調に上り、ついにはアレクサンダー・ハミルトン以来最年少の財務長官となり、その後はハーバードの学長にもなった。一方、彼の旧友アンドレ・シュライファーは一九九二年にシカゴ大学からハーバードに移り、合衆国国際開発庁がモスクワに派遣した代表団の団長を務めた。彼のもとで副団長を務めた**J・ブラッドフォード・デロング**はバークレーに移り、教科書を執筆し、ブログを始めて多くの読者を獲得する。

収穫逓増革命の主役は、おおむね目立つ行動を控えた。ローマーはスタンフォード・ビジネススクールで教鞭をとり、マイクロソフトの訴訟のあいだでさえ、比較的無名の存在のままだった。エルハナン・ヘルプマンは未だにテルアビブとハーバードを行き来しており、イスラエル銀行総裁への就任要請を辞退した。国際分業に関する大がかりな研究プロジェクトに、グロスマンと共に取り組むほうを優先した。異端のオーストラリア学派のリーダーだったヤン・シャオカイ（楊小凱）は、ジェフリー・サックスと共同で発展に関する入門書を完成させてほどなく、二〇〇五年に五五歳で死去した。ポール・クルーグマンだけが存在感を強め、ニューヨーク・タイムズ紙の人気コラムニストとなり、執筆した本はベストセラーになった。

新しい成長理論が素直に受け入れられなかった背景には、ジョン・メイナード・ケインズという伝説的人物の存在が間違いなく影響していた。ケインズ革命について語る文章には説得力があり、少なくとも二世代にわたって強烈な印象を残した。一九八〇年代から一九九〇年代にかけて**ロバート・**

スキデルスキー（一九三九〜）が三巻から成る伝記を発表すると、この偉大な人物の影響力はさらに長続きする。ケインズは折に触れてジークムント・フロイトと比較された。結局、ケインズは科学者というよりも著述家として人々の記憶にとどまるのだろうか。しかし、それはほとんど重要ではない。たとえばフロイトの『文化への不満』に関して、ルイ・メナンドはつぎのように書いている。「物事のありように関する究極的な説明にいくら大きな権威が備わっても、結局のところ、その土台は崩れ去ってしまう。しかし、こうした過去の素晴らしい説明について考慮しなければ、現在の物事のありようについて理解することはできない」。マクロ経済学や成長の経済学の相対的重要性に関する議論は、遠い未来まで持ち越される定めのようだった。

ボブ・ソローは、旧い主張と新しい主張を調和させる作業に一〇年費やした。アローの知識蓄積モデルに関する講演をまとめた本や、独占的競争とマクロ経済学に関する本を出版し、一九七〇年には成長に関する自分の講演をまとめた本の第二版を出版したが、そこには新しいモデルを解析するために六つの章が新たに加筆された。技術の進歩が「少なくとも部分的には」経済的要因の結果であることを「誰も敢えて否定できない」とソローは書いている。「問題は、このプロセスについて何か有益なことを語れるかどうかだ」。しかし、技術変化を「天からの思いがけない恵み」と簡潔な言葉で表現したため、彼の意図は広く誤解されてしまった。「『外生的』であれば、『変化しない』か『謎めいている』わけではないし、間違いなく『変化せず謎めいている』わけでもない。これはあくまでも仮の表現であって、モデルの残りの要素を外生的な要素に順応させるために——その逆ではない――詳しく研究することの必要性を言いたかった」のである。

同様に、経済史家ジョエル・モキイアは、特に重要なことは起きなかったと結論している。一九九六年に彼がサンフランシスコの連合総会で招集した会議で、ローマーがはじめてアトムとビットの区別について説明したことを思い出してほしい。ところが、科学技術関連の制度に関する洞察力に富んだ論文をまとめて二〇〇二年に『知識経済の形成　産業革命から情報化社会まで』という表題で出版された本のなかで、モキイアは経済学者の知識への関心の軌跡を細かくたどっているが、ローマーだけは例外で、いっさい取り上げられていない。[*] 技術変化が完全に経済のプロセスであることをモキイアが疑ったわけではない。彼は「特許制度は天才の炎に興味という燃料をくべた」というエイブラハム・リンカーンの言葉を引用している。しかし彼の説明は、記述的経済学の領域にとどまった。知識経済学のヒントを探し求める読者から見れば、数学に関心のない経済学者を惹き付ける力を持ち続けるのはソロー・モデルぐらいしかなかった。結局、技術変化が存在する場所はジョン・スチュアート・ミルの時代と変わらない。経済学の外側であり、歴史家がこれについて論じるために数学を理解する必要はなかった。

新しい知識経済学分野の多くの有力人物が西に向かってカリフォルニアを目指したのは、冷たくあしらわれたことも関係している。二〇世紀後半に米国の経済学で進行した変化は、野球における変化をおおよそ忠実に映し出している。一九五〇年代の野球は、一六チームがふたつのリーグに分かれた理解しやすい編成だった。ひとつのチームを除いてすべてがミシシッピ川以東を本拠地にしており、シーズンの終わりに両リーグの勝者がワールドシリーズを戦った。しかし数十年後には、三〇のチームが六つの地区に分かれた編成となり、非常に複雑なプレーオフのシステムが導入された。選手の育成法や報酬も目覚ましく変化したことは言うまでもない。ゲームそのものはほとんど変わらないが、制度は大きく異なり、メジャーリーグのプレーは理解しづらくなった。ただし、儲かる市場は相変わらず東部であり、パワーセンターも東部にとどまった。

ローマー自身にも問題があった。長年にわたってライバルたちは、折に触れて彼を宣伝屋だと表現した。しかし実際には反対で、署名入り記事の執筆を敬遠していた。いかなる派閥の熱心なメンバーでもなかった。理由はどうあれ、排他的な小集団による支配が強まりつつある分野で、ネットワークづくりに励むわけでもなかった。彼はシカゴとＭＩＴという最も優れた経済学部から突然去って、次に優秀なハーバードの経済学部から秘かに受けた招請は断ったようだった。彼がテーマに

＊モキイアの引用は充実しており、記述的経済学の分野の有力な成長理論家で構成されるパラレルワールドの紳士録の様相を呈している。この本は、エリック・Ｌ・ジョーンズ、Ｓ・ランデス、ダグラス・Ｃ・ノース、ネイサン・ローゼンバーグに捧げられた。知識経済学という主題はサイモン・クズネッツまで遡ると言われるが、Ｇ・Ｌ・Ｓ・シャックルは、そこには明らかな見落としがあることを認識した。フリッツ・マハループは知識経済学に正面から立ち向かったと言われるが、その取り組みは不完全だった。起業家の歴史が専門で、モキイアの恩師であるジョナサン・ヒューズについては、好意的に回想されている。ポール・デイヴィッドやネイサン・ローゼンバーグが所属する「スタンフォード学派」は賞賛されている。一方、リチャード・ネルソンやシドニー・ウィンターの進化論的アプローチは、成長理論と同じく簡単に片づけられている。

選んだ成長は、完全にマクロ経済学というわけでもない。というのは、その政策的処方は安定化や金融政策の緊急さが欠けているからだ。しかも彼は一五年を費やした末に、成長に関する研究をあっさり切り上げ、選好(preference)について書き始めた。

その結果、二一世紀が始まってしばらく、ローマーは経済学の世界で見えない存在だった。大きな影響力を手に入れたものの、あまり認知されなかった。イェール大学での講演や、シュワルツ記念講演の要請も断った。ある編集者は彼について、たくさんのことを始めてもほとんど完成させない人物だと評した。同僚の経済学者のひとりは、ローマーはチェンバレンと同様、アイデアをひとつしか持たないと指摘した。しかしその通りだとしても、チェンバレンと同様、あるいはロナルド・コースと同様、それは実に素晴らしいアイデアだった!

マンキューvsローマー

一九九〇年代、知識ベースのモデルへの敵対的姿勢が目立った若い世代の代表格が、ハーバードのグレッグ・マンキューだった。彼は拡張ソロー・モデルにこだわり続け、論文の共著者デイヴィッド・ローマーとデイヴィッド・ワイルがこれを放棄したあとも、その姿勢を崩さなかった。一九九五年三月に首都ワシントンで議論の途中にちょっとした事件が発生する。

舞台となったのは、『ブルッキングス・ペーパーズ・オン・エコノミック・アクティビティ』というジャーナル誌の創立二五周年記念の会場だった。これはおそらく、政策問題の分野で最も権威のあるジャーナル誌である。グローバリゼーションに関してジェフ・サックスと**アンドルー・ワーナー**、変動相場制に関して**モーリス・オブストフェルド**、失業に関してロバート・ホール、貿易に関してポール・クルーグマンが講演を行った。マンキューは「国家の成長」(The Growth of Nations)に関して論じた。その質疑応答にローマーが招待された。

マンキューがソローを弁護する姿勢は微動だにしなかった。たしかに、一世紀前よりも今日のほうが生活水準が高い理由を説明するのが目標なら、新古典派モデルはあまり啓発的ではないと彼は認めた。そのうえで、経済成長の存在を説明することは、実際のところ難題ではなく、「作業は簡単すぎる」と切り出し、「時間と共に生活水準が向上するのは当たり前だ。知識は増加するし、生産関数は改善するのだから」と指摘した。もっと困難でもやりがいのある任務は、国家の富の格差の理由を理解することだ。なぜ豊かな国と貧しい国が存在するのか。これは、広義の意味での資本蓄積によって十分に説明可能だ。

マンキューによれば、結局、知識とは本質的に測定不能な変数である。様々な形態の知的財産を使ったモデルは試すのが難しい。資本とは対照的に、知識は世界中をあっという間に移動する。最高水準の教科書は最貧国にも存在する。企業がイノベーションに対してある程度の独占力を持ったとしても、それは長続きせず、最終的にイノベーションは世界的な公共財になる、とマンキューは述べた。そうなると、大まかに推定するためには、すべての国は同じ知識にアクセスできるが、物理的な工場や人間の能力への投資を通じ、自由に手に入る公共財を利用する程度の違いが大きな理由となって、国ごとの格差が生じると仮定するのが最善である。

これに対してローマーは、つぎのように反論した。成長会計はもともと難解で不明瞭な傾向が強いとはいえ、最近発表された成長会計の公共財モデルはとにかく難しく、戦略的に後退している。まずこのモデルは、資本に起因する部分の産出について説明できない。拡張ソロー・モデルによって資本を自由に移動させた場合、貧困国の熟練労働者は非熟練労働者の二〇〇倍の賃金を手にしなければならない(米国での比率は二対一)。では、資本と労働の代替の弾力性はどうか。これもあり得ない数字になってしまう。「公共財モデルをこれらのデータに適合させるのは、気球を萎ませるようなものだ。一カ所を小さくしても、どこかほかの場所がかならず膨らんでしまう」。

しかも、知識が公共財ではないことには圧倒的な証拠が存在している。知識は、企業秘密、専門知識、知的財産などから構成される。ここでローマーはモーリシャスの事例を引用した。これに関しては一九九三年に事例研究を行っている。一世紀のあいだ、インド洋の孤島であるモーリシャスは、開発に関する標準的な定説に従ってきた。輸入を代替する地場産業の発展を促すため、関税を高く設定したが、ほとんど成功しなかった。農産物だけが唯一の輸出品だった。やがて一九七〇年、政府は税金の安いエンタープライズ・ゾーンを創造した。すると香港のアパレルメーカーがすぐ進出してきた。一九七〇年以前、モーリシャスに服飾産業は存在しなかったが、一九九〇年には全仕事の三分の一を占めるまでになっていた。

モーリシャスの問題は低レベルの貯蓄ではないとローマーは説明した。島の住民は、ミシンを購入する余裕があった。労働者はろくな教育を受けていないのでミシンを使えなかったわけでもない。国立図書館の棚に縫製関連のテキストが置かれていたかどうかは重要ではない。香港から起業家がやって来るまで、島の住民は誰も服飾産業について十分な知識がなかったから、生産できなかったことが問題なのだ。「この知識は香港からスピルオーバー（拡散）したのではない。起業家がチャンスを持ち込んでくれたおかげで、所有していた知識から利益を獲得できるようになった」とローマーは指摘した。このように、公共財が自由に手に入ることを前提とするモデルが服飾産業のようなローテク産業にも当てはまらないとすれば、どこに当てはまるのか。

拡張ソロー・モデルについてのマンキューの立場はマクロ経済学にとって「かなりいい線をいっている」と、ローマーはブルッキングスの会議で語った。「何が『いい線をいっている』かは、具体的に何を達成するつもりかに左右される。正しい解答を得ることかもしれないし、対象とする聴衆の望みに応じることかもしれない。ニュー・ケインジアンの場合は、自分たちのモデルが部外者からどのように受け入れられ利用されるかにこだわりすぎて、正しいと思うことへの注目が少なすぎるようだ」。新しい成長の経済学が、減税と急成長を同一視する集団に乗っ取られることを常に心配する姿勢に、この発言は言及している。しかし経済学者は科学者としてこのような行動をとるべきではない、とローマーは結論した。

ブルッキングスの会議のあと、いつものように活発な討論が行われ、論争の勝者はローマーだという雰囲気が高まった。最悪の政策を採用している最貧国でもほかの国と同じように技術にアクセスできるというマンキューの仮定は、証拠と矛盾している。少なくとも研究の最前線では、知的財産や起業家や技術政策を含むモデルへの抵抗はもはやなくなった。経済発展の仕組みに関する本や記事が、雪崩を打つように発表された。発明、制度、都市、法制度、知的財産制度、植民地制度、人口統計、気候、グローバリゼーションなど、思いつくかぎりすべてのものが、国家の富や貧困の原因として取り上げられる。大学院は拡張ソロー・モデルを教え続けたが、それは教科書で取り上げるべきほかのすべての内容と矛盾なく調和したからだ。しかし、最新研究によって次第にその価値は損なわれ、やがてはマンキューも研究社会で自分のモデルを擁護するのをやめてしまった。その代わり政治に関わり、ジョージ・W・ブッシュのもとで大統領経済諮問委員会委員長を二年間務めた。その後ハーバードに戻り、マーティン・フェルドスタインの後任として経済学入門の講座を担当した。これは、ハーバードで登録者数が最も多い講座である。

一方、スタンフォードではローマーの周辺で噂が飛び交った。彼は教えるのを止めてしまい、専門ジャーナルでの論文発表も止めた。スタートアップ・ベンチャーに関わり、ソフトウェア企業を立ち上げた。ローマーは経済学から完全に足を洗ったようだと、多くの人が思った。

「経済成長の謎」

このような状況で、二〇〇四年秋にエルハナン・ヘルプマンが発表した本は何よりも役に立った。『経済成長のミステリー』は、ほんの二二〇ページのなかに的確で明快な中身が詰め込まれ、成長理論の発展の現在地について解説されている。それによれば、「われわれには知っていることもあれば、知らないこともある。世界中の何十億もの人たちの幸福に大きく影響する主題に関する理解を深めるため、学ぶべきこともある」。一九八〇年夏に開催された貿易に関する会議以来、ヘルプマンは収穫逓増革命の戦士となり、複雑な展開を見守ってきた。そのうえで、すでに知られたこと、これから学ぶべきことを本にまとめて紹介し、専門分野ではない経済学者、経済学以外の社会科学者、政策立案者など、この重要な主題に関心を持つあらゆる人たちへのこの問題のアピールを狙った。

アダム・スミス以来の経済学者は、諸国民の富という話題を途切れることなく研究してきたと、ヘルプマンは冒頭で書いた。そして最近では、研究が盛り上がった時期が二度訪れたおかげで、「われわれの見解に変化が起きた」という。最初は一九五〇年代はじめから一九七〇年代はじめにかけて、二度目は一九八〇年代半ばに始まり、現在まで続いている。おかげで多くを学んだとヘルプマンは指摘する一方、「それでもこのテーマはとらえどころがなく、多くの謎が残されている」と続けた。実際、経済成長そのものの謎は「解決されていない」。

豊かな国と貧しい国の違いを生み出すものは何か。ヘルプマンが問いかけたこの謎は、ローマーが一九八三年に学位論文で提示した内容とも、あるいはルーカスが一九八五年のマーシャル記念講演で熱心に問いかけた内容ともほとんど変わらない。世界の平均成長率は一八二〇年以降順調に伸び、第二次世界大戦後は特にその傾向が目立つ。なぜだろう。その一方、国家間の格差は広がっている。なぜ発展には世界中でこれほどばらつきがあるのだろう。ヘルプマンの本は二番目の疑問、すなわち収束を巡る議論のほうに重点を置き、経済成長のエンジンは何かというチャド・ジョーンズがテキストで取り上げた範囲の狭い問題よりも広い視点に立っている。

『経済成長のミステリー』の残りの部分は六つの章に分割され、蓄積、生産性、イノベーション、相互依存、不平等、制度と政治の六つが取り上げられている。イノベーションに関する章では、一九八〇年代から一九九〇年代にかけての研究がふたつのグループにまとめられた。ひとつは、スピルオーバーの影響を受ける成長への「集約的な」アプローチ。もうひとつは、「ローマー'90」に象徴される「個別的な」アプローチだ(ヘルプマンは「非競合財」の代わりに、『分離された』知識」という古い言葉を未だに使っている。「知的財産」という言葉は完全に回避している)。さらに、人口という決定要因は自分の話にうまく収まらないため、説明のなかにほとんど含めなかった。それは自分にとって人口が専門分野ではないからでもあり、人口専門家とは意見が一致しないからでもある。もし同じ本を五年後に執筆したら、制度と政治に関する章だけは変更が必要だろうと認めた。この分野では、未だに研究がハイペースで進行している。

全体的に、『経済成長のミステリー』は素晴らしい本だ。そもそもヘルプマンをリーダーたらしめている明晰さと繊細さが、ここでは如何なく発揮されている。ある意味、この本をきっかけに論争は静まった。なぜなら、ここでは技術変化を説明する理論が新しい仮説ではなく、技術経済学という確立された分野の一部として扱われているからだ。経済学者として慎重に考えるとはどういうことか、部外者が理解するためにヘルプマンの本は最も役に立つ。そしてもちろん、現在までの研究でどのようなコンセンサスが得られているのか、内部関係者が大まかに理解するためにも、これは確実に最高の教材だ。

ただし、ありとあらゆる新しい情報が含まれているにもかかわらず、過去二五年間に何か重要な出来事が発生したことについて、この本が暗示しているとは思えない。舞台裏の興奮についての記述は慎重に取り除かれている。収穫逓増、非凸性、夜中に部屋を照らす照明のコストについて、誰も何も語ってこなかったような印象を受ける。革命の進行は目に見えない。経済学は正常な状態に戻り、多くの事柄が達成された。それでもまだ取り組むべき課題は多い。謎は未だに解決されていない。

第27章 経済学を教える

Teaching Economics

サミュエルソンの後継者探し

経済学という職業には最後にもうひとつ、混乱の中身を確認しておかなければならない場所がある。一九九〇年に「内生的技術変化」が発表されてから様々な出来事が起きたが、その重要性を評価するためにも確認しておくほうがよい。そこでは日々の注目から隔絶され、仕事に付き物の報奨制度に悩まされず、自分の意見を自由に述べることができる。過去に蓄積されてきた経済学の知識を整理する一方、新しい知識を付け加える責任が委ねられる。ここでもう一度、連合総会の場面に戻ろう。今回訪れるのは展示会場だ。

記憶力の良い読者は、一九九六年一月五日（金曜日）の夕方のサンフランシスコ・ヒルトンホテル大宴会場Bで話が中断したことを覚えているだろう。ローマー、マーティ・ワイツマン、ロバート・ソローが演壇にいて、聴衆のなかには報道関係者が混じっていた。ローマーは「どこに継ぎ目を入れるべきか、理論はわれわれに教えてくれる」と語っていた。この日は展示会場でも、ほかにも興味深い展開が進行していた。ちょうど、スタンフォード大学教授の**ジョン・テイラー**（一九四六〜）が新たに執筆した入門書が紹介されているところだった。

四九歳のテイラーは、経済学の長老の仲間入りをするための道を順調に歩んでいた。金融政策に期待の要素を組み込み、インフレ・ターゲットとして知られる政策の枠組みを構築した研究の評価は高く、ノーベル賞の有力候補と目されていた。さらに、彼は政治に参加した経験もあった。最初は大統領経済諮問委員会の委員に選ばれ、つぎは二〇〇一年から二〇〇五年までジョージ・W・ブッシュ政権で財務次官を努めた。しかしその日のテイラーはこの三年間というもの、夜や週末を犠牲にして執筆に励んできた入門書を会場で紹介していた。

二年前には、ジョー・スティグリッツが同じことをした。二年後は、ベン・バーナンキと**ロバート・フランク**の番になる。

すでに指摘したが、経済学者は色々な理由で教科書を執筆する。お金がほしいから、教えることが好きだから。あるいは、経済学の研究内容が一般に理解される方法、ひいてはその教え方に影響を与えたいからかもしれない。長年、テイラーは入門経済学を一年生に教えることに尋常ならざる情熱を注いできた。しかしこの日は、経済学の分野で自分のクローンを創造する以上の成果の達成を期待していた。

経済学の歴史を学ぶ学生にとって、各時代を代表する教科書が存在するのは当たり前だ。経済学という分野が誕生してから二世紀のあいだに、標準として圧倒的な存在感を持った教科書は五冊だけで、どれも影響力が四〇年ほど続いた。五人の著者は、アダム・スミス、デイヴィッド・リカード、ジョン・スチュアート・ミル、アルフレッド・マーシャル、そして一九四八年以降のポール・サミュエルソンである。だが、一九四八年以降、経済学には大きな変化が起きた。

ある時点で、ポール・サミュエルソンの偉大な教科書の五〇年以上におよぶ支配が、まもなく終わりを迎えることが明らかになった。一九九六年のサンフランシスコでは、その後継者探しが活発に進行していたのだ。

教科書マーケット

教科書は、経済学の日の当たる場所から隠された装置のひとつだ。もちろん、学生が経済学という分野に参加するための入り口であり、米国だけでも毎年何百万人もの新入生が入門経済学をはじめて受講する。ほとんどの学生は入門レベル以上に達しないが、次第に中級コースから上級コースへと進んでいく。しかもミクロ経済学やマクロ経済学といった広い分野だけでなく、財政学、貨幣論、計量経済学、貿易論、成長論、環境経済学など、専門分野についても教科書は存在する。一般に教科書は、経済学、有機化学、歴史、ラテン語など分野を問わず、おおよそ同じように機能する。いずれの教科書もテーマを言語のように学生に教え、特殊な語彙や構文が使われる。

結局、言語の習得や教育に関する文献から、トーマス・クーンは「パラダイム」という言葉を借りてきて、「学問の中核をなす標準的な事例、手法、信念、現象」を表現した。学生がドリルと即興を通じて文法や構文を学ぶのと同じように、経済学の教科書の各章の終わりには用語集や演習や問題が用意されている。これは言語のドリルに匹敵するもので、言葉遣いを洗練させ、理解力をチェックすることが目的である。すべての教科書は基本的な目的を共有している。それは、現在受け入れられている見解に基づいた標準的なカリキュラムを学生に手ほどきすることだ。教科書はある意味、特別のテーマを対象に人間の心を動かすオペレーティング・システム（ＯＳ）を提供しているようなものだ。

ポール・サミュエルソンの教科書は一九四八年に出版されると、ほぼ一夜にして第二次世界大戦後に登場した新古典派総合の原理を学ぶための標準的な教材として定着した。ケインズ学派の見解に関する解釈の内容が高く評価されると、サミュエルソンの入門書『経済学』はあっという間に、マーシャルの『原理』に代わる「ユニバーサル」な存在となり、優秀な学生の必読本として認められた。その結果、出版社と著者のどちらにも思いがけない幸運がもたらされる。この本は五五年間で一八回も版を重ね、何百万冊も売り上げ、四〇以上の言語に翻訳された。要するに、収穫逓増モデルそのものである。結局、最大の喜びはお金ではなく、検討すべき課題を具体化するチャンスを手に入れたことだ、とサミュエルソンは語り、こう述べた。「国家の法律や高度な条約を誰が起草しようとも、わたしはかまわない。経済学の教科書を書くことができれば十分だ」。

独占的競争の学説から予想される通り、サミュエルソンの本はすぐ模倣された。注目を集めたテーマに多少のバリエーションを加えたものは、誰よりも大学の新入生とその教師にとって魅力的な存在である。なかでも一九六〇年に登場したクローンは、最も成功を収めた。ネブラスカ大学の**キャンベル・マコンネル**教授が、サミュエルソンのアプローチに忠実に従った本を執筆したのだ。ただし、これはサミュエルソンの教科書よりもシンプルな内容で、数学は少なく、問題の解答では多くを要求されない。ほどなくマコンネルの『経済学——原理、問題、政策』は、サミュエルソンの教科書の売上を大きく上回るようになった。ちなみに出版社は、サミュエルソンと同じ。マグロウヒル社は製品差別化という古典的な戦略のもとで、あらゆる嗜好やあらゆる懐具合に対応できる教科書を送り出したのである。

以後、数年ごとに新しい教科書が一冊または数冊、出版されるようになった。通常はそれに先立ち、予行演習と観測気球の目的を兼ねて、マクロ経済学またはミクロ経済学の中級レベルの教科書が出版される。成功の秘訣はほどなく発見された。肝心なのは少々の変更を加えること。大きく変更されてしまうと、教授たちが教える気持ちになれないかもしれない。あまり特異な要素を加えてはいけない。プレーンなバニラ・アイスクリームに少々トッピングすれば十分だ。かくしてマコンネルの教科書は、経済学のわかりやすい手引書として定着した。一方、エドマンド・フェルプスは一九八五年、入門書にゲーム理論を組み込もうとした。このプロジェクト自体はおそらく成功だったのだが、結局、期待に応えられなかった。難解すぎると、市場から判断されたのである。出版社は次世代の経済学者を補充して、これまでのベストセラーを徐々に継承していく方針を採用している。サミュエルソンは、サミュエルソン／ノードハウスに、マコンネルはマコンネル／スタンレー・ブルーへと受け継がれていく。いまや数年ごとに新たに学んだ内容に照らして経済学の言い換えが試みられるようになった。目的は、ほとんどの経済学者が同意している標準的なパターンに、何か新しい要素を付け加えることだ。

まさに科学の性質ゆえに、特定時期の特定分野の教科書のあいだでは、基本認識がひとつしか存在し得ない。おそらく基本設計もひとつだけだろう。定義上、最善の実践例として挙げられるのが、包括的なパラダイムである。パラダイムが変化すると、ほかのすべても変化しなければならない。しかしそれまでは、テーマのバリエーションが実にたくさん存在し、多少の変更が加えられてもかまわない。ところが、教義は時間と共に変化してきたものの、サミュエルソン『経済学』に匹敵するものは現れなかった。思い返せば、マーシャル『原理』との関係は、鉄道車両と馬車の関係のようなものだった。

ローマーが階上のホールで新しい成長理論について説明しているあいだ、テイラーの教科書が展示ホールで勝利を収めているところを思い描くのは楽しい。実際、テイラーの教科書のなかでは、新しい成長理論の標準的なテーマの一部がはじめて紹介されている。非競合性と排除可能性について定義されているが、それを取り上げているのは公共財に関する章で、知的財産とは結びつけられていない。ソロー・モデルも登場するが、技術は投入として扱われているし、缶入りコーラは競合財と非競合財のどちらなのか、未だに混乱が見られる。ほとんどの入門書では考えられないほど、技術に関する政策が強調されている。

だが、一九九六年に出版されたテイラーの教科書は、大きな反響を呼ばなかった。その前年にスティグリッツが塩水学派の要素を加えたバージョンを執筆し、市場に元気よく参入したときほどには興奮を引き起こさなかったようだ。行動経済学の要素を加えたバーナンキとフランクの教科書が二〇〇一年に出版されたときよりも、わずかに注目された程度だ。たしかにテイラーは、淡水学派のイノベーションのいくつかを教科書に取り入れた（これよりも早く、ロバート・バローが執筆した中級マクロ経済学の教科書がワイリー社から出版されたが、ほとんど注目されなかった）。ただし、これは標準的なイノベーションで、サミュエルソンの要素が秘伝のタレのように付け加えられている。

経済学の分野のリーダーがあれこれ意見を戦わせるなかで、新しい教科書は出版されるたびに一定の読者の心に訴えた。どれもニッチをつかんで利益を確保したが、地位が盤石な市場のリーダーに置き換わる存在になるには不十分だった。市場は相変わらずきれいに分割されたままで、新しいストーリーを書く動きも皆無だった。、次のサミュエルソンにはなり得ないという判断を覆す動きもなかった。なぜなら、ケインズに匹敵する新たな人物が現れず、新しい世代と旧世代に明確な断絶がなかったからだ。

マンキューVSクルーグマン

その代わり、この年に内部関係者がサンフランシスコで話し合ったときには、グレッグ・マンキューというハーバードの若き教授が話題になった。彼はニュー・ケインズ派の次世代のリーダーと目されていた。マンキューは一九九二年に出版した中級者向け教科書で、経済学者を驚かせた。それまでの四〇年間、成長というテーマは最後のほうで取り上げられてきたが、彼の教科書では冒頭で紹介されたのだ。これは当時、新しい成長理論が広く熱狂的に歓迎されていた状況を反映している。

通常、著者は付き合いのある出版社との縁を切らないもので、マンキューの場合はドイツのホルツブリンク出版グループの一部門であるワース社との付き合いが長かった。ところが中級者向け教科書が好評を博すると、マンキューはいかにも経済学者らしい行動をとった。原理に関する教科書を執筆し、その出版元をオークションで決定するプランを一九九五年に発表し、メディアで大きく報じられた。活発な応札があり、当初は大手のマグロウヒル社がリードしていた。同社はちょうど次世代の教科書の候補を探しているところだった。しかし、破産宣告による制限が解除されたばかりで、何とかして存在感を示したいと考えていたハーコート・ブレイス・ジョヴァノヴィッチ社が一四〇万ドルというそれまでの最高額を提示すると、マグロウヒルは競争から手を引いた。

マンキューがペレストロイカ世代のリーダーのあいだでは誰もが真っ先に必要だと認めるタスク、新しい古典派とニュー・ケインズ派の統合に取り組んでいることを外の世界にアピールするうえで、これ以上素晴らしい方法はなかった。アーサー王の剣と同じで、これは偉大な力の象徴である。教科書が見事に成功すれば、著者はサミュエルソンに代わり、つぎの若い世代の教育者としての地位を確立できる。

しかしその年のサンフランシスコでは、べつの教科書を執筆する契約が進められていた。著者は他ならぬポール・クルーグマンだ。売れっ子作家マンキューをライバルに奪われたワース社は、代わりにクルーグマンにアプローチして契約を交わす。そして（モーリス・オブストフェルドとの共著の）中級の国際経済学に関する教科書は、かなりの成功を収めた。

クルーグマンの文章のわかりやすさは、すでに定評があった。『クルーグマン教授の経済入門』は、様々な政策課題に関するちょっとした入門書で、そもそも販促用に限られた部数が無料で提供されたが、一九九〇年にはベストセラーになった。つぎに出版された『商売の繁栄――予測が減少する時代の経済学的意味・無意味』も評判になった。マンキューとクルーグマンのどちらもニュー・ケインズ派として認められているが、一方は一貫して民主党を、もう一方は共和党を支持している。実際にある時点でフォーチュン誌は、保守的傾向の強いマンキューに対抗してリベラルなクルーグマンに月二回のコラムを執筆してほしいと依頼した。競合する二冊の教科書は最初から対立する運命だったが、それは新たなレベルまで引き上げられてしまった。

マンキューは幸先のよいスタートを切った。彼の入門書は一九九七年八月に出版され、キャンペーンも積極的に展開される。エコノミスト誌ではカバーストーリーで取り上げられ、（教科書のことで頭がいっぱいの頭を掻いている男性の姿が描かれた）。この本には間違いなく塩水学派の傾向が見られるが、実需と有効需要を対比させたお馴染みの「ケインズの交差」図は省かれている。これはサミュエルソンの教科書の中心的要素だったが、代わりに総供給と総需要の分析が行われている。さらにこの教科書では、期待の役割についてあまり語られていない。成長は最優先されているが、実際にマンキューの最も大胆なイノベーションは、取り上げる主題を思いきりコンパクトにまとめたことだ。ほかの入門書の三分の二の量しかなく、内容もずっとシンプルだ。マンキューは大学一年生向けの経済学を八〇〇ページに満たない分量に要約し、方程式もほとんど取り入れなかった。「この選択について説明するには、打ち明けなければならないことがある。わたしは読むのが遅い……講義で教授から一〇〇〇ページの大著を読むようにと言われるたびに、いやな気分になった」と書いている。

二〇〇三年までには、『マンキューの経済学入門』は第三版が出版され、入門書部門の市場では上位に食い込み、マコンネル＆ブルーとほぼ同じ売り上げを記録した。米国でも世界のほかの国でも、好調な売れ行きがほぼ一年にわたって継続した。一方、これに脅威を感じたマグロウヒル社は、行動経済学の傾向のある新しい教科書の執筆をプリンストンのマクロ経済学者バーナンキとコーネル大学のミクロ経済学者のフランクに依頼した。本の出来は良く、広く賞賛されたものの、市場のリーダーとしての地位を引き継ぐ可能性があるとは思えなかった。ただしバーナンキがFRB議長に指名されると、多少は効果が見られた。かくして二一世紀最初の数年間は、誰もがクルーグマンに期待していた。マンキューの教科書の成功をしのぐチャンスがある人物は、クルーグマンしかないという雰囲気が漂っていた。

しかしクルーグマンは、深刻な悩みを抱えていた。スタンフォードへの移籍は良い結果に結びつかなかった。結局カリフォルニアには二年滞在しただけで、MITに戻ることになった（決め手になったのは両親の介護だが、東海岸独特の雰囲気がなつかしくなったのも理由のひとつだ）。つぎに彼はフォーチュン誌からスレート誌へと活動の場を移し、一九九九年にはニューヨーク・タイムズ紙の論説コラムニストに加わり、みんなをあっと驚かせる。やがて名声は高まり、プリンストンのウッドロー・ウィルソンスクールに移籍した一方、ジョージ・W・ブッシュ政権批判の急先鋒に立ち、常に論争に巻き込まれた。さらには妻を共著者として執筆活動を続け、夫婦で原稿をやり取りする。二〇〇五年夏、この仕事は終了した。

オンライン・テストを開発

この間、カリフォルニアでは、まったく異なるストーリーが展開していた。そもそもは一九九六年秋、ポール・ローマーがスタンフォード大学経営大学院でＭＢＡの学生の講義を始めたことが発端だった。彼はすでに成長理論のプロジェクトを完成させており、新たに行動経済学の分野の研究を始める準備を整えていた。当時は、学生たちをいかに学ばせるかが大きな関心事だった。全米から選ばれた優秀な人材が、教材についていけずに苦労していたのである。

このときのローマーは、一五年前にロチェスター大学で教師としてのキャリアを始めたときとは異なり、もはやブルージーンズを履いた長髪の研究者ではなかった。一学期の終了後にはスーツまで購入し、ロチェスター時代を知っている人を面白がらせた。だが、心には不満をくすぶらせていた。モチベーションの高いＭＢＡの学生を相手にしても、マクロ経済学の講義はあまり楽しくなかった。学生たちは予習をせずに教室にやって来た。オリヴィエ・ブランシャールの中級マクロ経済学の教科書は知的興奮で満たされているのに、学生たちの目はどんより曇っている。テーマを理解したいという気持ちはあるが、必要な作業をおろそかにしていたのだ。

良い教師は実際のところ何をすべきか、という難問にローマーはかねてより関心を抱いていた。これは知性に関わる問題だが、いまやいきなり現実味を帯びてきた。スタンフォードの学生には、どのみち取り組まなければならない課題がある。それがわかっていながら、ローマーに報酬を支払ってまで行動するように仕向けてもらうのはなぜだろう。学ばなければ落第し、権利を剝奪される状況を学生のために創造するだけでは、教師として十分ではない。それをきっかけに、学問に真摯に取り組むわけではないからだ。結局ローマーは、誰が予習しているか抜き打ちテストで確かめて、実態を把握した。その結果、もっと厳しい姿勢で臨み、学生を困らせる必要性を認識したのである。

学生に本当に必要なのはコーチだと、ローマーは判断した。学習はスポーツのようなものだ。与えられたテーマをマスターするためには率先して勉学に励み、単独もしくは集団で毎日訓練を続けなければならない。さらに、近くで手助けしてくれる人も必要だ。近道やテクニック、ゲームの一部始終を知り尽くし、課題に取り組む学生の成功を実現させてやりたいという熱意を持ち、学生が全幅の信頼を寄せられる人材が必要とされる。しかも、学生に甘い態度は禁物だ。学生には、厳しいけれどもやりがいのある経験を積ませなければならない。コーチに必要なのはストップウォッチや心拍計に匹敵する手段だ。学生の成果を何らかの方法で測定し、どの分野は努力が必要か発見しなければならない。

学生からもっと努力を引き出す方法をローマーは理解していた。宿題を増やすのだ。ただし、彼には宿題を採点する時間がないことが問題だった。でも、機械に宿題を任せられるかもしれない。一年後、ローマーはコンピュータサイエンス専門のひとりの独創的な大学院生を雇い、自分が考案した演習のコード化を任せた。その結果、サーバーを通じてオンラインでやりとりすれば、自動的に採点される仕組みが出来上がった。

こうしてローマーは、講義の前ではなく終了後に宿題を出すようになった。しばしば難しい問題を提出し、各学生の成果を追跡した。すると授業中の抜き打ち試験はやめたにもかかわらず、学生はクラス討論に積極的に参加するようになった。自分が講義の一部だと感じられるようになったからだ。ほどなくローマーは、講義の課題、講義のノート、質疑応答も講座のウェブサイトに掲載するようになった。オンライン実験やダブル・ブラインド・オークションなど、カリフォルニア工科大学やアリゾナ大学で発明され、上位の学校でも徐々に指導の定番となりつつあった取り組みも取り入れた。問題のなかには時事問題も含め、イラク戦争のコストはどの程度だと予測されるか、連邦公開市場委員会でFRBはどのような選択に直面すると予想されるか、学生たちに問いかけた。

その結果、学生たちはきちんと予習して講義に臨むようになっただけでなく、以前よりも講義を楽しむようになった。自信にあふれ、間違いなく博学になった。講義の性質は変化する。スタンフォードで教え始めてから三年目には、経営大学院の学生たちの投票で毎年決定される最優秀教員賞を受賞するまでになった。

ジェイムズ・スロウィッキーがWired.comのなかで、ベンチャー・キャピタリストのジョン・ドーアがローマーの講義に興味を抱き、折に触れて閲覧しているという事実を明かすと、ローマーはウェブサイトをパスワードで保護しなければならなくなった。サイトをクラッシュするという物騒な脅しもあった。それでもほかの経営大学院の教授から、ツールを自分の講義に応用したいという依頼が舞い込み始めると、ローマーは自分がブレークスルーを達成したことを理解した。

アプリア設立

カリフォルニア州のべつの場所では、ローマーの父親が同様の課題に取り組んでいた。コロラド州知事としての一二年におよぶ任期中、教育政策は一貫して中心に据えられた。実際、一九八九年にブッシュが企画した教育サミットの時代から、学生の意欲を駆り立てるために標準到達度試験を利用することにローマー知事は興味を持っていた。米国が直面する最も基本的な課題として幼児教育を特定した全米教育目標パネル（National Education Goals Panel）では、議長を務めた。

しかし民主党の大物知事であるローマーが四期目を目指すことは法律で禁じられていた。そこで彼は新しい仕事の準備に取りかかる。一九九七年には首都ワシントンに赴いて民主党全国委員会の共同委員長を務め、クリントンの弾劾裁判を民主党が乗り切るために一役買った。アル・ゴアが二〇〇〇年大統領選で勝っていれば、ロイ・ローマーは教育省長官になっていたかもしれない。あるいはゴアが大統領選から撤退していたら、自分が大統領に立候補していたかもしれない。

その代わり、知事を三期務めたロイ・ローマーは、ロサンゼルス教育委員会の教育長という、注目される機会の多い役職を目指し、二〇〇〇年七月にこの職に就いた。彼はコラムニストのジョージ・ウィルから、「教育界のドナルド・ラムズフェルド」と呼ばれる。ふたたび選挙で役職を目指すには年をとりすぎているが、未だに野心にあふれ、ただの人になるよりは、何か行動したいという熱意に駆り立てられていたからだ。ローマー父子はK－12（ケー・スルー・トゥウェルブ、幼稚園から高校までの教育期間）の改善の詳細について頻繁に話し合った。

スタンフォードのＭＢＡ学生だけでなく、ロサンゼルスの子どもに関しても、出版社はニーズに応えていなかった。教材は高価なわりに興味をそそるものではなかった。きわめて有能な教師の手にかからないかぎり、効果を発揮しなかった。それなのに、教師を教えられる立場の「名人」の供給が先細っていた。そこで、息子がスタンフォードで学生の成果を測定するためのソフトを書いているあいだ、父親はニュージャージー州プリンストンのエデュケーショナル・テスティング・サービス社に依頼して、数学の学習到達度を測るための学力テストを考案してもらい、生徒が大事な内容を確認できる環境を整えた。テストは一〇週間ごとに実施され、生徒の習熟度が十分ではないときに教師や教科主任が迅速に対応できるよう心がけた。未だに政治家であるロイ・ローマーは、通常の「標準」テストへの不信感を上手に説明した。標準テストの結果は曲線で示されるが、「パイロットが上位五〇パーセントに該当するスキルの持ち主であることと、飛行機を上手に着陸できるスキルの持ち主であることと、どちらを知りたいと思うだろう」。

スタンフォードでは、ポール・ローマーの思いは教科書に向かっていた。彼もまた、一九九〇年代にマグロウヒル社からアプローチされており、サミュエルソン問題を誰よりもはっきりと認識していた。ただし、このテーマに関する新たなバリエーションの創造には、ほとんど興味がなかった。「出版社から学んだ大きな教訓は、まったく異なる事柄に取り組むことの難しさだ」という。プレーンなバニラアイスにトッピングを少々加える戦略は、出版業界全体のビジネス戦略になっていた。その狙いは、三年ごとに新版を出版し、従来の教材が時代遅れに見える程度に新しい材料を加えることだった。一方、学生は出版社のトリックを賢く見抜き、大勢の反逆者が生まれた。当時、教科書価格は一冊一二〇ドル以上に跳ね上がっていた。調査からは経済学を受講する学生の半分以上が中古の本を購入するか、まったく購入しない実態が明らかになった。ローマーの講義を受講するMBA学生も例外ではなかった。

そこで父親がロサンゼルスで新しい仕事を始めてからほどなく、ポール・ローマーは出版社を立ち上げ、自分が考案した講座管理システムやオンライン教材を市場で販売する決断をした。その可能性を最初に考えたのは一、二年前、週末にスウェーデンを訪問したときだった。このときスカンディア生命保険の毎年恒例の社員研修の一環として、経営陣と話す機会があった。グローバル出版の非競合性に込められた意味についてローマーが雄弁に語ると、ベンチャー志向の強いスウェーデン人は興味をそそられ、スタートアップ企業を支援する可能性について考えた。退職関連ビジネスと抱き合わせられるかもしれなかったからだ（当時はドット・コム・ブームの最盛期だったことを思い出してほしい。一部の経済学者は、様々な種類のオンラインの「金融エンジン」をあれこれ工夫していた）。

ローマーとスカンディアのベンチャー・キャピタリストは、多くの収益を生み出すビジネスモデルを出版社が放棄するのは難しいと確信し、そこにチャンスを感じ取った。二〇〇〇年一一月、マイクロソフトの損害賠償裁判の開始を待っているあいだ、ローマーは交渉のためスウェーデンに戻り、帰国したときには新しい会社への一一二〇万ドルの融資の約束を取り付けていた。検索専門の新しい会社はアプリア（Aplia）と命名され、小さな可愛らしい顔のロゴは、素晴らしいアイデアの持ち主を象徴しているようにも、時限爆弾を象徴しているようにも解釈できた。

ビル・ゲイツと同じ作戦

アプリアの計画対象は三つに分かれた。教科書出版社、教師、学生の三つである。最も重要な部門はすぐに明らかになり、ローマーは出版社を悩ませる中古本の問題から取り組み始めた。そしてどこでも希望する出版社にはアプリアのツールを販売し、自分の講義で成功したオンライン教材や講義管理ツールの構築を引き受けた。どちらも、あらゆる主流の入門書に対応させて利用することができる。アプリアのプラットフォームは、特定の教科書に肩入れせず中立的な立場を貫いた。

結局、経済学にはインタラクティブなコンピュータ・グラフィックスを使うと上手に表現できる概念が多い。一カ所に変更を加えるとどうなるか、確かめやすい。こうしたグラフィックスを演習の形でコード化したり、説明するために必要な言葉とスムーズに調和させたりするのは簡単とは言えない。しかしローマーは、まさにこのやり方を学んだ。そのため、教科書の著者が魅力を感じるソフトの考案で、幸先の良いスタートを切った。新しいデモを作成してくれる経済学のインストラクターをどこで見つければよいかもわかっていた。一番乗りをしたおかげで、高額の固定費をカバーすることも不可能ではない。

そもそも教科書は、時間的制約のなかで体裁を整えなければならない。問題を準備し、最近の出来事について説明し、難問を指摘し、テストを考案するためには、限られた時間の半分を費やす必要がある。しかし教科書をウェブに移行してしまえば、教科書のアップデートはそれほど面倒ではない。しかもオンライン・バージョンで提供すれば、紙の媒体よりも費用がかからない。そうなると、本そのものの存在が小さくなる。

ふたつ目のセールスポイントは、ウェブをベースとする新しいシステムが教師に提供する魅力だ。教師はいったん教科書を選択したら、アプリアが開発したたくさんの教材を収めたライブラリーのなかから、自分が使いたいものを選ぶことができる。教材はどれも最新のもので、教科書におおよそ内容を合わせて調整できる。問題集を使えば、解答は自動採点され、経過報告の形で毎日、教師と学生の双方にフィードバックされる。学生がテストを受ける際には、インタラクティブなグラフやデータを操作する。そのため、学生は以前よりも概念を上手に把握できるようになる。理解できなければ、教師にはそれがわかるので、救済行動をとればよい。このように、アプリアの教材の採用から真の恩恵を受けるのは教師である。以前よりも簡単に効果的に教えられるようになり、しかも余計な時間をとられない。

三つ目の提案は、学生を対象にしている。ローマーは自らの経験から、教育用ソフトの性能を学生は的確に判断できることを理解していた。新しい教材の真の成果は、教材を使った学生のほうが使わない学生に比べ、テーマについての習熟度が高いか否かにかかっている。学生は確実に違いを実感できる。アプリアは、学生や教師のあいだでの口コミに頼る部分が大きい。優れた性能が口コミで伝えられれば、売上に結びつく。タイプライター・メーカーがタイピングコンテストを開催した一九世紀とは、もはや時代が違う。当時は、自分たちのデザインを使うほうがタイプの速度が上がることを実演で示し、秘書や上司の説得に努めたものだ。二一世紀に行われる大がかりな無作為化試験や人体実験と規模は違うが似たようなセーフガードだ。これに対しローマーのやり方なら、効能を個人的に経験した結果が口コミで伝わり、それがライバルとの競争で大きな強みになる。

ローマーのキャリアにとって、アプリアは三つ目の大きなギャンブルだった。まず、MITをやめてシカゴ大学に移籍した決断は確実にリスクを伴ったが、当時の彼はまだ若く、経済学にそれほど執着していなかった。つぎに、シカゴの教授職を投げうって、仕事の当てもないままカリフォルニアに移住したのはもっと意外だったが、それでも一年以内にローマーは状況をうまく切り抜けた。今回、自分で事業を始める決断はさらに大胆な行動だった。経済学者のあいだでさえ、ローマーの知名度は低下していた。まだ四五歳だったが、そのまま忘れ去られる恐れもあった。

結局ローマーはスタンフォードを二年休職し、その間貯蓄を切り崩した。**トム・サージェント**と一緒に担当していた講座を終了し、大学院生に別れを告げた。そしてイノベーションに関する会議で技術研修に関する論文を発表したあとは、研究をすっかりやめてしまう。多くの人は、ローマーは経済学の分野から足を洗ったような印象を受けた。経済学者としては、脳死状態も同然だった。ある編集者が彼を訪問したとき、ローマーは事業経営に夢中になっていた。出版事業を通じて自分の学術的視点を証明しようとする姿勢には、一抹の寂しさを覚えたと編集者は回想している。

だが、ローマーにはビジネスの才覚があった。彼はソフト製作者や編集者、現場担当者を募集して、採用しても気に入らなければ解雇する一方、不足した資金を補充した。数年間、彼はほとんど表に姿を見せず、全米のあちこちで開かれる経済関連の地域会議に出席しては教師のニーズを評価して、才能あるソフト製作者の発掘に努めた。連合総会のあいだには展示ホールにブースを設ける代わりに、スイートルームにゲストを招いてソフトの実演を行った。

最初の顧客になったのはW・W・ノートン&カンパニーで、ハル・ヴァリアンが執筆してベストセラーになった中級向けミクロ経済学の教科書の版元だった。ヴァリアンの教科書は六回にわたって版を重ねるあいだ、非常に優れたワークブックが補助教材として使われた。『中級ミクロ経済学演習』で、カリフォルニア大学サンタバーバラ校の**セオドア・バーグストロム**と共同編纂したものだ。ここでローマーは、紙に書かれた問題集をオンライン化することに同意する。そうすれば、宿題を出された学生はこれまで解答を紙に書いて提出してきたが、方程式にせよ数字にせよ、グラフにせよ、同じ種類の宿題がコンピュータで提供され、解答が自動採点され、教師にとって便利になる。宿題を増やしても採点に費やす時間が増えるわけではないので、教師はすぐに喜んで購入した。

つぎに二〇〇三年一一月、アプリアはクルーグマンの教科書をサポートすることに同意した。出版社は、八〇〇ページの従来の紙の教科書の価格をおよそ一〇〇ドルに設定する一方、電子書籍版の価格をおよそ六〇ドルに設定し、アプリアの問題集と定期テストをおよそ三〇ドルで一緒に購入することを義務付けた。クルーグマンの講義を受講する学生は全員、ハードカバーと電子書籍版のどちらを購入するにせよ、あるいは本を持たない選択をするにせよ、補助教材を購入しなければならない。そこには、学生が電子書籍版のほうを好むように仕向ける狙いがあった。ローマーとクルーグマンは、「年間三九億ドルの売り上げを記録する米国大学教科書業界の経済的側面に揺さぶりをかけている」と、ウォールストリート・ジャーナル紙のチャールズ・ゴールドスミスは書いた。「この業界に改革の必要性があることに異論はあるまい」。

二〇〇五年はじめ、マンキューの教科書の出版社はアプリアと秘かに契約を交わし、教科書のサポートを任せることにした。これを提供できなければ、新たな読者の獲得を巡る市場競争でクルーグマンの教科書に負けてしまうとセールスマンから不満が出たのだ。いつもと同様、ローマーは非排他的ライセンスのみを提供する。二〇年前、ビル・ゲイツがコンピュータ・オペレーティング・システムを販売した際と同じ作戦である。

こうして、二〇〇六年にボストンで開催される連合総会の準備に取りかかる頃には、そもそもスタンフォードの学生向けに設計された講座管理・指導システムは、入門経済学書の市場で流通する最先端の教科書の多くをサポートするようになっていた。

ローマーの次なる挑戦

大学の経済学教育市場を、補完材が支配することは可能だろうか。もちろんこれは、アプリアがあっという間に市場支配力を手に入れた現実を見せつけられれば、自然にわいてくる疑問だ。たとえば、QWERTYのデザインはタイプライターのキーボードの標準となり、マイクロソフトのウィンドウズOSはパソコンをどのメーカーのものでも日用品に変えた。アプリアはオンライン経済学で「ユニバーサル」となり、学生が学んでみたいと思う標準的なツールになるだろうか。二〇〇六年にボストンで開催された連合総会では、これは実に興味深い問題になった。

入門書の著者のあいだでは、競争が確実にヒートアップしていた。クルーグマンとマンキューは大きな注目を集めていた。しかしローマーは、一連の講義を中級マクロ経済学の教科書にまとめることで、ジョン・ワイリー・アンド・サンズと秘かに合意していた。あとには入門書も出版する予定で、少なくとも入門書市場は三つ巴の戦いになった。一方、ピアソンはコロンビアの**R・グレン・ハバード**（ジョージ・W・ブッシュの上級顧問）ならびにハーバードの**デイヴィッド・レイブソン**（著名な行動経済学者）と契約を交わし、新たにふたつのアプローチの開拓を目指した。そしてノートンはスティグリッツ、ホートン・ミフリンはテイラーに執筆を依頼する。マグロウヒルからは、バーナンキとフランクの教科書が出版されたが、サミュエルソン／ノードハウスのタイトルは消えていた。出版界の巨人は、つぎにどんな行動をとるのだろうか。

さらに広い視野に立つなら、二一世紀にはサミュエルソンに代わってどんな教育的仕組みが登場するのだろうか。一九世紀に権勢を誇ったマーシャル学派の伝統は、二〇世紀に入るとサミュエルソンの経済学に主役の座を奪われた。今後の展開はすぐにはわからない。三〇歳のサミュエルソンが戦後の数年間を費やして教科書を執筆したときは、「経済学を一、二学期程度しか学んだ経験がなく、一般教養の一部としての経済学に関心を持つ学生を対象」にした。当時は経済学も出版業界も今より規模が小さく、もっと分散型のビジネスだった。多国籍企業など存在せず、家内工業だった。プレーンなバニラアイスに特殊なトッピングを加えるビジネスモデルは、まだ発見されていなかった。出版社には冒険する余裕があった。そもそもサミュエルソンは、自分の教科書がこれほど長く売れ続けるとは予想していなかった。

たしかに二〇〇五年には、標準的な教科書や講座管理ツールにウェブベースの「補助教材」を提供することが、アプリアの影響で大ブームとなった。高等教育関連の出版社は、採点の必要な宿題や締め切りの重要性を理解した。そのため、従来の「自己査定式」デモンストレーション・ツールのオンライン化に競って乗り出す。競争に促された影響もあり、高等教育へのサービス提供者としての完成度を高めた。

出版社が目を覚ましたことと、技術には結局のところ非競争性が備わっていることを考えれば、アプリアが永続的な企業として出版界のビッグフォーに仲間入りできる保証はない。ひょっとしたら、ビッグフォーのどれかに吸収されるかもしれない。ローマーはつぎのように語る。「われわれが大儲けできるかどうかはわからない。でも、わたしは利益を上げるよりも業界を変革させるほうが簡単だと、いつも話してきた。執筆活動だけに取り組んでいたときと比べて、すでに大きな影響力を残している」。経済学の教授法は、経済理論そのものと一緒に変化している。

一〇年前のサンフランシスコのヒルトンホテルで、ローマーが新しい成長理論について詳しく説明し、階下の展示ホールでジョン・テイラーが新しい教科書を紹介してから、ずいぶんと時間が経過した。ローマーは、経済学の研究の世界に戻るのだろうか。それは本人にもわからない。アプリアの収益は膨らむ一方だったが、やがてスカンディアは米国での投資を引き上げる。そこで二〇〇五年、ローマーの父親と兄弟が資金調達の第二ラウンドに乗り出し、スウェーデン企業の支配力を実質的に弱めた。アプリアはジョン・ディア社の販売代理店と並び、ローマー一家にとって最新のファミリー企業になった。父親がロサンゼルス教育委員会と交わした契約は二〇〇七年まで続き、終了時には七九歳になっていた。ポール・ローマー本人は二〇〇五年に五〇歳になり、再び教壇に立ち始めた。子どもたちは成長したが、妻との離婚を申請する。彼の目標は変化した。つぎに何が起きるかは明らかではない。

いつもと同様、ローマーのギャンブルに一部の関係者は憤慨した。彼は間違いなく、徒党を組むタイプではなかった。しかし、旺盛な好奇心は衰えることを知らない。彼はつぎのように語る。「自分のやりたいことに取り組んでいるときは、正しく行動しているものだ。グローバルな競争に立ち向かえる人材の育成という、米国が直面する最も重要な政策課題にも、そんな気持ちで臨んできた」。

つぎは、「インドや中国で大学に進学するすべての若者の教育に関わりたい。大きな挑戦だ……」。

結び Conclusion

知は力なり

われわれのストーリーも終わりに近づいた。技術経済学の一本の論文をきっかけに、生産を構成する基本的要素が見直された。アトムとビットという便利な区別が新たに導入されたおかげで、一九八〇年代の数年間で、土地、労働、資本は、ヒト、アイデア、モノに置き換えられた。

本書では、大学における経済学の実体を克明に描き出した。さらに、新しい発見が認められるには、反対者に真実を理解させることではなく、新しい世代に評価してもらうことが必要であることが、わかってもらえたと思う。

しかし、ストーリーを完成させるためには、そろそろ総括しなければならない。いまや、知識をテーマとする新しい経済学が存在するようになった。その結果、何が変化したのだろうか。少なくとも現時点では、あまり変化していないように思える。本当に重要な変化が起きる場所は現実の世界であり、どれもすでに実現している。発見やイノベーションが次々と発表され、国家がトップダウン方式の経済の運営や統制から後退し、グローバル市場が開かれた。経済学は、こうした変化の重要性に間一髪で気づいた。新しい解釈に順応し、それに基づいて行動するという大変な作業がこの先には待っている。ここでは、経済学者のコミュニティで進行中の出来事について報告する役目を一時的に中断しなければならない。素人が経済学者について臆せず論じるのではなく、ここからは一市民やひとりの父親として筆を進めていく。

少なくともポルトガルのエンリケ航海王子の時代以来、知識の創造や拡散に助成金を提供すれば有利なことを政府は理解していた。そのため役に立つ技術を支援し、教育を拡充し、知的財産を保護し、自由貿易を促進した。そもそも「知は力なり」というベーコンの金言は、一七世紀はじめのイングランドにまで遡る。フランス革命とナポレオンは、教育への関心を促して民主化に貢献した。その結果、微積分、グランゼコール、公立学校が誕生する。一九世紀には、ドイツの大学は科学の分野での卓越性を評価する国際基準を設定していた。ドイツはヨーロッパ最大の工業国にまで上りつめ、第一次世界大戦が始まるまでその地位を維持した。

米国人も早い時期から技術関連の政策を採用していた。具体的な名称がなかっただけである。英国からの入植者は、一六三六年にハーバード大学を創立した。特許法は合衆国憲法に盛り込まれている。南北戦争が始まるとモリル法が制定され、ランドグラント大学（土地付与大学）が創造され、高等教育の機会がはるか辺境の地まで拡大された。一九世紀末に大量の移民が押し寄せた結果、二〇世紀はじめには高校が全米各地に広がった。第二次世界大戦後には復員軍人援護法が制定され、すべての退役軍人に大学の門戸が開かれる。医療研究の分野では、ローマーが学位論文の執筆を始めた一九八〇年にバイドール法案が議会を通過した。これは、連邦政府の資金で研究開発された発明であっても、その成果に対して研究者が特許権を所有することを認めたため、民間による医療研究を促した。大学が経済のシステムのなかで重要な役割を果たしていることはわかりやすい。どの地図を見ても、大学の所在地は世界の主要都市としての地位を守り続けているか、新たにこの地位を確保している。知識は生産の強力な要因であることが、何よりも明確な形で証明されている。

そして、経済学者のアイデアはいったん広く受け入れられると、本当に大きな力を発揮する。「技術の内生的変化」も効果を発揮し始めた。新しい成長理論がはじめて発表されてから二〇年後の二〇〇四年はじめ、ドイツのゲルハルト・シュレーダー首相の発表は世間を驚かせた。ドイツ中央銀行が保有する金の大半を売却し、その利益を大学に投資する決断をしたのだ。フランス中央銀行はすぐにその先例に倣った。その翌年には英国政府が、マラリア・ワクチン開発に成功した研究機関と大型契約を結ぶことを発表する。かつて、海で経度を正確に計測する手段を発明した人物に、かなりの報酬を提供したときと同じだ。実際、毎年およそ二〇〇万人がマラリアで生命を落とし、数えきれないほどの人が深刻な症状に苦しんでいる。ただし、政府の目標は、世界中でマラリア治療法が確立されることだけではない。英国のバイオテクノロジー産業の能力向上も狙っている。シンガポールでは、高等教育の重要性が宗教のように信じられている。インドや中国の大学では、エンジニアや博士号取得者の訓練が猛烈な勢いで進められている。海外からの留学生の獲得競争で、もっと有利な立場の確保を真剣に考えている。二〇〇五年、インドの首相は抜本的改革のためのアイデアを提言する知識委員会を創設し、八人のメンバーを任命した。

メタ・アイデアの重要性

米国は、もっと多くの科学者やエンジニアを訓練するためのメカニズムを追求すべきだろうか。これに関しては、ロバート・ソローの指摘が正しい。定期的に減税を行えば、それだけ歳入が増えるわけではないのと同じで、研究開発費を定期的に倍増すれば、良い結果が得られるわけではない、と彼は主張した。研究室（あるいは、メカ好きが集まるガレージやマーケターの想像のなか）で何かが発見されると、時には収穫逓増に結び付くこともあるが、あくまでもそれは例外で、収穫逓減の法則から逃れられない。ローマーは、一九五八年の国家防衛教育法（ＮＤＥＡ）をもう少し洗練された形の救済策を好んで指摘する。ＮＤＥＡの下では、教育、特に高等教育への連邦政府からの補助金が倍増された。これは、ソ連が人類初の人工衛星の打ち上げに成功した後に制定され、冷戦での劣勢挽回を狙った措置で、米国の研究大学にとっては実に大きな刺激になった。実際、一八六二年のモリル法によってすべての州にランドグラント大学が創立されたとき以来、最大の刺激となった。コンピュータ、電気通信、バイオテクノロジーの分野で革命を起こした世代のほぼ全員は、何らかの形でNDEAの支援を受けた大学に通った。バウチャーとよく似た仕組みは特に有効で、高等教育への投資が成果を発揮するためにふさわしかった。ローマーによれば、なかでも最も重要なアイデアは「メタ・アイデア」、すなわち、ほかのアイデアの創造や伝達を後押しする方法についてのアイデアのことだ。

具体的には、どんなメタ・アイデアがあるのか。たとえば、サイエンス・コミュニケーションの登場、新聞に対する制約の緩和、ジャーナル誌の台頭、特許制度の発見、公教育の確立、農業拡大事業の考案、ベスト・プラクティス構想の実現（日本は一八七〇年代、このおかげで工業化への道を歩み始めた）、研究大学への政府の資金提供の実施。あるいは審査を伴う競争的補助金のシステム、高等研究機関、科学分野の人材発掘、数学キャンプなどがある。知識経済学という新しい分野の政策的意味合いが詳しく確認されるまでには、あと数年かかるだろう。すでにいっさいが理解されたと考えられる理由など見当たらない。

IBMのパソコン事業売却

メタ・アイデアは、開放性と取引に関して特に優れた成果をもたらす。IBMが二〇〇四年に下した決断に関するストーリーは、この新しい現実を何よりも如実に物語っている。当時、ＩＢＭは、売上が一二〇億ドルに達するパソコン事業を中国の大手パソコンメーカーのレノボに売却しただけでなく、ＩＢＭの様々なブランドの使用許可を与え、レノボが自社ブランドに磨きをかける余裕を与えた。その結果、レノボは一夜にして、世界第三位のパソコンメーカーに上りつめた。一方、ＩＢＭは一七億五〇〇〇ドルの売却益を、将来利益を生みそうな事業の開発につぎ込むことができた。たとえば不思議なほど寿命の長い乾電池や、高速の新しい演算手段などが候補として考えられる。アジアのメーカーがテレビを製造し、米国メーカーが「中身」を製造し、すべての人の暮らし向きが良くなるという構図は、いまや時代遅れでしかない。ここでは何よりも、ＩＢＭの発想の転換の速さに驚かされる。素晴らしい性能のコンピュータを創造して利益を上げるのはもはや不可能だという決断を、事実上自分たちで市場を創造してからわずか四半世紀後に下したのである。

二一世紀の新たな現実に対するＩＢＭの迅速な対応を、一九七〇年代から一九八〇年代の日本の台頭に対する米国企業の鈍い対応と比べてみよう。もちろん消費者は、性能の優れた車や廉価なテレビのほうが自分たちにとってありがたいことを直ちに理解した。では、米国の経営者が日本の鉄鋼、自動車、エレクトロニクス産業の台頭に適応するまでにどのくらいの時間がかかっただろうか。新しい成長の経済学によれば、パソコン事業の中国への売却というＩＢＭの決断は、二つの理由で支持できる。まず、中国がパソコンを低コストで製造するのを食い止めようとしても、もはや成功は期待できない。核兵器や月ロケットの秘密を明かさないように努力しても無駄だったのと同じだ。

回避不能な結果の実現が数年遅れるだけだ。一方、商業的統合を積極的に進めれば、貿易相手国のあいだで信頼が醸造される。活気ある中国経済は、米国製品が成功するための市場を拡大してくれる。そして米国経済は、コストが割に合わなくなったという警告を手遅れにならないうちに受け取ったのである。

二〇世紀前半までの人類史の大半では、強さと持久力だけを頼りに良い仕事を獲得することが、世界のほとんどの場所で容易だった。やがて徐々に、機械やエンジンや組み立てラインが筋肉の力を凌駕して、見事な肉体が良い生活を手に入れる手段として評価される時代は幕を閉じた。プロのスポーツだけが例外として残った。いまやコンピュータによって世界は再び変容を遂げ、今回は伝統的なブルーカラー労働者が犠牲になった。そこに込められた意味についての優れた事例は、**フランク・レヴィ**と**リチャード・マーネイン**の共著『新しい分業――コンピュータはいかにしてつぎの求人市場を創造しているか』に紹介されている。

ボーイング777

ジェット機時代の偉大な偶像であるボーイング727が一九六二年にはじめて発表されるまでには、五〇〇〇人のエンジニアがほぼ七年間にわたって開発に関わった。設計図に間違いがないか確信できなかったため、第一段階では実物大のモデルを製作した。そのあとでようやく、設計図の詳細を工作機械で実際に試した（熟練の旋盤工は、すでに数値制御式の機械に置き換えられていた）。それでも、部品は完全にフィットするわけではなかった。その場合には組立工が、ネジがしっかりと締まるように、金属製のシムを使った手作業で調節した（シムは通常は先が細くなっており、スムーズにフィットしない部品を調節するための充塡剤やレベラーとして使用される）。このような製造課程は実に複雑で、727の総重量の四四トンのうち、シム全体の重さは通常で〇・五トンを占めるほどと推定される。これまで一八〇〇機ちかくが市場に送り出されたが、そのうちの一三〇〇機は未だにシムが重量の多くを占めている。

三〇年後、ボーイング777モデルが登場したときには、以前のモデルよりもずっと大きくて複雑になったが、それでも完成までには五年しかかからなかった。今回は紙の設計図も、実物大の模型も不要だった。777は完全にコンピュータで設計された最初の飛行機で、部品の内部整合性が保証された。フランスのエンジニアリング企業ダッソー社から購入したCAD／CAMソフトを利用しているため、ボーイングのエンジニアは計画段階から直接、数値制御式工作機械を設定することが可能だった。その結果、部品はきれいにフィットした。メーカーはつぎのように誇らしげに語る。「最初に登場した777は、厚さがわずか千分の二三インチ、トランプの札と同じ程度で、完璧に調節されていた。部品同士の間隔は半インチ以上開いていなかった」。要するに、シムも、シムの作業が得意な熟練工も不要になってしまった。

この結果、以前よりも安全かつ低価格で、清潔で乗り心地の良い飛行機が完成し、以前より多くの人が頻繁に空で移動するようになった。競争相手が市場に参入すると、価格はさらに低下する。なかでもヨーロッパのエアバス企業連合は、知識には非競合性が備わっているため、市場への一番乗りがかならずしも有利ではなく、逆転不可能ではないことを証明した。

しかし、雇用の構成は劇的に変化した。CAD／CAMオペレーター、ソフトウェア・エンジニア、画像装置メーカー、空港の建築家、飛行機のパイロットなど、給与の高い仕事が増えた。ただし、機長は飛行機が厳密に統制されていた時代に匹敵するほどの給与を確保できなくなった。飛行機の格納庫への誘導、ジェットウェーの準備、画像装置の操作、ターミナルの清掃など、給与の低い仕事も増えた。その一方、機械工場、生産ライン、旅行代理店、コックピットでのブルーカラーの仕事はかなり減少した。今日では、部品製造工場は世界中のどこでも立地可能だ。どこで製造しようとも、部品はきれいにフィットすることを飛行機メーカーは理解している。製造場所の決定は、顧客からの政治的圧力にも左右される。そしてボーイング社は、本社をシアトルからシカゴに移した。三〇〇年前、フランス人の旅行者が分水嶺と分水嶺のあいだの砂丘ではカヌーを担いで移動した都市は、国際的な交差路に生まれ変わった。その過程でボーイング社は事務員や秘書を減らし、語学力のある人材やロビイストを追加した。

国際競争をどう乗り切るか

二一世紀のグローバリゼーションは始まったばかりだ。欧州諸国、日本、中国、インド、米国など世界各国の緊張がかなり高くなる可能性がある一方、「脇役」国家の存在と数によって、状況は複雑さを増している。具体的には、スカンジナビア諸国、東欧諸国、ブラジル、ロシア、オーストラリア、トルコなどだ。工業民主主義国にとって大きな意味を持つ成長の理論は、過去三〇年間の政策の中心的課題——減税や減価償却費——とはほとんど関係がない。その代わり、今後数十年間で最も重要なメタ・アイデアは、急速に変化する国際分業に参加する方法の選択に関わってくる。今日の目標は分業とグローバリゼーションであって、植民地化ではないが、経済、法律、政治の分野を組み合わせた制度の重要性は増すばかりだ。各国のあいだでこのような競争の機運が盛り上がってきたのは、一九世紀半ば以来はじめてのことだ。

これまで各国は、国際的な競争をどのように乗り切ってきただろうか。激情に駆られ、植民地で破壊や搾取を繰り返し、二〇世紀には悲劇的な戦争を起こし、やがて人権政策を少しずつ確実に前進させてきた。しかし振り返ってみると、最善の行動をとったのは、教育に関して抜本的な政策を採用した国であることがよくわかる。偉大な歴史家アルフレッド・チャンドラーは『スケール・アンド・スコープ——経営力発展の国際比較』のなかで、英国、ドイツ、米国の工業化スタイルには各国の違いがどのように表れているか、非常にわかりやすく描き出している。

チャンドラーによれば、ここでは三種類の経営者資本主義——個人的、協力的、競争的——が観察できるという。そして各ケースに関して、製造の収穫逓増が経済力の発展にいかに結びついているかを説明している。大規模な製造工場に最初に投資した企業は、コスト面で優位に立つことができる。これについては、経済学を学んでいれば十分に予想できる。このような巨大メーカーは、世界最初の多国籍企業になって、国際的なマーケティングや流通のチェーンを創造し、これらを管理するために必要な構造も進化させた。何十年にもわたって優位を維持してきた。

しかし英国では、個人的な資本主義が全体的にうまく機能しなくなった。ドイツでは、政界と実業界のリーダーの緊密な協力によって短期間でかなりの財を成し、しばらくは世界のお手本になるが、どういうわけか戦争へと進み、それを阻止できなかった。一方、多くはシャーマン独占禁止法とその後の法律によって創造された競争的な米国企業は、二〇世紀半ばに勝者となった。典型的な資本主義を支える制度——資本市場、経営構造、規制制度——は、このストーリーの主な部分を占めている。ただし、今日最も関心の高い制度は、チャンドラーの焦点からやや外れたところに潜んでいる。人的資本に関する政策が、米国では明らかに充実している。教育や訓練が大勢の市民に提供され、脱工業化社会の強力な組織に産業人材が送り込まれているのだ。

もちろん、大量の若者を大学に送り込んで財産処分権や民俗学を学ばせて、卒業後にふさわしいチャンスに巡り合えない経済組織に送り込んでも、良い結果は得られない。高等教育は市場が送るシグナルと緩い形で結びつき、学生が市場を理解したうえで受け入れられるように配慮しなければならない。ヨーロッパが減速した原因のひとつは、一九六八年以降の教育機会の拡大だった。このとき、卒業生がどこで仕事を見つけるべきか、ほとんど考慮されなかった。しかしグローバリゼーションが急速に進む時代に国民経済を管理するうえで、これは大きな課題のひとつである。経済が進んでいる方向を慎重に見極め、教育訓練が必要な人材に新しいインセンティブを提供しなければならない。具体的には、バウチャー、年季奉公、訓練やテストの拡大、徴兵制などが考えられる。子どもが幼いうちに介入すれば、政策として最も費用対効果が高い。次世代の子どもに市民や労働者としての自覚を持たせることができるからだ。さもなければ、攻撃的な政治派閥を結成したり、刑務所送りになる可能性がある。

新しい成長の経済学からのメッセージ

アダム・スミスの時代からは、ずいぶんとかけ離れてしまった。スミスはおそらく最初のメタ・アイデアを提供した経済学者で、経済成長に必要なものは「平和、安い税金、ほどほどの司法」だけだと記した。いまでも基本的に悪くないレシピだが、世界に対するわれわれの理解は、スミスの時代と比べてずいぶん複雑になってしまった！　たとえば、これまで明らかではなかったが、最近になって発見されたことがある。すなわち、急速に収束しているグローバル経済では、資本は概して放置しておいてもかまわないが（時おり中央銀行がそっと介入すればよい）、人材や技術といった資源は国家が積極的に管理しなければならない。

技術に関する政策が必要なことは、「内生的技術変化」から導き出される避けられない結論である。政府で科学や教育を担当する責任者が、中央銀行のバンカーや財務大臣、あるいは貿易交渉者に匹敵する実力を持つとは考えられないが、それでも技術や訓練や教育関連の政策は、結局のところ世界中で必要とされ、政府が合法的な責任を持って取り組むべき課題と見なされるだろう。金融・財政政策と同じぐらい重要であり、むしろ実行はこちらのほうが難しい。

では以下に、新しい成長の経済学からのメッセージを紹介しよう。特許制度は何としてでも改革しなければならない。国際的な知的財産制度について再交渉を行い、欧米ではすでに十分採算がとれている知識に対し、貧困国がアクセスできる環境を整えなければならない。知識を生み出すことができる新たな制度について考えよう。従来よりも効率の良い制度を創造するのだ。資本市場、民間の財団、政府機関（APRA、NASA、国立衛生研究所）以外にも、効果的な配分メカニズムは存在している。そして何より、新しい業界で大胆なイノベーションを続けなければならない。

しかし何より、従来の先進国の教育制度を再構築し、途上国のためには新しい教育制度を創造し、そこでは国際競争の新たな現実を強調しなければならない。さもなければ、コストがかなり低い新興工業国がグローバル市場に参入し、各国間の格差が着実に広がるだろう。

では、財源はどこにあるだろうか。世間一般の通念によれば、ベビーブーマーの高齢化という問題が工業民主主義国家ではこれから二〇～三〇年間の大きな課題になると考えられる。強欲な老人が年金の支給を要求すれば、新しい世界秩序にうまく順応するために必要な人的資源への投資を行う余地が残されない。その場合には、安い賃金で重労働を引き受けてくれる移民が、経済活動の大半を引き受けてくれる。すでに英国はそのような状況になっている。ローマー自身は悲観的で、米国は二一世紀に、二〇世紀と同じことはできないのではないかと憂慮している。二〇世紀には高校が大量に作られ、大学に何百万人もの若者がはじめて入学し、研究大学や大学院が増加した。でもここでも、政治がつぎにどの方向を目指すのか、誰にもわからない。大きく拡大したグローバル市場は途方もない富を生み出す。ひょっとしたら、ベビーブーマーの生活水準は向上し、しか**も**つ**ぎ**の世代には広い機会が提供されるかもしれない。ただし緊張は高まるだろう。われわれは、非常に複雑な危機に向かっており、ローマーは「危機は恐ろしい。廃棄しなければならない」と語っている。

一方、技術経済学の存在を忘れてはいけない。数学や実験に基づいた経済学のことで、ここでは自由に間違いを犯すことが許される。これは現代世界を理解するうえで欠かせないガイドである。経済学が長い時間をかけてどのように進歩してきたか語るうえで、本書で紹介した方法以上に明確なものがあるとは思えない。しかしそうは言っても、経済学的発見に関する本書のストーリーは、語ることができる多くの話のひとつにすぎない。理論家であり歴史家でもあるユルグ・ニーハンスはかつて、つぎのように書いた。経済思想史の標準的な扱い方からは、過去は偉大なる巨人の時代であるのに対し、現在は小人の集団がなにやら興奮してわめいているような印象を受ける。おそらく同じことは、物理学や公衆衛生にも言えるだろう。しかし、アイザック・ニュートンやルイ・パスツールが活躍した古き良き時代を真剣になつかしんでも仕方がない。

人生の様々な側面がもっと十分に理解されるようになった結果、過去への思慕が弱まったことは間違いない。かつてマックス・ウェーバーは、これを知識の増加がもたらす負の側面ととらえ、「世界に対する幻滅」と呼んだ。しかし、これほど真実からかけ離れた発言はない。経済学は、かつてないほど刺激的だ。最大の課題が前途には控えている。それは、諸国民の富の奥深い秘密を発見することだ。その秘密とは、アダム・スミスが道徳感情と呼んだ能力であり、思いやりと呼ばれる人間性に他ならない。

謝辞

Acknowledgements

本書の揺るぎない主張は、すんなり着想されたものだ。「内生的技術変化」を読むずっと以前、わたしはほかの多くの人たちと同様、アリン・ヤングの「経済的進歩と収穫逓増」を読んでいた。実際、わたしは何年もかけて、経済学者が取り組んできた分業や知識の増加の謎を解明しようと試みてきたが、自分も（これはまさに事実だ）経済学者も、大した成果を挙げられなかった。かつてジャーナリズムがこの課題に取り組む際には、経済学者のピーター・アルビンが一九八四年に出版した『経済の複雑さについてのアイデア』が主な題材として使われたものだ。この本は、執筆に八年が費やされた。そして本書は、執筆に十数年を費やした。家庭生活と日々の新聞業務の両立というやりがいのある挑戦以外に、これほど長続きしたものはなかった。

「ローマー'90」の初期バージョンが一九八八年にバッファローで、「累積的技術変化のミクロ的基礎」として紹介されたことは聞いていたが、のちに同じ年に、ルーカスの「メカニクス」に関する論文を読むまでは、その重要性を理解できなかった。シカゴでローマーを紹介してくれたのはルーカスだった（「きみが話をしたい人物はポールだよ」と言って）。それでも、バーバラ・L・ソローとF・M・シェーラーがそれぞれ、これ以上ないほど親切に、わたしが一九九二年に犯した決定的な間違いに注意を向けてくれるまで、知識の増加への内生的アプローチと外生的アプローチの違いを理解できなかった。混乱よりは間違いのなかから真実は見つけやすい！　ふたりには特に感謝している。

ダニエル・C・トステソンには、この場を借りて御礼を言いたい。彼から送られてきた手紙をきっかけに、すでに書いていた本の内容をまったく異なる視点からとらえることができた。レス・レンコウスキーが手配してくれたおかげで、わたしは例のバッファローの連合総会に招待された。さらに、この本の執筆に新たな視点から取り組む決心をしたのは、サンタフェ研究所で収穫逓増の展開に関するミシェル・ワルドロップの話を聞いたことが影響している。

以下の方々とは、作業の途中で様々な重要な洞察を共有した。オットー・エクスタイン、ゲイリー・ベッカー、ヘンドリック・ハウタッカー、カール・ケース、リチャード・ゼックハウザー、ロバート・ルーカス、アリソン・グリーン、ナン・ストーン、アイタン・シェシンスキー、ユルグ・ニーハンス、ハワード・ジョンソン、アーンスト・バーント。アイーダ・ドナルドとマイケル・アロンソンは、この本を書くべきだと最初に提案してくれた。それまでわたしは、このストーリーを新聞に掲載したら、もう十分だと考えていた。フランク・レヴィ、ボブ・ギボンズ、マーク・フィーネイ、ロバート・フェルプスは、初期段階の原稿に目を通してくれた。ドレイク・マクフィーリーはわたしが行き詰まったときにプロジェクトを引き継ぎ、再出発の準備を整え、それから完成まで六年の長きにわたって励ましてくれた。ロバート・ソロー、ロバート・ルーカス、エルハナン・ヘルプマン、そしてもちろんポール・ローマーは、あらゆる段階で協力を惜しまなかった。ただし、本書の結果にローマーはいっさいの責任を負わないことを、ここで強調しておきたい。

わたしは老舗のボストングローブ紙で二三年間にわたり、最初は記者として、のちにはコラムニストとして、経済学分野の進展を追跡する機会に恵まれたが、このような担当記者としての経験がなければ、今回のような成果は不可能だった。素晴らしい新聞だったが、残念ながらそのユニークな伝統は事実上、消滅した。ほかの報道機関では、記事に基づいた本の執筆をこれほどサポートしてくれなかっただろう。この場を借りて、いまは亡きジョン・I・テイラーに哀悼の意を捧げ、特にベンジャミン・テイラーに、そしてテイラー一族全員に感謝を捧げる。それから、売却前のあの素晴らしいボストン・グローブ紙を支えたすべてのスタッフにも御礼を述べたい。

新聞コラムが閉鎖されたあとも、セイバー財団はEconomicPrincipals.comを見捨てないでくれた。ベルリンのアメリカン・アカデミーは、執筆用の静かなオフィスを提供してくれた。朝食のテーブルには活発で気のおけない同僚が集まった。おまけに、わたしがいちばん必要としているとき、世界の大都市のひとつベルリンで通用する一カ月の定期券まで準備してくれた。そして最後に、ハンス・

アーンホルト・センターのとびきり素晴らしい友人全員に、心の底から感謝したい。

解説

ポール・ローマーの人と学問――佐々木宏夫（早稲田大学教授）

1

もう三十年ほども前のことなので、細かい日時などは記憶に残っていないのだが、1990年前後のある年の土曜の朝、週末だというのでノンビリ寝ていた私の枕元で、電話がけたたましい音をたてた。ロチェスター大学大学院でポール・ローマーを主指導教員として経済学の博士号（Ph.D）を取得してから、最初に得た職である名古屋市立大学での勤務のために名古屋で暮らしていたときのことである。

こんなに朝早く誰だろうと思って受話器を取ると、電話をかけてきたのはポール・ローマーだった。「おはよう。実はいま京都に来ているんだ。今日、晩ご飯を一緒に食べたいと思って、電話してみたんだよ。」

初めて日本にやってきたローマーは、京都と名古屋がすぐ近くだと思っていたようだった。なるほど名古屋駅と京都駅の間の距離は１３０キロメートル弱で、私やローマーが30年以上前に過ごしたニューヨーク州ロチェスター市と隣町にあるナイアガラの滝との間の距離とさして変わらない。アメリカ人であるローマーの感覚では「すぐそば」だったのかもしれない。

寝ぼけ眼で「伺います」と言って、待ち合わせの時間と場所を確認して電話を切った。それから新幹線の時刻を調べて、その日の午後京都に向かった。彼が宿泊しているホテルのロビーで落ち合って、近くの居酒屋で飲みながら食事をした。その後、京都の古い町並みが残る小路を散歩しながらいろいろな話をしたのだが、会話の中で彼の興味を一番引いたのは、「鰻の寝床」の話だった。

「今歩いている小路に並んでいる家の間口は、どれもとても狭いのですが、実はどの家も決して小さくはありません。この奥には庭まで備えた広い屋敷が広がっているのです。なぜこういう造りになったのかと言えば、昔の為政者が間口の大きさに応じて税を徴収したからだと言われています。」

そういう私の説明を聞いてローマーは、「どこの国でも同じようなことがあるんだね。イギリスで大きな板ガラスを製造する技術が生まれたのは、窓枠の数に応じて課税する国王がいたからだそうだ。大きな板ガラスを使えば窓枠の数が少なくなるからね。どちらも税制が技術進歩や人の生活様式などを変えてしまう例と言えるね」という感想を述べた。

学生時代からずっと、ローマーと話をしているときに感じていたことが一つある。それは彼がきわめて緻密な数学の使い手である一方で、「現実」から何かを学ぼうとする意欲の強い人だということだ。京都の町屋が並ぶ通りでの散歩中の会話をきっかけとして、大きな板ガラス開発の歴史へと話題を転じ、そこから税制と技術進歩との関係を読み取ろうとするのはいかにも彼らしいと思った。

2

ここで、デヴィッド・ウォルシュの『ポール・ローマーと経済成長の謎』について話を進めよう。読まれた方はお気づきと思うが、この本はすべてのページをローマーの話題に割いているわけではない。むしろ原題の『知識と諸国民の富：経済学的発見の一つの物語（Knowledge and the Wealth of Nations: A Story of Economic Discovery）』からわかるように、アダム・スミス以来の経済学の歴史の中で、技術や知識、あるいは経済成長がどう捉えられてきたか、そしてそういう長い歴史をもつ文脈の中でポール・ローマーの経済学がどのように位置づけられるのかを、さまざまなエピソードを交えながら語ったものである。

著者も言うように、この大部な本は――経済成長に関する理論的な発展をかなり詳細に記述しているにもかかわらず――経済学説史や経済思想史の本ではない。この本で著者は、経済学説そのものを記述解説することよりも、それらの学説を生み出し、それをめぐって論争した「人間」により強い関心を抱いているように思える。もちろんそうだからと言って、彼がお座なりに経済学説を紹介しているわけではないが、学説の紹介以上に、インタビューやさまざまな資料を通じて、各学説の誕生や発展等にかかわる人間ドラマが描かれていることがこの本の最大の魅力だと感じている。経済学史などを専門とする学者でなく、優れたジャーナリストだからこそ書き得た本であろう。

本書の学説史的記述はアダム・スミスから始まる（第3章）。古典派経済学者たちは今の経済学者のように数式を用いた分析を行わず、彼らの議論のほとんどすべては言葉でなされている。それにもかかわらず、今の経済学でも用いられている市場認識やそれを分析するための思考の枠組みは、古典派を源流とするものがほとんどである。

「科学者」をどう捉えるか、ということについては必ずしも意見の一致があるわけではないが、私自身は、自然界にせよ、社会（経済）にせよ、そこで生じている現象がなぜ起きているのかについての疑問を持ち、論理と証拠（エビデンス）によってその謎を解明しようとする人のことだと思っている。そういう私なりの定義に従えば、古典派経済学者たちは、「市場」という人の眼前に広がっているシステムの謎を解明しようとする、紛れもない科学者だったと思う。その際に、言語としての数学を使うか、使わないかは、科学者であることとは無関係なのである。

恐らく著者のウォルシュも、私と同様に科学者というものを捉えているのであろう。科学者としてのアダム・スミスが解明しようとした謎を、ウォルシュは「アダム・スミスにとっては、見えざる手とピン工場という二つの焦点が存在している」（第4章）と要約する。「見えざる手」は競争的市場の中核的なメカニズムを象徴した言葉であり、「ピン工場」とは経済成長の原動力としての「規模と専門化の関係」（第4章）を象徴している。しかし、ウォルシュも指摘するように、スミスのこの2つの焦点は互いに矛盾をはらんでいる。

最初の「見えざる手」の原理については、リカードやマルサスなどの古典派経済学者、そして、ワルラスやマーシャルなどの新古典派経済学者、さらには現代の一般均衡理論（ウォルシュの言葉では「無限次元スプレッドシート」）の研究者によって理論的な磨きがかけられていった。そして、それらの研究を通じて、「見えざる手」の原理（つまり競争均衡の存在や安定性など）が成立するための前提条件は、収穫逓減が働く（数学的には凸性が成り立つ）ことであることが明らかにされている。

それに対して、「ピン工場」の原理は収穫逓増と結びついている。しかしながら、一般的に言って収穫逓増は競争均衡とは両立しない。なぜならば、収穫逓増下では、生産物をよりたくさん作ればつくるほど、より安価に供給することが可能になる。そうであるならば、市場に最初に参入した者に、後で参入する者が費用面で追いつくことが難しくなる。その結果、独占が生じてしまうのである。この場合、競争は独占を生み出し、競争が前提とする多様性が維持されなくなってしまうのである。

この矛盾はその後もずっと経済学者を悩ませた問題であった（それにチャレンジした学者がいなかったわけではない。例えば、ローマーの考え方と密接に関係するマーシャルの外部経済は、そのようなチャレンジの一つであった）。とりわけ第2次世界大戦後に、経済成長とそれを支えるための経済政策がマクロ経済学上の重要な論点になってきたときにも、経済学は「見えざる手」と「ピン工場」（すなわち、収穫逓増的な技術進歩）を両立させることはできなかった。

戦後の長い期間にわたる代表的な経済成長モデルであるソローの新古典派成長モデルは、収穫逓増の可能性を放棄することで成り立っていた。したがって、それは収穫逓減の生産関数をもち、定常状態という一種の均衡状態へ収束するモデルであった。もちろんソローも技術進歩の要因を無視したわけではない。しかし、彼にとって技術進歩とは彼のモデルで説明できない要素（ソロー残差）のことであり、経済システムの内部で決定されるものではなかった。

ポール・ローマーは、内生的経済成長モデルとそれに関する一連の研究によって、アダム・スミス以来の謎（矛盾）に一定の解決を与えたのである。項を改めてローマーについてもう少し書いてみたい。

3

この項で私が書きたいことは、本の「解説」としては異例かもしれないが、１９８２年から１９８７年という、ローマーがまさにこの本で詳述されている思索を深めていった時期に、博士（Ph.D）課程の学生としてローマーの近くにいた人間が、この本から感じたことである。

さて、私は１９８２年にロチェスター大学大学院の経済学の博士課程に入学した。その年にローマーは、シカゴ大学での勉学を終えてロチェスターに助教授として赴任してきた。私が日本で修士課程を終え、博士課程の途中でアメリカに留学したので、ローマーとほとんど歳の差がないにもかかわらず先生と弟子という関係になった。

ローマーとの関わりが始まったのは、大学院の1年生で彼の資本理論（capital theory）の授業をとった時だった。授業の途中で彼が小さな宿題を出した。それは、ある動学的最適化問題を解いて、解曲線を図示しなさい、という易しいはずの問題だった。ところがその問題には、パラメータの設定を間違えるという小さな出題ミスがあった。彼が出題した通りに計算すると、問題は非常に難しくなる。しかも出てくる解曲線の形もかなり複雑になる（しかしより面白くなる）ことがわかった。結局、私はその複雑な解曲線を導出するために十数枚にも渡るレポートを書いて、ローマーに提出した。

その2-3日後に、ローマーから「研究室に来て欲しい」という連絡があった。研究室を訪ねてみると、彼は私のレポートを褒めてくれて、「今考えている問題があるのだが、一緒に研究しないか」という提案を受けた。

その問題というのは、石油などの枯渇資源の実質価格が長期的に減少していくのを、彼のモデルをベースとしたスピルオーバー型の内生的成長モデルで説明するという課題だった。実は枯渇資源の実質価格については、伝統的にはホテリング・ルールという考え方によって上昇していくと長い間信じられてきた。しかし、収穫逓増的な技術進歩によって枯渇資源を代替する技術が急速に進歩することによって、むしろ枯渇資源の実質価格は低下するのではないか、というのがローマーの直感だった。この直感は正しいことが示され、ローマーと私の共同論文となった。

こういうことから始まって、ロチェスターにいた4年半の間、私はローマーと頻繁に接し、たくさんのことを彼から学んだ。彼の人柄の良さについては他でも書いているので割愛するが、学者としてはきわめて明晰な頭脳とたぐいまれな直感力を持っている人だと思っている。

また、本書にも彼がシカゴの伝統だけに捉われず、積極的に非シカゴ的（本書流に書けば「塩水学派的」）な知識を取り入れたことが縷々述べられているが、ローマーはさまざまな事への好奇心が強く、他の学問に対する偏見の無い人だとも感じている。

これについては一つの思い出がある。前任校である名古屋市立大学の経済学部に在職中だった頃、スタンフォードの行動科学高等研究センターで研究していたローマーを訪ねて、数日間そこで過ごしたことがあった。本書第22章の記載にもあるように、この研究所は全米から選ばれた若手の行動科学研究者（心理学者、経済学者、人類学者等々）が、素晴らしい環境で1年間自由に研究できるところであった。ローマーはそこで経済学以外のさまざまな分野の学者たちと意見を交わしていた。たしか隣の研究室の人は、心理学者だったと記憶しているが、まだ行動経済学などが目立った動きをしていない時代に、彼が実に幅広い研究者たちと交流していたのが印象的だった。

さて、80年代のローマーに話を戻す。私自身が教師になってみてわかることは、教師と学生は一心同体ではなく、教師には教師の生きる世界があり、学生は必ずしもその世界を把握できないことだ。

このことはローマーと私の関係にも当てはまり、あのとき自信溢れる態度で私に助言を与えていたローマーが、他方で（まさに私が彼の下で研究していた時期に）自分の考えを他人に理解してもらうために苦闘していた、その生の姿に私はほとんど気付いていなかった。本書を読んではじめて知ったその時代のエピソードがたくさんある。しかし、その一方でそれらのエピソードの多くは、私も薄々感じていたことであるか、あるいは「そう言われてみれば……」と得心するようなものであるのもたしかだ。

例えば、1986年のローマーのJPE（Journal of Political Economy）に掲載された論文は、本書でも詳しく説明されているように、技術のスピルオーバーによって収穫逓増を説明しようとするものだった。1年生の資本理論でこのモデルの考え方を聞いたときに、私はマーシャルの外部経済の動学版にすぎないのではないかと感じた（そのことをローマーに話したこともあった）。数学的にも、このような形で技術進歩を定義すれば均衡の存在証明などもそれほど難しくないだろうと感じた（もちろん証明するためにはいくつかの仮定は必要だが。）

本書によれば、ローマー自身、知識が無料で伝播するという外部効果を収穫逓増の唯一の理由とするスピルオーバーモデルの弱点には早い段階から気付いており、知識自体が市場化される形にモデルを発展させるために当時呻吟していたことがよくわかる。

最終的に本書457ページの図に要約されるような形で、知識の様態を分類することによって、有料で（すなわち市場で）開発される知識と経済成長の関係とが明確化されたのである。

このように考えると、ポール・ローマーが成し遂げたのは、「古典派ルネサンス」、あるいはより特定の古典派経済学者に焦点を当てれば「アダム＝スミス・ルネサンス」を行ったことだと言ってもいいように思える。

ヨーロッパで中世から近代への狭間で起きたルネサンスでは、単にギリシャ・ローマの学術や芸術が復興されただけでなく、そこから次の時代を切り開く新しい学術・芸術が創造された。それと同様に、ポール・ローマーのルネサンスは、単に古典派の経済的思考の中に内包されていた矛盾を解決しただけでなく、20世紀の後半以降に著しい変貌を遂げた技術や学術の姿を経済学の目線で捉えるための独創的な革新をもたらしたのである。

4

本書の原著の出版は２００７年であり、当然ながらその後のローマーの動静についての記述はない。そこで、その後の彼の経歴について簡単にまとめておく。

彼は２０１１年に、スタンフォード大学からニューヨーク大学に移籍した。またアカデミアでの活動だけでなく、起業を含むさまざまな社会活動を行なっている。とりわけ、途上国の発展の切り札として、国家内に適切なルール（チャーター：憲章）を持った独立小国家を構築するチャーター・シティ構想を提唱している。（https://www.ted.com/talks/paul_romer_why_the_world_needs_charter_cities?language=ja#t-66854）

２０１６年には世界銀行のチーフエコノミストに就任したが、２０１８年に辞任している。また、近年アカデミアで話題になった出来事としては、ローマーによる「数学もどき（mathiness）」批判がある。* これは、近年の経済学において、十分なエビデンスに基づかず、数学をいわば隠れ蓑にして真実を覆い隠そうとする研究が横行していることを強く批判したものである。科学は権威によってではなく民主的な論争によって前進していかなければならないことを彼は主張している。[**] このように、独創的なアイデアで伝統的な経済成長理論に大変革をもたらした彼の学者魂や反骨精神は、今でも変わりがないように思える。

2018年には、本書第24章でその研究が紹介されているウィリアム・ノードハウスとともに、技術革新(ローマー)と気候変動(ノードハウス)を経済成長理論に取り込んだ貢献によりノーベル賞が授与された。

* Paul M. Romer, "Mathiness in the Theory of Economic Growth," *American Economic Review: Papers and Proceedings*, 2015, 195(5), 89-95.

**『週刊エコノミスト』2016年5月31日号のポール・ローマーへのインタビューも参照。

り

る

れ

ろ

わ

ひ

ふ

へ

ほ

し

す

せ

そ

た

き

く

け

こ

さ

索引 Index

著者略歴

デヴィッド・ウォルシュ David Warsh

1944年ニューヨーク生まれ。ニューズウィーク誌などでベトナム報道に従事したあと、名門新聞ボストン・グローブ紙の経済学コラム担当記者として活躍。同紙休刊の後は、自分のウェブサイトで経済学を素材にしたEconomic Principalsというコラムを執筆している。著書に*Because They Could: The Harvard-Russia Scandal (and NATO Expansion) after Twenty-Five Years*など

訳者略歴

小坂恵理 Eri Kosaka

翻訳家。慶應義塾大学文学部英米文学科卒業。訳書に『予測マシンの世紀』(早川書房)、『歴史は実験できるのか』(慶應義塾大学出版会)、『ノーベル経済学賞の40年 上・下』(筑摩選書)など。

ポール・ローマーと経済成長の謎

2020年1月27日 第1版第1刷発行
2020年4月27日 第1版第2刷発行

著者 デヴィッド・ウォルシュ
訳者 小坂恵理
発行者 村上広樹
発行 日経BP
発売 日経BPマーケティング
〒105-8308 東京都港区虎ノ門4-3-12
https://www.nikkeibp.co.jp/books

ブックデザイン 新井大輔
製作 アーティザンカンパニー
印刷・製本 中央精版印刷株式会社

ISBN978-4-8222-8871-6

本書籍に関するお問い合わせ、ご連絡は左記にて承ります。
https://nkbp.jp/booksQA